纺织服装高等教育"十四五"部委级规划教材

印染企业生产管理实务

张鹏 主编

东华大学出版社
·上海·

内容提要

本书从生产管理基础及印染企业的生产技术管理、质量管理、其他专业管理、生产运作管理、生产成本控制、环境管理和安全生产管理八个方面,系统地阐述了印染企业生产管理的基本知识。本书按模块编写,内容翔实。

本书立足当前印染企业的生产管理实际,注重针对性和实用性,着眼于基层和中层管理者分析解决问题能力的提高,既可作为高等职业院校染整技术专业学生的教材或参考书,也可供印染企业的生产和技术管理人员阅读参考。

图书在版编目(CIP)数据

印染企业生产管理实务 / 张鹏主编. —上海:东华大学出版社,2021.2
 ISBN 978-7-5669-1861-1

Ⅰ.①印… Ⅱ.①张… Ⅲ.①染整工业—工业企业管理—生产管理—高等职业教育—教材 Ⅳ.①F407.816

中国版本图书馆 CIP 数据核字(2021)第 012880 号

责任编辑　张　静
封面设计　魏依东

出　　版:东华大学出版社(地址:上海市延安西路 1882 号
　　　　　邮政编码:200051)
出版社网址:http://dhupress.dhu.edu.cn
天猫旗舰店:http://dhdx.tmall.com
出版社邮箱:dhupress@dhu.edu.cn
营销中心:021-62193056　62373056　62379558
印　　刷:上海龙腾印务有限公司
开　　本:787 mm×1092 mm　1/16
印　　张:16
字　　数:400 千字
版　　次:2021 年 2 月第 1 版
印　　次:2021 年 2 月第 1 次印刷
书　　号:ISBN 978-7-5669-1861-1
定　　价:65.00 元

前　言

人们常说："三分技术，七分管理。"这既是印染企业在生产管理中的心得，也是成功印染企业的经验总结。印染企业需要技术人才，更需要既懂技术又懂管理的复合型人才。高职高专院校染整技术专业的教学必须承担起培养印染企业需要的复合型人才这份行业责任。

印染企业生产管理是高职高专院校染整技术专业的主干课程之一，其教学目的主要是完善染整技术专业学生的知识架构，引领学生掌握一定的生产管理基础知识、基本原理和基本方法，为学生毕业后更好地适应和从事印染企业的生产和技术管理工作打下良好的基础。

本教材采用模块化的编写方式，除绪论以外，主要包括生产管理基础、印染企业生产技术管理、印染企业质量管理、印染生产其他专业管理、印染企业生产运作管理、印染企业生产成本控制、印染企业环境管理和印染企业安全生产管理等八个方面，系统地阐述印染生产管理的基本内容。本书在编写过程中立足于当前印染企业的生产实际，注重针对性和实用性，并加入了前瞻性内容，力争为高职高专院校染整专业学生提供印染企业生产管理的系统知识和理论，启发他们在印染企业工作的实践思路，使他们能够在跨入印染企业，走上印染工作岗位后尽快地融入企业，适应工作，进入岗位角色，并为他们进一步的发展打下扎实的基础。

本书由浙江纺织服装职业技术学院张鹏教授任主编，同时得到了许多印染企业的帮助和支持，特别是维科集团和浙江映山红纺织印染有限公司对本书的编写做出了重要贡献。在此表示特别的感谢。

由于时间仓促和作者水平有限，本书难免存在不当和疏漏之处。敬请读者批评指正。

编　者
2020 年 10 月

目　录

绪　论　我们的纺织印染行业 ·· 1
  1　我国印染工业的发展历程简介 ··· 1
  2　我国印染行业的现状 ··· 3
    2.1　我国印染行业的基本情况 ·· 3
    2.2　我国印染行业竞争力分析 ·· 5
    2.3　纺织印染行业的定位 ·· 6
  3　印染行业的高质量发展趋势 ·· 8
    3.1　印染行业面临的发展形势 ·· 8
    3.2　推进印染行业高质量发展 ·· 10
  4　管理创新是印染行业提质增效高质量发展的必由之路 ···························· 11

模块 1　生产管理基础 ··· 14
  单元 1　生产管理的基本概念 ·· 14
    1　企业 ·· 14
    2　生产 ·· 16
    3　生产系统 ·· 17
    4　生产管理 ·· 18
    5　生产类型 ·· 19
    6　生产过程 ·· 20
  单元 2　生产管理的基本问题 ·· 22
    1　生产管理的目标 ·· 22
    2　生产管理的任务 ·· 22
    3　生产管理的原则 ·· 23
    4　生产管理的组织机构 ··· 24
      4.1　生产管理机构设置的原则 ·· 24
      4.2　生产管理机构的组成 ·· 25
      4.3　生产管理机构的组织与协调 ·· 27

5　生产管理的基础工作 …………………………………………………… 28
　　　6　生产管理的绩效考核 …………………………………………………… 29
　　　7　市场环境对生产系统的影响 …………………………………………… 30
　　　8　生产管理者及其能力要求 ……………………………………………… 31
　单元3　生产管理思想、理论及发展 …………………………………………… 32
　　　1　概述 ……………………………………………………………………… 32
　　　　1.1　管理思想的产生 …………………………………………………… 32
　　　　1.2　管理思想的逻辑结构 ……………………………………………… 32
　　　2　中国古代管理思想 ……………………………………………………… 33
　　　3　西方生产管理理论的起源与发展 ……………………………………… 34
　　　　3.1　早期管理思想产生阶段 …………………………………………… 34
　　　　3.2　管理理论的萌芽阶段 ……………………………………………… 34
　　　　3.3　科学管理阶段 ……………………………………………………… 35
　　　　3.4　行为科学理论阶段 ………………………………………………… 39
　　　　3.5　现代管理理论阶段 ………………………………………………… 47
　　　　3.6　现代管理理论的新发展 …………………………………………… 49

模块2　印染企业生产技术管理 …………………………………………………… 54
　单元1　印染企业工艺管理 ……………………………………………………… 54
　　　1　工艺管理的内容和要求 ………………………………………………… 54
　　　　1.1　工艺管理工作的内容 ……………………………………………… 54
　　　　1.2　工艺管理的基本要求 ……………………………………………… 55
　　　2　工艺设计 ………………………………………………………………… 55
　　　　2.1　染整工艺设计需考虑的要素 ……………………………………… 55
　　　　2.2　染整工艺设计的主要内容 ………………………………………… 55
　　　3　工艺管理制度 …………………………………………………………… 60
　　　　3.1　工艺责任制 ………………………………………………………… 60
　　　　3.2　工艺审批制度 ……………………………………………………… 61
　　　　3.3　工艺纪律 …………………………………………………………… 61
　　　4　现场工艺管理 …………………………………………………………… 62
　　　　4.1　产前工艺审核 ……………………………………………………… 62
　　　　4.2　产前复样 …………………………………………………………… 62
　　　　4.3　生产过程的工艺控制（以纬编针织物染整为例） ……………… 62
　　　　4.4　染化料管理 ………………………………………………………… 63
　　　　4.5　工艺检查 …………………………………………………………… 63

5 新产品开发的管理 … 64
5.1 新产品的概念和分类 … 64
5.2 新产品开发策略 … 64
5.3 新产品开发应考虑的因素 … 64
5.4 新产品开发过程 … 64
6 工艺研究 … 64

单元2 印染企业设备管理 … 65
1 设备管理概述 … 66
1.1 设备管理的原则 … 66
1.2 设备管理的内容 … 67
2 设备前期管理 … 68
2.1 设备选购 … 68
2.2 设备选购方案的评价 … 69
3 设备的使用期管理 … 69
3.1 设备的使用 … 70
3.2 设备的磨损规律与故障规律 … 70
3.3 设备状态的监测与考核 … 73
3.4 设备的维护与修理 … 74
4 设备的更新与改造 … 77
4.1 设备的寿命 … 77
4.2 设备更新 … 78
4.3 设备的改造 … 79
4.4 设备更新改造 … 79
5 设备规章制度管理 … 80
5.1 设备规章制度的制定 … 80
5.2 设备规章制度的贯彻执行 … 80
5.3 设备规章制度的修改 … 81
5.4 设备管理规章制度简介 … 81
5.5 设备技术资料的管理 … 81

模块3 印染企业质量管理 … 84
1 质量 … 84
2 质量保证体系 … 85
2.1 质量保证体系的概念 … 85
2.2 质量保证体系的内容 … 86

2.3　质量保证体系的运行方式 …………………………………………………… 87
3　质量认证 ……………………………………………………………………………… 88
　　3.1　质量认证概述 ………………………………………………………………… 88
　　3.2　质量体系认证的意义和作用 ………………………………………………… 89
　　3.3　申请ISO9000质量体系认证的流程 ………………………………………… 90
　　3.4　申请产品质量认证流程 ……………………………………………………… 90
　　3.5　ISO9000系列标准简介 ……………………………………………………… 91
4　质量管理 ……………………………………………………………………………… 92
　　4.1　质量管理的发展过程 ………………………………………………………… 92
　　4.2　全面质量管理 ………………………………………………………………… 94
5　质量管理的方法和工具 ……………………………………………………………… 96
　　5.1　5M1E管理 …………………………………………………………………… 96
　　5.2　QC小组 ……………………………………………………………………… 98
　　5.3　常用质量统计分析工具 ……………………………………………………… 99

模块4　印染生产其他专业管理 ……………………………………………………… 109
单元1　印染企业物料管理 …………………………………………………………… 109
1　物料计划管理 ………………………………………………………………………… 109
　　1.1　物料计划的制定 ……………………………………………………………… 110
　　1.2　物料计划的检查与分析 ……………………………………………………… 111
2　物料采购管理 ………………………………………………………………………… 111
　　2.1　采购管理概述 ………………………………………………………………… 111
　　2.2　准时化采购简介 ……………………………………………………………… 116
3　物料使用管理 ………………………………………………………………………… 117
　　3.1　物料的配送 …………………………………………………………………… 117
　　3.2　物料的消耗 …………………………………………………………………… 117
4　物料库存管理 ………………………………………………………………………… 117
　　4.1　库存及库存管理概述 ………………………………………………………… 117
　　4.2　仓库管理的基本业务 ………………………………………………………… 118
　　4.3　库存控制的基本方法 ………………………………………………………… 119
单元二　印染企业水和能源管理 ……………………………………………………… 123
1　水的管理 ……………………………………………………………………………… 124
　　1.1　用水分析 ……………………………………………………………………… 124
　　1.2　用水管理的重要性 …………………………………………………………… 125
　　1.3　用水的精细化管理要点 ……………………………………………………… 125

2 能源管理 ······ 126
2.1 染整企业在能源上的浪费 ······ 126
2.2 能源管理的意义 ······ 127
2.3 能源管理的基础工作 ······ 127
2.4 印染企业能源科学管理的工作要点 ······ 129
2.5 合同能源管理 ······ 129
2.6 能源管理系统 ······ 130

模块 5 印染企业生产运作管理 ······ 134
单元 1 印染企业生产的计划与组织 ······ 134
1 印染企业的生产特点和生产运作流程 ······ 134
1.1 印染企业的生产特点和管理要求 ······ 134
1.2 印染企业的生产运作流程 ······ 135
2 印染企业生产的计划与组织 ······ 135
2.1 生产能力的核定 ······ 135
2.2 生产计划和生产作业计划 ······ 137
3 生产(作业)计划的实施 ······ 143
3.1 生产调度工作 ······ 143
3.2 生产进度控制 ······ 145

单元 2 印染企业的现场管理 ······ 149
1 印染企业现场管理概述 ······ 149
1.1 印染企业现场管理的核心内容 ······ 149
1.2 印染企业主要生产环节的现场管理 ······ 150
2 印染企业的车间现场管理 ······ 158
2.1 印染企业车间现场管理的组织 ······ 158
2.2 印染企业车间现场管理要点 ······ 159
3 6S 管理 ······ 161
3.1 6S 管理的内容 ······ 161
3.2 6S 管理的基本原理 ······ 163
3.3 6S 管理的推行 ······ 163
3.4 6S 管理的作用和意义 ······ 164

单元 3 印染企业精细化管理 ······ 168
1 印染企业精细化管理的背景 ······ 168
1.1 印染行业的形势 ······ 168
1.2 印染企业管理的发展阶段 ······ 168

2　精细化管理的基本概念和内涵 …………………………………………………… 168
　　　　2.1　精细化管理的基本概念 ………………………………………………………… 168
　　　　2.2　精细化管理的内涵 ……………………………………………………………… 169
　　　　2.3　精细化管理目标 ………………………………………………………………… 169
　　3　印染生产如何推行精细化管理 …………………………………………………… 169
　　　　3.1　精细化管理的推进步骤 ………………………………………………………… 169
　　　　3.2　印染生产精细化管理内容举要 ………………………………………………… 170
　单元4　印染企业生产信息化管理 ……………………………………………………… 170
　　1　信息化管理系统概述 ……………………………………………………………… 170
　　　　1.1　信息化管理系统的基本特点 …………………………………………………… 170
　　　　1.2　信息化管理系统的构成 ………………………………………………………… 171
　　　　1.3　企业信息化管理系统的功能 …………………………………………………… 171
　　2　印染ERP …………………………………………………………………………… 171
　　　　2.1　印染ERP概述 …………………………………………………………………… 171
　　　　2.2　印染ERP的结构和基本功能模块 ……………………………………………… 173
　　　　2.3　印染ERP的实施 ………………………………………………………………… 175

模块6　印染企业生产成本控制 …………………………………………………………… 183
　1　生产成本和生产成本控制概述 ……………………………………………………… 183
　　　1.1　生产成本 …………………………………………………………………………… 183
　　　1.2　生产成本控制 ……………………………………………………………………… 184
　2　印染生产成本的构成和控制方法 …………………………………………………… 188
　　　2.1　印染生产成本的构成 ……………………………………………………………… 188
　　　2.2　印染企业面临的成本压力 ………………………………………………………… 189
　　　2.3　降低印染企业生产成本的主要途径 ……………………………………………… 189

模块7　印染企业环境管理 …………………………………………………………………… 197
　单元1　企业环境管理基础知识 ………………………………………………………… 197
　　1　企业环境管理概述 ………………………………………………………………… 197
　　　　1.1　环境成本 ………………………………………………………………………… 197
　　　　1.2　环境管理的目标 ………………………………………………………………… 199
　　　　1.3　环境管理的内容 ………………………………………………………………… 199
　　2　我国环境管理制度概述 …………………………………………………………… 200
　　　　2.1　我国环境管理制度的基本特征 ………………………………………………… 200
　　　　2.2　我国环境管理的基本制度 ……………………………………………………… 201

单元2 印染企业的环境管理与清洁生产 205
1 印染环境管理的基本情况 205
1.1 污染来源及特点 205
1.2 染整环境管理主要指标 205
1.3 印染行业的环保形势 207
1.4 印染企业环境管理举措 208
2 印染清洁生产 209
2.1 清洁生产的内涵 209
2.2 推行清洁生产的意义 210
2.3 清洁生产的途径 210

单元3 生态纺织品与印染企业 214
1 生态纺织品概述 215
1.1 生态纺织品的概念 215
1.2 生态纺织品的产品标准和标签 215
1.3 生态纺织品的技术要求 217
1.4 生态纺织品和绿色贸易壁垒 217
2 生态纺织品的开发与生产 219
3 印染行业的环保应对策略 220

模块8 印染企业安全生产管理 222
单元1 安全生产管理基础 222
1 安全生产管理的基本方针与原则 222
1.1 安全生产管理基本方针 222
1.2 我国安全生产监督管理的体制 223
1.3 安全生产管理的原则 223
2 安全生产规章制度与安全生产责任制 224
3 安全生产管理机构设置及职责和任务 225
3.1 安全生产管理机构设置 225
3.2 安全生产管理的职责和任务 225
4 安全生产教育 226
5 安全操作规程 227
6 安全检查 227
6.1 安全检查的主要内容 227
6.2 安全检查的形式 227
6.3 自我安全检查的要点 227

7　事故管理 ·· 228
单元2　印染企业安全生产管理特征与措施 ··· 228
　　1　印染企业生产过程的特点 ·· 228
　　2　印染企业常见易发的各类事故及原因 ··· 229
　　3　印染企业车间主任安全生产管理的职责 ·· 230

主要参考文献 ··· 240

绪 论
我们的纺织印染行业

1 我国印染工业的发展历程简介

中国是最早应用染料的国家之一,很早就掌握了丝绸的染整技术,并在发展纺织、印染生产技术方面为世界做出过重要贡献。

我国是世界上最早使用天然色素的国家之一。历史较悠久的靛蓝、茜素、五倍子、胭脂红等,是我国应用最早的天然色素。史料记载,染色之术,远始于轩辕氏之世,黄帝制定玄冠黄裳,以草木之汁,染成文彩。周朝时期的朝廷设有专职官员"染人",也称"染草之官"。秦代称印染为染缬,后唐马缟的《中华古今注》中就有秦始皇始染缬的记载。汉代的《史记·货殖传》中也载有"茜栀千亩,亦比千乘之家",说明了天然色素获利的丰厚,也足见天然色素需求量大。

南北朝时期,染缬已广泛用于服饰。据北魏《齐民要术》记载,北魏时期已创造出制备染料的"杀红花法"和"造靛法",植物染料经提炼后可长期贮存使用。隋唐时期,纺织品的染色普遍采用植物染料。唐代在印染技术上已很成熟,中唐以后穿用染缬品成为社会风尚。明清时期,雕版印刷技术的提高带动了木版、纸版和绢网印染套色印花技术的发展,以色彩绚丽而著称的各类明清丝绸熟织品在表现出精湛的织绣工艺水平的同时,也体现了其高超的彩色练染技艺。明代科学家宋应星所著的《天工开物》一书中,对如何提取植物染料,如何进行染色,已有详细的记载。明清时期,我国所产的冻绿已闻名国外,被称为中国绿。我国所产的矿物颜料和植物染料,可适用丝、麻、毛、棉等纤维,历代相沿使用。但化学染料自1902年输入我国后,由于色光和坚牢度都有明显优势,逐渐为各染坊所采用。从清后期至中华人民共和国成立前的一百多年里,我国的纺织、印染工业未能得到应有的发展。至20世纪40年代,我国虽已有少数印染厂,但规模小,且主要集中于上海、天津、青岛等沿海地区少数城市,染整设备和染化料也绝大多数依赖进口,产品种类较少,产品质量大多属于低档,更谈不上真正完整的的印染工业。

新中国成立以后,"一五"期间,在北京、郑州、石家庄、西安等地建了一批大中型印染厂,成为了印染行业的骨干企业,为新中国印染工业奠定了良好的基础,发挥了重要的作用;"六五"期间,根据市场需要,提出了"色改花、棉改涤、窄改宽"的技术改造方向,为增加纺织品出口奠定了基础;"七五"期间,印染工业由注重外延式发展转向内涵式发展,由扩大数量转向提高质量、增加品种、提高档次,为以后开发适应中高档出口服装的面料和装饰用纺织品及产业用纺织品打下了基础;20世纪90年代初,针对我国染整行业存在的三个突出问题,即门幅窄(当时有不少企业生产幅宽36英寸的布)、长车多、企业规模太大,印染工业开始转变旧的生产模式,柔性化加工逐步形成,企业纷纷采用小批量、多品种、快交货的生产方式以适应不断变化的国内外市场需求。同时,印染行业涌现出一批竞争力比较强的优质企业,天然纤维产品的抗皱整理、生物酶整理、具保健卫生功能的整理(如防紫外线、防电磁波、特氟隆、抗菌、防臭、防蛀、防水透湿、吸湿排汗等整理)逐步形成生产能力。2000年以后,特别是"十五"至"十三五"期间,印染行业进入了一个高速的发展期,印染行业的整体实力不断增强。

新中国成立70年来,我国印染行业在国家的关心支持下,通过广大企业员工和科技人员的艰苦努力,得到了飞速的发展。

从印染布产量上看,新中国成立初期的1952年为19.2亿米,1960年为32.2亿米,1970年为53亿米,改革开放初期的1978年为65亿米。1983年,取消了按人口定量供应纺织品的"布票",印染布产量为73.29亿米,这标志着印染产品走出了极其紧缺的计划经济时代,迈入了商品经济时代。1990年,印染布产量为91.6亿米。1995年,全国企业普查,印染布产量为136.5亿米。2000年,印染布产量为158亿米。2006年,印染布产量为430.31亿米。2010年,印染布产量为602亿米,达到了规模以上印染企业产量的最高峰值。之后,印染行业逐渐转入结构调整和转型升级阶段。2019年,我国规模以上印染企业印染布产量为537.63亿米。新中国成立以来规模以上印染企业印染布产量情况见表0-1。

表0-1 新中国成立以来规模以上印染企业印染布产量情况

年份	产量/亿米	年份	产量/亿米	年份	产量/亿米	年份	产量/亿米
1952	19.2	2000	158.71	2007	490.19	2014	536.74
1960	32.2	2001	178.81	2008	494.34	2015	509.53
1970	53	2002	211.58	2009	482.72	2016	533.70
1978	65	2003	251.78	2010	601.65	2017	524.59
1983	73.29	2004	301.63	2011	593.03	2018	522.99
1990	91.6	2005	362.15	2012	566.02	2019	537.63
1995	136.5	2006	430.30	2013	542.36	—	

印染工业的发展促进了我国印染机械行业的发展。通过自身的开发及引进、消化吸收、技贸结合等多种方式,我国的印染设备取得了长足的进步,连续前处理设备、丝光机、轧染机、圆网印花机、平网印花机、定形机、均匀轧车、间歇式染色机等国产设备的制造水平也不断提高,满足了印染工业发展的基本需要,促进了染整行业的技术进步。同时,化纤行业、染料助剂行业伴随着印染行业共同发展,为印染行业的发展也做出了巨大贡献。

印染行业是一个竞争性很强的行业,在计划经济向市场经济的过渡中,由于适应性(如信息、管理、机制、技术、营销、开发能力和水平及上下、左右行业间的整合与配套等问题)、结构性、体制、观念等方面的问题,成为纺织工业中最早亏损的一个行业。全行业从 1991 年开始亏损,直到 1998 年,才扭亏为盈,以后年利润总额逐年上升,到 2003 年已达 27.3 亿元,2019 年已达 158.35 亿元,发展稳健。

2 我国印染行业的现状

2.1 我国印染行业的基本情况

印染是纺织加工过程中的一个重要环节,是体现纺织产品经济价值及提高纺织品和服装附加价值的重要因素。我国印染行业的发展得到了政府和纺织业界的高度重视。改革开放以来,我国印染产业的规模得到了快速发展,特别是近十多年来,我国印染行业发展迅速,成效明显。到 2019 年底,达到一定生产规模的企业为 1 633 户,规模以上印染企业的印染布年产量达 537.63 亿米,实现销售收入 2 831.53 亿元。近些年来,国家把印染行业的技术改造列入纺织行业重点支持的行业之一,同时在技术开发和科技攻关方面给予了相应的政策支持,使我国印染行业在质量、品种、效益等方面取得了长足进步,整体竞争力不断提高。

从装备水平来看,新中国成立初期,我国的印染机械工业几乎是一张白纸,从 20 世纪 50 年代到 90 年代,我国先后设计制造了 54 型、65 型、71 型、74 型和 96 型棉型机织物印染设备,印染装备经历了五次大的更新换代;进入 21 世纪,经过"十五"到"十三五"期间的大规模技术改造,印染装备水平大幅提升,逐步淘汰了能耗水耗高、稳定性差的落后设备,节能、节水、降耗、环保的设备比重增高明显,尤其在东部沿海地区,世界先进的印染设备比重大幅提高,设备的自动化、智能化水平不断提高,织物含湿率、热风湿度、液位、门幅、卷径、边位、长度、温度、速差、预缩率在线检测技术已经在印染企业逐步推广应用,并取得了显著的工艺效果和节能减排效果。此外,阔幅生产设备比重逐年上升,幅宽达到 280~320 cm 的设备比重增加明显。

从产品结构来看,新中国成立初期,我国印染行业只能单一加工窄幅纯棉织物,60 年代随着人造纤维的批量生产,印染行业出现了新的加工技术,可以对黏胶纤维等人造纤维织物进行染整处理,70 年代以来,发展了涤棉混纺为主的各种混纺织物、中长织物和合纤长丝织物的加工工艺。改革开放后,随着人民生活水平的不断提高和市场需求的不断变化,以及染整装备的改善和染料、助剂等相关行业的发展,印染工业的生产技术水平不断提高。近几十年来,新的纤维原料不断涌现,如莱卡、天丝、莫代尔纤维、锦纶、醋酯纤维、铜氨纤维、竹浆纤维、牛奶丝、大豆蛋白纤维及吸湿排汗纤维等,从而大大推动了我国染整技术水平的提高。同时,印染行业中涌现出一批竞争力比较强的企业,天然纤维产品的抗皱整理、生物酶整理、保健卫生功能整理(如防紫外线、防电磁波、抗菌、防臭、防蛀、防水透湿、吸湿排汗等整理)逐步形成生产能力。总体来看,我国印染行业虽开发了一批质量高、性能好、附加价值高的新产品,但仍以中低档、大路产品居多,新产品比例较低,印染产品设计创新不足,高档面料生产工艺有待进一步提高。近年来,印染行业自主创新能力有所提高,产品开发能力增强,印染产品整体水平有所提升。同时,由于印染装备水平得到提升,先进工艺技术得到推广应用,产品质量稳定改善,产品档次提高,较好地满足了小批量、多品种和快交货的要求,印染产品国际竞争力稳步增强。

从产品的最终用途来看,新中国成立以来,我国印染工业主要满足老百姓穿衣的要求,随着人民生活水平的不断提高、纺织工业的不断发展和印染工业的突飞猛进,服用面料的比重正逐步下降,装饰用面料、产业用纺织品比重上升较快。

从工艺技术角度来看,我国印染行业紧紧围绕国家及行业发展规划和目标,从新中国成立初期的满足国民的基本穿衣问题,到20世纪90年代以后的满足小批量、多品种、高品质的个性化市场需求,不断加快技术创新和开发速度,工艺技术水平不断提高,在印染清洁生产技术、新型纺织材料的染整加工技术、多组分纤维的染整加工技术、新型染料和助剂应用、废水深度治理与回用技术、资源循环利用技术等方面取得了许多突破性进展,一些先进技术已经在企业推广应用,对印染行业的技术进步起到了积极的推动作用。

近年来,随着计算机的普及和软件的进步,信息化技术在印染行业逐步推广应用,印染企业管理信息化取得较大进展。以信息化技术改造传统的生产过程、营销过程和管理过程,可加快对用户和市场的反应速度,提高企业管理效率,大部分印染工艺参数都可以得到监控。单机台的监测与闭环控制系统也已实现产业化应用。印染生产线的自动化、数字化技术、计算机测配色和分色制版等技术的广泛采用,使印染产品质量大幅提高。企业资源计划系统(ERP)在大中型骨干企业得到普遍开发应用,降低了原料库存,节省了成本,提高了产品质量和劳动生产率,缩短了产品开发周期,提升了印染企业的运行管理水平和竞争力。

从印染企业的情况来看,改革开放以前,印染企业主要是国有和集体企业,改革开放以后,非公有制成分不断进入印染行业,为印染行业不断注入新的活力。目前,印染企业以民营企业为主,但企业规模普遍偏小,以中小企业为主:销售收入1亿元以上的不到30%;员工人数1 000以上的约占3%,大多数企业员工人数为100~300;年加工5 000万米以上的企业不足10%,年加工1 000万米以下的企业还有不少。大多数印染企业为加工型、出口型企业,以间接出口为主,大多从事OEM加工(代工生产)。由于国外人工成本高,外商通常直接订购服装而不是订购面料,因此,面料通过纺织制品厂或服装厂间接出口比重大,特别是向美、欧、日市场直接出口面料较少,基本是外商指定中国服装厂采用指定印染企业的面料进行加工。面料直接出口市场主要是南美、东南亚、非洲等地,而且面料出口到这些市场后,也多数由当地加工成服装再出口。

从地区结构来看,新中国成立初期,国家按照当时的发展规划和目标,对印染行业进行了全面和均衡的布局。改革开放以来,印染产品的产能逐步向东部沿海地区集中,中西部地区的印染产量则逐步下降,产业集群块状经济已充分展现。1997年,浙江、江苏、山东、广东、福建五省的产量占全行业的份额为72%,2007年五省的产量占全行业的份额达89.93%,2015年五省的产量占全国的比重已达95.79%,东部沿海地区集中度持续增长。其中,浙江省的印染产量提高最快,1997年为34亿米,2007年为238.48亿米,2017年达到313.26亿米,占全国的59.72%,自2004年以来,连续十四年占全国印染布总产量的50%以上。1997—2017年,上述五省印染产量情况见表0-2。在珠江三角洲、长江三角洲和环渤海湾地区,印染产业集群逐年增强,在印染行业的发展中起到了重要作用。在浙江的绍兴、萧山,江苏的吴江、常州,以及福建的石狮等地区,印染产业集群块状经济的优势明显。这些地区的许多民营企业起点高,设备先进,生产规模大,产品适应性强。近年来,这些地区兴建了一些纺织印染工业园区,在政府的引导下,分散布局的纺织印染企业正逐步向纺织印染工业园聚集。新建工业园区配套建有热电厂和具有一定印染废水处理能力的污水处理厂,实行"三统一"管理,即统一供水、统一供汽、统一污水处理。

表0-2 1997—2017年五省印染产量情况

年份	浙江/亿米	江苏/亿米	广东/亿米	福建/亿米	山东/亿米	五省合计/亿米	全国产量/亿米	五省占比%
1997	34.52	21.26	20.05	15.73	10.52	102.08	141	72.4
1998	57.48	19.25	19.55	10.58	9.91	116.77	147	79.4
1999	65.22	21.88	26.13	5.54	11.07	129.84	160	81.2
2000	66.41	26.98	17.48	4.76	11.7	127.33	158	80.6
2001	81.8	28.4	18.64	6.16	12.45	147.45	178	82.8
2007	238.48	51.16	38.43	38.29	26.99	393.25	437.40	89.93
2009	302.97	58.49	49.91	40.26	33.20	484.83	539.80	89.82
2010	347.75	62.40	58.33	39.12	42.15	549.75	601.65	91.37
2011	362.45	49.69	54.85	42.18	38.94	548.11	593.03	92.43
2012	334.88	49.94	46.55	59.45	38.46	529.30	566.02	93.51
2013	325.08	50.12	47.68	48.94	35.79	507.61	542.36	93.59
2014	324.02	63.6	47.27	42.46	30.08	507.43	536.74	94.54
2015	317.63	64.47	40.23	38.33	27.51	488.06	509.53	95.79
2016	322.09	67.04	37.99	47.67	29.98	504.77	533.70	94.58
2017	313.26	66.94	39.56	49.36	28.67	497.79	524.59	94.89

2.2 我国印染行业竞争力分析

我国是纺织品服装生产大国,印染加工在整个纺织服装生产链中具有承上启下的作用,具有丰富的原料和巨大的消费市场。随着经济区域化、全球化和贸易自由化趋势的加剧,世界纺织工业的格局正在发生深刻变化。发达国家逐步将传统的劳动密集型产业向发展中国家转移,而集中发展增长潜力大、高技术、高附加值领域的产品。印染行业作为高技术含量产业,是发达国家不肯轻易放弃的领域之一,因而印染行业的竞争在全球范围内将更加激烈。国际竞争能力主要表现在产品、质量、营销、价格、交货期等几个方面。以下从这几个方面分析我国印染行业的竞争力:

（1）产品。企业开发产品的能力是企业竞争力的重要体现。近年来，印染企业加大了技术改造的力度，技术装备水平有了很大提高。据初步统计，近些年，印染企业技术改造投入增加较快，部分企业的设备已具有国际水平，为开发产品提供了较好的硬件保证。但是，产品的设计和工艺技术开发能力普遍较弱，投入开发费用较低，绝大部分企业仍以仿制和来样加工为主，有相当多的企业甚至以来样、来料、进料接单加工为生计，平均加工费用不高，与国外先进国家相比，处于明显的劣势地位。在棉、棉混纺、化纤及混纺这几大类印染产品中，化纤类印染产品的开发能力更有待进一步提高，这是影响我国印染产品国际竞争力的主要因素。

（2）市场营销。在国内市场上，国内大企业较国外企业占有先机，但从整个行业来看，印染产品生产与上游的纺纱、织造及下游的服装、最终制品用户之间还没有形成有机的协作互动机制，产品批发主要靠城市各类批发市场的中间商；在国际市场上，多数印染企业出口主要靠代理公司，在国外的销售网络则几乎是空白，而国外企业已形成较完整的销售网络，从全球大市场来看，国内企业在营销方面的竞争力比较弱。

（3）质量。印染产品最基本的质量指标如表观疵点、色差、尺寸稳定性等，经过几年的技术改造，有了很大改善，但染色牢度、手感和功能性与国外先进水平相比还有一些差距。目前，纺织产品的质量竞争已从单纯的重视表观质量，转向内在质量和健康环保等方面。我国近几年发生了多起因不符合国外生态纺织品标准而被退货索赔的事件。国内目前的权威检测机构基本不被国际上大的采购商、经销商所认可，许多国内企业出口的服装和其他纺织品，即使采用国外面料，也往往被要求到指定的外资机构进行质量检测。质量保证体系的不健全，使企业在国际市场竞争中处于弱势。

（4）生产成本与价格。在生产成本与价格方面，目前我国的印染企业与国外相比，还具有一定的竞争优势。这主要得益于灵活的管理方法、曾经相对宽松的环保政策、低廉的劳动力成本和较低的固定成本。尽管如此，也仅限于中低档产品具有较强的优势，而且随着国家环保政策的趋紧及劳动力成本的快速上升，这种优势正在逐步消弱。对于高档产品，由于原材料和技术方面等原因，产品的合格率难以保证，导致生产成本增加，价格优势减弱。

（5）交货时间。由于信息化技术的采用，国外先进企业已实现在线跟踪和实时化生产，大大缩短了产品的交货周期。在绝对交货期上，国外一些先进国家产品的竞争优势明显。但印染产品是中间产品，必须进行缝制加工才能形成最终产品与消费者见面，而我国是世界上最大的服装生产国，具有最大的面料消费市场，目前国际贸易的趋向是减少中间流通环节，我国企业具有明显的地域上的优势，可弥补绝对交货期上的不足，因此在交货时间上，目前我国印染企业仍具有一定的优势。

2.3 纺织印染行业的定位

为应对国际金融危机的影响，贯彻落实"保增长、扩内需、调结构"的总体要求，2009年4月24日，国务院正式发布《纺织工业调整和振兴规划》，将纺织工业明确定位为"国民经济的传统支柱产业和重要的民生产业，也是国际竞争优势明显的产业"。在这一重要的阶段性文件中，强调指出：①纺织工业在相当长时间内是我国重要的民生产业。

13亿人口的庞大消费总量决定了内需市场必须依靠我国纺织产业来满足;纺织工业吸纳了2 000万劳动力就业,其中80%来自农村;我国棉、毛、麻、丝年产量共达900多万吨,关系到1亿农民的生计。②纺织工业是我国国际竞争优势明显的产业之一。中国纺织品服装在全球纺织贸易市场占有1/3左右的份额,在全球纺织产业格局中具有产业链完整、配套能力强、专业分工明确、劳动力成本低等不可替代的优势,并且在相当长的时间里,这种格局不会改变。

《纺织工业发展规划(2016—2020年)》明确指出:纺织工业是我国传统支柱产业、重要的民生产业和创造国际化新优势的产业,是科技与时尚融合、衣着消费与产业用并举的产业,在美化人民生活、带动相关产业、拉动内需增长、建设生态文明、增强文化自信、促进社会和谐等方面发挥着重要作用。这一论断为现阶段的纺织行业进行了明确定位。

2018年3月29日,中国纺织工业联合会会长孙瑞哲在第23届中国服装论坛上的讲话中指出:新的历史发展阶段,经历不断转型升级的中国纺织服装产业必将迎来产业定位的"再定义"。以党的"十九大"召开为标志,中国纺织工业正进入高质量发展新阶段。以往劳动密集型的传统产业印象锁定正在去除。以高品质高性能纤维、产业用纺织品、高端智能制造为代表的科技产业,以服装品牌、家纺品牌为代表的时尚产业,贯穿全产业链的绿色制造产业,正成为新的社会认知。"科技、时尚、绿色"正在成为中国纺织服装行业的产业新定位与新标签。

改革开放以来,中国纺织服装产业"科技、时尚、绿色"的产业定位与产业属性逐步鲜明:

第一,科技创新,助力行业"由大变强"。2015年,纺织行业劳动生产率(以工业总产值计)达到73.6万元/人,是1978年的41.4倍。纺织全产业链能够实现使用自主技术、自主装备生产自主开发设计的优质产品,这在中国制造产业中并不多见。

第二,时尚消费升级,催生供给侧的时尚动力。1978年,中国人均纤维消费量仅有2.9 kg,是世界平均水平的38%。2008年,中国人均纤维消费突破15 kg,2015年超过20 kg,纤维消费数量、结构均逐步接近中等发达国家水平。2016年,中国城乡居民人均衣着消费支出达到1 739元和575.4元,比1985年分别增加16.7倍和17.4倍。

经过多年的发展,中国已经出现世界上人口规模最大的中等收入群体,形成了巨大的国内市场。这个4亿人左右而且快速增长的中等收入群体形成的开放市场,将对全球的发展做出重大贡献。

与此同时,"人民日益增长的美好生活需要"已经成为推进行业高质量发展的核心动力。居民消费内涵日渐丰富,消费结构更加多元。随着消费升级的不断深化,行业需求呈现出从注质量的满足向追求质的提升转变、从关注有形产品向关注服务体验转变、从模仿型排浪式消费向个性化多样化消费、炫耀型消费向投资型消费转变等一系列特征,这都是时尚消费的突出特征,也在不断催生产业供给侧的时尚变革。

第三,绿色可持续发展,推进生态文明建设。改革开放以来,纺织服装行业始终重视技术革新改造,努力降耗增效。

"十二五"时期,"加强节能减排和资源循环利用"成为行业五年规划发展任务,低温快速前处理、冷轧堆染色、印染废水大通量膜处理等一大批清洁生产关键技术取得突破,并实现了产业化应用。

2019年3月4日,中国纺织工业联合会会长孙瑞哲在纺织行业两会代表座谈会上以《凝心聚力 创新作为 实现高质量发展》为题的发言指出:

作为中国国民经济的传统支柱产业、重要民生产业和创造国际化新优势的产业,中国纺织工业在满足人民日益增长的美好物质文化需要、带动相关产业发展、推动国家经济社会发展等方面做出了巨大贡献;其中,在国民经济中发挥的重要作用主要有三个方面。

第一,中国纺织工业在中国国民经济中的地位举足轻重。

2017年,纺织工业规模以上企业主营业务收入68 935.65亿元,主营业务收入占全国工业比重5.92%;利润3 768.8亿元,占全国工业比重5.01%;出口总额2 745.1亿美元,占全国出口总额12.13%。

第二,中国纺织工业是中国经济发展抗风险的安全池。

第三,中国纺织工业是平衡中国国际收支的重要支柱。

中国纺织工业是中国第一大净出口创汇产业,始终对中国的国际收支平衡发挥着重要支柱作用,同时行业创汇对推进"一带一路"倡议、促进国民经济转型升级等方面提供了有力支撑。

2013年10月14日,中国纺织工业联合会原会长王天凯在中国印染行业协会第五次会员代表大会上指出:印染行业作为技术密集和资金密集型的行业,是丰富纺织产品花色品种,提升纺织产品附加值的关键行业,是体现纺织工业核心竞争力的重要行业,也是纺织工业节能减排、环境保护的重点行业。这一论断为印染行业进行了明确定位。

3 印染行业的高质量发展趋势

3.1 印染行业面临的发展形势

"十九大"报告提出我国经济已从高速增长转向高质量发展阶段。高质量发展实质就是贯彻创新、协调、绿色、开放、共享五大理念,更好地满足人们对美好生活的需要。纺织工业是重要民生产业,是时尚与科技融合的产业,直接为消费结构升级、更好地满足人民美好生活提供服务。印染行业是纺织高质量发展的重要环节。印染行业在节能减排、提高产品品质、丰富产品功能方面取得了明显进步。应该说,现在是印染行业发展的最好时候。

(1) 严格环保治理督查为行业提供了公平竞争环境。环保问题是涉及印染生存的问题。多年来,不同地区、不同企业差异化的环保执法造成环境成本的不公平,客观上造成了劣币驱除良币的态势。现在,生态文明建设提到空前的高度,宁要绿水青山,不要金山银山,各地淘汰关闭低效污染企业的力度加大,为规范运行的企业提供了更好的机遇。

(2) 消费升级为印染产业升级提供了空间。个性化需求要求更多的功能化、差异化面料品种,品质品牌需求扩大,要求提供更多精细高品质的面料。高品质定制化与品牌协同开发的产品需求不断增多。同时,提供更多优质生态纺织品,满足人民日益增长的优美生态环境需要,将打造印染行业新的经济增长点。这些都将有利于促进印染行业实现高质量发展。

(3) 新技术特别是自动化、信息化、智能化技术的发展,为印染质量及效益的提高提供了更好的支撑。

与此同时,也存在一些不利因素。

(1) 国内印染企业成本压力持续上升。成本压力持续上升是印染行业面临的主要问题之一,主要体现在:

① 人工成本持续增加成为常态。

② 染化料价格近年来保持高位,且受上游运行情况的影响较大(安全、环保等因素)。

③ 国家环保政策日益深化,废水、废气治理要求不断提高,导致环保投入和运行成本持续增加。

④ 高质量发展对行业技术进步提出了更高要求,行业技术改造和技术创新投入不断增加。

(2) 国际竞争加剧。国际竞争加剧是印染行业面临的又一主要问题,主要体现在:

① 近年来,越南、孟加拉、印度等东南亚国家在美、日、欧三大纺织品市场上的占比持续增加,见表0-3、表0-4和表0-5。

② 中美贸易摩擦持续存在,更多订单流向具有劳动力成本和关税政策优势的东南亚地区,同时,TPP→CPTPP(亚太自贸区多边经济合作模式)对中国也有一些不利影响,越南纺织业发展迅速,或将减少对中国面料和原料的依赖,建成与中国正面竞争的产业链,我国印染布出口将面临更加激烈的市场竞争。

表0-3 日本纺织品服装进口来源国占比情况

国家	2010年		2018年		年均增速/%
	金额/亿日元	占比/%	金额/亿日元	占比/%	
中国	22 803	77.58	24 705	57.8	1.15
越南	1 249	4.23	5 395	12.62	23.25
印度	312	1.06	518	1.21	7.51
孟加拉	189	0.64	1 329	3.11	32.13

表0-4 美国纺织品服装进口来源国占比情况

国家	2010年		2018年		年均增速/%
	金额/亿美元	占比/%	金额/亿美元	占比/%	
中国	384.69	41.2	405.83	36.53	0.77
越南	62.89	6.7	129.32	11.64	10.85
印度	53.75	5.8	76.73	6.91	5.22
孟加拉	40.63	4.4	56.07	5.05	4.71

表 0-5 欧盟纺织品服装进口来源国占比情况

国家	2010 年		2018 年		年均增速/%
	金额/亿欧元	占比/%	金额/亿欧元	占比/%	
中国	378.8	42.69	388.69	35.31	0.37
越南	16.11	1.81	39.01	3.54	13.47
印度	70.2	7.94	79.8	7.25	1.85
孟加拉	65.9	7.36	167.89	15.26	14.29

3.2 推进印染行业高质量发展

印染行业实现高质量发展，要在以下几个方面做出努力：

(1) 树立质量优先观念。要大力弘扬企业家精神和工匠精神，坚持以人民为中心的发展思想，增强质量第一、精益求精意识，积极推进增品种、提品质、创品牌三品战略，破除按价论质、低价竞争的惯性思维，创造以质量品牌核心的竞争优势。加快产品结构、市场结构调整，实现从"规模数量型"向"质量效益型"转变；加快产品结构调整，由同质化竞争转变为差异化、个性化生产，由来样仿制转变为设计研发，产品结构实现从中低端产品向高品质产品转变；加快市场结构调整，由加工贸易转变为控制销售终端、创建自主品牌，由满足需求转变为创造需求，市场结构从委托加工向自营贸易、自主品牌转变。重点开发高品质印染产品的设计、制造技术，开发功能性纺织品染整技术、多组分纺织品染整技术、高色牢度纺织品染整技术、新型纤维染整技术，提高产品核心竞争力，加快印染行业向中高端迈进。

(2) 强化企业社会责任。适应生态文明建设要求，坚持绿色发展理念，大力推进印染节能节水减排，限制有毒有害化学品应用，开发绿色健康产品，倡导环境信息公开，建设诚信企业、绿色企业乃至绿色供应链。大力开发低能耗、低污染、高资源利用率的清洁生产技术和低成本"三废"治理技术及资源循环利用技术，推进印染行业绿色、可持续发展。

(3) 加强印染协同创新。推进供应链协同创新。印染企业既要注重与前道材料、织造企业及后道服装、家纺品牌企业的联合开发创新，也要加强印染织物花型应用的设计创新，提高产品附加值，扩大高品质、高性能产品比重，使印染创新成果在终端产品中有更好的价值体现，让消费者有更多的获得感，提高在产品链中的话语权。

(4) 推进印染生产的智能化。这是印染行业提高质量、提高效率、提高环境应对能力的重要手段。印染智能制要大力推进关键单机数字化、智能化，推广自动化、智能化染料助剂配送系统、工艺在线监测控制系统，支持企业建设智能生产线、智能车间。

(5) 提高印染企业管理水平。稳步推进精益管理，做好 5S 现场管理、质量体系管理、标准化等精益管理工作，实现提质降本增效，向精益管理要效益，努力实现传统印染企业管理由"粗放型"向"智能型""精细化"转变。

(6) 加快企业信息化建设。加快 ERP(Enterprise Resource Planning，企业资源计划)、MES(Manufacturing Execution System，生产过程执行系统)、PLM(Product Life Cycle

Management，产品生命周期管理)、SCM(Supply chain management，供应链管理)、CRM(Customer Relationship Management，客户关系管理)等管理系统的应用，提高信息化、智能化管理水平，提高企业生产运营效率，降低运营风险，减少经营成本，增加企业盈利和持续经营能力。

4 管理创新是印染行业提质增效高质量发展的必由之路

从2012年开始，我国印染行业增速放缓，在全球的市场份额有所下降。如今，成本上升、用工难等问题日益凸显，印染行业可以说是进入了一个平台期，全行业也已进入调整转型、高质量发展的新阶段。同时，中国纺织印染工业也进入了以"速度变化、结构优化、动力转换"为重要特征的发展新常态。这是内外市场需求低迷、行业企业竞争加剧、资源环境约束增大、生产要素成本上升的直接结果，但更深层次的原因在于行业之前高增长过程中形成和积累的供给侧、结构性、体制性问题。行业要破解这些发展难题，实现转型升级，一方面需要加快技术创新与设备升级，提升行业硬实力；另一方面需要深化管理创新，探索符合行业实际与时代要求的管理体制、管理理念和管理方法。

管理创新是适应环境变化的现实要求。管理创新就是通过对生产关系的优化调整，实现经济资源、生产要素、知识能力更充分、更高效的配置和利用，进而解放与发展现实生产力。

生产关系要有效调整，不仅需要充分考虑企业自身的条件与禀赋，还要适应匹配所处环境的客观变化。在决策分析环节，以数据挖掘和算法为核心的人工智能开始应用并渗透到设计、研发、生产、运营、管理、服务等纺织产业链的各个阶段。以ERP、CRM、PLM为代表的管理信息系统开始广泛应用到纺织行业企业，有效支持着企业的日常经营管理。

管理创新需要因时而变，顺势而为，适应行业变化，满足发展要求。当前，纺织印染行业管理创新出现了四大发展趋势。

（1）以人为本的管理创新。以人为本，就是尊重员工的主体地位，将人力资源作为企业的第一资源进行管理与维护，重人心向背，重人才归离，通过经营决策人人参与、企业发展人人尽力、劳动结果人人享有，激发员工的能动性与创造力，实现企业与员工的共同成长。

（2）数据驱动的管理创新。数据驱动，就是依托大数据、云计算、物联网等信息技术，借助信息系统与智能设备，进行数据管理与数据挖掘，支持企业生产与决策，优化业务流程与执行，促进知识产生与积累，进而实现企业的高效决策、快速开发、柔性制造和精准营销。

（3）责任导向的管理创新。责任导向，就是深入发掘社会责任内涵，将社会责任的履行工作整合到企业的发展战略中，整合到产品的生产和服务的推广流程中，整合到价值链和产业链中，使企业在为股东与员工利益服务的同时，也为外部的利益相关方谋求福祉。

（4）构筑生态的管理创新。构筑生态，就是通过融"智"（智能制造）、融"资"（资本市场）、融"创"（文化创意），打破行业闭环，激发创新的叠加效应、聚合效应与倍增效应，实现跨界融合与协同。

印染行业作为纺织工业重要的组成部分，是纺织品生产链中完成产品深加工，增加产品附加值，提升品质、功能和价值的重要环节。当前印染行业发展与企业经营面临着一些现实难题,主要表现为综合成本优势逐渐减弱,企业创新能力不强;污染物排放标准不断提升,环境保护压力日渐加大;信息化程度不够,生产经营对人工、经验的依赖过高;企业发展战略定位不够清晰,精细化管理不够深入;安全生产问题、化学品生态安全问题日渐突出等。

痛点、难点就是突破点。通过管理创新,找到实践落点,是关键中的关键。可以从四个方面着手:

(1) 欲善其事,先利其器。

① 完善人才体系。按照创新规律培养和吸引科技创新领军人才、高级管理人才和高技能人才,实现人尽其才、才尽其用、用有所成。

② 完善基础设施。加快 ERP、PLM、SCM、CRM 等管理信息系统的应用,加快印染各环节数字化、网络化、智能化装备的使用,推进从单一装备智能化向整体工厂智能化的转变。

③ 完善流程配套。引入信息技术的同时,企业需要施行业务流程再造,使得线上与线下协同,功能与业务匹配,人工与系统适应。

(2) 大处着眼,细处着手。

① 不谋全局者,不足谋一域。印染企业应结合外部环境与自身实际订立全局性的战略规划,协调当前和长远、力度和节奏、主要矛盾和次要矛盾的关系,引导企业经营实践。同时,企业可以通过建立全方位管理体系,引入 ISO9001 质量管理体系、CSC9000T 社会责任管理体系、新产品开发管理体系,提升管理的整体性与协同性,实现从"人治"到"法治"的过渡。

② 不扫一屋者,不足扫天下。企业需要将战略落到实处,深耕精细化管理,优化具体流程,面向协同性研发、分布式生产、精细化加工、柔性化制造,构筑企业经营管理能力,完成量变到质变的飞跃。

(3) 德才兼备,内外兼修。

第一,要强化知识管理。将运营中产生的信息与知识,通过创造、记录、分享、整合、检验、更新等过程,使隐性知识显性化、独有知识产权化、构筑知识竞争力。

第二,要强化文化管理。以文化影响创新,加强企业文化建设,发挥企业文化的价值导向、精神激励、共识凝聚的作用,培育企业家精神与工匠精神,提升企业软实力。

第三,要强化责任管理。不断拓展社会责任履行的广度与深度,将企业履责范围从工厂扩展到全社会,将履责对象从工人、政府等特定相关方扩展到消费者、社区等不特定相关方,将可持续发展思想与环境保护的观念融入企业经营管理之中,打造涵盖绿色标准、绿色设计、绿色生产、绿色管理、绿色物流、绿色营销的行业绿色供应链体系。推广应用减排节能技术,提高资源能源利用效率。

(4) 如履薄冰,安全第一。

① 加强安全管理。由于印染生产热加工、化学加工的特点,安全生产一直是印染企业不容忽视的问题。同时,印染所用的染料、助剂等化学品种类繁多。化学品对于生态安全的影响也成为印染企业经营风险的重要来源。企业在经营管理中,要把安全管理始终摆在头等重要的位置,建立健全安全生产责任制,规范经营行为。

② 提升管理柔性。企业要应对来自政策调整、市场波动、气候异常、技术颠覆的突发事件,就要增强管理的柔性和组织的韧性。一是保持适当冗余。我们曾经都在追捧轻资产,追

求零库存。但事实上,适当比例的原料库存可以有效平衡市场的异常波动,棉花问题就是一个很好的案例。二是避免单一经营。丰富的产品品类和经营业态是分散企业市场风险的重要方式。三是保持市场敏感。以信息化的手段,保持生产经营的柔性,对市场变化准确、及时地做出反应。

中国纺织工业联合会会长孙瑞哲在第五届全国印染行业管理创新年会上指出:只要我们甘于做别人不愿做的事,在潮流里多一份定力;敢于做别人想不到的事,在变革中多一份匠心;专于做自己擅长做的事,在创新中多一份自信;勤于做社会需要做的事,在发展中多一份担当;我们的事业必将基业长青,我们的行业必将更加美好。

【本单元学习目标】
1. 了解印染行业的发展历程。
2. 了解我国印染行业的发展现状,明确中国纺织行业和印染行业在国民经济中的定位。
3. 了解印染行业面临的发展形势和未来高质量发展的趋势。
4. 理解管理的重要性,明确管理创新是印染行业提质增效的必由之路。

【课堂讨论和交流】
PPT 汇报题目:　　　　我们的纺织印染行业
以组为单位汇报,围绕以下问题:
① 你是如何理解中国纺织行业和印染行业的定位的?
② 你是怎样理解印染行业发展现状和未来发展的趋势的?
③ 如何理解"管理创新是印染行业提质增效的必由之路"?

模块 1
生产管理基础

单元 1　生产管理的基本概念

1　企业

企业是从事商品生产和经营的经济组织。从法律的角度看,企业是自主经营、自负盈亏,依法独立享有民事权利并承担民事责任的商品生产和经营活动的法人。企业存在三类基本组织形式:独资企业、合伙企业和公司。公司制企业是现代企业中最主要、最典型的组织形式。因此,凡公司均为企业,但企业未必都是公司。公司只是企业的一种组织形态。

企业的概念包含以下几个要点:

(1) 企业是以市场为导向,以盈利为主要目的,从事商品生产和经营活动的经济组织。

企业是商品生产和经营的经济组织,不是政治、行政组织,它生产产品或提供服务,不是要自己享受这些使用价值,而是为了实现其价值,以获取利润。

(2) 企业实行自负盈亏、独立核算、自主经营。

企业通过交换实现的商品价值,在补偿了生产经营中的各种耗费,依法上交各种税收后,剩余部分则构成企业的盈利,由企业自主支配。若发生亏损,则由企业自己抵补。在生产经营中发生的债务,由企业负责清偿。企业发生破产时,必须依法以其全部财产承担清偿责任。

(3) 企业是依法设立、依法经营的经济实体。

企业必须严格依照法律规定的程序设立,并应在规定的经营范围内进行生产经营活动。经济组织若要成为法人企业,必须同时具备三个法律特征:一是依法成立,即经由法定登记机关审查登记,有自己独立的组织机构,使用自己的名称,有自己的场所;二是拥有独立支配的财产,这是法人的主要特征,因为它是从事生产经营活动的物质基础;三是以自己的名义进行生产经营活动并承担法律责任,即以自己拥有的财产和名义进行自主经营、在银行开设账户、对外签订经济合同,其经济活动的后果由自己承担。当发生经济纠纷时,以自己的名义参加诉讼,独立地享有民事权利和承担民事义务。

(4) 企业要承担社会责任。

企业的社会责任主要体现在满足社会各方面的需求,包括消费者对产品或服务的需求、出资者获取投资收益的需求、银行按期回收贷款和利息的需求、企业职工获得满意薪酬的需求、原材料供货者回收贷款的需求、政府获取税收的需求等一切相关团体的需要。这些需求需要企业取得经济效益。同时，企业的社会责任还体现在为社会提供就业机会、防止环境污染、维护生态平衡、节约资源、降低能耗等方面。

市场经济中，企业必须遵循以下几方面的基本规律：

（1）以等价交换为核心的价值规律。

价值规律的基本内容：①商品的价值量是由生产这种商品的社会必要劳动时间决定的；②商品交换要以价值量为基础，实行等价交换。要遵循等价交换原则的原因：第一，在商品交换中，商品的生产者总想提高价格，而消费者又想降低价格，所以在长期的市场交换中，必然形成了等价交换的趋势；第二，商品交换中，如果一方总占便宜，另一方总吃亏，那么这样的商品交换是不能持续下去的。价值规律的核心是"等价交换"，就是说商品交换过程，必须以等价或基本等价为前提。

价值规律具有以下作用：

① 调节作用。价值规律调节生产资料和劳动力在各生产部门的分配。价值规律就像一根无形的指挥棒，指挥着生产资料和劳动力的流向。当一种商品供大于求时，价值规律就指挥生产资料和劳动力从生产这种商品的部门流出；相反，则指挥着生产资料和劳动力流入生产这种商品的部门。

② 刺激作用。由于价值规律要求商品按照社会必要劳动时间所决定的价值来交换，谁首先改进技术设备，劳动生产率比较高，生产商品的个别劳动时间少于社会必要劳动时间，谁就获利较多。因而，同部门同行业中必然会有竞争，这种情况会刺激商品生产者改进生产工具，提高劳动生产率，加强经营管理，降低消耗，以降低个别劳动时间。

③ 筛子作用。促使商品生产者在竞争中优胜劣汰，这是第二个作用的结果。在商品经济中存在竞争。竞争促使商品生产者想方设法缩短个别劳动时间，提高劳动生产率，也会促使优胜劣汰。这是不以人的意志为转移的。

（2）以市场取向为核心的供求规律。

供求规律是商品的供给与需求的相互关系及其同商品价格的关系的规律，是供给和需求的对立统一。

① 供求变动引起价格变动。供不应求，价格上涨。这种供不应求会引起价格上涨的趋势，可以在供应量不变而需求量增加的情况下发生，也可以在需求量不变而供应量减少的情况下发生，还可以在供应量增长赶不上需求量的增长的情况下发生。商品供过于求，价格就要下降。供过于求引起价格下降，可以在需求量不变而供应量增加的情况下发生，也可以在需求量增长赶不上供应量增长的情况下发生。

② 价格变动引起供求的变动。其他因素不变，市场需求量与价格成反方向变动，即价格上涨，需求减少；价格下跌，需求增加。同理，市场供给与价格成同方向变动，即价格上涨，供给增加；价格下跌，供给减少。价格的涨落会调节供求，使之趋于平衡。

企业作为商品生产者和经营者，彼此之间存在着错综复杂的社会经济联系。市场则是实现企业之间经济联系的桥梁和纽带，是企业赖以生存和发展的依托，没有市场就没有企业。所以,开拓市场、占领市场是企业的首要目标。这就形成了以市场取向为核心的供求规律。

(3) 以优胜劣汰为核心的竞争规律。

竞争从实质上说就是商品生产中劳动消耗的比较。竞争规律是指商品经济中不同经济主体之间为最大限度地实现自身经济利益而进行竞争的客观必然性。商品及其交换具有利益上的排他性特征。它是商品经济的客观要求,是商品经济固有的规律性。

竞争规律促使企业提高经营素质,促使市场活跃与繁荣,促使优胜劣汰,使社会经济结构更加合理,经济运行质量更加集约化,推动经济发展。

2 生产

自有人类社会开始,人类最基本的实践活动就是生产。在人类社会发展的历史进程中,人类就是通过生产创造了一切社会财富,才得以生存和发展,生产的概念也随着社会生产力水平的提高不断地演变和发展。

生产是指企业将投入的生产要素转化为有形商品或(和)无形劳务,由此而创造和增加物品效用的活动。由以上概念可知:现代生产的主体是企业,而非个人,它包含将具体的原料,通过生产计划、产品设计、工艺设计、产品加工、质量保证,到最终形成具有一定价值的商品在市场上销售的整个过程。

现代企业生产具有如下特征:

(1) 重视科学技术的应用。

在现代生产中,科学技术的飞速发展几乎影响到生产的每一个环节,因此有越来越多的企业重视科学技术的应用。

① 从投入要素看,知识信息在投入要素中所占的比重越来越大,大量有价值的信息的获得需要借助先进的通信设备,企业对掌握现代科学技术知识的高素质人才的需求日益强烈。

② 从生产过程看,企业要想提高生产率,必须采用先进的技术和设备,而先进技术和设备是凝聚了现代科学技术的"载体"。这是有意识地在生产中积极吸收最新科技成果的结果。据统计,从科学发明到新技术应用于生产的周期呈缩短趋势,一次世界大战前平均为30年左右,二战中平均为9年左右,现在进一步缩短到3~5年左右。生产和生产管理上的创新已经成为企业生产运作的核心要素。

③ 从产出看,只有高科技含量的产品才能为企业带来高附加值。现代的产品追求科技含量,除了硬件方面的要求外,还有软件方面的要求,只有如此才能获得高额的附加值。例如,最具代表性的计算机,假如只有硬件没有软件,就无法运转,而软件的销售额(可认为其反映了软件的价值)已达到一个令人吃惊的数字。

(2) 生产运作模式以小批量、多品种为主。

随着科学技术的飞速发展和人民生活水平的不断提高,当今社会已进入一个多样化时代,人们的需求在不断地变化,表现为追求多样化、个性化、品质化、舒适化等方面,反映在生产上,就是以20世纪初福特模式为标志开始流行的少品种、大批量生产模式正逐渐被多品种、小批量模式所替代。印染企业一个品种一个颜色做几十万米的计划经济时代已经一去不复返了。小批量、多品种、个性化生产有效地克服了大批量模式的缺陷,能够更好地满足用户的个性化需求,已成为企业发展的一种必然趋势。

(3) 生产系统柔性化。

柔性指的是按照成本效益原则,以"及时"的方式,对产品品种变化的适应能力。柔性生产是针对大规模生产的弊端而提出的新型生产模式。一般认为,为更好地响应市场需求的迅速变化,企业生产系统对产品的品种与产量应能做出快速而灵活的调整,即所谓的柔性化的要求。生产系统柔性化的本质是对不可预测的变化因素迅速重构的能力,以适应现在和将来的市场环境。一般而言,生产多样化是与高效率相矛盾的,所以,在多样化前提下,努力搞好专业化生产,实现多样化和专业化的统一,是现代生产的追求方向。为做到这一点,应在现代生产实践中努力推广采用柔性生产运作系统。

(4) 追求"绿色"环保生产。

地球是人类生存的唯一家园,传统的大量消耗资源、污染和破坏生态环境的生产方式正在遭到全社会的质疑和摒弃,人们正努力探索和追求一种能与自然环境和谐相处的"绿色"生产。"绿色"生产又称作环保型生产,这是一种关注生态平衡,关注生产者的社会责任的生产运作方式,意味着生产过程中资源消耗少、造成的环境污染小,最终向社会和市场提供的也是环保型产品。资源的循环利用、无废工艺、清洁生产技术、污染预防技术等都是绿色生产运作的具体表现。可以预见,在可持续发展战略思想的指导下,"绿色"生产将日益受到重视并呈加速发展趋势。

此外,现代企业生产还存在一些其他特征,如强调利用高技术改造传统生产工艺,通过数学模型进行生产运作活动优化,重视技术、管理、人三者的有机结合,追求综合效益,等等。

3 生产系统

生产系统是企业管理的一个子系统。生产系统由硬件系统和软件系统组成。硬件系统包括厂房、生产设备、生产设备布局、生产工艺技术等。软件系统包括人员组织、生产计划管理、生产技术管理、设备管理、生产现场管理、质量管理、物料及仓储管理、环境管理、安全生产管理等。

生产系统有自身特殊的运动规律,其运动规律如图1-1所示。

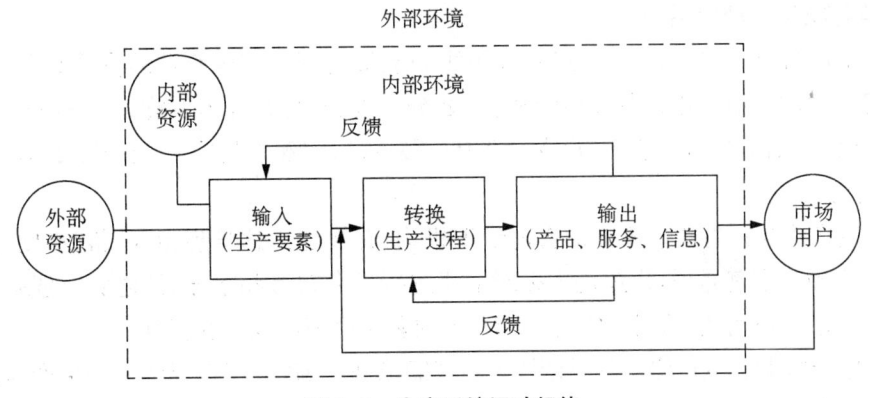

图 1-1　生产系统运动规律

图1-1中,"输入"的生产要素包括人、财、物、信息。人指劳动力;财指资金;物指厂房设备、工艺装备、原材料、能源(动力、燃料)等;信息则是指生产计划、工艺技术、生产报表信息等。有效地将以上要素在生产过程中结合起来,是生产管理的具体任务。"转换"指生产或制造过程。例如,印染企业在生产过程中将各种输入的坯布、染料和助剂、生产计划、生产工艺技术等,经过前处理转化为半成品,再经染色(印花)、整理变为成品。生产过程既是实物产品的形成过程,又是人力、物力、财力消耗于产品而使其增值的过程。"输出"指出产的产品、服务和信息。产品是指新制造出来的具有一定使用价值的成品或有待出售的半成品。服务是指为恢复或提高原有产品的使用价值或承接个别工序的成果,如修理等。输出的信息则包括产量、质量、消耗、进度、成本等情况,可反映各种情况和问题,以便改进、解决。"反馈"是指要输出终端的信息返回到转换过程中和输入端,以改进或解决存在的问题。

由上述可知,从输入、转换、输出到反馈至输入端,经过改进,再进行新的输入,这样周而复始的运动,正是生产系统运动的规律。

生产系统并不是一个独立的系统,它与企业管理的其他各系统都存在着联系,并受其制约。在一个企业内部,必须要处理好与其他系统的关系,面对企业外部市场,它要具有良好的适应性和应变能力。

4 生产管理

生产管理是指企业对生产活动的决策、计划、组织、指挥、协调和控制工作。生产决策、生产计划、生产组织、生产指挥、生产协调和生产控制,也称为生产管理的六项职能。

(1)生产决策。生产决策是指为了达到某个特定的目标,借助一定的科学手段和方法,从两个或两个以上的可行性方案中,选择出最优方案的过程。企业的生产经营活动都要以经营决策作为前提,如品种和质量方针、生产规模、设备更新、技术引进、目标利润,以及有关职工队伍的培训方案。这些决策都会对企业的生产管理活动产生重要影响。

(2)生产计划。生产计划是对决策目标做进一步展开和落实,也就是在决策既定目标的前提下,进一步根据实际情况,制定出具体体现目标的行动方案。企业的生产经营决策都要通过生产计划的执行来实现。企业根据社会的需要和自身的条件,确定生产经营目标和方针,制定企业生产经营长期计划和短期计划,确定各项主要经济指标和实现计划的措施,指导企业各项生产经营活动。

(3)生产组织。在企业生产管理中,组织职能就是围绕实现企业的决策和生产计划目标建立健全车间、轮班、小组各级组织机构,划分职责和权力,合理调配人员和实行考核、奖惩,把生产活动有效地组织起来,形成一个有机整体,以实现企业的生产经营目标,取得最佳的经济效益。

(4)生产指挥。生产指挥是指通过组织机构,有效地传达管理指令、信息,使计划变成一种实际行动。也就是说,指挥是上级对下级进行任务布置和指导,使之履行职责,实现计划目标的活动。没有正确的指挥,计划和组织的职能也不可能顺利实现。

(5)生产协调。生产协调就是理顺各生产职能部门、各生产车间的一切生产活动,以及它们与企业其他部门或者外部环境的联系,建立良好的配合关系,以便有效地实现企业的计划目标。

(6) 生产控制。生产控制是按照计划目标和组织系统,对生产系统内部各部分的行为进行检查和对照,以保证全局的协调和总体目标的实现。它是一个延续不断、反复发生的动态过程。控制活动的前提和依据是计划,其任务是把计划执行情况与计划预定目标进行比较,找出差异,对比较结果进行分析,排除和预防产生差异的原因,并及时采取措施,包括修改计划等。

根据生产活动范围的不同,生产管理的概念有狭义和广义之分。

狭义的生产管理指的是以生产系统中产品基本生产过程为对象的管理,即对企业的技术准备、原材料投入、工艺加工、生产产品或提供劳务的具体过程进行的管理。

广义的生产管理是指以企业生产系统整体作为对象的综合性、系统性的管理,它包括生产技术管理、生产过程组织与管理、质量管理、环境管理、安全管理等,实际上是对生产系统的所有要素和投入、生产过程、产出和反馈等所有环节的全方位综合管理。

生产管理具有以下特征:①基础性;②整体性;③全员性;④规范性;⑤动态性。

5 生产类型

生产类型可按生产计划的来源、生产工艺特征、生产的连续程度、生产的稳定性和重复性进行分类。

(1) 按生产计划的来源划分,可将生产分为订货型生产(make-to-order,MTO)与存货型生产(make-to-stock,MTS)两种。

① 订货型生产。它是在接到客户的订单后,根据客户的具体订货要求,开始组织生产,进行设计、制造、检验和交货等工作。对不同的客户,往往生产出来的产品在规格、数量、质量和交货期等方面是各不相同的,企业按合同规定的时间向客户交货,成品库存甚少。因此,生产管理的重点是抓交货期,按"期"组织生产过程各环节的衔接平衡,保证如期完成订单。例如,印染产品、服装的生产大多数属于此类。

② 存货型生产。它是在对市场需求量进行预测的基础上,有计划地进行生产,产品有一定的库存。为防止库存积压和脱销,生产管理的重点是抓供、产、销之间的衔接,按"量"组织生产过程各环节之间的平衡,保证全面完成计划任务。例如,一些知名品牌的印染、服装企业的内销生产大多数属于此类。

(2) 按生产工艺特征分类,可将生产分为流程型生产和加工装配型生产两种。

① 流程型生产。它的工艺特征是连续进行的,且工艺过程的顺序是基本固定的。生产设施按工艺流程布置,原材料按照固定的工艺流程连续不断地通过一系列装置设备加工处理成产品。化工、纺织等是流程型生产的典型。这种生产方式的管理重点是要保证连续供料和确保每一环节的正常运行。任何一个环节出现故障,都会引起整个生产过程的瘫痪。流程型生产由于生产过程相对稳定,有条件采用各种自动装置实现对生产过程的实时监控。

② 加工装配型生产。其产品是由许多零部件构成的,各零部件的加工过程彼此独立,所以整个产品的生产工艺是离散的,制成的零件通过部件装配和总装配,最后成为产品。机

械制造、电子设备制造的生产过程都属于这一类型。这种生产类型的管理重点是控制零部件的生产进度,保证生产的配套性。

(3) 按生产的连续程度分类,分为连续式生产和间歇式生产两种。

① 连续式生产。它的特征是长时间连续不断地生产一种或很少几种产品,所生产的产品、工艺流程和使用的生产设备都是固定的、标准化的,工序之间没有在制品储存。例如,采用连续式生产设备的棉型机织物印染厂的练漂工序。

② 间歇式生产。它的特征是输入生产过程所需要的各种要素间断性地投入,生产设备和运输装置必须适合各种产品加工的需要,工序之间要求有一定的在品库存。例如,棉型针织染厂的染色车间。

(4) 按生产的稳定性和重复性分类,分为大量生产、小批(单件)生产和成批生产三种。

① 大量生产。大量生产的特点是产品品种少,每种产品的产量大,生产稳定。例如,螺钉、螺母、轴承等标准零件,家用电器,小轿车等的生产。大量生产的产品通常都是通用产品。

② 小批(单件)生产。小批(单件)生产的产品通常都是专用产品,是根据用户的特殊需求专门设计和生产的,产品针对性强,适用范围小,需求量也小。

③ 成批生产。成批生产介于大量生产和小批(单件)生产之间,其特点是生产的品种较多,每种产品虽然都有一定的产量,但不能维持常年连续生产,所以形成多种产品轮番生产的局面。现今的印染企业大多属于此种生产类型。

以上三种不同生产类型在生产管理上的特点可归纳为几个方面,如表 1-1 所示。

表 1-1 三种不同生产类型的生产管理特点

项目	大量生产	成批生产	小批(单件)生产
品种	少	较多	很多
产量	大	中	小
设备	专用	部分通用	通用
生产周期	短	长短不一	长
成本	低	中	高
追求目标	连续性	均衡性	柔性

6 生产过程

生产过程是指生产系统为实现其功能目标所发生的运行过程。换句话说,生产过程就是向生产系统投入各种生产要素,经过一系列的加工,直至成品生产出来的全过程。

制造型企业的生产一般是由许多部分组成的。根据各部分在生产工程中的作用不同,生产过程可划分为以下五部分:

(1) 生产技术准备过程。生产技术准备过程是指在产品投产以前所进行的全部生产技术准备工作,如产品设计、工艺的制定、材料与工时定额的制定、生产原辅材料的准备、工艺装备的准备、劳动组织和设备布置协调等。这个过程是生产过程的先导和重要前提。

（2）基本生产过程。基本生产过程是指企业根据生产目的及市场需求，对构成产品实体的劳动对象直接进行工艺加工的过程。基本生产过程是生产过程的核心。印染企业的基本生产过程包括织物前处理、染色、印花和整理四大过程。基本生产过程包含大量的人力、物力的投入，是物质转化、价值产生的主过程。这个过程设计合理且控制和管理得好，企业生产的产品必然质量高且交货及时、成本低，就能吸引大量客户，从而获取较好的经济效益。

（3）辅助生产过程。辅助生产过程是指为保证企业基本生产过程的正常进行而从事的各种辅助生产活动，如为基本生产提供动力、工具和维修工作等。

（4）生产服务过程。生产服务过程是指为保证生产活动顺利进行而提供的各种服务性工作，如原材料和半成品供应、各种生产用工具的供应和保管、厂内外的运输等。

（5）附属生产过程。附属生产过程是指企业利用多余的生产能力和资源，生产其他副产品的过程，如包装箱的生产、废水的处理、大型印染厂利用锅炉发电等。

各个生产过程相互联系、相互依存、相互制约，构成整个生产过程，其中以基本生产过程为其主要内容，其他过程围绕基本生产过程进行。

生产过程都是由若干相互联系的工艺过程（阶段）和非工艺过程（阶段）组成的。

工艺过程（阶段）是指按照使用的生产手段的不同和加工性质的差别而划分的局部生产过程。例如，织物染整的基本生产过程可以划分为练漂、染色、印花和后整理四个工艺过程（阶段）。

工艺过程（阶段）是由若干工序所组成的。工序是指一个员工或一组员工在同一工作场地对同一劳动对象进行加工的生产环节。它是组成生产过程的最小单元，是企业生产技术工作、生产管理和组织工作的基础。工序可分为手动的、机动的、机手并动的，这是根据工序所使用的工具（设备）不同而划分的。

非工艺过程（阶段）是指为实现生产过程目标与生产工艺过程紧密联系的一系列非生产性工作过程，主要包括运输过程和检验过程等。

上述各种生产过程的关系如图1-2所示。

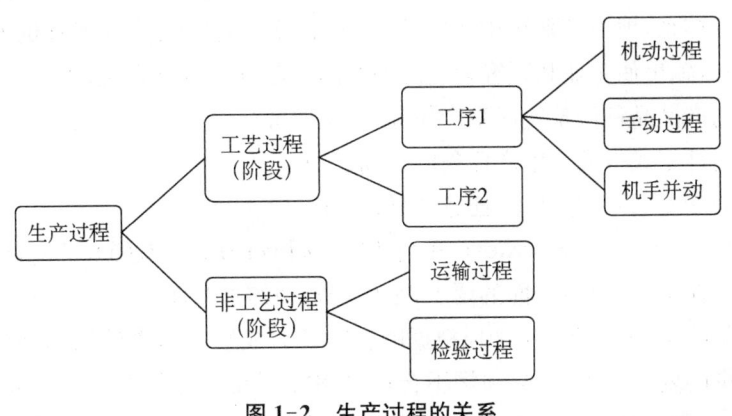

图1-2 生产过程的关系

合理组织生产过程的目的就是要使产品在生产过程中流程最短,时间最省,耗费最低,效益最高。组织好生产过程是企业能有效地利用生产资源,以合理的消耗水平为社会提供优质产品,并取得最佳经济效益的基础。

一个组织良好的生产过程虽形式各异,但必具有如下基本特征:①连续性;②比例性;③均衡性;④适应性。

单元2　生产管理的基本问题

1　生产管理的目标

生产管理的主要目标是建立一个高效率的生产系统,面向市场,高效、低耗、灵活、准时地生产合格产品,提供满意服务。高效是指迅速满足用户需要,缩短订货提前期,争取用户;低耗是指人力、物力、财力消耗最少,实现低成本生产;灵活是指能很快适应市场变化,生产不同品种和新品种;准时是指在用户需要的时间,按用户需要的数量,提供所需的产品和服务;合格产品和满意服务是指产品和服务质量达到顾客满意水平。即:

(1) 确保生产系统的有效运作,全面完成产品品种、质量、产量、成本、交货期、环保和安全等各项要求。

(2) 有效利用企业的资源,不断降低物耗,降低生产成本,缩短生产周期,减少在制品,压缩占用的生产资金,以不断提高企业的经济效益和竞争能力。

(3) 为适应市场、环境的迅速变化,努力提高生产系统的柔性,使企业能根据市场需求不断推出新产品,并使生产系统适应多元化生产,能够快速地调整生产,进行品种更换。

2　生产管理的任务

生产管理的任务总地来说是从整个生产系统出发,运用决策、计划、组织、指挥、协调和控制等职能,把投入生产系统的人、机、料、法、环、测等各种生产要素有效地组合,形成一个有机的生产管理体系,把生产系统中的物质流、资金流、事务流、信息流有机地融为一体,采用最经济的方式,输出使企业和顾客均满意的产品和服务。具体来说,主要有以下三条:

①按规定的产品品种质量完成生产任务(提供服务)。
②按规定的计划成本完成生产任务(提供服务)。
③按规定的交货期限完成生产任务(提供服务)。

产品的质量(Quality)、成本(Cost)和交货期(Delivery)简称 QCD,是衡量企业生产管理成败的三要素。保证 QCD 三方面的要求,是生产管理的主要任务。

就质量(Q)而言,其目的在于如何根据顾客需要完成生产运作计划,完成生产和技术部门定下的质和量的要求。为此,必须把不合格品率控制在一定范围。从质量经济学的观点来看,不合格品率为零未必是最佳选择。因此,企业应该根据自身的具体情况,分析计算出一个适当的合格率并实现之。

就成本(C)而言,对于相同产品,在功能、品质、信誉等相同的情况下,价格无疑具有相当的诱惑。然而在市场经济中,企业无法完全决定产品和服务的价格,为了确保利润,只有从企业的每个环节深挖细找,特别是生产系统,努力降低产品和服务的成本,这样可以使生产者与消费者在利益上达到双赢。为此,生产系统追求成本的目的就是必须制定并实现合理的产品成本计划。

对交货期(D)而言,有两个目的:一是切实履行合同规定的交货期以保信用;二是尽可能地缩短产品在企业内的滞留时间。如今企业间的竞争已愈演愈烈,商务运行速度已成为决定成败的关键。在经营数字化时代,站在激活现货、减少库存的立场上,按交货期进行管理是生产运作管理系统的最重要目的。

质量(含品种)、成本、交货期(含数量)这三项任务是相互联系、相互制约的。提高质量,可能引起成本增加;增加数量,可能降低成本;为了保证交货期而过分赶工,可能引起成本的增加和质量的降低;等等。为了取得良好的经济效益,需要在生产管理中加以合理的组织、协调和控制。

综上所述,生产管理的任务可以概括为:在满足市场需要的前提下,以适合的品种、适宜的价格、适当的质量,向顾客提供所需的产品与服务,提高企业的竞争能力及经济效益,最终做到让顾客满意。

3　生产管理的原则

生产管理应遵循的原则是多方面的,也是不断变化和发展的。归纳起来,主要包括以下几个原则:

(1) 市场导向原则。强调以市场为导向,就是要求企业在组织生产经营活动中,必须立足于市场、服务于市场,按市场规律办事。突出以市场为导向,意味着要求企业各级领导、全体员工树立强烈的市场意识、竞争意识,认识到通过市场才能体现出企业存在的价值。在突出市场为导向时,要把对市场的灵敏反应体现出来,要加紧产品或服务开发,研究和进行产品结构调整,不断满足市场需求。

(2) 经济效益原则。这是指要用最少的劳动消耗和资金使用,生产出尽可能多的市场需要的产品,因此,生产管理要克服只抓产量、产值而不计成本,只讲进度和速度而不讲效率与效益的单纯生产观点,树立以提高经济效益为中心的指导思想。

(3) 科学性原则。现代化大工业生产规模大、环节多、分工细、协作关系复杂,因此,进行生产管理工作必须按科学规律办事,实行科学管理。

实行科学管理,要注意以下几点:

① 要求建立统一的生产指挥系统,进行计划、组织与控制。

② 必须做好建立和贯彻各项合理的规章制度的基础工作,如工艺规程、设备维修规程、安全技术规程及岗位责任制等。

③ 要建立和实行质量标准、各项定额标准等标准。

④ 要加强信息管理,做好各项原始记录的整理工作。

⑤ 要善于运用系统论、计算机辅助管理等。

人的素质高低是能否实现科学管理的关键。现代化生产对人的素质要求愈来愈高,这就要求企业从实际出发,加大对职工教育和培训的力度。职工思想、文化、技术素质提高之后,运用现代化科学方法、工具、手段的自觉性才会增强。这是企业生产管理的本质所在。

(4)标准化原则。标准化原则是现代化大生产的要求。现代化大生产是由许多人共同进行的协作劳动,采用复杂的技术装备和工艺流程,有的是在高速、高温或高压条件下操作,为了协调地进行生产活动、确保产品质量和安全生产,劳动者必须服从生产中的统一意志,严格地按照规定的作业流程、技术方法、质量标准和规章制度办事,克服主观随意性。规范化、标准化是科学管理的要求。现场管理也有很多属于重复性的工作,例如染化料入库检验、打样、领料、化料、染色工艺操作、交接班等,都可以通过调查研究,采用科学方法,制定标准的作业方法和业务工作流程,作为今后处理同类常规工作的依据,从而实行规范化、标准化管理。

以上所述生产管理原则,相互联系,相互促进,共同贯彻于生产管理的过程中。

4 生产管理的组织机构

为了有效地从事生产管理,需要建立运行良好的生产管理的组织机构。

4.1 生产管理机构设置的原则

(1)任务与目标原则。它是指组织结构的设计和组织形式的选择必须有利于组织任务的完成和组织目标的实现。生产管理机构设置的根本目的,是为实现企业的战略任务和经营目标服务的。

(2)精干高效原则。组织结构形式的设计,必须将精干高效放在首要地位,要在服从生产经营需要的前提下,尽量减少管理层次,精简管理机构和人员,充分发挥组织成员的积极性,提高管理效率,更好地实现组织目标。例如,小企业虽然与大中型企业的管理任务相同,但工作量相对要少,为了实现精干高效,其管理组织的设置相对要少,管理任务范围相对要大。在大中型企业,管理任务划分相对较细,能实现专业化管理,而管理层次与小企业相同,也实现了精干高效。

(3)统一指挥、分级管理原则。它是指行政命令应该逐级下达,组织的各级机构及个人必须服从一个上级的命令,只向一个上级汇报并向其负责,防止多头指挥,从最高层到执行人的上下级之间形成一个指挥链。实行"分级管理"意味着不能越级指挥,分级之后,就要正确处理上下级之间的关系,即集权和分权的关系。所以,统一指挥、分级管理原则又称集权与分权相结合的原则。集权是大生产的客观要求,它有利于保证企业的统一指挥,有利于人力、物力、财力的合理使用。分权是调动下级积极性、主动性的必要组织条件。

(4)管理幅度和管理层次原则。管理幅度指一个人或组织直接管理的下属人员或机构的数目,又称控制幅度。管理幅度受领导者智力、精力和时间的限制。管理幅度过宽,会导致领导者负担过重或出现管理混乱状况;管理幅度过窄,会增加管理层次,降低工作效率。管理层次指组织纵向划分的管理层级的数目。管理层次越多,信息沟通就越困难,越容易受干扰。管理层次越少,就会使管理幅度超出合理的限度,领导者不胜负荷。有效管理幅度是决定企业管理层次的一个基本因素。各行政组织的管理层次多为3~4层。一般在组织规模一定的前提下,管理层次和管理幅度成反比例关系。管理幅度越宽,需要设置的管理层次就越少;反之,管理幅度越窄,需要设置的管理层次就越多(图1-3)。

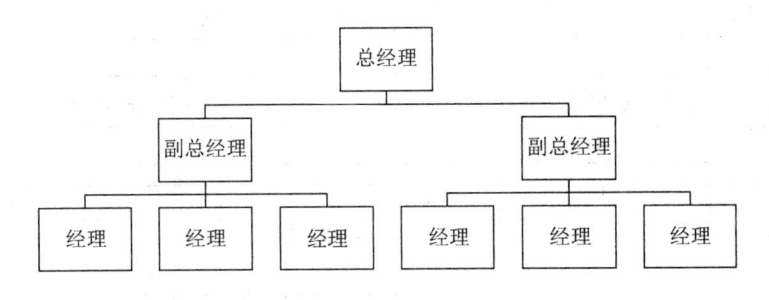

(a) 管理幅度狭小,管理层次多,组织结构呈金字塔状

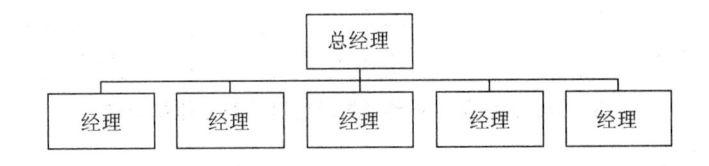

(b) 管理幅度大,管理层次少,组织结构呈扁平状

图 1-3 管理幅度和管理层次的关系

(5) 权责对等原则。也称权责一致原则。"权"指职权,职权就是人们在一定职位上拥有的权力,主要是指决策或执行任务时的决定权;"责"指责任,所谓职责就是在接受职位时所应尽的义务和责任。职权和职责必须相称,有多大权力,必须承担多大责任。

(6) 分工协作和相对平衡原则。分工协作原则是指要按照提高管理专业化程度和工作效率的要求,在组织结构设计中,把组织的目标分解成各级、各部门乃至每个人的目标和任务,使组织的各个层次、各个部门、每个人都了解自己在实现组织目标中应承担的工作职责和职权,实现各司其职。相对平衡原则是指同一级机构、人员之间的工作量、职责、职权等方面应相对平衡,应避免苦乐不均、有闲有忙等不良现象。同时,要实行系统管理,设立一些必要的委员会和会议,创造协作的环境,提高管理人员的全局观念,以实现协作。

4.2 生产管理机构的组成

由于企业的规模、生产类别、技术特点不同,生产管理组织机构的设置形式也不尽相同。尽管如此,它总是由两部分组成的:一是生产管理的行政指挥机构;二是生产管理的职能机构。

(1) 生产管理的行政指挥机构。在企业里,一般采用三级生产指挥系统,即厂级—车间—轮班三级。下面以大中型企业为例,其生产管理的行政指挥机构如图1-4所示。

在三级指挥系统中,必须加强厂级的集中统一指挥,同时注意发挥车间和轮班的生产指挥作用。

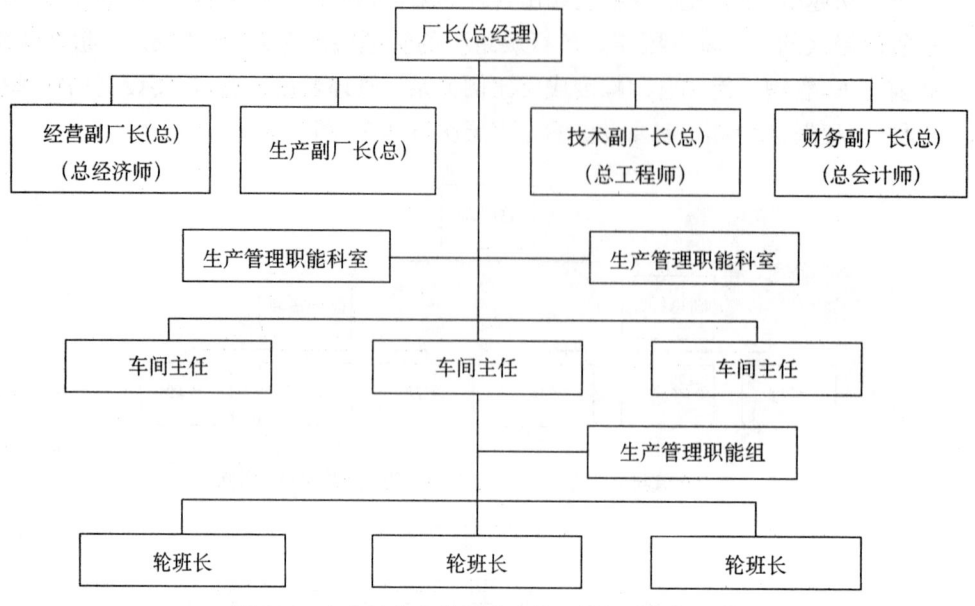

图 1-4　大中型企业典型生产管理的行政指挥机构

（2）生产管理的职能机构。它是各级生产行政指挥人员的参谋和办事机构，在业务上起指导、帮助和监督下级生产行政组织的作用。生产管理的职能机构设置是多种多样的。这里介绍一种典型形式，如图 1-5 所示。

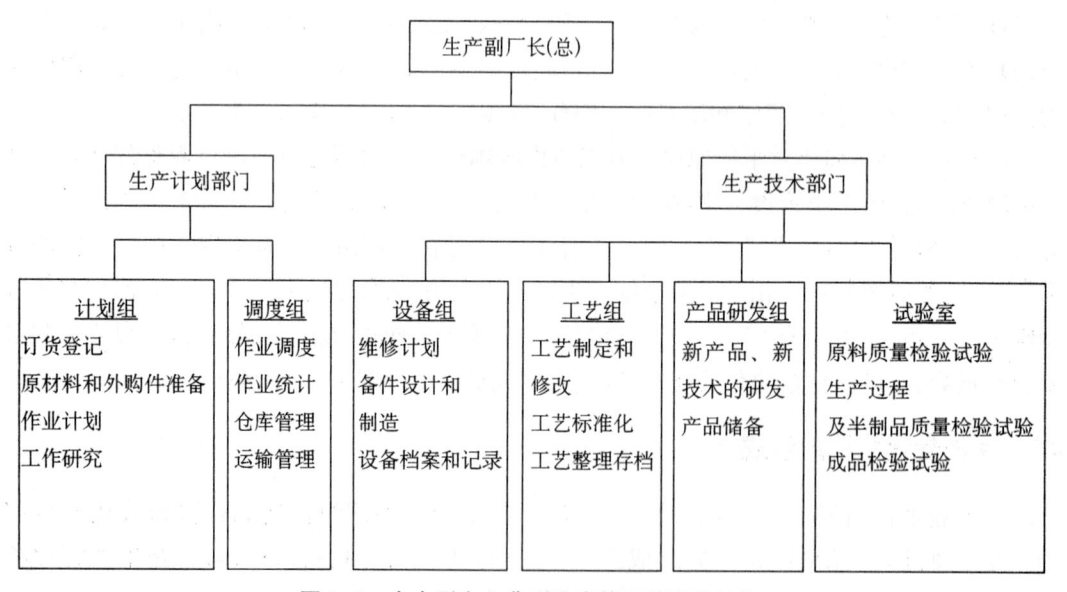

图 1-5　大中型企业典型生产管理的职能结构

在生产计划部门内，可设置计划组和调度组。计划组负责订货登记、原材料和外购件准备、作业计划、生产组织工作研究、方法研究、工时测定和工人训练等工作。调度组负责作业调度、作业统计、仓库管理及运输管理等工作。

在生产技术部门内,可设置工艺组、设备组、产品研发组及试验室等生产和技术的职能部门。工艺组负责工艺制定和修改、标准化和整理存档等工作;设备组负责设备修理计划、备件设计和制造及设备档案记录等工作;产品研发组负责新产品、新技术的研发与产品储备等工作;试验室负责对原料、生产过程及半制品质量进行检验试验和成品检验试验等工作。

4.3 生产管理机构的组织与协调

生产管理机构是由许多子系统组成的一个综合性、多层次的复杂系统。从生产管理系统的组织看,它是由许多纵向和横向的子系统组成的。从纵向看,可分为各个车间、轮班、班组等层次,在生产管理部门的统一指挥下,相互协作,共同完成从原料到成品的制造。从横向看,可分为计划、技术、运转、设备、质量管理、供应及劳动管理等。这些系统是企业生产管理系统的各个方面,它们围绕生产任务这个中心进行生产活动。加强生产管理,不仅要重视垂直的、纵向的系统,而且更要重视平行的、横向的系统,形成"上下左右、纵横连锁"的完整而有机的体系。关键问题是要从组织上抓好统一协调。生产管理的统一协调包括纵向管理和横向管理两个方面。纵向管理是指自上而下的组织、指挥和监督。全厂由生产厂长负责全部生产技术管理工作,直接领导各个生产车间。车间则由车间主任根据厂部下达的计划,全面指挥车间的生产工作,直接领导生产轮班。轮班长则根据车间下达的计划,组织和指挥班组(或工段)的生产工作。厂部、车间和轮班这三级生产指挥系统构成企业生产系统的纵向管理,其中厂级为主导,因此要加强厂级的集中统一指挥。横向管理是对平行的各职能部门、各车间之间的协调、监督和组织工作。生产管理职能协调关系如图1-6所示。

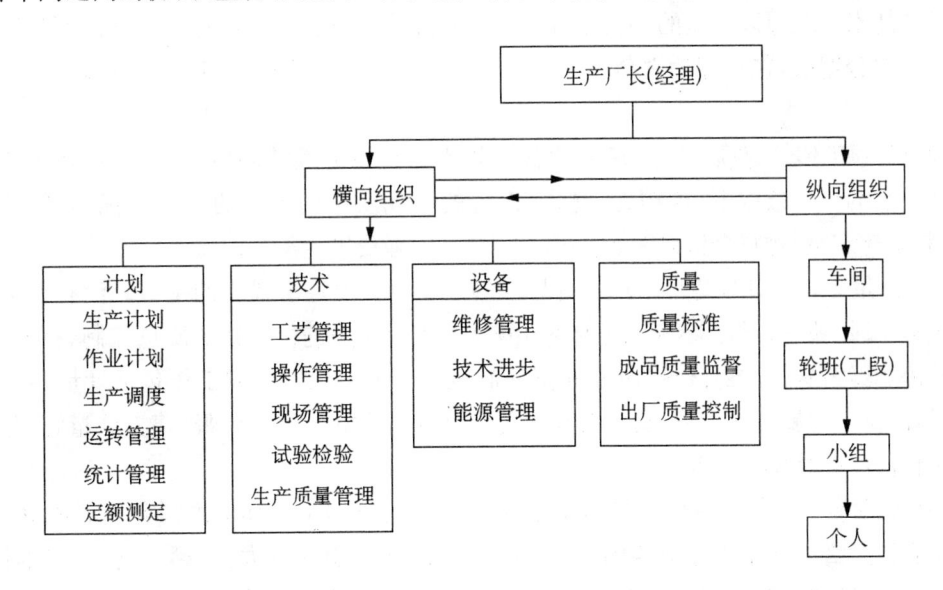

图1-6 生产管理职能协调关系

在有些企业内,生产和技术两方面的职能部门分属于两个主管领导[生产副厂长(总)和技术副厂长(总)或生产厂长和总工程师]领导,常会形成这两部分职能管理部门各自为政,不能横向沟通,使生产中的问题得不到及时解决,造成生产管理效率低下的状况。所以,在纵向管理和横向管理中,主要矛盾常在横向管理,需要加强统一协调工作。

为加强横向管理的统一协调,可以采取以下措施:

(1) 通过例会协调,例如定期的生产调度会议(或扩大的生产会议),由厂长或委托生产技术副厂长召集各有关职能部门和车间参加,通过会议采取措施、确定负责部门及时解决问题和例外事件。

(2) 把横向管理工作的内容分解为不同指标,逐项纳入有关职能部门的责任范围,并进行考核。

(3) 把许多零散的职能科组整合在一起,减少横向摩擦,扩大职能管理的幅度,以便于横向协调。生产管理一定要根据系统管理的观念,达到高效率、高效益,一般由厂长或受厂长委托的生产技术副厂长,对生产管理整个系统的工作进行统一指挥和协调。

(4) 精炼组织,减少管理层次,由立体型的宝塔式管理向扁平型的网络式管理模式转变,改进生产系统的组织协调。

5　生产管理的基础工作

(1) 标准化工作。标准化工作包括技术标准和管理标准的制定、执行和管理等工作。技术标准是指对企业的产品、生产条件、生产方法,以及包装、贮存和运输等所做的有关规定。管理标准是对企业各项管理工作的职责、程序和要求所做的规定。技术标准是企业标准的重要内容,包括材料标准、产品质量标准、工艺标准、设备及工具维修标准、安全与环保标准等。制定技术标准要经过调查研究、收集资料、起草、试验、修改、确认等步骤。管理标准是保证技术标准得以实施的必要条件。企业通常采用图解法制定管理标准。管理标准一般由五个部分组成,包括管理总体图、管理流程图、岗位工作图、信息传递图和有关文字条例等。

(2) 定额工作。定额工作是指企业各类技术与经济定额的制定、执行和管理工作。定额是在一定的生产条件下,对物力、财力、人力的消耗及占用所做的规定性标准,如劳动定额、材料消耗定额、物料仓储定额、流动资金定额、管理费用定额等。

(3) 计量工作。计量是指采用一种标准的单位量去测定事或物的量值。没有科学的计量方法和手段,就不能得到真正可靠的原始数据,也就无法进行严格的质量控制、材料管理、成本管理和经济核算,推行严格的经济责任制也会变成空谈。计量工作包括计量器具要准确可靠,计量方法要科学合理,要有人专门负责计量工作的监察与监督,建立计量管理制度,规定工作程序和奖惩办法等。

(4) 规章制度。规章制度是指用文字形式对各项管理工作和生产操作所做的规定,是全体企业员工必须遵守的行动准则。企业的规章制度主要有三大类:第一,企业基本制度,即企业的领导制度和产权制度;第二,企业的工作制度,即企业各个方面的专项管理制度;第三,企业的责任制度,即企业中各级各类人员的岗位责任制。各项管理制度必须经过调查研究,做到切合实际,经过多次试行才能推行。各项规章制度必须以经济责任为核心,简明扼要,便于操作执行。

（5）培训工作。要建立具有竞争力的一流企业，人员素质是关键。中小型企业的人员流动性较大，所以培训工作往往被忽视。虽然对员工培训会损失一些局部利益，但为了企业的长远利益和不断发展，必须对员工进行培训，并形成制度。

（6）信息工作。信息是指原始纪录、资料数据、图纸报表等的总称。现代企业是一个彻底开放的系统，及时、准确的信息是进行正确决策的依据。企业信息的收集、处理和利用，是企业生产经营的重要资源。上述的标准化工作、定额工作、计量工作、规章制度都是信息工作的重要内容，职工教育也可视为信息沟通工作。

6　生产管理的绩效考核

生产管理绩效是指生产部门所有人员通过不断丰富自己的知识，提高自己的能力，改善自己的工作态度，努力创造良好的工作环境及工作机会，不断提高生产效率，提高产品质量，提高员工士气，降低成本，保证交货期和安全生产的结果和行为。生产部门的职能就是根据企业的经营目标和经营计划，从产品品种、产量、质量、成本、交货期等市场需求出发，采取有效的方法和措施，对企业的人力、材料、设备、资金等资源进行决策、计划、组织、指挥、协调和控制，生产出满足市场需求的产品。相应地，生产管理绩效主要体现在以下五大方面：

（1）效率（P：Productivity）。效率是指在给定的资源下实现产出最大，也可理解为相对作业目的所采用的工具及方法是否最适合并被充分利用。效率提高了，单位时间人均产量就会提高，生产成本就会降低。

（2）品质（Q：Quality）。品质，就是把顾客的要求分解，转化成具体的设计数据，形成预期的目标值，最终生产出成本低、性能稳定、质量可靠、物美价廉的产品。产品品质是一个企业生存的根本。对于生产主管来说，品质管理和控制的效果是评价其生产管理绩效的重要指标之一。所谓品质管理，就是指企业集合全体的智慧经验等各种管理手段，活用所有组织体系，实施所有管理及改善手段，从而达到优良品质、短交货期、低成本、优质服务，以满足客户的要求。

（3）成本（C：Cost）。成本是指产品生产活动中所发生的各种费用。企业效益的好坏在很大程度上取决于成本的高低。在产品价格一定的情况下，如果成本所挤占的空间很大，那么企业净利润就降低了。因此，生产主管在进行绩效管理时，必须将成本绩效管理作为其工作的主要内容之一。

（4）交货期（D：Delivery）。交货期是指及时送达所需数量和品质的产品或服务。在现在的市场竞争中，交货期的准时是非常重要的。准时是在用户需要的时间，按用户需要的数量，提供所需的产品和服务。一个企业即便有先进的技术、先进的检测手段，能够确保所生产的产品质量，而且生产的产品成本低、价格便宜，但是如果没有良好的交货期管理体系，不能按照客户指定的交货期交货，直接影响客户的商业活动，客户是不会购买这个企业的产品的。因此，交货期管理是直接影响客户进行商业活动的关键，如果不能严守交货期，也就失去了生存权。从这个角度看，交货期比品质、成本更为重要。

（5）安全（S：Safety）。安全生产管理就是为了保护员工的安全与健康，保护财产免遭损失，安全地进行生产，提高经济效益而进行的决策、计划、组织、指挥、协调和控制的一系列活动。安全生产对于任何一个企业来说,都是非常重要的,因为一旦出现工作事故,不仅会影响产品质量、生产效率、交货期,还会给员工个人、企业带来很大的损失,甚至危及企业的生存,对国家也可能会带来很大的损失。

(6) 士气(M:Morale)。员工士气主要表现在三个方面:离职率、出勤率、工作满意度。高昂的士气是企业活力的表现,是取之不尽、用之不竭的宝贵资源。只有不断提高员工士气,才能充分发挥人的积极性和创造性,让员工发挥最大的潜能,从而为公司的发展做出尽可能大的贡献,从而使公司尽可能地快速、健康发展。

因此,要想考评生产管理绩效,就应该从以上六个方面进行全面的考核。

7 市场环境对生产系统的影响

生产系统输出的产品与劳务是为实现经营目标和战略而服务的,但其直接目的是为了满足市场用户的需要。用户在选购商品时,有各种各样的要求,如品种、款式、质量、数量、价格、服务和交货期等,其中品种、质量、价格的变化,对生产系统的影响至关重要,而它们的变化又取决于社会市场环境。近30年来,市场环境与过去相比,发生了显著的变化,主要体现在:

(1) 产品更新换代的高速化。由于科技迅速发展、市场竞争的日益加剧,工业产品的更新换代以前所未有的态势向前发展。近30年来出现的新技术、新产品,已远远超过过去200年的总和。据统计,一个新产品从构思、设计、试制到商业性投产,在第二次世界大战后到20世纪60年代中期为20年,到20世纪70年代后,则缩短为5~10年,而现在只需要3年或更短的时间。企业只有缩短产品设计时间,减少成本,同时在最短的时间内将产品打入市场,不断创新,努力适应消费者的需求,才能在激烈的市场竞争中立于不败之地。

(2) 消费者对产品的需求趋向多样化。随着科技进步和人们生活水平的提高,消费者的价值观念变化很快,他们对产品质量、性能和款式的要求越来越高,热衷于新颖产品,希望产品有特色。同时,市场需求多样化,要求产品花色不断变化,以适应市场需要。因此,企业不能再墨守成规,单纯靠大批量、低成本来竞争,而必须转到不断改进产品和服务上。

(3) 经济走向全球化。20世纪90年代以来,世界经济进入全球化时代,使商品、服务、资本、技术、人员等在世界范围内可以更加自由地流动,各国可根据各自的比较优势进行分工和贸易,这有助于全球范围内的资源得以合理配置和有效利用。但与此同时,我国企业也面临着市场竞争日趋白热化的形势,面临市场上产品品种、款式、质量的不断翻新,我国企业必须力求产品不断创新和质量不断提高。

生产系统面对市场环境的上述变化,应当采取对策、力求改进。

(1) 提高创新能力,在与技术开发部门或技术研究中心的合作中,力求推出具有新意、质量优良、价格适中、先进实用的新产品。

(2) 采用柔性生产系统,配置柔性灵敏的技术装备,以便根据用户对品种、款式、性能变化的要求,迅速调整装备,快速生产,及时按期交货。

(3) 精炼组织,减少管理层次,由立体的金字塔式管理向扁平型的网络式管理模式转变,改进生产系统的组织协调。

(4) 生产过程要注重低碳环保,采用能耗低、效率高、加工质量好的加工设备,同时配备环保装置。

8　生产管理者及其能力要求

生产管理者是确定企业的生产战略,对生产系统进行计划、组织、指挥、协调和控制的具体执行者,包括主管企业生产的副总、生产工厂的厂长、车间主任、班组长、品质管理者、仓库管理者、设备管理者、物料管理者、生产线主管、计划调度员等。生产管理者是具体生产的组织和领导者。好的生产管理者能带领自己的生产团队圆满地完成生产任务,相反,差的生产管理者只会把生产搞得一团糟。"一群由狮子领导的羊群能打败一群由羊领导的狮子"就是对生产管理者作用的最好诠释。

一个优秀的生产管理者要具备多方面的能力,主要包括以下三方面:

(1) 专业能力。专业能力是指从事某种职业所需要具备的知识、经验与技能。行业不同,对专业能力的要求也不同。不具备专业能力,就不能承担并做好某一专业领域的工作。生产管理者面临的是某一职业领域内转化物料或提供各种特定服务活动的管理工作,他们必须了解这个过程,必须具备相关的专业技术背景,特别是要熟悉专业知识,具备一定的专业经验和技能。只靠一些不懂专业技术的人去搞好生产管理,这是不可想象的。

(2) 人际交往能力。人际交往能力是指与他人一起工作的能力,包括处理组织内外各种人际关系的能力,以及协作精神和团队精神。生产管理者要组织员工和技术人员进行生产活动,他们必须具备处理人际关系的能力,要善于与他人合作共事,尊重别人的感情、思维方式和个性,能敏锐地觉察到别人的动机和需要,掌握评价和激励员工的技术和方法,能正确处理好上下级之间的关系,能调动他人的工作积极性,协调自己的工作团队齐心协力地为共同的企业目标努力工作。

(3) 管理能力。管理能力主要指生产运作过程的决策、计划、组织、指挥、协调和控制等能力。作为生产管理者,必须具备相应的管理能力。只有具备了这些管理能力,生产管理者才能胜任所担任的生产管理工作,处理好各种生产问题。

对不同组织层次的管理人员,能力要求是有差异的。高层管理人员对管理能力的要求更高,对专业能力的要求要低一些;基层管理人员对专业能力的要求要高一些,对管理能力的要求要低一些。具体如图 1-7 所示。

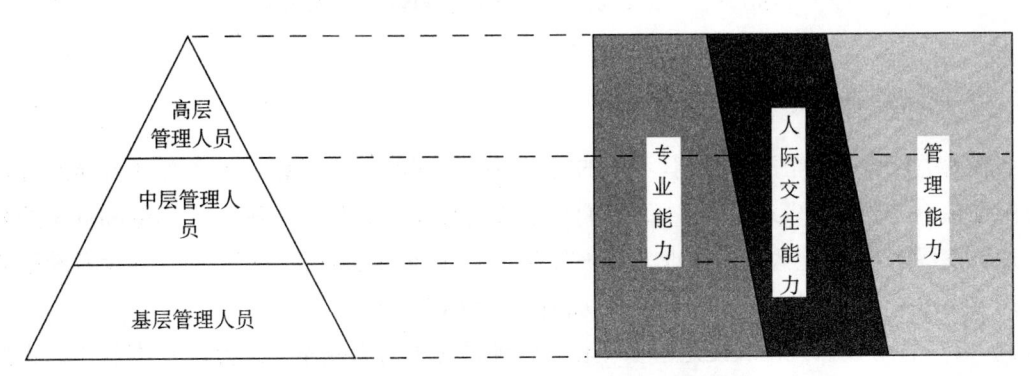

图 1-7　不同组织层次的管理人员的能力要求

单元3　生产管理思想、理论及发展

1　概述

1.1　管理思想的产生

管理起源于人类的共同劳动。凡是有许多人共同劳动的地方，就需要管理。早在古代，人类在与大自然的斗争中就懂得必须将人力结合起来向着共同的目标奋斗。中国人建造长城、都江堰水利工程，古埃及人建造金字塔等，在工作设计、劳动组织、计划安排、材料搬运、存储等方面都表现出了高超的管理能力。随着管理实践的发展，人们对管理活动逐步产生认识。这种认识经过一定时间的积累，就形成了管理思想。将管理思想系统化并上升到理论形态，便成为了管理理论。

管理实践自古以来就存在，而人们对管理知识的掌握、积累、总结和归纳，却经历了长期的历史过程。以企业生产管理为例，自18世纪60年代工业革命之后，西方几个主要发达国家，特别是英国，便相继从工场手工业时期过渡到机器大工业时期。随着工厂制度的建立和工厂规模的扩大，管理工作日趋复杂，人们对工厂管理知识的积累也逐渐丰富。然而，作为一种系统的、反映工厂管理规律性的知识即科学管理理论（西方人认为的真正意义的管理理论），直到19世纪末才开始形成，所以在管理实践的基础上产生了管理思想。将管理思想总结归纳上升便成为管理理论，管理理论又返回到实际生产，接受实践检验并指导实践。在这个过程中，管理实践、管理思想与管理理论三者呈现出循环往复、螺旋式上升的发展规律，见图1-8。

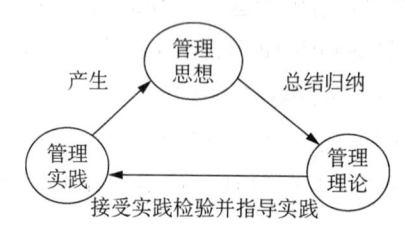

图1-8　管理实践、管理思想与管理理论三者的关系

1.2　管理思想的逻辑结构

在人类社会的各个历史时期，不同的管理者就不同的管理工作提出了各种各样的管理思想和理论，流派纷呈，理论众多，但我们在学习时必须把握住每一种管理思想和理论的内在逻辑发展体系：人性假设—管理方法—管理目标，即由于人性假设的不同，管理者使用的管理方法也是不一样的，从而形成了不同的管理目标。

（1）人性假设。人性假设是指管理者在管理过程中对人的本质属性的基本看法。人性假设这个概念，听起来有点陌生，其实很简单，而且和我们的日常生活息息相关。比如，不同的父母对孩子的管理方法是不同的,归纳起来,不外乎有三种类型:暴力型、温柔型和放任型。暴力型的父母常常动不动就打骂孩子,温柔型的父母对孩子总是循循善诱,而放任型的父母则对孩子不管不问。这三种类型的父母对孩子的不同管理方法,除了他们自身性格方面的因素以外,还有一个重要因素,就是他们对孩子的认识不同:暴力型的父母认为他们的孩子是不听话的、不自觉的,相信不打不成才,所以动辄就打骂;温柔型的父母则相反,他们认为孩子是听话的、自觉的,"响鼓不用重锤",提醒一下就可以了;放任型的父母认为他们的孩子没有办法管理,打没用,骂也没用,好说歹说都不听,就不管他,放任自流。可见,父母由于对孩子的看法不同,故而他们的管理方法乃至管理目标存在差异。父母对孩子的不同看法,从管理的角度来说,就是人性假设。

每种管理思想首先包含一个基本的人性假设。中国有主张人性善而提倡仁政德治的儒家思想,也有主张人性恶而提倡法制刑治的法家思想;西方有主张人性恶的X理论,也有主张人性善的Y理论,如经济人、社会人、文化人等多种人性假设,不胜枚举。管理思想家之所以如此关心人性问题,主要是因为管理活动的主要对象是人,而对人做怎样的人性判识,便决定了应该进行怎样的管理设计。因此,研究各派管理思想,首先需要搞清楚其对人性的假设和判识,因为它是一切管理思想和管理行为的认识基础。

(2) 管理方法。管理学是一门应用性科学,不同的管理思想有不同的管理方法。比如,以泰罗为代表的科学管理理论的基本管理方法就是制度化、标准化和规模化。

(3) 管理目标。各派的管理思想都不是毫无目的的、纯粹的学术探讨,都有自己的基本价值指向,都是为了实现某种目标而进行的艰苦探索。比如,科学管理理论与人际关系理论的管理目标都是追求高效率。

2 中国古代管理思想

中华民族悠久的历史积累了丰富的管理实践和许多影响深远的管理思想,为人类社会的进步和管理理论的发展做出了重要贡献。中国古代管理思想在许多著作中都有记载和论述,如春秋战国时期杰出的军事家孙武著的《孙子兵法》,该书共13篇,篇篇闪烁着智慧的光芒。孙武的策略思想不仅在军事上,而且在管理上都具有指导意义和参考价值。日本和美国的一些大公司甚至把《孙子兵法》作为培训经理的必用书籍。

中国古代管理思想极为丰富。这里以其中最主流、最典型的儒、法、道三家的思想体系(表1-4)为代表进行分析。需要指出的是,中国古代管理思想还没有上升为系统的管理理论,其性质仍属于经验管理,研究内容主要集中在治国之道、为君之方和做吏之规上。

表1-4 中国古代管理思想体系

学说	人性假设	管理方法	管理目标
儒家	人性善	仁政,德治,礼制	齐家,治国,平天下
法家	人性恶	法制,刑治	崇君权,富国强兵
道家	人性自然	无为而治	至德之世

3 西方生产管理理论的起源与发展

生产管理作为企业管理工作中的一个重要组成部分,其发展经历了漫长的过程。西方的一些学者和企业管理者在不断总结自身生产管理经验和前人智慧的基础上,逐步形成了许多有关生产管理的理论。纵观西方生产管理理论的形成和发展的历史,大致可以分为以下六个阶段:

(1) 早期管理思想产生阶段:大致从人类社会产生至18世纪中叶,又称古代管理阶段,它时时透着朴素之光。

(2) 管理理论的萌芽阶段:大致从18世纪中叶至19世纪末,它是管理科学的奠基阶段。

(3) 科学管理阶段或古典管理理论阶段:大致从19世纪末至20世纪20年代,它是管理科学的建立阶段。

(4) 行为科学理论阶段或新古典管理理论阶段:大致从20世纪30至50年代,它是管理科学的发展阶段。

(5) 现代管理理论阶段或称管理理论丛林阶段:大致从20世纪50至70年代,它是管理科学的成熟阶段。

(6) 现代管理理论的新发展:大致从20世纪70年代至现在。

3.1 早期管理思想产生阶段

西方早期管理思想产生于古代的生产实践,这个阶段一般指从人类社会产生至18世纪中叶,又称古代管理阶段。这个阶段的管理思想透露着朴素之光,有许多闪光的例证。

(1) 埃及金字塔。古埃及人在公元前5000年左右建造了胡夫金字塔,共耗用了上万斤重的大石料230多万块,动用了10万人力,费时20年,其中必然包含了大量的组织管理思想。

(2) 汉穆拉比法典。在公元前2000年左右,古巴伦国王汉穆拉比颁布了一部法典《石柱法》。这部法典共有280多条,其中包含了丰富的管理思想,尤其是关于责任的承担很明确。

(3) 古罗马帝国的中央集权组织。古罗马的文明也为我们留下了管理方面的宝贵遗产。公元284年,古罗马建立了层次分明的中央集权帝国,它采用了按地理区域划分基层组织,并采用了效率很高的职能分工,在各级组织中配备参谋人员。

(4) 马基雅维利的四项领导原理。15世纪的意大利出现过一位著名的思想家和历史学家:马基雅维利。他在君主论、谈话录中阐述了许多管理思想,其中影响最大的是他提出的四项领导原理:①群众的认可;②内聚力;③求生存的意志;④领导能力。

(5) 威尼斯兵工厂。威尼斯兵工厂是15世纪世界最大的几家工厂之一,建立了早期的成本会计制度,并进行了管理分工,工厂的管事、指挥、领班和技术顾问全权管理生产,而工厂的计划、采购、财务事宜由市议会通过一个委员会负责。这体现了现代管理思想的雏形。

3.2 管理理论的萌芽阶段

西方生产管理理论的源起,始于18世纪60年代。当时,英国及其他资本主义国家相继发生了产业革命,机器大工业逐步代替了工场手工业。机器大工业和工厂的出现,客观上都要求采用科学的管理方法。英国古典经济学家亚当·斯密（Adam Smith，1723—1790）于1776年在《国富论》一书中系统地论述了劳动分工理论，指出劳动分工可大大提高生产效率。亚当·斯密的劳动分工理论成为以后企业管理理论中的一条重要原理。劳动分工能提高劳动生产率的原因有三个方面：①劳动分工可以使工人重复完成单项操作，从而提高劳动熟练程度，进而提高劳动生产率；②劳动分工可以减少由于转换工作而损失的时间，节省了学习所需要的时间，节省了学习所耗费的材料；③劳动分工可以使劳动者的注意力集中在一种特定的对象上，有利于创造新工具和改进设备。

此外，亚当·斯密还提出了"经济人"假设。他认为人是懒惰的，人的行为动机主要源于经济情况，人都要争取最大的经济利益，工作就是为了取得经济报酬。经济现象是由具有利己主义的人们的活动而产生的。人们在经济行为中追求的完全是私人利益。无论处于何种地位，人的本质都是以追求个人利益最大化为根本动机的，社会利益是由于个人利益之间的相互牵制而产生的。

亚当·斯密的劳动分工理论和"经济人"观点后来成为西方科学管理理论的重要依据。

早期的管理思想主要有以下特点：①仍未摆脱小生产者的思维，主要靠个人经验进行生产管理；②没有形成一套科学的管理理论和管理方法，但对于促进生产及之后科学管理理论的产生和发展，都有积极的作用。

3.3 科学管理阶段

科学管理阶段又称古典管理理论阶段，一般指从19世纪末至20世纪20年代。这个阶段是管理科学的建立阶段。

3.3.1 科学管理理论

从19世纪末期开始到20世纪40年代，由于生产技术日益进步和生产规模日益扩大，生产管理有了快速的发展。美国的泰罗（Frederick Winslow Taylor）根据他在工厂中的实践和研究，于1911年发表了《科学管理原理》，这是第一本研究生产管理的专著，他把凭经验办事的传统管理放到科学的基础上。泰罗的管理思想的实质在于他认为："一切管理问题都应当而且可以用科学的方法去研究和解决。"泰罗的一系列杰出贡献开创了20世纪"科学管理"的新阶段，西方把泰罗称为"科学管理之父"，他也被认为是古典管理理论的创始人。

(1) 泰罗管理理论的基本观点。

①科学管理的中心问题是提高劳动生产率；②达到最高工作效率的重要手段是利用科学试验的方法使管理由传统的经验管理转向科学化；③实施的核心是要求管理人员和工人双方在精神上和思想上做一次彻底的变革。他认为，管理人员和工人都应把注意力从盈利分配转移到增加盈利总量上来，从而使工人增加工资，业主增大利润（经济大饼原理）。

(2) 泰罗提出的管理制度（称泰罗制）的主要内容。

①制定工作标准，科学利用工时。对工人制定科学的操作方法和工作定额，实行工具和机器标准化。通过动作和时间研究，选用标准工具和机器，制定出科学的操作方法和工作定额，以便合理利用工时，提高工作效率。②实行差别计件工资制，按照作业标准和时间定额规定不同的工资率。这是基于人是"经济人"的认识而提出的。差别计件工资制对未完成定

额的工人按低于正常单价的工资率计算工资,对超额完成定额的工人按高于正常单价的工资率计算工资(包括定额内的部分)。③对工人应进行科学的选择、培训和提高,使他们按照作业标准工作。④制定科学的操作规程,实行标准化管理,使机器、设备、工艺、工具、材料、工作环境尽量标准化。⑤计划与执行分离原则。在传统制度下,一切计划工作都由专业工人负责,结果是凭个人经验办事;在新制度下,则必须由管理部门按科学规律的要求来完成。⑥例外原则。即管理人员应该把日常例行事务授权给下级处理,使自己能集中精力考虑重大的政策性问题。这些都为建立职能部门和管理组织提供了理论依据。

(3) 对科学管理理论的评价。

①泰罗在历史上第一次使管理从经验上升为科学,极大地提高了劳动生产率。科学管理理论的精髓是在管理中运用科学的方法,以精确的调查研究和科学知识来代替个人的判断和经验,创造和发展了一系列有助于提高生产效率的技术和方法,使一些人专门从事管理工作,为管理理论的创立提供实践基础。②认为人是纯粹的"经济人"。企业家关心的是获取最高的利润,工人最关心的是自己的经济收入。只要使人获得经济利益,他就愿意配合管理者挖掘出他自身最大的潜能。这种人性假设是片面的,因为人的动机是多方面的,既有经济动机,也有许多社会和心理方面的动机。科学管理理论单纯地从"经济人"假设出发,它的出发点是经济利益驱动,所以在管理手段上采用了"胡萝卜+大棒"的简单方法,同时,由于过多地强调标准化,容易产生机械主义倾向。③"泰罗制"仅解决了基层的作业效率问题,而没有解决企业作为一个整体如何经营和管理的问题。泰罗的科学管理原理在实践中的最大应用是现代流水生产线的使用,如在美国福特汽车公司的应用,大大提高了劳动生产率。

3.3.2　组织管理理论

组织管理理论又称一般管理理论,是从企业整体上研究管理职能和一般管理原则的。组织管理理论以法国的亨利·法约尔(Henry Fayol,1841—1925)为代表,他是组织管理理论的创始人。组织管理理论后来成为管理过程学派的理论基础。法约尔的代表作是1925年出版的《工业管理与一般管理》。

(1) 组织管理理论的主要内容。

一是将企业的经营活动概括为六大类别(图1-9):①技术活动,主要包括设计、制造、加工等工作;②商业活动,主要包括采购、销售、交换等工作;③财务活动,主要包括资金的筹集和使用等工作;④会计活动,主要包括记账、算账、统计等工作;⑤安全活动,主要包括财产和人身保护等工作;⑥管理活动,主要包括计划、组织、指挥、协调和控制工作。

二是把管理的要素看成管理的职能,认为管理是由计划、组织、指挥、协调和控制五大要素构成的,称其为五大职能,并体现在领导和整个组织成员的管理活动之中。(注意:管理的定义就来源于此。)

三是提出了管理工作的十四原则。法约尔在《工业管理与一般管理》一书中根据自己的经验提出了一般管理十四条原则,人们称其为法约尔法则。①分工。通过专业化分工使人们的工作更有效率。②职权与职责。职权是管理者命令下级的权力和要求服从的威望,但是,责任与权力是相对应的,凡是行使职权的地方,就要承担相应的责任。③纪律。用统一、良好的纪律来规范人们的行为,可以提高组织的有效性。人们必须遵守和尊重组织的规则,

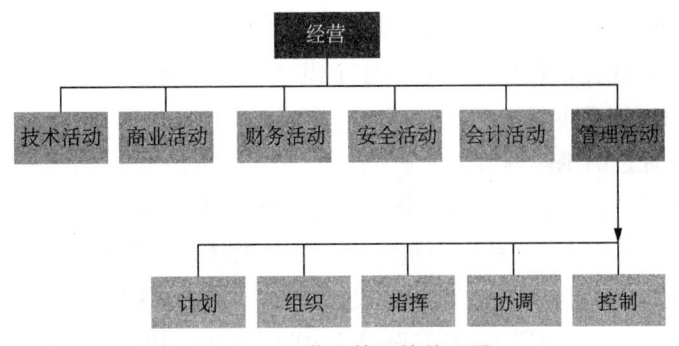

图 1-9 经营和管理的关系图

违反规则的行为应受到惩罚。④统一指挥。每一个下属应当只接收来自一位上级的命令。⑤统一领导。围绕同一目标的所有活动,只能有一位管理者和一个计划,多头领导将造成管理的混乱。⑥个人利益服从整体利益。任何个人或小群体的利益,不应当置于组织的整体利益之上。当两者不一致时,主管人员必须想法使它们一致起来。⑦个人报酬。报酬与支付方式要公平合理,对工作成绩和工作效率优良者给予奖励,但奖励应有限度,尽可能使职工和公司双方都满意。⑧集权与分权。集权与分权反映的是下属参与决策的程度。集权与分权可以不同程度地存在,管理者的任务在于根据组织的情况找到两者的平衡点。⑨等级链。从组织的最高层管理到最低层管理之间应建立关系明确的职权等级系列,它是组织内部权力等级的顺序和信息传递的途径。但当组织的等级太多时,会影响信息的传递速度。此时,同一层级的人员在有关上级同意的情况下可以通过"跳板"("法约尔桥")进行信息的横向交流,以便及时沟通信息,快速解决问题。⑩秩序。包括"人"的秩序和"物"的秩序。要求每个人和每件物品都处在恰当的位置上。⑪公平。管理者应当公平善意地对待下属。⑫人员的稳定。人员的高流动率会导致组织的低效率,为此,管理者应当制定周密的人事计划。当发生人员流动时,要保证有合适的人接替空缺的职务。⑬首创精神。指人们在工作中的主动性和积极性。当组织允许人们发起和实施他们的计划时,会调动他们的极大热情。⑭团队精神。提倡团结精神,在组织中建立起和谐、团结、协作的氛围。

四是倡导管理教育。管理能力可以通过教育获得。

(2)对组织管理理论的评价。

①组织管理理论对企业经营活动做出了概括,最早提出管理职能概念,系统地总结了管理的一般原则,对等级制度与沟通进行了研究,重视管理者的素质与训练。②组织管理理论的系统性和理论性更强,强调管理的一般性,弥补了泰罗科学管理理论的不足。泰罗的科学管理理论较适用于基层管理,而法约尔的组织管理理论更适用于一般管理,即便现在看来,后者的管理原则仍有实用价值。③组织管理理论把人看成"经济人",管理原则过于庞杂,把组织看成了一个封闭的系统。

3.3.3 行政组织理论

德国社会学家马克斯·韦伯(1864—1920)的研究主要集中在组织理论方面,他与泰罗、法约尔合称为西方古典管理理论的三位先驱,被后人称为"组织理论之父"。他的代表作是1921年出版的《社会组织和经济组织》(他去世后由其妻子整理出版)。他提出了所谓理想的行政组织体系理论(也称为官僚行政组织理论),其核心是组织活动要通过职务或职位而不是通过个人或世袭地位来管理。他所讲的"理想的",不是指最合乎需要的,而是指现代社会最有效和最合理的组织形式。

(1) 行政组织理论的基本内容。

① 揭示了组织与权力的关系,并划分了权力的类型,即人类社会的三种权力论。A. 合法权力:法律的权力(理性)。这种权力是由社会公认的法律规定的或者掌有职权的人下命令的权力。法律规定,慎重公正,适宜作为权力基础。B. 传统权力:世袭的权力(不可侵犯性)。这是由历史沿袭下来的惯例、习俗而规定的权力。效率低下,不宜作为权力基础。C. 神圣权力:超凡的权力(神秘性)。它是以对某人的特殊和超凡的神圣、英雄主义或模范品质的崇拜为基础的。非理性,不宜作为权力基础。

② 韦伯的理想的行政组织体系具有以下特征:

A. 实现劳动分工,且每一成员的权力和责任都有明确规定。B. 各种职位按权力等级形成指挥体系。C. 通过考核或培训挑选成员,组织成员须具备各专业技术资格。D. 管理人员是专职人员,而不是该企业的所有者。E. 组织内部有严格的规定、纪律,并毫无例外地普遍适用。F. 组织内部排除私人感情,成员间只是工作关系。

③ 韦伯认为,这种理想的行政组织体系能提高工作效率,在精确性、稳定性、纪律性和可靠性方面优于其他组织体系。

(2) 对行政组织理论的评价。

①管理权责制度化。韦伯对组织理论明确系统地指出,有效维系组织连续和目标达成的基础是合法权力。②管理组织结构化。强调高度结构化、正式的、非人格化的理想行政组织体系是强制控制的合理手段。③管理人员职业化。④注重上下级间的权力约束与被约束,忽视人的工作态度和心理变化。

总地来说,以上古典管理理论(科学管理阶段产生的管理理论)具有以下特点(图1-10):

①都是基于"经济人"的人性假设,它的出发点是经济利益驱动;②管理手段主要是"胡萝卜+大棒";③研究方法是静态研究管理一般过程。

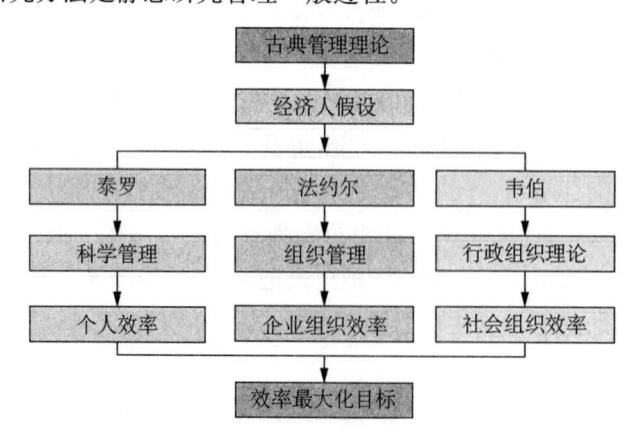

图1-10 古典管理理论基本框架

这些理论都有一定的局限性：①忽视了人的需求特性；②可能造成工作被动；③不能有效地调动人的主观能动性。

3.4 行为科学理论阶段

行为科学理论阶段又称新古典管理理论阶段，一般指从 20 世纪 30 年代至 50 年代，它是管理科学的发展阶段。

行为科学是一门研究人类行为规律的科学，通过行为科学的研究，掌握人们行为的规律，找出管理的新方法，以寻求提高工效的新途径。行为科学管理学派又称为"人力资源管理"学派，主张要研究人，尊重人，关心人，满足人的需要，以调动人的积极性，并创造一种能使组织成员充分发挥作用的工作环境。行为科学理论主要包括梅奥的人际关系理论、马斯洛的需要层次理论、麦克雷戈的人性假设理论和赫茨伯格的双因素理论。

3.4.1 人际关系理论

20 世纪 20 至 40 年代，以泰罗和法约尔为代表的古典管理理论盛行，在对人的认识上，认为人是"经济人"，在提高劳动生产率方面取得了显著的成绩。但由于工人从事固定、枯燥和简单的工作，工人易产生不满甚至罢工，劳资关系日益紧张。在这种背景下，人的积极性对提高劳动生产率的影响和作用逐渐在生产实践中显示出来，并引起许多企业管理学者和实业家的重视。

1924 年开始，美国西方电气公司在芝加哥附近的霍桑工厂进行了一系列试验。最初的目的是根据科学管理理论原理，探讨工作环境对劳动生产率的影响。后来，哈佛大学的心理学教授梅奥(Elton Mayo)主持了该项试验，研究心理和社会因素对工人劳动过程的影响。1933 年，梅奥出版了《工业文明的人类问题》，提出了著名的"人际关系学说"，开辟了行为科学研究的道路，他也因此成为人际关系理论的创始人。霍桑实验是行为科学研究史上最出名的事件之一。

(1) 霍桑实验。霍桑实验是 1924 年美国国家科学院的全国科学委员会在西方电气公司所属的霍桑工厂进行的一项实验。霍桑工厂是一个制造电话交换机的工厂，具有较完善的娱乐设施、医疗制度和养老金制度，但工人们仍愤愤不平，生产成绩很不理想。为找出原因，美国国家研究委员会组织研究小组开展试验研究。霍桑实验共分五个阶段：

① 工作场所照明试验(1924—1927)。当时，关于生产效率的理论占统治地位的是劳动医学的观点，认为影响工人生产效率的是疲劳和单调感等。于是，当时的试验假设是"提高照明度有助于减少疲劳，使生产效率提高"。可是，经过两年多的试验发现，照明度的改变对生产效率并无影响。具体结果：当试验组照明度增大时，试验组和对照组都增产；当试验组照明度减弱时，两组依然都增产，甚至试验组的照明度减至 0.06 的烛光时，其产量亦无明显下降，直至照明度减至如月光一般、实在看不清时，产量才急剧下降。研究人员面对此结果感到茫然，失去了信心。从 1927 年起，以梅奥教授为首的一批哈佛大学心理学工作者将试验工作接管下来，继续进行。改变照明强度在试验组和对照组都未引起生产率的差异。结论：工作场所的照明只是影响工人生产率微不足道的因素，工作条件与劳动生产率没有直接关系。

② 电话继电器装配室试验(1927—19232)(福利实验)。试验目的是查明福利待遇的变换与生产效率的关系。但经过两年多的试验发现，不管福利待遇如何改变(包括工资支付办法的改变、优惠措施的增减、休息时间的增减等)，都不会影响产量的持续上升，甚至工人自己对生产效率提高的原因也说不清楚。

后经进一步的分析发现，导致生产效率上升的主要原因，一方面是参加试验的光荣感。试验开始时，6名参加试验的女工被召进部长办公室谈话，她们认为这是莫大的荣誉。这说明被重视的自豪感对人的积极性有明显的促进作用。另一方面是成员间良好的关系。由于受到额外的关注而产生的绩效或努力上升的情况，人们称之为"霍桑效应"。结论：奖励制度的变化对员工生产效率没有大的影响，但改变监督与控制的方法能改善人际关系，良好的人际关系可以提高劳动积极性，从而提高工作效率。

③ 大规模访谈(1928—1931)。研究者在工厂中实行访谈计划。此计划的最初想法是要工人就管理当局的规划和政策、工头的态度和工作条件等问题做出回答，但这种规定好的访谈计划在实施过程中却大出意料之外，得到了意想不到的效果。工人想就工作提纲以外的事情进行交谈，工人认为重要的事情并不是公司或调查者认为意义重大的那些事。访谈者了解到这一点，及时把访谈计划改为事先不规定内容，每次访谈的平均时间从30分钟延长到1~1.5个小时，多听少说，详细记录工人的不满和意见。

访谈计划持续了两年多，进行了两万多人次的普查与访问。工人们长期以来对工厂的各项管理制度和方法存在许多不满，无处发泄。访谈计划的实行恰恰为他们提供了诉说的机会，之后心情舒畅，士气提高，产量得到提高。结论：员工的工作绩效受到他人的影响，工作中注重人的因素，对工人更热情、更关心，才能改善人际关系，良好的人际关系比人为的措施更有效。

④ 绕线实验(1931—1932)。梅奥等人在这个试验中选择了14名男工人在单独的房间里从事绕线、焊接和检验工作，对这个班组实行特殊的计件工资制度。试验者原来设想，实行这套奖励办法会使工人更加努力工作，以得到更多的报酬。但结果发现，产量只保持在中等水平，每个工人的日产量差不多，而且工人并不如实地报告产量。深入调查后发现，这个班组为了维护他们群体的利益，自发地形成了一些规范。他们约定，谁也不能干得太多，突出自己；谁也不能干得太少，影响全组的产量，并且约法三章，不准向管理当局告密，如有人违反这些规定，轻则挖苦谩骂，重则拳打脚踢。进一步调查又发现，工人们之所以维持中等水平的产量，是担心产量提高，管理当局会改变现行奖励制度，或裁减人员，使部分工人失业，或者会使干得慢的伙伴受到惩罚。

这一试验表明，为了维护班组内部的团结，可以放弃物质利益的引诱。由此提出了"非正式群体"的概念，认为在正式的组织中存在自发形成的非正式群体，这种群体有自己特殊的行为规范，对人的行为起着调节和控制作用，同时加强了内部的协作关系。结论：人们的生产效率不仅受物质、环境的影响，更重要的是受社会因素和心理因素等方面的影响，非正式组织会影响作业效率。

霍桑实验的基本情况见表1-5。

表 1-5　霍桑实验的基本情况

项目	目的	结论
照明试验 （1924—1927）	研究工厂照明与工作效率的关系	工作场所的照明只是影响工人生产率微不足道的因素
电话继电器装配室试验（1927—1932）	研究作业条件变化与作业效率的关系	良好的人际关系可改变工作态度，提高工作效率
大规模访谈 （1928—1931）	研究如何与工人进行沟通	工作中注重人的因素，对工人更热情、更关心，才能改善人际关系
绕线试验 （1331—1932）	研究正式组织中是否存在非正式组织	非正式组织会影响作业效率

（2）人际关系理论的主要观点：

① 社会人理论。霍桑实验表明，经济因素是第二位的，社会交往、他人认可、归属某一社会群体等社会心理因素，才是决定人的工作积极性的第一位的因素，因此梅奥的管理理论也被称为人际关系理论或社会人理论。

② 士气理论。霍桑实验表明，士气，也就是工人的满意感等心理需要的满足，才是提高工作效率的基础，工作方法、工作条件之类的物质因素是第二位的。

③ 非正式群体理论。霍桑实验表明，在官方规定的正式工作群体之中存在自发产生的非正式群体。非正式群体有自己的规范和维持规范的方法，对成员的影响远较正式群体大。因此，管理者不能只关注正式群体而无视或轻视非正式群体及其作用。正式组织与非正式组织有一定的区别：

A. 正式组织：企业组织体系中的环节，是为了实现企业总目标而承担明确职能的机构。特征：一是对个人具有强制性；二是以效率和成本为主要标准，要求企业成员为了提高效率、降低成本而确保形式上的协作。

B. 非正式组织：人是社会产物，在一个企业共同工作的过程中，人们必然会相互发生关系，由此形成的一种组织。在该组织中，人们产生共同的感情，自然形成一种行为准则或惯例。非正式组织形成的原因很多，有地理位置关系、兴趣爱好关系、亲戚朋友关系、工作关系等。特征：一是具有非强制性，但影响很大；二是以感情为主要标准，要求成员遵守人际关系中形成的非正式的、不成文的行为准则。

非正式组织对企业有利有弊。作为管理者的一方，要充分认识到非正式组织的作用，注意在正式组织的效率逻辑与非正式组织的感情逻辑之间搞好平衡，以便管理人员之间、工人之间、管理人员与工人之间良好协作，充分发挥每个人的作用，提高劳动生产率。

④ 人际关系型领导者理论。霍桑实验提出，必须有新型的人际关系型领导者，他们能理解工人各种逻辑的和非逻辑的行为，善于倾听意见和进行交流，并借此理解工人的感情，培养一种在正式群体的经济需要和非正式群体的社会需要之间维持平衡的能力，使工人愿意为达到组织目标而协作和贡献力量。

（3）对人际关系理论的评价：

① 贡献：第一次把研究的重点从工作和物的因素上转移到人的因素上，不仅在理论上

对古典管理理论做了补充,还为现代行为科学理论奠定了基础,对管理实践产生了深远影响。

② 局限:A. 对经济人假设过分否定;B. 对非正式组织过分倚重;C. 对感情逻辑过分强调。

3.4.2 需求层次理论

需求层次理论是由美国心理学家亚伯拉罕·马斯洛于1943年在一篇题为《人类激励理论》的论文中提出的,常被现代企业应用到员工激励方法当中。

(1) 马斯洛的需求层次理论有两个基本论点:

① 人是有需求的动物,其需求取决于他已经得到什么?还缺少什么?只有尚未满足的需求才能够影响行为,已满足的需求不能起到激励作用。

② 人的需求按重要性和层次性排成一定的次序,从基本的(如食物和住房)到复杂的(如自我实现)。当人的某一级的需求得到最低限度的满足后,才会追求高一级的需求,如此逐级上升,成为人继续努力的内在动力。

(2) 马斯洛将人的需求划分为五级:生理的需求;安全的需求;社交的需求;尊重的需求;自我实现的需求。这几种需求的重要程度和层次不同,如图1-11所示。

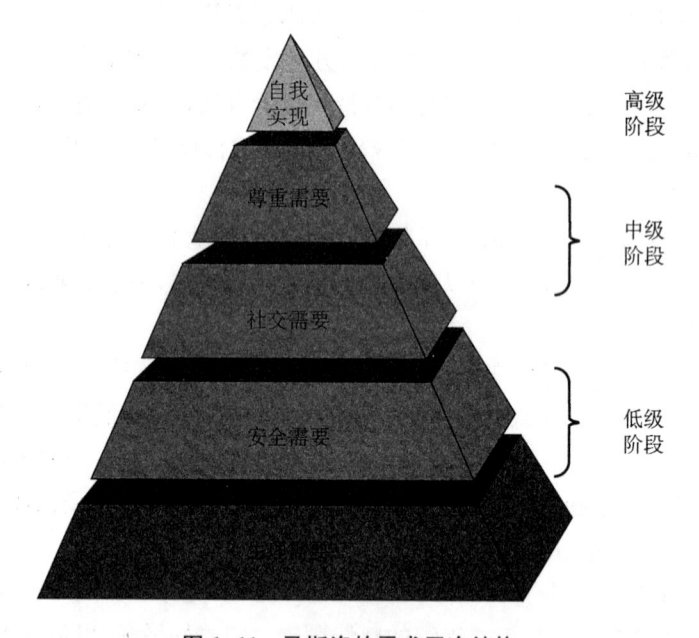

图 1-11 马斯洛的需求层次结构

① 生理的需求。这是人类维持自身生存的最基本要求,包括衣、食、住、行等方面的要求。如果这些需求得不到满足,人类的生存就成了问题。生理需求是推动人们行动的最强大的动力,其需求强度最高。只有这些最基本的需求满足到维持生存所必需的程度后,其他的需求才能成为新的激励因素。否则,人们绝大部分的行为将停留在这个水准,其他需求不产生激励。

激励措施:增加工资,改善劳动条件,给予更多的工余时间和工间休息,提高福利待遇。

② 安全的需求。这是人类要求保障自身安全、摆脱事业和财产丧失威胁、避免职业病的侵袭和接受严酷的监督等方面的需要,通常包括人身安全、健康保障、财产安全、道德保障、工作职位保障、家庭安全等。马斯洛认为,整个有机体存在一个追求安全的机制,人的感受器官、效应器官、智能器官等都是寻求安全的工具,甚至可以把科学和人生观看成满足安全需求的一部分。安全的需求属于低级别的需求,当这种需求相对满足后,就不再是激励因素。

激励措施:强调规章制度、职业保障、福利待遇,并保护员工不致失业,提供医疗保险、失业保险和退休福利,避免员工收到双重的指令而混乱。

③ 社交的需求。这是人类对友谊、爱情和归属感的需求,属于较高层次的需求。这一层次的需求包括两个方面的内容。一是友爱的需求,即人人都需求伙伴之间、同事之间的关系融洽,保持友谊和忠诚;人人都希望得到爱情,希望爱别人,也渴望接受别人的爱。二是归属的需求,即人都有一种归属于一个群体的感情,希望成为群体中的一员,并相互关心和照顾。社交上的需求比前两种需求更细致和复杂,它与人的性格、经历、教育、信仰、风俗习惯有关,通过人的接触、访问等得到满足。

激励措施:提供同事间社交往来机会,支持与赞许员工寻找及建立和谐温馨的人际关系,开展有组织的体育比赛和集体聚会。

④ 尊重的需求。尊重需求属于较高层次的需求,如成就、名声、地位和晋升机会等。尊重需求既包括对成就或自我价值的个人感觉,也包括他人对自己的认可与尊重。人人都希望自己有稳定的社会地位,要求个人的能力和成就得到社会的认可。尊重的需求可分为内部尊重和外部尊重。内部尊重就是人的自尊,它是指一个人希望在各种不同情境中有实力,能胜任,充满信心,能独立自主。外部尊重就是他尊,是指一个人希望有地位、有威信,受到别人的尊重、信赖和高度评价。马斯洛认为,尊重需求得到满足,能使人对自己充满信心,对社会满腔热情,体验到自己活着的价值。

激励措施:公开奖励和表扬,强调工作任务的艰巨性及成功所需要的高超技巧,颁发荣誉奖章,在公司刊物上发表文章表扬、优秀员工光荣榜等。

⑤ 自我实现的需求。这是最高层次的需求,它是指实现个人理想、抱负,发挥个人的能力到最大程度,完成与自己的能力相称的一切事情的需求,也称理想实现的需要或成长的需要。人必须做称职的工作,因为这样才能感受到最大的快乐。马斯洛提出,为满足自我实现需求所采取的途径是因人而异的。自我实现的需求是努力实现自己的潜力,使自己越来越成为自己所期望的人物。

马斯洛认为,在特定的时刻,人们的一切需求如果都未得到满足,那么最主要的需求的满足就比其他需求的满足更迫切。只有排在前面的那些需求得到最低限度的满足后,才能产生更高一级的需求,而且只有当前面的需求得到充分的满足后,后面的需求才能显出其激励的作用。低层次需求满足后,成为高层次满足的原动力。层次从低到高并非固定,有许多例外情况,同一时刻可能同时存在几种需求。人的行为是优势需求决定的。一般认为,低层次需求满足人数比较多,高层次需求满足人数比较少。低层次需求满足是外部条件使人满足,高层次需求则是从内心使人满足。低层次需求基本得到满足以后,它的激励作用就会降低,其优势地位将不再保持,高层次需求会取而代之,成为推动人的行为的主要原因。有的需求一经满足,便不再是激发人们行为的因素,于是被其他需求取代。高层次的需求比低层次的需求具有更大的价值。热情是由高层次的需求激发的。人的最高需求即自我实现的需求就是以最有效和最完整的方式表现自己的潜力,从而得到高峰体验。

激励措施:设计工作时运用复杂情况的适应策略,给有特长的人分派特别任务,在设计工作和执行计划时为下级留有余地。

(3) 对需求层次理论的评价:

① 优点:A. 对人的需要进行了划分,提出了管理者应根据不同员工的不同需要来刺激他们的潜在能力,以不断提高组织的积极性和效率。B. 在低级需求满足后,它的内驱力就减弱,高一级的需求就会产生,并产生新的内驱力,激励人们不断提高工作积极性。

② 缺陷:A. 马斯洛的需求层次理论的排列是否符合客观实际,还有许多争议,有人认为这一理论对人的动机没有完整的看法,没有提出激励的方法。B. 人的需求的发展顺序实际上可能是相当复杂的,不会出现明显的层次阶梯。

3.4.3 双因素理论

双因素理论又叫激励保健理论,是美国的行为科学家弗雷德里克·赫茨伯格(Fredrick Herzberg)提出来的,也叫双因素激励理论,最初发表于1959年出版的《工作的激励因素》一书。

(1) 双因素理论的主要内容(表1-6)。

①使职工感到满意的,都属于工作本身或工作内容方面的;使职工感到不满的,都属于工作环境或工作关系方面的。前者叫作激励因素,后者叫作保健因素。②保健因素包括公司政策、管理措施、工作环境、工作氛围、薪酬、福利、职业保障、个人生活、安全等。当这些因素恶化到人们认为可以接受的水平以下时,人们就会产生对工作的不满意。但是,当人们认为这些因素很好时,只是消除了不满意,并不会导致满意。③激励因素包括挑战性的工作、责任、成长、晋升、专业发展、被承认、赏识、成就等。如果这些因素都具备了,就能对人们产生更大的激励。但这些条件不满足并不会造成员工极大的不满。

表1-6 双因素理论的主要内容

因素	保健因素	激励因素
内容	公司政策、管理措施、工作环境、工作氛围、薪酬、福利、职业保障、个人生活、安全等	挑战性的工作、责任、成长、晋升、专业发展、被承认、赏识、成就等
作用	不会改善激励,但可以消除部分破坏激励的影响,保持现有的工作状态	能够激发和提高人的积极性,但这些条件不满足并不会造成员工极大的不满
举例	同工不同酬会引起员工的不满,伤害工作积极性,但同工同酬只会消除不满,并不会成为激励条件	工作中的挑战性会激发员工的工作热情和积极性,但工作不具挑战性并不会造成员工极大的不满
保证和完善保健因素,能够保持现有工作状态和积极性,发挥激励因素的作用,进而才能提高员工积极性		

(2) 双因素理论的根据。第一,不是所有的需要得到满足就能激发人们的积极性,只有

那些被称为激励因素的需要得到满足,才能调动人们的积极性;第二,不具备保健因素时,会引起强烈的不满,但具备时并不一定会调动强烈的积极性;第三,激励因素是以工作为核心的,主要是在职工进行工作时发生的。

双因素理论告诉我们,满足各种需要所引起的激励深度和效果是不一样的。物质需求的满足是必要的,没有它会导致不满,但是即使获得满足,它的作用往往是有限的、不能持久的。要调动人的积极性,不仅要注意物质利益和工作条件等外部因素,更重要的是要注意工作的安排,量才录用,各得其所,注意对人进行精神鼓励,给予表扬和认可,注意给人以成长、发展、晋升的机会。随着中国经济和社会的不断进步,这种内在激励的重要性越来越明显。

(3) 赫茨伯格双因素理论和马斯洛需求层次理论的比较。

赫茨伯格双因素理论和马斯洛需求层次理论是兼容并蓄的。马斯洛理论中低层次的需求相当于保健因素,而高层次的需求相当于激励因素。两者关系如表1-7所示。

表1-7 赫茨伯格双因素理论和马斯洛需求层次理论的比较

马斯洛需求层次理论		赫茨伯格双因素理论	
自我实现	↔	工作的挑战　　成就 成长　　责任	激励因素
尊重的需要	↔	晋升　褒奖　地位	
社交的需要	↔	人际关系　　公司政策 管理　　公司的素质	保健因素
安全的需要	↔	上司的素质　　　工作环境 工作安全　工作氛围　职业保障	
生存的需要	↔	薪金　　个人生活	

3.4.4 人性假设理论(X-Y理论和Z理论)

(1) X-Y理论。X-Y理论是美国著名的行为科学家道格拉斯·麦克雷戈(Douglas M. McGrego)在1957年发表的《企业的人性方面》中提出的。该理论围绕"人的本性"论述人类行为规律及其对管理的影响。

麦克雷戈认为,有关人性和人的行为的假设对于决定管理人员的工作方式来讲是极为重要的。各种管理人员以他们对人性的假设为依据,可用不同的方式来组织、控制和激励。基于这种思想,麦克雷戈提出了有关人性的两种截然不同的观点:一种是消极的X理论,即人性本恶;另一种是基本上积极的Y理论,即人性本善。

① X理论。

X理论认为:A. 大多数人是懒惰的,他们尽可能地逃避工作。工作对他们而言是一种负担,工作毫无享受可言。只要有机会,他们就尽可能地偷懒,逃避工作。B. 大多数人都没有什么雄心壮志,也不喜欢负责任,而宁可让别人领导。他们缺乏自信心,把个人的安全看得很重要。C. 大多数人的个人目标与组织目标都是自相矛盾的,要达到组织目标,必须靠外力严加管制,必须用强迫、指挥、控制甚至处罚、威胁等手段,使他们做出适当的努力。

D. 大多数人都是缺乏理智的,不能克制自己,很容易受别人影响,而且容易安于现状。E. 大多数人都是为了满足基本的生理需要和安全需要,所以他们选择那些在经济上获利最大的工作,而且他们只能看到眼前的利益,看不到长远的利益。F. 人大致分为两类,多数人符合上述假设,少数人能克制自己,后者应当负起管理的责任。

基于上述假设,X理论得出这样一个结论,管理人员的职责和相应的管理方式:

A. 管理人员关心的是如何提高劳动生产率、完成任务,主要职能是计划、组织、经营、指引、监督。B. 管理人员主要应用职权,发号施令,使对方服从,让人适应工作和组织的要求,而不考虑在情感上和道义上如何给人以尊重。C. 强调严密的组织和制定具体的规范和工作制度,如工时定额、技术规程等。D. 应以经济报酬来收买员工的效力和服从。

由此可见,此种管理方式是胡萝卜加大棒的方法,一方面靠金钱的收买与刺激,另一方面靠严密的控制、监督和惩罚,迫使员工为组织目标努力。麦克雷戈发现当时的企业对人的管理工作及传统的组织结构、管理政策、实践和规划都是以X理论为依据的。

以X理论为前提的管理模式造成了人才的创造性和奉献精神不断下降、员工对工作绩效毫不关心等不良后果,日益使人怀疑X理论是建立在错误的因果概念的基础上的。因此,与X理论消极的人性观点相对照,麦克雷戈又提出一个基本上积极的Y理论。

② Y理论。

Y理论认为:A. 一般人并不是天生就不喜欢工作的,工作中体力和脑力的消耗就像游戏和休息一样自然。工作可能是一种满足,因而自愿去执行;也可能是一种处罚,因而只要有可能就想逃避。到底怎样,要看环境而定。B. 控制和惩罚并不是促使人们为实现组织目标而努力的唯一方法,它甚至是威胁和阻碍,并减慢了人成熟的脚步。人们愿意实行自我管理和自我控制来完成应当完成的工作。C. 人的自我实现的要求和组织要求的行为是没有矛盾的。如果给人提供适当的机会,就能将个人目标和组织目标统一起来。D. 一般人在适当条件下,不仅学会了接受职责,还学会了谋求职责。逃避责任、缺乏抱负及强调安全感,通常是经验的结果,而不是人的本性。E. 大多数人,而不是少数人,在解决组织的困难问题时,都能发挥较高的想象力、聪明才智和创造性。F. 在现代工业生活的条件下,一般人的智慧潜能只是部分地得到了发挥。

根据以上假设,相应的管理措施:A. 管理职能的重点。在Y理论的假设下,管理者的重要任务是创造一个使人得以发挥才能的工作环境,发挥出职工的潜力,并使员工在为实现组织目标贡献力量时,也能达到自己的目标。此时的管理者已不是指挥者、调节者或监督者,而是起辅助者的作用,从旁给员工以支持和帮助。B. 激励方式。根据Y理论,对人的激励主要给予来自工作本身的内在激励,让他担当具有挑战性的工作,担负更多的责任,促使其工作做出成绩,满足自我实现的需要。C. 在管理制度上给予员工更多的自主权,实行自我控制,让工人参与管理和决策,并共同分享权力。

对比X理论和Y理论可以发现,两者的差异在于对员工需求的看法不同,因此采用的管理方法也不相同。按X理论看待员工的需求,管理上必然是独裁式的风格,要采取严厉的控制、强迫的方式。如果按Y理论看待员工的需求,管理上必然是民主式的风格,要创造一个能多方面满足员工需求的环境,使人们的智慧、能力得以充分发挥,从而更好地实现组织目标和个人目标。X 理论和 Y 理论的比较见表 1-8。

表 1-8　X 理论和 Y 理论的比较

理论	X 理论	Y 理论
人性假设	人类本性懒惰,厌恶工作,尽可能逃避;绝大多数人没有雄心壮志,工作只是为了生活,满足于平平稳稳地完成工作,而不喜欢具有"压迫感"的创造性的困难工作	一般人本性不厌恶工作,如果给予适当机会,人们喜欢工作,并渴望发挥其才能;多数人愿意对工作负责,寻求发挥能力的机会;人们都热衷于发挥自己的才能和创造性
管理方法	胡萝卜加大棒(专制式管理) 一方面靠金钱收买和刺激,一方面靠严密控制、监督和惩罚,迫使人为组织做出贡献	民主式管理 尊重人,把人当作组织最宝贵的资源

③ 对人性假设理论的评价:

X 理论是静止地看人,现在已经过时;Y 理论则以动态的观点看人,但也有很大的局限性。人性既有善的一面,也有恶的一面,是复杂人。Y 理论有其积极的一面,但并非对所有人有效。应针对不同的人、不同的工作性质,采用不同的管理方法。

(2) Z 理论。20 世纪七八十年代,日本经济迅猛发展,美国企业面临着日本企业的严重挑战。在此背景下,美国加利福尼亚大学管理学日裔美籍教授威廉·大内(William Ouchi)在研究分析了日本企业的管理经验之后,在 1981 年出版的《Z 理论》一书中提出了 Z 理论。

Z 理论的出发点是企业管理当局与员工的利益是一致的,两者的积极性可以融为一体。Z 理论的主要观点:

①企业对员工的雇佣应是长期的而不是短期的;②一切企业的成功都离不开信任、敏感与亲密,因此主张以坦白、开放、沟通作为基本原则来实行民主管理;③对职工要进行全面培训;④企业在经济恐慌及经营不佳的情况下,一般不采取解雇员工的办法,而是动员大家"节衣缩食"共渡难关,这样可以使员工感到职业有保障,从而积极地关心企业的利益和前途。

Z 理论强调在组织管理中加入东方的人性化因素,是东西方文化和管理哲学的碰撞与融合。

3.5　现代管理理论阶段

现代管理理论产生与发展的时期为 20 世纪 50 至 70 年代。这是管理思想最活跃、管理理论发展最快的时期,也是管理理论步入成熟的时期,又称管理理论丛林阶段。

现代管理理论产生与发展的基本脉络:

(1) 管理理论的分散化。进入 20 世纪 50 年代以后,管理理论出现了一种分散化的趋势,形成了诸多的学派,被称为管理理论的"热带的丛林"。

(2) 管理理论的集中化趋势。进入 20 世纪 60 年代后,管理理论研究出现了一种集中化的趋势。学者们先提出系统管理理论,力求建立统一的管理理论,后来又提出了更加灵活地适应环境变化的权变管理理论。

3.5.1 管理理论的分散化

(1) 管理科学的崛起。管理科学是泰罗科学管理理论的继续和发展。它们都致力于在企业管理中摒弃凭经验、凭直觉的传统管理,探索科学有效的工作方法和最优方案,以达到最高的工作效率。管理科学作为一个学派,是指把现代自然科学和技术科学的新成果广泛地应用于管理,建立一系列新的组织管理方法和现代管理技术的管理理论体系。

管理科学的特点:强调以运筹学、系统工程、电子技术等科学技术手段解决管理问题,着重于定量研究,力图利用科学技术工具,为管理决策寻得有效的数量解。

管理科学的主要观点:①管理科学的核心是寻求决策的科学化;②注重定量分析,在管理决策中广泛应用数学工具和数量模型,认为决策的过程就是建立和运用数学模型的过程;③广泛使用电子计算机。

总之,这一学派的主导思想是使用先进的数学方法及管理手段,使生产力的组织最为合理,尽量减少决策中的个人行为因素,尽量以数量方法客观描述,决策依据尽量以经济效果为准。

(2) 管理理论的热带丛林。哈罗德·孔茨(Horold Koontz)在1961年12月版的《管理学会杂志》中指出,管理理论已出现一种众说纷纭、莫衷一是的乱局,管理理论还处在一个不成熟的青春期。管理理论的一些早期萌芽,如泰罗对车间一级管理所进行的有条理的分析和法约尔从一般管理理论观点出发对经验进行的深刻总结等,现在已经过于滋蔓,形成了一片各种管理理论流派盘根错节的热带丛林。孔茨把各种管理理论分成六个主要学派,分别是管理过程学派、经验或案例学派、行为科学学派、社会系统学派、决策理论学派和数学学派,他认为应该走出这个丛林。管理理论丛林主要的管理学派及观点见表1-9。

表1-9 管理理论丛林主要的管理学派及观点

学派	代表人物及代表作	主要思想和观点简介
管理过程学派	哈罗德·孔茨、西里尔·奥唐奈《管理学》	主要研究管理者的管理过程及其功能,并以管理职能作为其理论的概念结构
经验或案例学派	戴尔《伟大的组织者》《管理:理论和实践》,德鲁克《有效的管理者》	主要从管理者的实际管理经验方面研究管理,认为成功的组织管理者的经验是最值得借鉴的
行为科学学派	马斯洛、赫兹伯格、麦戈雷戈	主张要研究人,尊重人,关心人,满足人的需要,以调动人的积极性,并创造一种能使组织成员充分发挥力量的工作环境
社会系统学派	巴纳德	他将社会学的概念引入管理,在组织的性质和理论方面做出了杰出贡献
决策理论学派	赫伯特·西蒙《管理决策新学科》	认为管理的关键在于决策,管理必须采用一套制定决策的科学方法及合理的决策程序
数学理论学派	泰罗、甘特、吉尔布雷斯夫妇	他们注质量化分析,强调应用数学模型来解决管理决策问题,以寻求决策的科学化与精确化

3.5.2 管理理论的集中化趋势

(1) 系统管理理论。系统管理学派盛行于20世纪60年代。代表人物为美国管理学者卡斯特、罗森茨韦克和约翰逊。卡斯特的代表作为《系统理论和管理》。系统管理学说的基础是普通系统论。系统论的主要思想：①系统是由相互联系的要素构成的；②系统具有整体性；③系统具有等级性。

卡斯特等人的系统学说的基本观点：①系统哲学，即强调系统是一种有组织的或综合的整体，强调各个组成部分之间的关系；②系统管理，即把企业作为一个系统进行设计与经营，使企业的各部分、各种资源按照系统的要求进行组织的运行；③系统分析，即确定有关变量，分析和综合各种因素，确定最有效的解决方法和行动计划。

（2）权变管理理论。20世纪70年代的美国，社会不安、经济动荡、政治骚动都达到了空前的程度，石油危机对西方社会产生了深远的影响，企业所处的环境很不确定。但以往的管理理论，如科学管理理论、行为科学理论等，主要侧重于研究如何加强企业内部组织的管理，而且大多在追求普遍适用的、最合理的模式与原则，但在企业面临瞬息万变的外部环境时又显得无能为力。正是在这种情况下，人们不再相信管理会有一种最好的行事方式，而必须随机制宜地处理管理问题，于是形成了一种管理取决于所处环境状况的理论，即权变管理理论。权变的意思就是权宜应变。美国学者卢桑斯（Luthans）在1976年出版的《管理导论：一种权变学》一书中系统地概括了权变管理理论。

卢桑斯的权变管理学说的基本思路是：①权变理论就是要把环境对管理的作用具体化，并使管理理论与管理实践紧密地联系起来；②环境是自变量，而管理的观念和技术是因变量，把所有管理理论划分为四种学说，即过程学说、计量学说、行为学说和系统学说。③权变管理理论的核心内容是环境变量与管理变量之间的函数关系就是权变关系，即如果环境条件一定，那么就必须采用与之相适应的管理原理、方法和技术，以有效实现企业目标。

3.6 现代管理理论的新发展

现代管理理论的新发展是指从20世纪70年代至现在。

3.6.1 战略管理

战略是指导战争全局的计划和策略。战术是进行具体战斗的原则与方法。企业战略是指导企业经营管理的总的目标和总体策略。企业战略于20世纪60年代在美国出现，70年代进入盛行时期，80年代后得到了进一步的完善，企业管理随之进入了战略管理时期。

在现代环境下，从某种意义上说，市场竞争就是企业战略的竞争。企业战略是决定一个企业能否取得最终成功的重要因素，所以管理学者越来越重视企业战略问题的研究和探讨。战略管理理论的主要观点：

（1）安索夫的资源配置战略理论观点。安索夫是美国西南国际大学的特级教授，著名的战略管理学专家。他担任过美国洛克希德公司的副总裁。1963年离开实业界，进入学术界。他由于成果显著，获得了"公司战略之父"的美誉。其核心理论是以环境、战略、组织这三种因素作为支柱，构建战略管理理论的基本框架。

（2）波特的竞争战略观点。迈克尔·波特是美国哈佛大学商学院的教授。他认为战略说到底就是在寻找高于平均的报酬。那么如何寻找这种报酬呢？通过竞争战略达到目的。三种竞争战略：①成本领先战略；②差别化战略；③目标集聚战略（又称集中一点战略）。波特的著作《竞争策略》《竞争优势》《国家竞争优势》被称为竞争优势三部曲。波特认为,企业在竞争中要考虑的因素不外乎五种应该重点研究的力量:①新竞争者的加入。当有新人加入时,企业要做出竞争性反应,因为市场的利润蛋糕将被刮分。②代用品的威胁。③买方讨价还价的力量,它影响利润的升降。④供应商讨价还价的力量,它影响成本利润。⑤现有竞争者的对抗力,如营销、广告等策略。这五种力量的合力就是企业的竞争能力和赚钱能力。

(3) 安德鲁斯的目标战略理论观点。安德鲁斯认为目标是第一位的,企业的目标几乎决定了一切。

3.6.2 学习型组织理论

学习型组织理论是美国麻省理工学院教授彼得·圣吉在其著作《第五项修炼——学习型组织的艺术与实务》中提出来的。这一理论的提出受到了全世界管理学界的高度重视。许多现代化大企业乃至其他组织,包括城市,纷纷采用这一理论,努力建成学习型企业、学习型城市等。

学习型组织理论的基本思想:未来真正出色的企业,将是能够设法使各阶层人员全心投入,并有能力不断学习的组织。这种组织由一些学习团队组成,有崇高而正确的核心价值、信心和使命,具有强韧的生命力与实现共同目标的动力,不断创新,持续蜕变,从而保持长久的竞争优势。

建立学习型组织的五项修炼模型(图1-12):①自我超越。能够不断理清个人的真实愿望,集中精力,培养耐心,实现自我超越。②改善心智模式。心智模式是看待旧事物形成的特定的思维定势,这会影响对待新事物的观点。③建立共同愿望。就是组织中人们所共同持有的意象或愿望。简单地说,就是人们想要创造什么。④团体学习,它是发展成员整体搭配与实现共同目标能力的过程。⑤系统思考,它要求人们用系统的观点对待组织的发展。

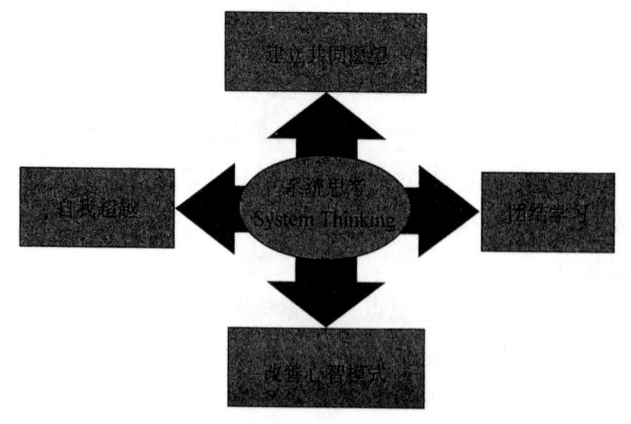

图 1-12 学习型组织的五项修炼

3.6.3 企业再造理论

1993 年,美国管理学家迈克尔·哈默(M. Hammer)和詹姆斯·钱皮(J. Champy)以《再造企业——工商业革命宣言》一书,在美国和西方发达国家中掀起了一场工商管理革命。企业再造理论以一种再生的思想重新审视企业,并对传统的管理学赖以存在的基础——分工理论提出了质疑,是管理学发展史中的一次巨大变革。

他认为分工理论存在局限:①分工将一个连贯的业务流程割裂成数个支离破碎的片段,既导致劳动者的技能愈加专业化,成为一个片面发展的机器附属,也增加了各个业务部门之间的交流工作,交易费用因此会大大增加;②在分工理论的影响下,层级制成为企业组织的主要形态,这种体制将人分为严格的上下级关系,即使进行一定程度的分权管理,也大大束缚了企业员工的积极性、主动性和创造性。

企业再造理论提出了三条基本的指导思想:①以顾客为中心;②以员工为中心,以扁平化组织结构替代传统的金字塔型结构,组织成员必须是复合型的人才,需要具备全面知识、综合观念和敬业精神;③以效率和效益为中心。

企业再造指"为了迅速地改善成本、质量、服务、速度等重大的企业运营标准,对工作流程进行重新思考与设计"。这也是为适应新的世界竞争环境,企业必须抛弃已成惯例的运营模式和工作方法,以工作流程为中心,重新设计企业的经营、管理及运营方式,最大限度地减少对产品增值无实质作用的环节和过程,建立起科学的组织结构和业务流程。企业再造的核心是企业工作流程的再造。其实施方法是以先进的计算机信息系统和其他生产制造技术为手段,以顾客中长期需求为目标,在人本管理、顾客至上、效率和效益为中心的思想指导下,通过最大限度地减少对产品增值无实质作用的环节和过程,建立起科学的组织结构和业务流程,使产品质量和规模发生质的变化,从而保证企业以最小的成本、高质量的产品和优质的服务在不断加剧的市场竞争中战胜对手,获得发展的机遇。企业工作流程的再造过程见图1-13。

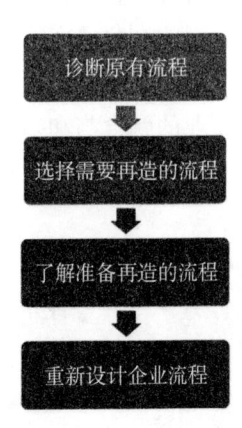

图1-13 企业工作流程的再造过程

3.6.4 企业文化理论

企业文化理论的发源地在美国,实践成功地却在日本。日本资源奇缺,经济几乎完全依赖国际市场。但在"二战"后的几十年里,日本克服了战争带来的伤害和自然条件的劣势,凭借以忠孝、智慧的价值观和艰苦奋斗的精神力量为核心的企业文化,创造了经济腾飞的奇迹,使日本经济成为当时的"世界第二经济体",且有争夺世界第一经济强国的态势,这极大地刺激了美国理论和管理界研究日本的经济腾飞的原因。经过对两国企业生产和发展的比较研究,专家们发现:美日两国企业之间的差距不在技术、设备、资本等物质要素方面,而在于两种企业文化上。日本企业普遍具有强大的凝聚力,员工具有更强的奉献精神,企业内部上下一心,相互协调,踏实肯干,纪律严明,有极强的适应和应变能力。这一切都归功于日本人把西方理性和东方灵性融为一体的企业文化。

企业文化纠正了科学管理见物不见人的偏向,适应了人们需求层次的提高和时代的变迁,从而实现了高效率与高士气的良性循环,是现代管理的一次本质飞跃。

(1)企业文化的概念。企业文化又称组织文化,是指企业在长期的生产经营和管理活动中创造的并且为员工普遍认可和遵循的,具有本企业特色的精神文化和物质文化的总和,是具有该企业特色的精神财富和物质形态。企业文化包括价值观念、企业精神、道德规范、行为规范、思维模式、历史传统、企业制度、文化环境、企业产品等。

(2) 企业文化的组成。①企业精神:核心层,呈现观念形态的价值观等。②制度文化:中间层,联系企业精神和物质文化。③物质文化:外围层,呈现物质形态的厂容厂貌等。

(3) 企业文化的作用。有人说,企业一年获利靠机遇,三年发展靠领导,五年成功靠制度,百年不败靠文化。这很好地说明了企业文化的作用。企业文化的具体作用如下:

①导向作用。企业文化集中反映了员工的共同价值观、理念和共同利益,对每个员工都具有一种强大的感召力,可把员工的思想、行为引导到实现企业目标上来。②凝聚作用。企业文化通过共同的价值观,使员工产生对工作的责任感、自豪感和使命感,增强员工对集体的认同感和归属感。③激励作用。在一种人人受重视、个个被尊敬的企业文化下,员工的贡献会及时得到肯定、赞赏和奖励,企业宗旨和经营理念也成为良好的激励标尺。④约束作用。公司的文化氛围能够以无形的、非正式的、非强制性的方式,对员工的思想和行为进行约束。④融合作用。企业文化是员工与企业之间的缓释剂,可以使员工产生共同的价值观,营建企业的融洽与和谐。⑤美化作用。优秀的企业文化不仅能美化工作场所,还能美化工作本身,使员工的求知、求美、求乐、求新的愿望得到满足。

【模块学习目标】

1. 理解生产管理中的几个基本概念:①企业;②生产;③生产系统;④生产管理;⑤生产类型;⑥生产过程。

2. 理解生产管理中的几个基本问题:①生产管理的目标;②生产管理的任务;③生产管理的原则;④生产管理的组织机构设置;⑤生产管理的基础工作;⑥生产管理的绩效考核;⑦市场环境对生产系统的影响;⑧生产管理者及其能力要求。

3. 理解管理思想的产生及逻辑结构、中国古代三大主流管理思想,厘清西方生产管理理论的发展脉络。

4. 理解亚当·斯密的分工理论和经济人假设,以及泰罗的理解科学管理理论、法约尔组织管理理论和韦伯的行政管理理论的基本观点,能用这些理论分析目前制造型企业的生产管理实践。

5. 理解梅奥的人际关系理论、马斯洛的需要层次理论、麦克雷戈的人性假设理论和赫茨伯格的双因素理论的基本观点,能用这些理论分析目前制造型企业的生产管理实践,会分析和运用不同的管理方法和激励理论。

6. 理解现代管理理论的分散化及管理理论的集中化趋势,了解管理理论的热带丛林,了解系统管理理论和权变理论的基本观点。

7. 了解战略管理、学习型组织理论和企业再造理论的基本观点,理解企业文化的概念、组成和作用,会分析企业文化在企业管理中的重要作用。

【作业与思考题】

1. 什么是企业？市场经济中，企业必须遵循的基本规律有哪些？
2. 什么是生产？现代企业生产的特征有哪些？
3. 简述生产系统的构成和运动规律。
4. 什么是生产管理？简述生产管理的概念和职能。
5. 按生产计划来源、生产的稳定性和重复性划分，生产类型各分为哪几类？试对它们做简要比较。
6. 简述生产过程的组成。一个组织良好的生产过程一般应具备哪几个基本特征？
7. 简述生产管理的目标、内容和任务。
8. 生产管理应遵循的原则有哪些？实行科学管理应注意哪几点？
9. 生产管理机构的设置应符合哪些原则？管理幅度和管理层次的关系如何？什么是纵向管理？什么是横向管理？如何加强横向管理的统一协调？
10. 生产管理的基础工作有哪些？
11. 生产管理的绩效考核包括哪些方面？
12. 生产系统面对市场环境的变化可采取哪些对策？
13. 简述对生产管理者的能力要求。
14. 试比较中国古代三大主流管理思想。
15. 简述西方管理理论的发展历程。
16. 简述泰罗的科学管理理论、梅奥的人际关系理论、马斯洛的需求层次理论的主要观点。
17. 什么是企业文化？简述企业文化的作用。

【课堂案例分析与讨论】

1. 从网上查找印染企业关于印染的生产管理案例，试用学过的生产管理经典理论加以分析。
2. 以某一著名品牌企业为例，说明企业文化的重要作用。

模块 2
印染企业生产技术管理

印染企业的生产技术管理是印染生产运行的基础和保障。印染企业技术管理的主要内容包括工艺管理、设备管理、操作管理。它们之间互相依赖、互相渗透。工艺管理是龙头,设备管理是基础,操作管理是保证。三者相互配合,协调统一,才能发挥出最佳的效果,生产线上才能加工出优质、高产和低消耗的产品。

单元 1　印染企业工艺管理

工艺管理是印染企业内一项复杂细致的基础性工作,是印染企业保证生产稳定,实现一次准确化生产,节能减排和经济效益最大化的重要手段,是印染企业生产管理的中心环节。只有合理地制定生产工艺,并使其在生产中发挥最佳效果,生产线上才能优质、高产、低耗地生产出客户满意的产品。

1　工艺管理的内容和要求

1.1　工艺管理工作的内容

工艺管理包括工艺设计、工艺检查、工艺纪律、工艺制度、工艺研究等方面的内容。围绕这些内容的贯彻落实,主要有以下几方面的工作:

(1) 科学合理的染整产品工艺设计。这是印染企业工艺管理的中心内容。在工艺设计中,主要根据产品所用原料的性能、风格特点、客户来样的规格及质量要求等,拟订产品生产的加工方法、工艺流程、工艺处方、工艺条件和操作规程,制定工时消耗和相关原材料的消耗定额,规定检验产品质量的方法和使用的检验工具等工作。

(2) 严格工艺纪律,确保各项工艺管理工作执行到位。印染企业应抓好工艺技术条件的落实环节,严格生产过程控制,严格工艺纪律,确保工艺上车。挡车工应自查工艺,技术员、班组长、车间主任等应进行工艺检查或抽查,车间或轮班均应设专职工艺检查员。技术部门要全面负责工艺的专职检查和工艺上车的把关,确保工艺上车符合标准,不断提高产品的质量,使生产出来的产品满足客户的质量标准。

(3) 加强工艺研究。工艺的合理性、先进性与印染企业的优质、高产和低耗密切相关。

加强工艺研究,积极采用新工艺、新技术、新设备和新型染化料,可以不断提高企业的工艺水平,确保质量,降低成本,减轻劳动强度,提高劳动效率,这对提高企业的经济效益有直接的作用。

1.2 工艺管理的基本要求

工艺管理的各项工作必须做到既具有先进性又具有合理性。基本要求如下:
①保证和提高产品质量,使之符合相关质量标准,并努力实现与国际质量标准接轨,满足用户要求。②节约原辅材料、能源、工时,降低产品成本和提高劳动生产率。③充分利用生产能力,不断提高生产效率,保证生产设备合理、经济地运转和均衡生产。

2 工艺设计

工艺设计是指根据产品设计,确定其加工方法、设备类型、主要染化料、工艺流程、工艺处方、工艺条件,以及各工序半制品及成品的规格标准与质量要求等生产活动。

工艺设计是工艺管理的重要环节,是产品生产的主要依据。凡是投产的产品,都要有完整的工艺设计。染整工艺设计需严谨、规范、正确、有效,它是一次准确化生产的有力支撑。一次准确化生产是实现印染企业低成本、高效益的有力保证。

2.1 染整工艺设计需考虑的要素

染整工艺设计需要考虑五大要素:原材料、设备、染化料、人员素质和市场要求。设备种类和运行情况决定了染整工艺的宽容度和稳定性,原材料特性决定了工艺要点,染化料会影响工艺流程,制定工艺的技术人员、管理人员和操作人员的素质决定了工艺的水平和实施的质量等,市场要求是工艺所要达到的目标。

在实际生产中,工艺既要稳定又要适时调整,并不断优化各环节的性价比,以最低成本最大程度地完成工艺目标。

2.2 染整工艺设计的主要内容

对于技术实力和开发能力强的印染企业,染整工艺设计工作是从新产品开发开始的。但多数印染企业是以客户来样、来料加工为主的,其染整工艺设计的内容包括制定染整产品标准、客户染整加工订单的审查、制定染整工艺设计书、染化料助剂的选择、工艺设备的选择、工艺试样、质量测试等工作。

2.2.1 制定染整产品标准

产品标准是对产品结构、规格、质量和检验方法所做的技术规定。为使企业在激烈的市场竞争中处于领先地位,维护企业信誉,满足顾客的需求,染整企业应根据国家染整产品有关标准和国际上先进国家的染整产品有关标准并综合考虑客户的质量要求,制定本企业的染整产品标准,用以对染整产品质量进行严格的企业内部控制。

国家或行业染整产品标准具有一定的权威性和先进性,而且会根据技术的进步情况,每隔一定的年限,进行必要的修订。

制造业早就流传着一句话："一流企业做标准,二流企业做品牌,三流企业做产品。"这里的标准指的主要就是同类产品的技术标准,即具备先进生产技术、工艺的强势企业,利用自身的技术优势,将官方、半官方制定的产品技术标准提高到自己能达到而竞争对手难以达到的水平,将对手封杀在产品生产领域之外,或者至少也要牵着对手的鼻子,让对手疲于奔命,危机四伏。

染整企业产品标准的内容主要包括:

①产品的各项染色牢度和测试方法的要求;②染色产品同色号批与批之间(缸差)及头尾、左中右的色差要求,一般应控制在 4~4.5 级;③产品的幅宽和纬斜公差、缩水率、失重率、布面光洁度、平整度、手感、弹性、回潮率等要求;④符合国家及国外客户提出的环保、安全、健康方面的要求;⑤特种加工方面,如阻燃、抗静电、抗菌、抗起毛起球、三防整理等方面的要求;⑥达到客户标准、确认样、主辅料颜色一致性的要求。

由于印染产品的用途、规格、质量标准、用户要求不同,所用的原材料、染化料、生产设备和工艺流程等各不相同,产品的工艺设计存在一定的差异。设计人员应在充分掌握各种因素的基础上,从现有条件出发,坚持质量第一,追求经济效益,合理选用原材料,选择合理的工艺方案,使设计、生产出来的产品满足用户要求。为提高染整工艺设计的准确性,企业还应建立相关配套的一系列标准,如:①染整用水质量标准;②染化料、助剂检验标准;③前处理半制品标准;④染化料库存环境及管理标准;⑤染整各工序质量要求;⑥车间挡车工操作标准;⑦化验室工作标准等相关标准。企业也可以根据不同的销售市场分别规范各类档次的染整产品质量标准。

2.2.2　客户染整加工订单的技术审查

产品的档次和质量要求,即客户对产品的要求,是染整工艺设计最重要的依据。业务部门应根据企业的设备和技术水平、生产能力等方面承接订单。订单的技术要求要规范清楚。稀里糊涂接单,往往会造成企业的生产经营隐患。业务部门接单必须详细记录客户对品质的要求(以纬编针织物加工订单为例):①坯布全称、规格;②坯布组织结构、纱支、纤维成分及比例;③销售地区和档次;④环保要求;⑤色牢度要求;⑥对色光源;⑦主、辅料的白度、色泽、色光、缸差(管差)、色差要求等;⑧定形方式、门幅及误差范围(针内、全门幅、浆切边);⑨面密度及误差范围;⑩缩水率及误差范围;⑪其他后整理要求;⑫客户的特殊要求。

一般业务员应填写染整加工订单质量要求审查表,见表 2-1。为使染整工艺设计准确,染整工艺设计者首先要对客户染整加工订单的质量要求进行逐项、全面的技术审核。只有在对客户订单中坯布的理化性质、成品的质量要求分析准确,以及确认样时间、交货时间审核清楚的前提下,才能进行染整工艺设计。

2.2.3　制定染整工艺设计文件

印染企业工艺设计文件的表现形式一般有工艺设计书(表)、工艺流转卡两种。

(1) 工艺设计书(表)。每种产品都必须有完整的工艺设计书(表),它一般由生产技术科负责工艺的技术人员编制,经技术科科长审核,主管技术的厂长(总工程师)批准后执行。

表 2-1 针织物染整加工订单质量要求审查表

编号：　　　　　　　　　　　　　　　　　　　　　　　　　　　　　　　　年　月　日

分类	项目							
客户情况	客户单位名称							
	地址					坯布到厂时间		
	电话			传真		联系人		
毛坯布质量数据	毛坯布名称			纱支		挡梳普梳		
	毛坯布组织			密度(5 cm)		直向　横向	干重	g/m²
	毛坯布原料成分			罗纹附料成分				
	毛坯布质量等级			匹长/m			匹重/kg	
	毛坯布色别			油土污霉变情况				
	毛坯布总重/kg			针织机用机油				
加工后坯布质量要求	白度		组织		色别			
	光坯密度(5 cm)		直向　横向		坯布干重(g/m²)			
	坯布缩水率/%		直向　横向		轧光幅度/cm			
	染色牢度	皂洗色牢度		耐汗渍色牢度		耐摩擦色牢度		日晒色牢度
		原样变色	白布沾色	原样变色	白布沾色	干摩擦	湿摩擦	
	主辅料色差要求							
	布面纬斜要求							
	染化料环保要求							
	坯布重损/%				坯布手感柔软要求			
	交货期							
附样	毛坯布				色样			

客户代表签字：　　　　　　　　　经办人签字：　　　　　　　　　审核签字：

本表一式三份，接单部门、化验室、客户各存一份，特殊加工要求可另附说明。

工艺设计书(表)是下达给生产计划部门、车间、质监部门、供应部门、财务部门及企业管理档案室等有关部门的技术文件,其内容包括:①基本信息,如企业名称、客户名称、工艺编号、电脑程序控制号、坯布的名称、染色纤维、染色号、染色名(白度);②染色坯布的基本参数,如来源、批号、门幅、面密度等;③染整加工工艺流程、前处理工艺、染色工艺处方、工艺条件及工艺说明、后整理工艺、染整加工使用的设备、水质等;④各工序的操作要求、安全注意事项,如前处理、染色、后整理等操作注意事项,半成品及成品的质量要求等。一般来说,产品(或订单)的染整工艺设计文件也会在印染厂的 ERP 系统中体现。

(2)工艺流转卡。又称工序卡,是将每一种产品按照工艺流程顺序排列出每道工序的工艺参数、操作方法及要求,便于染整加工统一执行,防止工艺质量事故的发生。工序卡一般在准备工序根据工艺设计书(表)编制,每一工序都进行记录,在成品开剪时核对。在生产过程中,一般每车(或每个染缸)布必备一张对应的工艺流转卡。工艺设计书(表)和工艺流转卡的比较见表 2-2。

表 2-2 两种工艺设计文件的比较

形式	内容	备注
工艺设计书(表)	品种规格、原料成分、质量要求、工艺流程、工艺条件、设备选择、工艺处方、各工序半成品的质量标准和要求。企业的新产品、新工艺、新染化料投产前必须进行先锋试验,从小样试验到小批量车间试产,提出试验小结,制定出产品工艺设计书后,由企业技术负责人审批后实施	内容最全面,较正式。工艺设计书(表)必须以提高产品质量及有利于企业经济效益的提高为中心
工艺流转卡	载明产品加工的工艺流程,经过的车间、工段、工序,列出工序名称、使用的工艺装备、加工时间、挡车工等信息	这是一种较为简单的、基本的工艺规程

具体采用什么形式的工艺设计文件,取决于企业的生产类型和技术水平。一般常规产品,没有特殊的技术要求,选用工艺流转卡即可。对于有特殊要求的产品或新产品,应编制正式的产品工艺设计书(表),编制后要组织审查和会签,由设计、生产部门及有关车间参加。设计部门主要审查工艺规程能否保证客户的设计要求,生产部门审查工艺规程适用的设备负荷,车间则审查该工艺规程是否适合本车间的生产条件和加工难度。

2.2.4 工艺试样

根据染整工艺要求,由试化室进行小样和车间中样试验,为合理进行工艺设计提供技术数据。

(1)对样标准。色光是成品的第一道关。色光不符,则全盘否定。需制定染色色光对样标准,这是执行对样的依据。染色色光对样标准的设定需要严格把关。必须明确标准只有一个,即同一客户、同一颜色的确认样,无论生产多少缸布,仅能对确定的唯一标准样。

(2)小样试验。试化室小样试验的主要任务是确定客户订单的颜色确认样、功能整理效果确认样,其主要工作内容:①染料与助剂的实验与筛选。根据客户质量要求选用"门当户对"的染料进行染色,即选用可靠、达标、成本低的染料。技术主管须制定出染料选用的规定,从"源头"治本。一般包括:A.浅三元色染料组合名称、规格、生产厂家;B.中三元色染料组合名称、规格、生产厂家；C.深三元色染料组合名称、规格、生产厂家；D.高水洗色牢度染料组合名称、规格、生产厂家，以应对客户特殊的色牢度要求；E.常用染料组合的选用，如黑色、深蓝、藏青、军绿、咖啡、灰色、大红、艳红、湖蓝、翠蓝等。②小样颜色色光、各项染色牢度和成品面料功能的测试和确认。③编写工艺处方，制作色卡和操作规程，同时报工艺设计人员。

① 小样的作用。A. 出样给客户确认；B. 为大生产提供技术、经济参数；C. 是报价的重要依据。

小样出样是给客户确认的依据。给客户确认的过程，也是客户第一次认识或者继续加深认识公司的过程，是订单的第一印象、公司的形象，要体现公司的水平。这对吸引客户，接到订单十分重要，故一定要重视和认真打好小样。

② 小样的质量标准（以纬编针织物染整为例）。A. 产品的档次和客户的质量要求是选用染料、助剂的主要依据。染料搭配及其配伍、染色质量、成本控制均应经过精心考虑，以便于获得既符合质量要求，成本又较低，企业也有好的经济效益的小样处方。B. 色光符合客户来样，色差一般应≥4级。C. 布面平整、光洁。D. 剪贴整齐，丝纹一致、横向平行、美观大方。E. 对于T/C双染，涤、棉色应平衡一致。F. 色名。客户无色名的，取色名时，应参照标准色名确定。G. 色号。客户无色号的，根据公司编排确定色号，以便翻单时对照；客户有色号的，根据客户编排填写。H. 制作色样卡，记录小样处方、工艺，留档、出样。

③ 小样的确认。A. 小样最终出样时，由打样员填写姓名，以示负责，同时也是考核打样员技术水平、熟练程度的重要依据。B. 色光确认。客户对色光源有要求的，应按客户要求；如无约定，不管是白天打样或者夜里打样，最终要通过北光或标准光源箱对色。色光确认后，由打样员、组长、化验室主管核对，并在留底一份上签字，以便检查，方可送客户。C. 打小样浴比应接近实际大生产，一般采用1∶(8～10)，弹力布、紧密织造布可采用1∶15左右。

④ 小样对样准确。A. 对样标准：客户来样。B. 对样光源：一般根据客户要求确定；客户无明确要求的，可采用自然北光，上午9:00到下午3:00最准。应做好客户来样色光的目光统一工作。最常用的是D-65光源，这是一种模仿自然光的电光源，在阴雨天和夜晚都能准确对色。有些客户不知道用什么光源对色，可以在几种会发生跳灯现象的常用光源下多打几个色样，供客户挑选。客户选定对色光源后，应将其作为该客户产品的统一对色光源，防止有关部门因光源使用不当造成对色误判，造成颜色染错事故。C. 合格标准判断：色光、色深均要符合客户来样，一般色差应≥4级。D. 夜班打样对样：用标准对样箱对样；白班需复对自然北光，确认无误后，方可贴样。E. 把关：打样员把第一关，打样组长把第二关，化验室主任把第三关。凡送出小样，努力争取100%确认；如客户投诉，退回重打，应追究打样员、组长、主任的责任，因为往返重新打样确认会耽误订单时间，甚至可能丢掉合同。

(3) 中样试验。为保证染整工艺设计的准确性，部分小样确认后必须进行中样试验，达到预定的质量要求，方可进行大生产。中样试验采用取自大生产的坯布，数量应在一匹以上，在中样染色机上制备染色工艺试样，在车间大生产设备上制备后整理工艺试样。中试后，对试样产品进行质量检验、色光、色牢度测试、物理性能测试，整理完整的资料，进行大生产工艺设计。

① 中样的作用。A. 中样是大生产的前奏。中样的好坏是决定印染企业能否接到合同订单的重要因素。B. 中样为大生产积累染整工艺技术参数。C. 中样亦可根据市场趋势,试探市场,从而达到开发市场的目的。D. 补单的需要。由于生产损耗偏大或其他原因造成客人需要少量补单时,可通过中样的形式进行补单。

② 打(放)中样的有关规定(以纬编针织物染厂为例)。A. 中样染色前要复样,复样后再放中样。工艺员应根据毛坯布的纤维材料、面密度,确定浴比,浴比尽量和大生产一致或接近;B. 中样布质量要求在 20～30 kg/缸。中样与大生产一样,必须有书面染色工艺。C. 现场工艺技术人员、工段长负责指导中样生产,应把中样视作大生产一样重要,中样布染色前必须记录毛坯布下机门幅和毛坯布自然面密度。中样染色工应按"五标准确"进行,即按照计量、浴比、温度、时间、pH值的大生产模式进行操作。中样染色必须指定专人跟踪,直至定形入库为止。D. 中样应与大生产一样,必须进行各项指标质检,并记录在专门的生产台账中。

③ 对样光源。一般根据客户要求确定;客户无明确要求的,一般采用白天北窗自然光或标准灯箱,夜班采用标准灯箱。

④ 染色现场对样必须做到:A. 皂洗干净,防止皂洗不干净引起的对色不准。B. 染涤纶中、深色时,需还原并清洗干净,防止还原清洗不干净引起的对色不准。

⑤ 烘干后,定形前后,需由专职质检员对样,达到标准后才能放行。

3　工艺管理制度

印染企业的工艺管理一般实行厂级和车间两级管理,应建立企业生产技术部门、试验室、车间及轮班的工艺责任制,既要统一集中,又要发挥各部门参加工艺管理的积极性。必须严格执行工艺审批制度,严格遵守工艺纪律。

3.1　工艺责任制

各级工艺管理的职责落实是实现有效工艺管理的保证和前提。印染企业中,承担工艺管理职责的组织和岗位主要有总工程师(主管技术厂长)、生产技术部门、车间主任、轮班长等。

(1) 总工程师(主管技术厂长)的职责。总工程师是全厂工艺管理的主管领导,对企业工艺管理全面负责,即负责工艺制定,提出工艺要求,审批工艺方案及重大项目的变更,建立工艺管理制度并检查执行情况,领导工艺研究活动等。

(2) 生产技术部门的职责。生产技术部门(一般是生产技术科)是总工程师的助手,是全厂工艺管理的专职机构。其具体职责:负责制定工艺设计初步方案并在审批后组织车间贯彻执行,负责日常的工艺变更调整,检查督促各工序工艺明细设计和工艺管理的执行情况,组织工艺试验研究活动等。对于大型企业,生产技术部门只对车间下达总工艺设计方案,各工序各机台明细工艺设计则由相关车间自行完成。中小型企业全流程明细工艺都由生产技术部门统一设计。

试验室一般隶属于生产技术科直接领导,是具体贯彻执行工艺管理的部门。试验室负责工艺研究和拟定工艺方案、生产实物抽样试验分析及数据处理统计、办理工艺变更事宜并对业务范围内的工艺管理制度负责监督管理。试验室最日常的工作是进行在线或离线抽样检测,看其是否符合工艺设计要求。对不符合要求的,要及时通知相关工序并参与整改,直至符合要求为止。

(3) 车间主任的职责。车间主任是车间工艺管理的主管领导,主要职责是贯彻落实工艺设计,其具体职责:负责工艺设计在本车间的贯彻执行并确保工艺上车,负责审批和检查车间分摊的工艺项目试验,参加全厂工艺设计的讨论,领导车间专职工艺人员做好本车间的工艺管理工作,定期检查工艺上车情况等。

(4) 轮班班长的职责。负责轮班工艺管理工作,按工艺设计及工艺变更通知单上规定的内容与要求,组织有关生产组长及生产工人认真贯彻执行。

(5) 车间技术员。负责生产工艺上车的监督、检查并记录各项工艺检查参数;负责对工艺的执行情况进行检查,并向部门负责人汇报检查情况,提出整改意见;专项跟进技术难题,并提出整改建议。

3.2 工艺审批制度

工艺设计的形成要有严格的审批程序,一般在下达、执行的过程中要保持相对的稳定性,不允许随意改动,以避免工艺混乱。印染企业一定要树立工艺的权威性。

工艺设计的制定和贯彻不是一成不变的,随着生产条件的变化,工艺设计中某些参数需要及时调整。为了防止工艺混乱与差错,应建立工艺变更审批制度。工艺变更申请一般由提出部门按审批范围逐级办理审批手续,再由执行部门具体落实。其中,必须经过厂级审批的内容:①重大的工艺变更(工艺流程、新品种试制等);②对质量、产量、成本有重大影响的工艺变更;③企业与用户之间有关工艺项目的变更。

上述内容以外的其他项目变更,可由车间主任审批。厂级与车间两级工艺管理既不要过于集中,又不能放弃统一,必须使全厂工艺管理部门及人员积极为生产及经济效益服务。

3.3 工艺纪律

严格执行工艺纪律,是贯彻工艺设计和实现效益的重要保证。印染厂采用的是多工序连续生产系统,任何一种工艺的波动或差错,不仅直接影响本工序生产,而且会影响下道工序,直至影响印染产品,不能满足用户要求。所以,一定要制定严格的工艺纪律,同时要教育职工严格遵守。

印染厂工艺纪律的内容主要包括以下几个方面:

①各工序根据生产计划改变品种、变更工艺或采用新工艺时,应该经过当班轮班长和技术员跟踪检查,确保无误后,方可开车试产。②各机台进行大修理后,由维修队长负责检查有关设备可实现工艺参数的情况,经车间试车验收,填表送技术科核对无误后,方可开车生产。③生产技术科、试验室应按有关规定核对工艺,并定期检查各工序工艺参数,定期整理汇总工艺设计表和相关技术资料,工艺变更应制定管理制度并做详细的记录,做到专人负责,统一收发和管理。④各种工艺试验资料必须妥善保管,分类建档。新品种的试制资料必须完整地保管备查,要做到工艺设计、工艺上机和工艺记录三者相符。⑤严格各项工艺纪

律,做到机台有操作工艺说明,布车有工艺卡,生产操作按工艺卡进行。必须在维修工、挡车工中牢固树立工艺是龙头的观念,认识到"工艺卡就是技术警察",工艺参数是不可擅自改动的。只有从根本上提高对工艺严肃性的认识并与经济责任紧密结合,才能提高严格遵守工艺纪律的自觉性,避免有章不循、自立工艺的违规现象。

4 现场工艺管理

正确的工艺设计是在生产过程中对染整产品进行质量控制的前提,生产过程的工艺控制是现场工艺管理的核心。只有严格、准确地实施工艺上车,才能达到工艺设计的目标,按工艺设计的要求生产出合格产品。

4.1 产前工艺审核

染整工艺设计审核内容:①审核产品档次定位是否正确;②审核工艺设计产品能否达到环保指标;③审核工艺流程、处方能否达到预期质量目标;④审核染料、助剂选用、处方用量及工艺流程是否合理和优质低耗;⑤审核工艺设计是否能预防易产生的染整疵病。

4.2 产前复样

产前复样的目的是通过复小样和放头缸样,进一步发现潜在的工艺处方方面的问题,以便最后确定大生产工艺。染色前复样很重要,即便是过去生产过的品种,间隔一段时间再生产,亦需进行复样,才能保证重演性和一次染色成功。因为纱支、染料、助剂批号或生产厂家不同,必然会影响染色结果,故染色前复样十分重要,不可忽略。

(1) 复小样。在放头缸样前,需复小样确定工艺处方。产前复小样,要使用生产时的毛坯布、生产时用的同批号的染料和助剂。复样方法应按打小样与大生产吻合的方法进行,即采用正式生产工艺进行小样染色、皂洗、烘燥和定形整理,然后制作色样。

复样后若有差异,必须重新调整处方,可采用测色仪调整和修正技术参数,染后再打样,之后才能进行放中样或试生产(大生产)。未经复样,一般不得进行大生产。

(2) 头缸放样。头缸放样一般主要包括染色、印花和后整理。放样要求如下:
①染前必须对毛坯布进行质量检验;②头缸放样合格后,根据品种分别制作烘燥后、定形前后、印花前后、拉毛、剪毛、磨毛前后的颜色标样;③计录头缸染色、印花和整理放样全过程工艺数据和放样异常情况;④放样后,应进行成品质量检验、色光、色牢度检验、物理测试等,同时还需进行产品风格和特性检验;⑤放样后,应进行技术数据分析整理,并针对性地调整和确定大生产正式工艺。

4.3 生产过程的工艺控制(以纬编针织物染整为例)

一批完全符合质量要求的染整产品是各个加工环节完美结合的结果。在生产过程中,需对各个工序、各个环节,按工艺设计要求进行严格控制,做到工艺上车,才能生产出合格产品。生产过程控制的主要内容:

(1) 毛坯布检验。毛坯布检验的主要项目包括毛坯布的直向密度、幅宽、缩水率和布面疵点及匹重。

(2) 漂染工艺控制。漂染工艺控制的主要内容：①漂染用水的水质，如硬度、含氯量、浊度、pH 值；②前处理漂底白度、染前布面的含氧量和 pH 值，染后出缸布面的 pH 值；③染色浴比、温度、时间、泵流量等工艺参数；④染浴元明粉含量、比重、加碱固色时的 pH 值；⑤染色时坯布的运转速度、导布轮转速与喷嘴压力等。

(3) 后整理工艺控制。①烘燥后的含水率，烘燥机的温度、速度，烘燥后的幅宽、缩水率；②定形前后的幅宽、定形机的超喂量、进布速度、落布温度、定形机轧车的轧余率、补充液浓度等。

4.4 染化料管理

染料、助剂是染整加工的关键用料。生产时，准确使用质量稳定的染料和助剂是染整工艺设计达到最终目标的重要保证。染化料管理的要点：

(1) 染化料的质量管理。要求供应商提供产品说明书、色卡和每批染料、助剂的质保书，进库染料按生产批号进行质量检验，合格品在其包装上贴上合格标识。

(2) 染化料的保管。染化料库房要求阴凉、通风。染料和粉状助剂仓库要防潮、防湿，夏季避免高温；液态助剂仓库要防晒，冬季要防冻。染料、粉状助剂、液状助剂、危险品应分仓库存放。染料、助剂按检验合格、不合格、待检验分别存放。合格的染料、助剂按类别、进库时间、批号分别存放。

(3) 染料、助剂的称量。染料称料间应单独设立。称料间最好装有恒温恒湿装置，要备有两三天的周转量，保证染料的含潮率一致。有条件的应使用电脑称量系统，保证称料的正确和精度。荧光增白剂应单独存放和称量，应封闭，以防飞尘污染。

4.5 工艺检查

工艺检查是指检查工艺文件所规定的各项要求在实际生产中的执行程度。工艺检查的目的是保证生产工艺的真正落实，及时发现问题，纠正工艺偏差，及时解决问题，避免产生批量性质量事故，同时也为完善工艺、提高工艺设计水平提供依据。工艺检查是加强工艺管理必不可少的重要手段，也是提高产品质量的有效保证。

有些印染企业实行内部工艺跟单制度，它也是工艺检查的一种很好的形式。内部工艺跟单制度是印染企业每个订单投产后，由专人（工艺员）监督检查生产工艺实施情况的一种制度安排。在印染企业的实际生产中，并非单一订单在车间运行，而是多个订单并行。不同订单、不同织物的工艺流程会有所不同，比如：有的冷轧堆练漂后烧毛，有的则是染色后烧毛；有的冷轧堆练漂后要做汽蒸复氧漂，有的则不做；有的染色前要做预定型，有的则不做预定型；等等。这会打乱投产时的先后顺序，所以车间的工艺管理必须以订单为中心，进行内部工艺跟单管理。内部工艺跟单的主要内容：

①跟踪检查订单在车间所实施的工艺流程是否与订单所设定的工艺流程相符；②认真检查各工序的工艺条件（如车速、温度、pH 值、用料浓度等）是否与订单设定的工艺条件相同；③及时检查生产半制品的质量（如毛效、pH 值、均匀性、色泽的准确性等）是否符合要求。

5 新产品开发的管理

新产品开发包括采用新原料、新的染料和助剂、新工艺、新的功能整理和提高加工档次等产品创新活动,以及结合设备改造的工艺设计,包括缩短工艺流程、提高工艺性能,以及突破传统工艺模式的新型染整工艺的研究和试验等。

新产品开发需经过市场调研、产品设计、小批量先锋试样等程序。新产品开发的工艺文件须经企业内有关生产及技术部门汇审,再经总工程师签批,方可进行大批量生产。

5.1 新产品的概念和分类

(1) 概念。新产品是指在一定地域范围内(如本企业),过去从未出现过,在结构、性能、材质和技术特征等方面,与现有产品有显著差异的产品。

(2) 分类。①全新产品。它往往标志着科学技术的重大进步。开发这类产品耗资巨大,经历的时间较长,但一旦开发成功,企业可在较长时间内处于领先地位。②换代型新产品。它是在原有产品的基础上,采用部分新材料、新技术等,使产品性能得到提高而产生的。③改进型新产品。它是在原有产品的基础上,根据用户或其他方面的需要,对产品局部进行一些改进而产生的。④仿制型新产品。它是企业通过模仿市场上销售势头良好的产品,或者对其稍加改变以突出某方面特点而生产的产品。

5.2 新产品开发策略

(1) 开发方向主要有功能化、舒适化、智能化、品位化、绿色化等。
(2) 开发方式主要有进取战略、防御战略、紧跟战略、冒险战略。

5.3 新产品开发应考虑的因素

①搞清市场的潜在需求。实际上是搞清人们购买这种产品是为了追求哪种利益,满足哪种需要。②判断新产品的竞争优势。市场无同类产品,则营销难度较低;市场有同类产品,则要分析自己的产品有没有竞争优势。③分析产品创新的可行性。重点分析有关原材料供应是否充分,生产技术是否成熟等。④分析市场前景。根据产品生命周期理论,判断哪些产品值得开发,哪些产品不值得开发。⑤进行成本-收益分析。从财务角度预测,详细准确地进行成本-收益分析。⑥重视社会效益和生态效益分析。

5.4 新产品开发过程

主要包括三个阶段:①技术开发阶段;②生产开发阶段;③市场开发阶段。

6 工艺研究

工艺研究是指为了保证印染产品的质量和提高机台的生产效率,采用不同的生产技术方案,通过上机工艺试验,对工艺的合理性进行深入研究,并在优化工艺条件的基础上,找出最佳工艺方案的研究活动。工艺研究是实现技术创新,推进企业技术进步的重要手段。

印染企业的工艺研究应根据客户需求、质量指标等，抓住生产中的薄弱环节，制定工艺改进方案，从理论上、技术上进行科学分析，以达到保证生产稳定、产品质量不断提高和不断满足客户需求的目的。积极开展工艺试验和研究工作，不断改进生产工艺，才能不断提高工艺技术水平。

工艺研究的主要内容包括：

(1) 注重工艺试验，做好先锋试验和跟踪分析工作。

工艺试验是工艺研究的重要手段。工艺试验是利用各种物理、化学等手段，及时经济地探索出最佳工艺方案的过程。工艺试验的方案通常采用先锋试验。所谓先锋试验是指某新产品正式生产前的一系列工艺方案探索。在实践中，常利用先锋试验结合单因素优选法和正交试验法这两种方法进行工艺试验。

(2) 对已经用于生产的产品工艺进行分析，找出经验和教训，经总结形成已生产产品的工艺小结并存档，利于今后同类产品或相近产品生产时参考。

(3) 对外单位、全国或国际新工艺信息加以分析研究，尤其要注意收集适合本企业生产线的工艺信息，以指导工艺设计，推广学习其他企业的先进经验，不断提高工艺设计的先进性。

(4) 对工艺中的疑难问题进行分析研究，尤其要将"5M1E"（人、机、料、法、测、环）等因素作为一个系统，直接推动工艺技术水平的不断提高。

(5) 加强工艺制度的完善和研究。

单元 2　印染企业设备管理

印染设备是印染企业中有形的固定资产。固定资产是可供长期使用，在使用过程中保持原有实物形态，其价值表现在一定限额以上的劳动资料和其他物质资料的统称。它既是一种由其他工作母机生产出来的产品，同时又是一种能在印染生产活动中起工具作用的物体。印染设备是以其功能参与印染产品的形成的，而不是以设备实体本身加入产品成为产品的一部分，它具有一定的使用寿命，在使用过程中会产生使用费用，其自身价值亦会逐渐降低。随着科学技术的发展，印染设备愈来愈成为印染企业提高经济效益的重要因素之一。印染设备及其备品、备件所占用的资金比重也不断增大，往往占到企业全部资产的 $50\%\sim 60\%$，已经成为企业赖以生存和发展的重要物质技术基础。

"工欲善其事，必先利其器"。印染设备是印染企业进行生产的主要物质技术基础，是染整工艺实施的载体。好的印染产品必然是建立在企业具备先进印染设备及良好的设备管理基础之上的。有的企业虽有先进的印染设备，但疏于设备管理，设备带病运转，缺零少件，拆东墙补西墙，甚至设备损坏，停机停产，不能发挥好设备的效能，降低了设备效能和利用率，不但没有发挥出先进设备的优势，反而由于设备价值高，折旧费用高，运转费用大，成为企业沉重的包袱，致使企业债台高筑，生产经营步履维艰。但是，有些印染企业虽然没有最先进的印染设备，但由于设备管理水平高，设备运转状态良好、效率高，从而能生产出高质量的产品，企业市场竞争能力强，效益稳定。

1　设备管理概述

设备管理是以设备为研究对象，为追求设备的综合效率，运用一系列理论、方法，通过技术、经济、组织措施，对设备的物质运动和价值运动全过程进行的管理活动。设备管理是生产技术管理中的重要内容。设备管理水平是企业管理水平、生产发展水平和市场竞争能力的重要标志之一。搞好设备管理，对于保持和提升企业竞争力，都有着重要意义。

（1）设备管理是企业产量、质量和交货期的保证，是企业提高经济效益的基础。

（2）设备管理是企业安全生产的保证。安全生产是企业搞好生产经营的前提。没有安全生产，一切工作都可能是无用之功。根据有关安全事故的统计，除去个别人为因素，80％以上的安全事故是由设备不安全因素造成的，特别是一些压力容器、动力运转设备、电器设备等，管理不好，则更容易成为事故的隐患。要确保安全生产，必须有运转良好的设备，而良好的设备管理会消除大多数事故隐患，杜绝大多数安全事故的发生。

设备管理是对设备寿命周期全过程的管理，涵盖设备的整个生命周期，在印染企业，主要包括设备的选择、设备的使用、设备的维护修理及更新设备的改造等管理工作。确保印染设备经常处于良好的技术状态，避免发生各种不正常的磨损和腐蚀，防止各类事故，合理延长设备的使用寿命，充分发挥设备的效能，已成为印染企业实现优质、高产、低耗和良好的经济效益的关键。

设备运动过程可分为两种状态，即设备的物质运动形态和资金运动形态。设备的物质运动形态是指设备从规划研究、设计、制造，或从选购进厂、验收、投入生产领域开始，经使用、维护、修理、更新、改造直至报废退出生产领域的全过程。对这个过程的管理称为设备的技术管理。设备的资金运动形态包括设备的最初投资、运行费用、折旧、收益，以及更新改造资金的筹措和运用等过程。对于这个过程的管理称为设备的经济管理。设备管理既包括设备的技术管理，又包括设备的经济管理。设备的技术管理和经济管理是有机联系，相互统一的。

设备管理一般可分为前期管理和使用期管理两个阶段。设备的前期管理是指设备在正式投入运行前的一系列管理工作。在购置设备时，应进行充分的交流、调研、比较、招标和选型，加强技术经济论证，充分考虑售后技术支持和运行维护，选用综合效率高的装备。设备的使用期管理又分设备初期管理、中期管理和后期管理。设备的初期管理一般指设备自验收之日起、使用半年或一年时间内，对设备调整、使用、维护、状态监测、故障诊断，以及操作、维修人员的培训教育、维修技术信息的收集、处理等工作，建立设备固定资产档案、技术档案和运行维护原始记录。设备的中期管理是指设备保修期后的管理工作。做好设备的中期管理，有利于提高设备的完好率和利用率，降低维护费用，得到较好的设备投资效果。设备的后期管理指设备的更新、改造和报废阶段的管理工作。对性能落后，不能满足生产需要，以及设备老化、故障不断，需要大量维修费用的设备，应进行改造更新。

1.1　设备管理的原则

设备管理的主要原则：

(1) 以效益为中心，坚持依靠技术进步，促进生产发展。设备管理应以效益为中心，适应生产要求，为工艺服务，为运转服务，解决生产关键问题。应择优选购技术含量高的设备，提高运行过程的自动化程度，数据采集利用信息化技术，维修保养采用计算机辅助管理。

(2) 预防维修为主，维护与计划检修相结合。设备管理应根据设备磨损的规律或通过加强对设备的监测，在设备发生故障或损坏前，有计划地进行维护或修理，防止因重大设备事故影响生产的正常进行。对企业的主要生产设备进行综合管理，坚持预防为主，维护与计划检修相结合。

(3) 建立厂级、车间、班组三级企业设备管理网络，健全设备管理机构，明确职责，理顺关系。坚持专业管理与群众管理相结合。

(4) 在设备管理方式上要实行"三全管理"。现代的设备管理不同于传统的设备管理，前者是综合性的，可以概括为设备的全面管理、全员管理和全程管理，有效保证设备的技术性能和正常工作，提高其使用寿命和利用率。

(5) 在设备检修维护上要实行"三严"。①严格执行检修计划和检修规程，有计划、有准备地进行设备的检查和维护；②严格把好备品备件质量关，力求既保证质量，又经济节约；③严格抓好检修质量和技改检修完工验收关。对设备检修和技改检修，实行定人、定时、定点、定质、定量，纳入经济责任制考核，确保检修质量和技改质量。

(6) 要加大教育培训力度。通过教育培训使操作人员熟悉和掌握所有设备的性能、结构及操作、维护、保养技术，达到三好（用好、管好、保养好设备）、四会（会使用、会保养、会检查、会排除故障）的要求。对于精密、复杂和关键设备，要指定专人管理，实行持证上岗。

(7) 坚持设备安全生产，抓好"三纪"（安全纪律、工艺纪律和劳动纪律）工作。

(8) 坚持修理、改造与更新相结合。

(9) 坚持设备的技术管理与经济管理相结合。

设备管理应努力做到综合规划、合理选购、及时安装、正确使用、精心维护、科学检修、安全生产、适时改造和更新，不断改善和提高企业技术装备的素质，为企业的生产发展、技术进步和提高经济效益服务。

1.2 设备管理的内容

设备管理的目标是在设备的使用期内，维持设备的最佳运行状态，延长设备使用寿命，取得最佳效益，并保证企业在追求利润最大化时有良好的设备物质基础。具体内容：

①依据企业经营目标及生产需要制定设备规划。②正确选择、购置、安装调试所需设备，包括设备的选型、采购、验收、配置、安装与调试（对于企业自制设备而言，还包括调查研究、规划、设计与制造）。该项工作一般在染整工厂设计阶段或设备改造时进行。③对投入运行的设备正确、合理地使用。④精心维护、保养和及时检查设备的运行状态，保持设备完好，使设备经常处于最佳的技术状态。为此，要根据设备运行的规律，运用科学的检测、维护、维修的手段，认真做好维修保养工作，使设备完好率达到规定的要求。该项工作一般在使用设备过程中完成。⑤适时改造和更新设备，不断改善和提高企业的技术装备水平。通过设备的改造和更新，使设备的功能得到提高，适应企业的生产发展的要求。该项工作是产

品更新时主要考虑的问题。设备改造往往能使设备保值、增值,是对设备进行系统的经济的管理,能使设备管理环节的费用降低。该项工作需要成本管理部门与设备管理部门配合进行。⑥合理的经济管理,包括资金筹措和经济合理的使用、设备折旧、维修费用及备件资金占用等费用核算。⑦设备的技术信息管理、资料档案管理、维修使用人员的培训和管理。⑧建立、执行各种设备管理制度与责任制度。

2 设备前期管理

设备的前期管理是指设备在正式投入使用前的管理工作;是对设备前期的各个环节进行技术和经济等方面的全面管理。在设备前期管理的环节,对于外购设备,包括设备选型、采购、安装调试、验收、试运转等内容;对于自制设备,还包括调查研究、规划设计、制造等内容。印染企业往往采用外购设备的方式。因此,以外购设备为主,介绍设备的前期管理。

2.1 设备选购

企业取得生产设备的方式主要有三种:购买、自制和租赁。大多数企业采用购买的方式。设备的选购是企业设备管理的首要环节。设备的选购决定了设备的运行寿命、施工工期、产品加工质量和产品制造成本。合理地选购设备,既要满足企业生产技术的实际需要和未来发展的要求,又要能降低设备使用费用,取得较好的设备投资效益。选购设备必须遵循技术上先进、经济上合理、生产上适用、安全节能环保和满足生产发展需要的原则。

企业选择设备的一般过程:①根据企业产品定位、技术发展规划、生产技术需要、市场供应情况、国内外技术发展现状与动向及本企业技术力量等情况,提出和制定设备的各种待选方案;②搜集待选方案中设备的有关资料,考察设备的制造和其他企业使用的实际情况;③对各方案中的设备进行全面的综合评价,从中择优选用。

在选择设备时,应综合考虑以下因素:

①设备的生产效率。设备的生产效率是指单位时间内能生产的产品数量,一般表现为功率、运行速度等参数。考虑这一因素时,既要避免选择很快就要超负荷的设备,又要防止选择拥有过多剩余生产能力的设备。②对产品质量的保证程度。选择设备时,应考虑机器设备对所生产的产品质量的保证程度。一般以设备所加工的产品的各项技术参数表示。③设备的可靠性。可靠性是指设备在规定条件、规定时间内,完成规定功能的概率、生产产品品质的保持性等。可靠性高的设备能保证设备在使用过程中不发生或少发生故障,尤其是现代化的大型关键设备,其生产能力大、效率高,如果可靠性不好,故障率高,将会造成较大的经济损失。④设备的维修性。维修性是指设备是否便于检查、拆装,零部件是否易于更换等。维修性好的设备维护保养和修理方便,维护费用低。⑤能源和原材料消耗。在选择设备时,应尽量选择节能和原材料消耗低的设备。⑥设备的安全性和环保性。安全性是指设备在使用过程中保障安全,避免发生人身和设备事故的能力。环保性是指设备的噪声和排放的有害物质对环境污染的程度。在选择设备时,噪声和设备排放有害物质的污染程度应控制在一定的标准范围之内,要求设备配备有治理"三废"的附属装置或净化设备。安全

性和环保性好的设备对安全生产的保障能力强,环境污染程度低,改善环境能力高。⑦设备的成套性。成套性是指所选设备与现有设备在性能、能力等方面相互配套的程度。设备配套包括单机配套、机组配套、项目配套。⑧设备的适应性和灵活性,也称设备的"柔性",是指设备能够适应不同的工作条件,加工不同的产品,完成不同工作的能力。设备的灵活性包含几个方面的内容:一是在工作对象固定的条件下,设备能够适应不同的工作环境和条件,操作、使用比较方便灵活;二是对工作对象可变的加工设备,能适应多种产品加工的性能,通用性强;三是设备结构简单紧凑,质量轻,体积小,占用作业面积小,移动方便。⑨设备的操作性。设备的操作性是指设备对操作人员素质的要求和掌握设备操作的难易程度。设备操作过分复杂往往会造成对操作人员素质的要求提高和培训费用的增加,同时还易造成操作人员的疲劳和失误,所以应选择操作容易、简便的设备。⑩设备的经济性。设备的经济性是设备的投资费用、使用费用和投资回收期的综合反映。选择设备时,应结合实际,在满足生产技术要求的前提下,尽量选择寿命周期费用最小的设备。

2.2 设备选购方案的评价

设备选购是否合适,是能否实现设备管理任务的先决条件。因此,选择设备时要进行科学评价,包括技术评价和经济评价。

(1) 设备的技术评价。设备的技术性能是各不相同的。选择设备时,应根据企业当前使用要求和技术不断进步的要求,如对品种、质量、产量、安全及环保能力的适用性,评价设备的技术性能是否满足当前及长远的需要,还要考虑企业是否具备购置及充分发挥设备技术性能的相关条件,如厂房条件,操作、技术和维修人员的素质,维修条件提供的可能性,以及设备所需能源种类及数量和所需原材料的供应情况等。

(2) 设备的经济评价。印染企业在选择设备时进行经济评价的目的是在其他条件相同的情况下,选择经济性最好的设备。为此,在考虑技术的先进性、适用性的同时,应重视设备的经济评价,使之在经济上合理。在几种设备选择方案中,应对投资费用、使用费用进行分析比较,选择最佳方案。设备的经济评价方法很多,最常用的是投资回收期法。

投资回收期法,就是在其他条件相同的情况下,比较设备的投资回收期,选择投资回收期最短的设备。设备投资费用包括设备购置费、运输费、安装调试费和人员培训费等。新购设备投入使用之后,由于劳动生产率的提高、质量的改进、能耗的降低等因素,企业会获得一定的年净收入。设备投资回收期可用设备投资费用总额与采用该设备后的年净收入之比表示,计算公式:

$$设备投资回收期(年) = \frac{设备投资费用总额(元)}{采用该设备后的年净收入(元)}$$

3 设备的使用期管理

设备的使用期管理是指设备运行中的综合管理,包括设备的使用、维护、检查、修理及故障管理等内容。

3.1 设备的使用

设备寿命的长短、生产效率和工作精度的高低,主要取决于设备性能的好坏,但在很大程度上也取决于设备的使用情况。正确合理地使用设备,可以减轻设备的磨损和疲劳,延长设备的使用寿命,发挥其应有的工作效率,保持设备良好的工作性能和应有的精度,充分发挥设备的效能。合理使用设备应注意以下几点:

①生产工艺流程合理,设备的类型和数量配置正确,比例恰当,既满足各种产品的加工要求,又具有恰当的生产负荷;②生产计划安排兼顾设备的性能、特点,加工任务的品种和数量与设备的性能相符,使设备的工作负荷饱满;③工艺设计合理,操作得当,保证设备正常运转,生产安全;④员工的操作技能和水平满足设备使用要求。现代印染设备自动化、精密化、信息化、高速高效的特点明显,必须由经过培训的专职人员操作,防止因操作不当产生的设备损坏事故发生。⑤场地环境清洁,供水、供热、供电及环境温湿度控制应满足设备使用的要求。⑥设备使用管理制度健全,维护检修周期合理,设备档案资料齐全,员工普遍具有爱护机器的意识和正确使用机器的能力。

3.2 设备的磨损规律与故障规律

研究设备的磨损规律与故障规律是搞好设备的使用、维护和修理工作的客观依据。

3.2.1 设备的磨损规律

设备在使用和放置过程中会发生磨损。设备的磨损一般分为两种形式,即有形磨损和无形磨损。

(1) 有形磨损,又称物理磨损,指设备在投入使用后,由于设备配合表面在外力作用下的相互接触、摩擦、振动和疲劳及化学反应的作用,设备的实体逐渐磨蚀、损耗、变形,甚至老化、断裂的现象。有形磨损还有另外一种形式:长期闲置时,因管理不善,缺乏维护,或由于自然因素(温度、湿度、时间)的作用,设备发生腐蚀、变形,导致精度下降或丧失工作能力的现象。前者和设备的使用强度有关,后者与设备的保管条件有关。

(2) 无形磨损,又称精神磨损,指由于经济或技术上的原因,设备发生贬值从而产生损耗的现象。无形磨损不是表现为设备实物形态的变化,而是表现为设备原始价值的贬值。无形磨损包括经济性无形磨损和技术性无形磨损。经济性无形磨损是指经济原因使得设备贬值而产生的损耗。技术性无形磨损是指技术原因使得设备在技术上落后而产生的损耗。技术性磨损产生的根本原因:随着科学技术的进步,技术更加成熟、结构更加先进、生产效率和自动化程度更高、原材料和能源消耗更少的新型设备产生了,因而使原购设备贬值。

(3) 设备的磨损规律。设备的有形磨损一般表现为设备零部件原始尺寸的改变、公差配合性质改变,使精度降低、零部件损坏等。设备磨损过程一般分为三个阶段,其规律曲线如图2-1所示。

第一阶段称为初期磨损阶段。在这一阶段中,零部件之间表面的粗糙部分迅速被磨去,磨损速度较快,但时间较短。第二阶段为正常磨损阶段。设备的磨损速度趋于缓慢,磨损量很小,曲线基本呈平衡状态。在这个时期,设备达到最佳技术状态,设备的运行和加工质量

图 2-1 设备磨损规律曲线

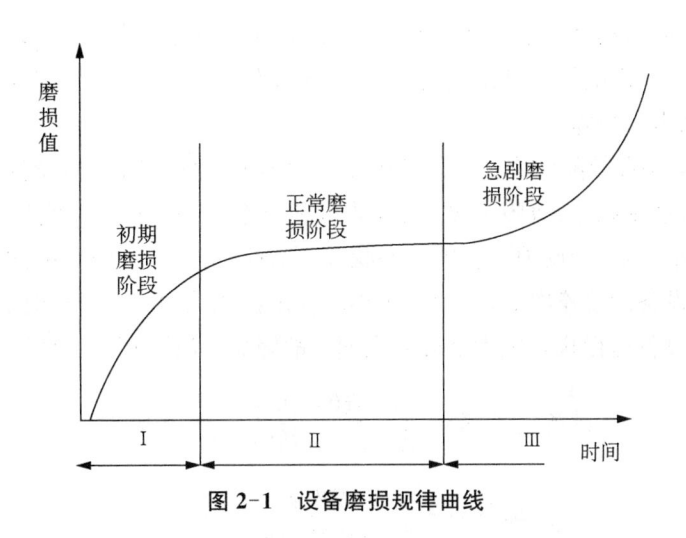

最有保证。在这一阶段,要求操作者合理使用,精心保养,使设备使用寿命延长。第三阶段称为急剧磨损阶段。在这个阶段,设备由于长期使用,形状精度和性能迅速下降,故障增加,最终停止运转。一般来说,不允许设备零部件使用至这个阶段,在零部件趋向于正常磨损阶段的后期,应对其修复或更换。

从上述磨损规律可以看出,合理的磨损限度或设备的正常使用时间,应确定在正常磨损阶段的后期,但尚未出现急剧磨损以前。为了使设备经常处于良好的状态,必须做到合理使用、经常维护,以延长设备零部件的正常磨损阶段;加强对设备的检查,在零部件尚未到达急剧磨损阶段就进行修理,以防止设备故障,减少修理工作量;通过试验确定易损零部件在正常生产条件下的磨损率和使用期限,有计划地进行更换修理。

（4）设备的综合磨损及对策。设备的综合磨损指设备在有效期内,既遭受有形磨损,又发生无形磨损,两种磨损同时作用于设备,同时引起设备原始价值的贬值。有三种情况：

①有形磨损和无形磨损期限相互接近,即当有形磨损严重到使设备无法继续使用时,正好出现效率更高的新设备,则可不再对旧设备进行大修理,而直接购买新设备替代,这是最为理想的状况。②有形磨损严重到设备不能再使用而无形磨损又没有到期,则应对旧设备进行大修理,或者更换经济合算的相似设备。③无形磨损早于有形磨损,此时是继续使用原有设备,还是购买先进的新设备代替还未折旧完的旧设备,则需视其经济性而定。

3.2.2 设备故障规律

设备故障是指设备或其零部件在使用过程中突然丧失其规定功能的不正常现象。

（1）设备故障的分类。

① 按故障发生的速度,设备故障可分为突发性故障和渐发性故障。突发性故障：一般是由偶然性因素和意外性因素造成的,对设备造成的损失很大,因此又称损坏性故障。突发性故障没有规律。渐发性故障：又称劣化性故障,是指由于设备性能逐渐降低、劣化而引起的故障。设备劣化分自然劣化、使用劣化和灾害性劣化。渐发性故障的发生与设备的磨损规律相关,有一定规律可循。

② 按设备故障的表现形式,设备故障可分为机械故障和电气故障。机械故障是指设备

的噪声、过热、滴漏、振动、停顿、卡住、钝化、松动、歪斜、失灵、失效等异常现象。一般的电气控制线路和回路都是由电气元件组成的,任何一个元件故障,都可能引起控制失灵甚至停车停产的现象,称为电气故障。

(2) 设备故障率和故障频率。设备故障率是设备故障停机时间与设备应开动时间的百分比,是考核设备技术状态、故障强度、维修质量和效率的一个指标。它反映了设备完好状况及维修工作水平,但不能反映设备的动态状况。为此,引入了故障频率的概念。故障频率是指单位时间内设备的故障次数,一般以每小时故障次数或每1 000小时的故障次数表示。这对于正确评价设备运行状态更为准确和全面。故障率和故障频率的计算公式:

$$设备故障率 = \frac{故障停机时间}{设备计划运转台时} \times 100\%$$

$$故障频率 = \frac{故障次数}{设备运转时间} \times 100\%$$

(3) 设备故障的规律。设备故障规律是指设备在使用寿命期内,故障的发生、发展变化的规律。设备故障规律也有三个发展变化阶段,其规律曲线如图2-2所示。

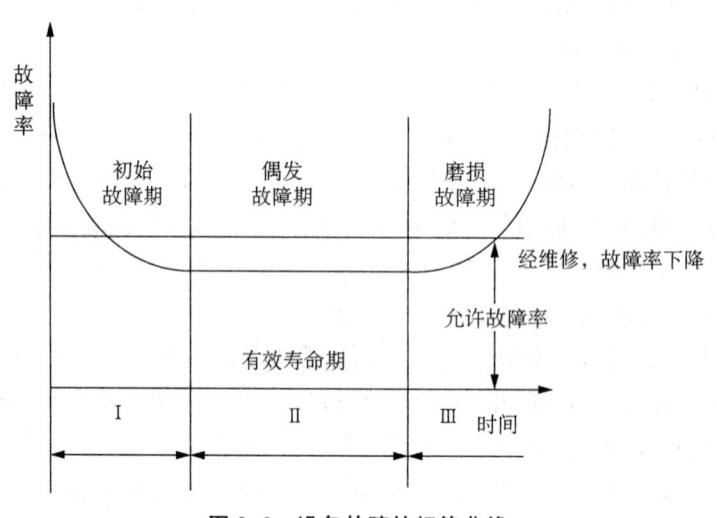

图 2-2 设备故障的规律曲线

第一阶段为初始故障期:设备的故障率较高,随着时间的推移,故障率迅速下降并趋于稳定。该阶段的故障往往是由材料缺陷、设计制造质量缺陷、安装马虎、操作者不适应导致的。第二阶段为偶发故障期:设备处于正常运转状态,故障率较低且稳定,甚至基本保持不变。设备故障主要是由于维护不好和操作失误等偶然因素引起的,故障的发生是随机性的,无法预测。这一时期是设备的最佳工作期,通常持续时间较长。工作重点是加强操作管理,做好日常维护保养。第三阶段为磨损故障期:设备故障率急剧升高,主要是由于设备经过较长时间的运转使用,某些零件的磨损进入剧烈磨损阶段,有效使用寿命结束。这说明设备已处于不正常状态。工作重点是进行预防性维修和改善维修。通过有计划地更换零部件与维修保养,可以减少故障,延长设备的使用寿命。

认识设备故障规律,对加强设备的管理有重要的作用。比如:在初始故障期,应分析故障发生原因,研究操作的方法;在偶发故障期,可加强操作管理,加强设备检查,及时消除隐患;在设备进入磨损故障期之前,进行预防性维修,可降低设备故障率。

3.3 设备状态的监测与考核

3.3.1 设备状态的监测

设备状态的监测指用人工或专用的仪器工具,按照规定的监测点进行间断或连续的监测,以掌握设备异常征兆和劣化程度。通常通过测定设备的一个或几个特征参数,如振动、温度等参数,检查其状态是否正常。

设备状态监测的分类:

①机器设备运行状态监测:监测设备的振动、温度、油压、油质劣化、泄漏等情况。
②生产过程的状态监测:监测几个因素所构成的生产状态,如工艺参数、产品品质、成分、温度等。

这两种状态监测是相互关联的。生产过程发生异常,可能会引起设备发生故障或使设备工作异常;反之,设备运行状态发生异常,往往会导致生产过程异常。

3.3.2 印染生产过程的在线监测计量控制

目前正在推广和应用的在线计量检测技术包括:①染料助剂中央配送系统;②在线检测控制技术,包括织物含湿率、热风温度、湿度、液位、门幅、卷径、边位、长度、温度、速差、预缩率等;③采用比重、吸光度等检测技术,通过电磁浓度计、微压差传感器、分光光度计、计量输送装置和计算机等技术组合而成的碱浓度、双氧水浓度在线管理系统,为提高前处理工艺的稳定性、科学合理地使用助剂提供了硬件保障,对于稳定产品质量、降低生产原料成本、提高生产效率有着重要的意义。

3.3.3 设备状态的考核

设备的完好程度、利用率及故障修理次数,是设备管理工作的考核指标,也是设备管理好坏的主要标志。

(1)设备的完好状态。设备的完好状态是指在一定时期内,企业生产设备所能达到其技术标准的程度。按设备的完好状态,企业的生产设备可分为三类:完好设备、带病运转设备、停机待修设备。设备完好程度决定于企业维修工作质量。

(2)设备完好率。设备完好率是反映生产设备技术状态的指标。设备完好率直接反映企业生产设备的维修保养状况。在全部设备总数不变的条件下,完好设备总数越大,则设备完好率越高,表明了企业生产设备的维修保养水平越高。设备完好率的计算公式:

$$设备完好率 = \frac{完好设备台数}{设备总台数} \times 100\%$$

印染设备完好率是机械和电气完好率及清洁维护和润滑合格率的综合体现。

(3)设备利用率(设备效率)。设备利用率(也称设备效率)是反映生产设备在数量、时间和生产能力等方面情况的指标,其计算公式:

$$设备利用率 = \frac{全年设备实际工作时间}{全年设备制度工作时间} \times 100\%$$

每一种生产设备都有自己的最大理论产能。要实现这一产能,必须保证没有任何干扰和质量损耗。当然,实际生产中是不可能达到这一要求的,由于许许多多的因素,车间设备存在大量的失效。设备效率用来表现实际的生产能力相对于理论产能的比率。影响设备效率的六大损失:

①故障停机损失:设备因一些大事故或突发性事件而引起的停工;②翻改品种、参数调整的损失;③小故障停机损失;④减速损失:任何阻止设备达到设计产能的因素;⑤疵品或返修的损失:正常稳定生产时,疵品、返修带来的设备效率损失;⑥调试生产的损失。

3.3.4 设备事故

由于非正常损坏设备所造成的停产或效能降低,均为设备事故。设备事故往往给生产带来不同程度的损失,甚至危及人身安全。因此,制定事故预防措施,严肃认真处理事故,从事故中分析原因,并从中吸取教训,是非常必要的。

(1) 事故分类。

① 按事故造成的损失程度分类:一般事故(小修可恢复);重大事故(大修可恢复);特大设备事故(重点设备报废)。

② 按事故的性质分类:A. 责任事故。人为因素(如操作失误、违章、维修质量不良、维护保养不当等)造成的设备停产或效能降低,均为责任事故。B. 质量事故。设备制造不良或检修、安装不当造成的设备停产或效能降低,均为质量事故。C. 自然事故。由于遭受自然灾害(如洪水、暴风雨、地震等)而发生的设备停产或效能降低,均为自然事故。

(2) 事故处理。①设备事故发生后,应保护现场,立即报告;②设备部门会同有关部门组织有关人员分析事故原因,明确责任,采取措施,认真处理;③坚持对一般设备事故按"三不放过"的原则处理,即事故原因不清不放过、责任者未受到教育不放过、没有采取防范措施不放过;④车间于两日内填写事故报告单,一式两份,送设备管理部门签署意见,报总工程师批示后发车间和设备管理部门各一份存查,同时由设备管理部门按事故责任性质上报各主管部门。

在整个事故的处理过程中,车间、班组应协助和支持设备主管人员组织事故分析会。分析事故原因时,不应凭主观臆测而轻易得出结论,要根据实际调查的情况与测定的数据做出科学、正确的判断。

3.4 设备的维护与修理

3.4.1 设备的维护

设备维护亦称设备保养,是指按照规定用途使用设备时,为保持其工作能力、完好状态和延长使用寿命所进行的各项技术作业。设备维护在设备正常运转状态下进行,基本不影响正常的工作秩序。维护的内容主要包括检查、清洁、润滑、坚固、调整、防锈防腐等。它是保持设备经常处于完好状态的重要手段,是一项积极的预防工作。设备的寿命很大程度上决定于维护保养的程度。

(1) 印染设备维护的特点。

①一般印染加工设备多属于大型设备,由各个单元设备组合而成,不可能考虑整台设备一下子进行维护,而是对单个设备编制维护日程表进行维护。②印染加工的主要生产设备是不允许生产过程中长时间停车的,维护的时间非常有限,几乎全部利用调整或改换生产工艺等时间或休假日进行维护,所以要注重日常的检查与保养。③要通盘考虑维护的重点及各设备维护的先后顺序。④设备日常维护保养应制度化、程序化:A. 定人;B. 定点;C. 定量;D. 定时;E. 定路线;F. 定标准;G. 定记录。

(2) 设备的三级保养。在设备的保养上要实行三级保养。三级保养是指设备的日常维护保养(日保)、一级保养(月保)和二级保养(年保)。三级保养制度是以操作者为主,对设备进行以保为主、保养并重的强制性维修制度。日常维护保养是操作工人每天的例行保养,内容主要包括班前班后操作工人认真检查、擦试设备各个部位和注油保养,使设备保持润滑清洁,班中设备发生故障应及时排除,并认真做好交接班记录。一级保养是以操作工人为主、维修工人为辅,对设备进行局部解体和检查,一般每月进行一次。二级保养是以维修工人为主、操作工人参与,对设备进行部分解体检查修理,一般每年进行一次。企业在搞好三级保养的同时,还要积极做好预防维修保养工作。

(3) 设备的检查。设备检查是指对设备的运行情况、工作精度、磨损或腐蚀程度进行测量和校验。通过检查,全面掌握机器设备的技术状况和磨损情况,及时查明和消除设备隐患,有目的地做好修理前的准备工作,以提高修理质量,缩短修理时间。

检查按时间间隔分为日常检查和定期检查。日常检查由设备操作人员执行,与日常保养结合进行,目的是及时发现不正常的技术状态,进行必要的维护保养工作。定期检查是按照计划,在操作者参加的情况下,定期由专职维修人员执行,目的是全面准确地掌握零部件磨损的实际情况,以便确定是否有进行修理的必要。

检查按技术功能分为机能检查和精度检查。机能检查是指对设备的各项机能进行检查和测定,如漏油、漏水、漏气及零部件耐高温、高速、高压性能等。精度检查是指对设备的实际加工精度进行检查和测定,以便确定设备精度的优劣程度,为设备验收、修理和更新提供依据。

应运用设备诊断仪器进行检查,国内外已经采用设备状态监测技术。它通过对温度、润滑、泄漏、振动、噪声、腐蚀、裂缝等科学的监测,实施诊断技术,全面、准确地掌握设备磨损、腐蚀、老化的部位及其程度,并且可进行早期预报和追踪,将定期维修转变为预知维修,将事后维修转变为预防维修。

如果在对设备进行"终生"管理的思想指导下开展监测、诊断工作,让全员参加,设备在寿命周期内将实现经济运行,综合效率将达到最高。

3.4.2 设备的修理

设备的修理指修复由于正常原因或非正常原因造成的设备故障或精度劣化。通过修复或更换磨损、老化的零件,调整或恢复技术性能、故障排除等技术活动,补偿设备的物理磨损,有利于恢复精度,提高效率,延长使用寿命,保持生产能力,维护生产系统的正常运转。

(1) 设备修理的分类。根据设备修理对设备性能的恢复程度、修理内容和工作量,可分为小修、中修和大修。①小修,指对设备进行局部性的修理,包括局部检查、修复和更新等项内容。其特点是修理次数多,每次修理的工作量小,一般在生产现场结合日常检查,由专职维修员工进行。②中修,指根据设备的技术状态,对设备进行局部解体,针对设备中某些丧失精度、性能或达不到工艺要求的项目进行修复,保证设备能恢复和达到应有的标准和满足工艺要求。中修的修理次数比小修少,每次修理的工作量比小修大,修理的时间比小修长,一般在生产现场进行。③大修,即对设备进行全面的修理。大修要对设备全部拆卸、分解、修理,恢复基准和相互配合部件的原有特性,更换或修复磨损、腐蚀、老化的部件或零件,全面恢复设备的精度、性能、生产效率和外观。大修的工作量最大,通常结合设备技术改造进行。

另外,还有设备项修和计划外修理。设备项修是指根据检查或状态监测的结果,针对设备精度和性能的劣化程度,特别是在判明故障部位的情况下进行的计划修理,使设备特别是成套设备达到功能和参数要求。计划外修理是指无法纳入计划或不可预计的修理,如有些因采取事后修理策略而无需列入计划的修理,一般主要是故障修理和事故后的修理。

不同类别的设备修理的目的和手段见表2-3。

表2-3 设备修理一览表

修理方式	定义	目的和手段
预防维修	为了防止设备性能、精度劣化或降低,按事先规定的计划和相应的技术要求所进行的维修活动	适用于关键设备和一般设备的重点部位。设备的计划维修就是预防维修的一种科学方法
事后维修	又称为故障修理,即设备发生故障或性能、精度降低到合格水平以下时所进行的非计划性修理	适用于非重点设备
改善维修	为了消除设备的先天性缺陷或频发故障,对设备的局部结构或零件的设备加以改进,结合修理进行改装,以提高其可靠性和维修性的有效措施。同时也是预防维修的一项重要工作内容	改善设备品质,在设备修理的同时,进行设备的改装或技术改造
维修预防	设备在设计制造阶段,就认真改进其可靠性和维修性,从设计、制造上提高质量,从根本上防止故障和事故的发生,也称为无维修设计	适用于新设备设计
状态维修	又叫设备的预知维修,是以设备实际技术状态为基础的预防维修方式。在状态监测、技术诊断的基础上,采用设备日常的监测点检查和定期检查,查明设备的技术状态。针对设备损伤形成的劣化部位及其程度,在故障发生之前适时地进行预防维修,排除设备故障隐患,恢复设备的生产功能和使用精度	依赖新技术和计算机系统

(2) 设备修理的组织方法。为了缩短设备修理停歇时间,保证计划的实现,根据不同的情况,应采用先进的修理组织方法。可采用如下的方法:

① 部件修理法。这种方法是以部件作为修理对象的,不是在设备现场修理,而是拆换整个部件,把部件解体、装配和制造配件等工作放在部件拆换之后去做,这样可以大大缩短修理停歇时间。这种方法要求企业有一定数量的部件储备,要占用一定的流动资金。拥有大量同类型设备的企业,采用这种方法是比较合适的。

② 分部修理法。这种方法是按照一定顺序分别对设备各个独立部分进行修理,每次只修理一部分。它可以利用非生产时间进行修理,如设备更换生产品种的间歇时间,可以不占用设备的生产时间,提高设备的利用率。此方法适用于具有一系列结构上独立部分的设备或修理时间较长的设备,如印染厂连续轧染机的修理。

③ 同步修理法。这种方法是指在生产过程中,把工艺上相互联系的几台设备安排在同一时间内进行修理,实现修理同步化,以减少分散修理的停机时间。这种方法经常用于流水生产线设备,联动设备中的主机、辅机以及配套设备。

④ 网络计划法。这种方法运用网络计划技术把修理过程中各个环节紧密结合起来,以节省修理时间和费用。

⑤ 全员生产维修(TPM)。这种方法是日本在学习美国预防维修的基础上,吸收设备综合工程学的理论,结合日本企业管理的传统,逐步发展起来的,目前已成为一种具有代表性的设备管理制度。全员维修的中心思想概括起来就是"三全",即全效率、全系统和全员参加。全效率即综合效率,由六个方面组成:产量、质量、费用、交货期、安全、劳动情绪及环境卫生。全系统是指对设备的整个寿命周期的系统管理。全员参加是指从企业最高领导到生产第一线员工,包括设备管理的有关部门和人员,都参与设备管理工作,分别承担相应的职责。

⑥ 以状态监测为基础的计划修理。这种针对性较强的状态监测修理方式,按照设备的不同特点确定监测周期和检测点,采用先进的设备诊断技术和手段,积累设备运行的信息和数据,将设备维修体制建立在现代化、规范化、数据化的基础上。推行状态监测法,设备维修工作主动,编制维修计划有依据,提高了设备完好率,降低了故障停台率。

4 设备的更新与改造

4.1 设备的寿命

设备的寿命是指设备从投入使用,经过有形磨损和无形磨损,直至技术上或经济上不宜继续使用,需要进行更新所经历的时间。从不同角度,可以将设备寿命划分为物质寿命、技术寿命、折旧寿命和经济寿命。

(1) 设备的物质寿命。又称自然寿命,是指设备从全新状态投入使用后,由于有形磨损、老化、损坏,到技术上不能按原有功能继续使用为止所经历的时间。设备的物质寿命主要取决于设备的制造质量、使用和维修保养的状况。设备的物质寿命一般较长。延长设备物质寿命的措施是维修。随着设备物质寿命的延长,设备的维修费用、使用费用相应提高。

(2) 设备的技术寿命。它是指设备从全新状态投入使用后,由于科学技术的发展而产生的无形磨损(技术性),到设备丧失其使用价值而被淘汰所经历的时间。设备的技术寿命一般比设备的物质寿命短。设备技术寿命主要取决于科学技术的发展速度,即技术性无形磨损的速度。

(3) 设备的折旧寿命。由于设备在使用过程中不断发生各种磨损,财务部门必须把设备投资逐渐摊入成本中去,以收回设备投资,所以设备折旧实质上是设备资本的消耗补偿。设备从购入到其在财务账上的价值为零所经历的时间,称为设备的折旧寿命。设备的折旧寿命对企业是否做出淘汰设备的决策影响最大,其计算的准确程度直接影响设备决策的正确性,必须根据经济形势的需要和技术进步的情况,合理地确定设备的折旧方案。

固定资产计算折旧的最低年限:①房屋、建筑物为 20 年;②飞机、火车、轮船、机器、机械和其他生产设备为 10 年;③与生产经营活动有关的器具、工具、家具等为 5 年;④飞机、火车、轮船以外的运输工具为 4 年;⑤电子设备为 3 年。企业计提折旧一般采取"年限法"的较多,即"直线法"。

(4) 设备的经济寿命。它是指设备从全新状态投入使用后,由于有形磨损和无形磨损(经济性),继续使用不再经济而被更新所经历的时间。设备的经济寿命亦指设备从开始使用到其年平均费用最低的使用年数。年平均费用是指设备运行阶段中的年均折旧与年均运行费用之和。设备在使用过程中,年平均费用是随时间而变化的,随着设备持续运行,设备的年均折旧费(年设备费)逐渐减少,而年均运行费用显著提高。在某一最适宜的使用年限(N_0),年平均费用达到最低值,此时就是设备达到其经济寿命的年限(图 2-3)。

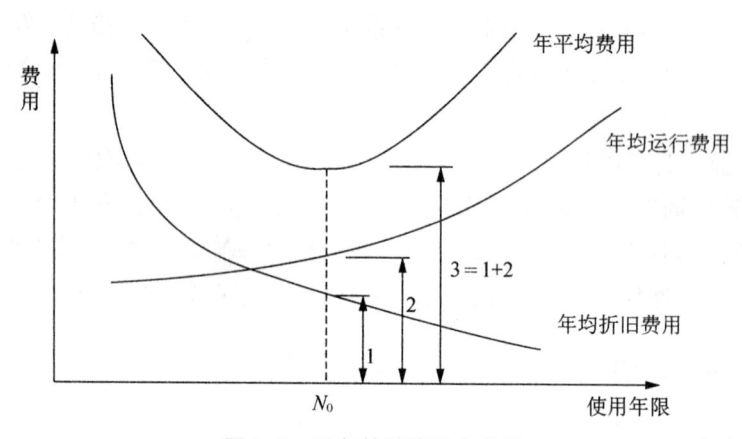

图 2-3 设备的经济寿命曲线

4.2 设备更新

设备更新指使用技术上更先进、经济效益更明显的设备,替换技术陈旧或不能继续使用或经济上不宜继续使用的设备。设备更新的目的是维持设备的效率,以获得最佳水平的设备年平均费用。

(1) 设备更新原因分析。①设备的有形磨损导致设备功能下降以至消失;②设备的无形磨损导致设备陈旧,功能陈旧表现为生产产品的技术指标落后,经济陈旧表现为成本高、消耗大、效率低、耗费大、原材料消耗大;③非磨损原因导致设备"不适用"。

（2）设备更新的条件。①设备老化、技术性能落后、耗能高、污染重、经济效益差，经鉴定，继续大修理后，技术性能仍不能满足工艺要求和保证产品质量的；②大修理后，虽能恢复精度，但不如更新设备经济的；③严重污染环境，危害人身安全与健康，进行改造不够经济的；④按照2017年10月颁布的《印染行业规范条件》应当淘汰的。

（3）设备更新的方式。设备更新的方式分为原型更新和技术更新。原型更新是指采用与原设备相同型号的新设备来更新。原型更新不会增加企业内的设备种类，不会产生员工的培训费用。这种更新能补偿原有设备的有形磨损。在没有合适的新型设备供选择时，往往采用原型更新，但其不具有技术进步的性质。技术更新是指采用新型号的设备来更新旧型号的设备。这种更新从技术进步角度看更具有实用价值。设备的技术更新，可以直接从国内外购置。这种更新依赖于设备制造技术的进步和提高。在技术迅速发展时期，设备更新应广泛采用技术更新方式，这是企业技术进步的重要途径。

4.3 设备的改造

设备的改造指根据企业生产经营的需要，运用新的科技成果，对原有设备进行局部改造，以改善其技术性能，提高其综合效率，补偿其有形和无形磨损，使其局部或全部达到较新设备的水平。

（1）设备改造的特点。①设备改造是解决设备陈旧、落后的手段；②设备改造具有针对性强、适应性好、经济性好的优点。

（2）设备改造的内容。①提高设备的自动化和智能化水平；②提高设备效率，改善设备的工艺性能；③提高设备零件的可靠性、维修性；④降低设备原材料及能源消耗；⑤改进安全保护装置及环境污染系统。

4.4 设备更新改造

（1）设备更新改造的原则。

①对设备进行更新改造，必须从大局出发，全面规划。②对设备进行更新改造，必须经过论证，要从关键和薄弱环节入手，量力而行，才能取得显著的成效。③设备更新要与设备改造相结合。虽然随着科技的不断进步，新型设备同过去的同类设备相比，在技术上更加先进合理，但对现有设备进行改造，具有投资小、时间短、收效快、对生产的针对性和适应性强等优点。因此，必须把设备更新与设备改造结合起来，才能加快技术进步的步伐、取得较好的经济效益。④设备改造要与设备修理相结合。在设备修理特别是大修理时，往往要对设备进行拆卸。如果能在设备进行修理的同时，根据设备在使用过程中暴露出来的问题和生产的实际对设备做必要的改进，即进行改善性修理，不仅可以恢复设备的性能和精度等，而且可以提高设备的现代化水平，大大节省工作量，达到事半功倍的效果。因此，对设备进行改造时，应坚持科学的态度，尽可能地把设备修理与改造结合起来进行。⑤对设备进行更新改造，必须结合印染企业的特点，注意前后设备能力的配套平衡。⑥注意设备更新资金的合理筹措与有效使用，加强设备更新改造工作中的责任制和监督检查。

（2）设备更新改造的三种途径。①以淘汰落后机种和更新目前设备为主，保留局部工序设备进行改造为辅;②引进关键工序设备,其余工序保留原设备,进行主要部件的改造;③以改造为主,更新为辅。

这三种改造途径都可不同程度地提高企业技术装备水平和产品质量,但就改造费用而言,立足于国内部件改造和适量更新部分设备较为经济。

(3) 设备更新改造方案的确定。进行设备更新改造项目,主要是做出何时进行和采用何种方式两方面的决策。设备更新改造方案可遵循下列程序:

①确定目标。目标可以是一台设备、某个生产装置或一条生产线等。②收集资料。收集设备的折旧、费用、性能、技术进步、磨损程度资料。③计算经济寿命,确定最佳更新时机。设备更新的最佳时机通常就是设备的平均年费用最低的年份。④设备更新改造方案的拟定和选择。⑤实施设备更新方案。

5 设备规章制度管理

设备规章制度是指导、检查设备管理工作的各种规定,是设备管理、使用、维修等各项工作实施的依据与检查的标准。设备规章制度可分为管理类和技术类,管理类包括管理制度和办法,技术类包括技术标准、工作规程和工作定额。规章制度的管理是指规章制度的制定、修改与贯彻。

5.1 设备规章制度的制定

5.1.1 制定原则

①具备政策性,即要贯彻执行国家有关设备管理方针、政策和要求;②要有继承性;③具有先进性;④具有协调性;⑤具有可行性;⑥具有规范性。

5.1.2 规章制度的内容构成

①适用范围。按照各部门的业务范围,将设备的整个寿命周期进行科学分段,确定每一段的管理范围和管理对象,编写相应的规章制度。②管理职能。确定有关的职能部门,如设备、供应、财务等部门在该项管理中的责任和权限。③管理业务内容。一般按照设备物流、价值流的流动方向或管理工作程序,规定各职能部门的管理工作内容、方法、手段、相应的凭证及凭证的传递路线、应具备的资料等,同时要制定相关部门之间业务上的衔接、协调和制约方式。④检查与考核。规定管理业务应达到的标准、要求,以及对相关管理人员的考核内容、考核时间、考核方法与奖惩办法等。

5.1.3 制定规章制度的程序

①确定任务。根据管理工作需要,由设备管理部门提出制定规章制度的意见,经主管负责人同意,确定起草部门。②编写草稿。由起草人进行调查研究,收集资料,写出草稿,送交有关部门征求意见,然后进行修改,形成送审稿。③会签审批。送审稿经有关部门会签,重要制度经会议审议,然后送设备主管负责人审批,由厂部以文件形式发布实施。

5.2 设备规章制度的贯彻执行

规章制度只有在企业实践中认真贯彻执行,才能发挥其效能。通过贯彻执行也可对规章制度进行全面验证,其中不够科学或脱离实际的部分将被发现,经组织修订后,使规章制度更加完善。

5.2.1 贯彻规章制度的程序

①制定贯彻规章制度的措施。A. 制定贯彻落实计划;B. 制定检查考核办法。②组织宣读和培训。要把设备规章制度贯彻到涉及设备资产管理的各部门的领导、业务干部和一线工人,组织好学习和讨论。

5.2.2 贯彻规章制度的要求

①做好协调工作。各项规章制度在贯彻执行中会出现制定时估计不到的一些问题,如得不到妥善解决,将影响规章制度的贯彻。因此,对出现的问题要采取措施,组织协调解决。解决办法:在试行期,对暴露出来的问题要认真记录,主管部门要把问题产生的原因调查清楚,如确系规章制度本身的问题,可按规定进行修订。②经费保证。贯彻规章制度的过程中要增印一些表格和文件等,贯彻规章制度的检查考核中要有奖励等,这都需要费用。因此,在贯彻规章制度的计划中要考虑这方面的费用,并列入企业的财务预算。

5.3 设备规章制度的修改

①对各项规章制度,应根据具体情况,事先规定一个试行的期限。试用期满后,根据试行中暴露出来的问题,集中研究,综合平衡,统一修订。②规章制度正式颁布执行以后,要在一个阶段保持相对稳定,一般由于国家或行业的设备管理方针、政策重大改变,或企业生产规模、管理组织机构有重大变化,原有的规章制度不再适用时,进行修改。如某项制度不适应,也可进行单项修改。③规章制度的修改要依据规章制度的执行情况,保留适用的部分,对新增部分要充分调研和论证,并要征求有关人员的意见,其修改程序与制定程序相同。④规章制度的修改要经审批,审批级别及审批程序同规章制度的制定。

5.4 设备管理规章制度简介

①设备前期管理办法或制度;②设备使用与维护管理办法或制度;③设备润滑管理办法或制度;④设备检修管理办法或制度;⑤设备备件管理办法或制度;⑥设备技术改造管理办法或制度;⑦设备事故管理办法或制度;⑧设备资产处置管理办法或制度;⑨设备档案管理办法或制度;⑩设备统计管理办法或制度;⑪设备管理与技术人员培训管理办法或制度;⑫设备工作考核与奖惩办法或制度。

5.5 设备技术资料的管理

设备技术资料的主要内容见表2-4。

随着信息化技术的发展,设备档案管理、数据管理、定额管理基本都实现了数据化,以软件形式来固化企业之前的设备管理思想和管理方法,根据设备相关属性,提醒定期进行设备保养、维护与检测,促使企业的设备管理更符合国家和行业的安全管理要求。

表 2-4 设备技术资料的主要内容一览表

前期 设备档案明细	A. 订货合同 B. 装箱单和说明书及资料、附件、工具明细表(原件) C. 出厂合格证书、出厂精度(性能)检验记录(原件) D. 开箱验收单 E. 自制设备的有关说明及图纸、资料 F. 设备基础及隐蔽工程图纸 G. 动力管线图纸 H. 安装、调试验收单 I. 购入二手设备的有关原始材料
使用期 设备档案明细	A. 设备使用初期状况记录 B. 定期维护记录 C. 定期检查和监测记录 D. 设备故障分析报告 E. 设备检修记录 F. 设备封存(启用)单 G. 设备润滑卡片 H. 大修任务书与竣工验收报告 I. 技术改造申请书及项目技术经济论证报告 J. 技术改造说明书与图纸及试用效果鉴定 K. 设备事故报告单 L. 设备报废单

设备技术资料的管理工作内容主要包括：①建立设备档案卡，详细记录设备详细信息；②归档设备操作规程和安全资料；③定期提醒进行设备保养、维护与检测；④安全设备分类管理，随时查看管理状况；⑤详细登记特种设备、重点设备的日常维护保养与定期检定信息；⑥保存历史维护、检修信息。

【单元学习目标】

1. 了解工艺管理的内容和基本要求。

2. 了解工艺设计的内容和方法，初步学会制定染整产品标准、客户染整加工订单的技术审查、制定染整工艺设计文件、工艺试样等工艺设计工作的要点。

3. 了解工艺责任制、工艺审批制度和工艺纪律的主要内容，理解工艺责任制、工艺审批制度和工艺纪律在工艺管理中的重要作用。

4. 了解印染现场工艺管理的内容，理解产前工艺审核、产前复样、生产过程的工艺控制、染化料管理、工艺检查等工艺现场管理工作的要点。

5. 了解新产品开发和工艺研究管理的主要内容。

6. 理解设备管理的重要意义、设备运动过程的两种状态(设备的物质运动和资金运动)、设备管理的两个阶段(设备前期管理和使用期管理)，理解设备管理的原则。

7. 了解设备选购的过程和综合考虑因素，初步学会对设备选购方案进行评价的方法。

8. 理解设备磨损的概念；掌握设备的磨损规律和故障规律，学会用它指导设备管理实践的方法和思路，明白设备综合磨损的对策；了解设备转台监测的概念、印染生产过程在线监控和设备状态考核的指标;了解设备事故的分类,初步学会设备事故处理的方法;了解设备维护和修理的概念、作用和方法。

9. 理解设备寿命、设备的更新、改造的概念,学会分析设备更新改造的原因,会确定更新改造的最佳时机,会选择更新改造的合理方式。

10. 了解设备规章制度的制定、执行、修改及技术资料的管理。

【作业与思考题】

1. 简述印染工艺管理的地位和作用。
2. 印染厂在工艺设计时需要考虑哪些要素？染整工艺设计的主要内容包括哪些？
3. 你是如何理解染整产品标准的？染整企业产品标准一般有哪些内容？
4. 为什么要进行客户染整加工订单的技术审查？
5. 染整工艺设计文件的形式有哪两种？试进行比较。
6. 染整工艺试样的形式有哪几种？试进行比较。
7. 简介印染厂工艺责任制、工艺审批制度和工艺纪律的主要内容。
8. 简述染整现场工艺管理的意义。为什么要进行工艺上车检查？
9. 染整新产品开发时应考虑哪些因素？
10. 简述设备管理的分类和设备管理的原则。
11. 印染厂取得染整设备的方式有哪些？选择染整设备的原则有哪些？如何计算设备投资回收期？
12. 什么是设备磨损？设备磨损是如何分类的？什么是设备的磨损规律？如何运用磨损规律指导日常设备管理？
13. 什么是设备的故障规律？如何运用故障规律指导日常设备管理？
14. 什么是设备事故？设备事故是如何分类的？什么是"三不放过"原则？
15. 什么是设备的三级保养？设备修理是如何分类的？试比较预防维修、事后维修、改善维修、维修预防、状态维修？
16. 设备修理的组织方法有哪些？
17. 什么是设备寿命？设备寿命是如何分类的？
18. 什么是设备更新？设备更新的条件有哪些？什么是设备的改造？如何确定设备更新改造的最佳时机？
19. 设备更新改造的原则有哪些？设备更新改造的途径有哪三种？
20. 设备技术资料的管理工作有哪些主要内容？

模块 3
印染企业质量管理

质量管理是企业生产管理中一项重要内容,也是整个企业管理的中心环节。产品质量是企业全部工作的综合反映。企业的各项工作的质量,最终都会通过产品质量表现出来。围绕提高产品质量抓生产管理,就可以把企业的各项工作带动起来。

高质量是全球追求的共同目标。日本的经济振兴是一次成功的质量革命,它的质量管理的主要特征:①全企业的质量管理;②建立质量小组;③进行日常的质量监察;④灵活运用各种统计方法;⑤注重质量管理教育和培训;⑥培养全民的质量意识。美国是质量管理理论的发源地,它的质量管理的主要特征:①注重质量管理理论和方法的研究;②非常重视质量管理的规范化工作;③重视质量成本分析。多数美国的有识之士认为:质量要革命,重振美国经济不能靠贸易保护或贬值,关键在于提高产品质量。在英国,其内阁协商委员会成立了全国性的质量信息中心,确定了国家对优质产品的奖励措施,加强标准化工作,建立了产品的质量保证体系。德国特别重视产品质量,质量管理非常严格,在一定条件下宁肯牺牲产量,也决不放松质量。

1 质量

质量概念有广义和狭义之分。广义的质量是指产品、过程或服务满足人们某种需要的特征和特性的总和。更流行、更通俗的定义是从用户的角度定义质量。质量是用户对一个产品(包括相关的服务)满足程度的度量。质量可分为产品质量、工序质量(工程质量)和工作质量三个方面。产品质量是指产品适合于规定的用途,满足社会和人们需要的特征。工序质量(工程质量)是指工序能够稳定地生产合格产品的能力。工作质量是指企业的管理工作、技术工作和组织工作对达到质量标准和提高质量的保证程度。

产品质量、工序质量(工程质量)和工作质量是密切相关的三个概念(图3-1)。产品质量取决于工序质量(工程质量),它是企业各部门、各环节工序质量(工程质量)和工作质量的综合反映;工作质量是工序质量(工程质量)和产品质量的基础和保证,因此抓好工作质量是提高产品质量的前提和基础。

狭义的质量就是指产品质量。产品质量包括产品的内在质量特性和外观质量特性:内在质量特性包括产品的结构、精度、纯度、物理性能、化学成分等;外部质量特性包括产品性能、寿命、可靠性、安全性和经济性五个方面。

对于制造业企业来说,产品质量一般意味着"同技术要求的一致性",这使得最终产品具有恒定的质量标准。此外,技术要求还可以限定产品的设计水平。实际上,恒定的质量和高

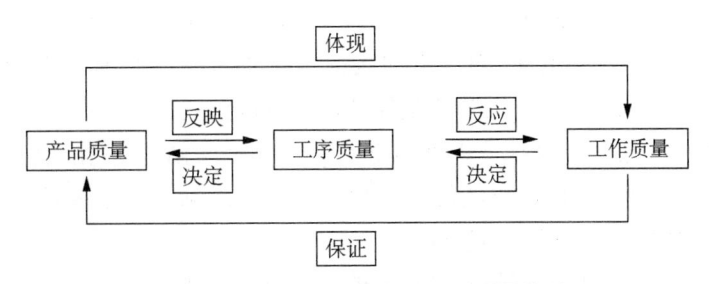

图 3-1 产品质量、工序质量、工作质量的关系

设计质量均可以通过技术要求来表达,并且在制造流程的每道工序都进行检验。

产品质量标准是对产品规格、性能和使用相关指标及其检验方法的具体规定。印染产品规格包括产品名称、原料品种及比例、纱支(细度)、经纬密度、幅宽等。产品性能和使用相关指标主要有内在质量和外观质量两方面。印染布的内在质量主要包括织物强力、染色牢度、缩水率等;外观质量主要包括粗纱、细纱、缺经、缺纬、稀密路、色花、色斑等。产品检验方法是指检验条件及环境(温度、湿度、大气压等)、检验仪器设备、操作方法等。

我国的产品质量标准分为国家标准、行业标准和企业标准。在市场上销售或流通的产品必须符合一定的质量标难。国家标准是在全国范围内统一执行的标准,国家标准的代号是 GB。行业标准是在某一行业统一执行的标准,一般由全国行业工业协会制定,经国家标准化主管部门备案、颁布。印染是纺织行业中的子行业,纺织行业标准代号为 FZ。《中华人民共和国标准化法》规定:"企业生产的产品没有国家标准和行业标准的,应当制定企业标准,作为组织生产的依据。已有国家标准或者行业标准的,国家鼓励企业制定严于国家标准或者行业标准的企业标准,在企业内部适用。"国家标准、行业标准、企业标准的关系:企业标准必须服从行业标准和国家标准,行业标准必须服从国家标准,不得与之抵触。在三级标准起草形成正式标准前,可以有试行标准,并与正式标准的作用相同。试行标准经过试行验证,经过审批备案后转为正式标准。

2 质量保证体系

2.1 质量保证体系的概念

质量保证是指企业对用户在产品的质量要求方面所提供的担保,保证用户购买的产品在寿命期内质量可靠。质量保证包括两方面的内容:一方面是在产品出厂前,企业要加强内部各环节的质量管理,以保证出厂产品的质量符合规定要求;另一方面是在产品出厂之后,企业要搞好售后服务,对用户负责到底。质量保证是全面质量管理的核心。

质量保证体系又称质量体系,是指企业以提高和保证产品质量为目标,运用系统方法,把质量管理的各阶段、各环节的质量管理职能组织起来,形成的一个有明确任务、职责、权限,相互协调、相互促进的质量管理的有机整体。质量保证体系是全面质量管理深入发展的必然产物,也是全面质量管理的精髓和核心。它具有以下几方面的作用:

①通过质量保证体系,可将企业各部门的质量管理职能纳入体系之中,使全体员工都积

极行动起来,为确保产品质量而做出贡献;②通过质量保证体系,可把企业的工作质量、工序质量和产品质量有机地联系起来,对出现的质量问题,能迅速及时地查明原因,采取措施及时解决,确保质量目标的实现;③通过质量保证体系,可把企业内部的质量管理活动和流通、使用过程中的质量信息反馈沟通起来,使质量管理工作标准化、程序化、制度化和高效化。

为了确保产品质量,企业必须进行一系列的质量管理活动。这些活动统称为"质量职能"。质量职能主要包括以下八大职能:

①市场调研。摸清用户对产品质量的要求。②产品研制。研制和开发符合用户质量要求的产品。③工艺和设备。编制符合设计质量要求的作业规程和操作规程,选择达到质量要求的设备和工具。④供应。根据产品生产的质量要求选择材料,做好供应工作。⑤生产。坚持按质量要求生产,搞好工序控制,坚持以预防为主。⑥检验。搞好产品质量的检查验收工作,把好产品质量关。⑦销售。将符合用户要求的产品销售给用户。⑧服务。坚持为用户搞好售前和售后服务。

质量管理就是对上述八大职能进行调查、分析、检验、保证、控制和监督。

2.2　质量保证体系的内容

(1) 建立健全质量管理机构,大力开展群众性质量管理活动。建立质量管理机构并配备必要的人员,是质量保证体系的组织保证。企业应针对自身的规模、生产类型及组织机构设置等情况,建立一个由企业领导直接领导的专职质量机构,承担企业质量活动的计划、组织、协调、指导、检查和监督工作职责,并形成以其为核心、群众性参与、专群结合的全面质量管理网络。

(2) 建立严格的质量责任制。质量责任制是明确规定全厂各部门、各环节及每个人在质量工作上的具体任务、责任、要求和权力,以保证产品质量的一种责任制度。建立和健全各级领导、职能机构和员工的质量责任制,一般包括以下内容:

①企业厂长(经理)对本企业的产品质量负全部责任。②总工程师(技术厂长)对新产品的研制、生产,对产品质量开发计划的编制和解决产品质量中存在的技术问题负责,并协助厂长(经理)促使各项质量计划的实现。③生产车间和班组对本车间和本班组生产的产品质量负直接责任。④生产员工对自己生产的产品质量负责。操作者要严格遵守工艺规程,做好自检与互检工作,防止不合格半制品转入下道工序。⑤除专职质量管理部门具有质量管理职能,应明确其质量责任外,各个职能部门都应根据本部门的工作性质和特点,明确质量责任,承担相应的质量管理任务,组织好与本部门有关的质量管理工作。

(3) 明确质量方针、质量目标和质量计划。质量方针又称为质量政策,是企业质量行为的指导准则。它反映企业最高管理者的质量意识,也反映企业的质量文化。从一定意义上来说,质量方针就是企业的质量管理理念。质量目标是规定企业在一定时期内,在质量方面预期要达到的成果。企业必须在充分考虑用户的前提下,提出明确、具体的质量目标,并尽量使其定量化。企业质量保证体系就是围绕质量目标的实现而建立并有效运行的。质量计划是企业质量目标的具体落实,以保证质量目标的实现,同时它也是各部门、各环节开展质量工作的行动纲领。企业质量计划一般包括质量目标计划(质量发展计划)、质量指标计划和质量改进措施计划。

（4）建立高效灵敏的质量信息管理系统。质量信息反映产品质量的变化情况，是质量管理人员实施控制、科学决策的依据，是质量保证体系中的"神经系统"。因此，质量信息管理系统是质量保证不可缺少的。

（5）实现管理业务标准化和管理工作程序化。管理业务标准化就是把大量具有一定规律性、重复发生的管理业务按性质归纳，并将处理方法制成各种标准，纳入规章制度，作为员工处理同类工作的共同行动准则。要形成和规范质量活动的工作程序、规范的质量文件体系，如质量手册、质量程序、质量文件等。

（6）积极贯彻 ISO9000 质量体系标准，开展质量认证活动。

2.3 质量保证体系的运行方式

质量保证体系的运行以质量计划为主线，以过程管理为重心，按 PDCA 循环进行。

PDCA 循环是质量保证体系运行的基本方式和科学的工作程序，它由美国质量管理专家戴明博士首先提出，也称戴明循环。质量保证体系活动的全过程是按照计划（Plan）、实施（Do）、检查（Check）、处理（Action）四个阶段不停地周而复始运行的，如图 3-2 所示。

图 3-2 PDCA 循环

2.3.1 PDCA 循环的构成

PDCA 循环包括四个阶段、八个步骤，见表 3-1。

表 3-1 PDCA 循环的四个阶段、八个步骤

阶段	任务	步骤
1. 计划阶段（Plan）	在分析研究的基础上，确定质量目标、管理项目、活动计划和措施	（1）分析现状，找出存在的质量问题 （2）找出产生质量问题的各种因素 （3）找出产生质量问题的主要原因 （4）针对主要原因拟定改进措施、计划。制定计划必须考虑 5W1H（Why、What、Where、When、Who、How）因素，以提高计划工作质量
2. 实施阶段（Do）	根据预定目标和措施、计划，组织实施计划	（5）执行措施，执行计划
3. 检查阶段（Check）	检查计划的实施情况	（6）检查工作，调查效果。以计划目标为标准，将实际工作结果与之比较，衡量取得的效果，找出问题
4. 处理阶段（Action）	总结经验和教训，巩固成绩，处理未解决的问题	（7）总结经验教训，把成功的经验肯定下来，形成标准，加以推广，巩固成绩；将失败的教训加以总结，并记录在案，引以为戒，防止重复发生 （8）遗留问题转入下一个管理循环，作为下一循环制定计划目标的依据

2.3.2 PDCA 循环的特点

（1）大环套小环，互相促进。PDCA 循环作为质量管理的一种科学方法，适用于企业各个

环节、各个方面的质量管理工作。整个企业的质量管理体系的活动构成一个大的管理循环,而各级各部门又有各自的管理循环,各级各部门还有更小的管理循环,直至具体落实到班组和个人(图3-3)。

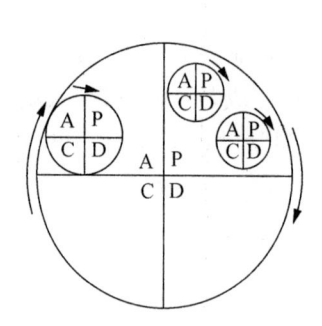

图3-3 大环套小环,互相促进　　图3-4 逐步上升,螺旋式上升

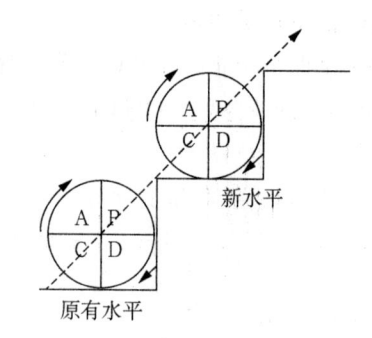

(2) 管理循环每转动一周就提高一步。PDCA循环并不是简单的重复,每一次循环都赋予新的内容和目标,都是更高水平的循环,质量问题不断被解决,又不断发现新的问题。PDCA循环是一个不断提高的动态循环。管理循环靠组织力量推动,如同一个转动的年轮,转动一周,前进一步,不停地转动,就不断地提高。就像上楼梯一样,逐步上升,呈现螺旋式上升的趋势。这样循环往复,质量问题不断得到解决,管理水平、工作质量就步步提高(图3-4)。

(3) 推动PDCA循环的关键在于总结阶段。推动PDCA循环,关键在于总结。总结的目的在于总结经验,肯定成绩,纠正错误,以利于进一步提高。这是PDCA循环之所以能上升的关键。

PDCA循环是统一的。把管理工作划分为阶段、步骤,则是相对的,不能完全割裂、完全分开。它们紧密衔接连成一体,各个阶段之间又存在一定的交叉。在实际工作中,边计划边执行、边执行边检查、边检查边总结、边总结边改进的情况,是经常存在的。

3 质量认证

3.1 质量认证概述

质量认证也叫合格评定,是国际上通行的管理质量的有效方法。质量认证按认证的对象分为产品质量认证和质量体系认证两类。

(1) 产品质量认证是指依据产品标准和相应技术要求,经认证机构确认并通过颁发认证证书和认证标志来证明某一产品符合相应标准和技术要求的活动。产品质量认证的对象是特定产品,包括服务。认证的依据或者说获准认证的条件是产品(服务)质量要符合指定的标准的要求。

产品质量认证有两种:一种是安全性产品认证,它通过法律、行政法规或规章规定强制执行认证;另一种是合格认证,属自愿性认证,是否申请认证,由企业自行决定。

(2) 质量体系认证又称质量保证体系或质量管理体系认证,是指依据国际通用的"质量管理和质量保证"系列标准,经过国家认可的质量体系认证机构,对企业的质量(保证)体系进行审核,对于符合规定条件和要求的,通过颁发企业质量体系认证证书的形式,证明企业的质量保证能力符合相应要求的活动。质量体系认证的认证对象是企业的质量体系,或者说企业的质量保证能力。质量体系认证的依据是质量保证标准即 GB/T 19001—ISO9001 或 GB/T 19002—ISO9002 或 GB/T 19003—ISO9003 和必要的补充要求。获准认证的证明方式是通过颁发具有认证标记的质量体系认证证书,但证书和标记都不能在产品上使用。质量体系认证都是自愿性的。

不论是产品质量认证,还是质量体系认证,都是第三方从事的活动,以确保认证的公正性。

(3) 产品质量认证和质量体系认证的对比(表 3-2)。产品质量认证和质量体系认证最主要的区别是认证对象不同。产品质量认证的对象是特定产品,而质量体系认证的对象是组织的质量管理体系。由于认证对象不同,获准认证的条件、证明方式、证明使用等也不同。两者也有共同点,即都要求对组织的质量管理体系进行审核,但在具体实施上又有若干不同。

表 3-2 产品质量认证和质量体系认证的比较

比较项目	质量体系认证	产品质量认证
认证对象	质量管理体系	特定产品
评定依据	质量管理体系标准、法律法规	产品质量标准、质量管理体系要求
认证的目的	证明组织的质量管理体系具备生产满足规定要求的产品的能力	证明组织生产的特定产品符合特定标准的要求
认证的性质	一般属于自愿性认证	自愿性与强制性相结合
认证的内容	质量管理体系要求的审核和评定	型式检验、质量管理体系要求的审核和评定
监督方式	定期监督组织质量管理体系	对产品进行定期检验或抽检,对质量体系进行检查
认证证明方式	质量管理体系认证(注册)证书、认证标志	产品认证证书、认证标志
证明使用	证书、标志可用于宣传,均不能用于产品	标志可用于产品,证书、标志均可用于宣传

3.2 质量体系认证的意义和作用

企业为什么要进行 ISO9000 标准认证?通过 ISO9000 质量管理体系认证具有如下意义和作用:

①有利于完善企业内部管理,使质量管理制度化、体系化和法制化,提高产品质量,并确保产品质量的稳定性。②有利于获得国际贸易"通行证",消除国际贸易壁垒。许多国家为了保护自身的利益,设置了种种贸易壁垒,包括关税壁垒和非关税壁垒。其中,非关税壁垒主要是技术壁垒,技术壁垒中又主要是产品品质认证和 ISO9000 质量体系认证的壁垒。特别是在世界贸易组织内,各成员国之间相互排除了关税壁垒,只能设置技术壁垒,所以获得认证是消除贸易壁垒的主要途径。③有利于获得政府采购、招标项目的入场券。我国已与国际接轨,推行政府采购,暗箱操作将退出市场经济的舞台。市场竞争将更趋公平化、透明

化。政府采购的门槛之一就是要求企业通过 ISO9000 质量体系认证。此外,越来越多的项目招标、国际采购团都把竞标企业获得 ISO9000 质量体系认证作为入围条件之一。④节省了第二方审核的精力和费用。在现代贸易实践中,第二方审核早就成为惯例,又逐渐发现其存在很大的弊端:一个供方通常要为许多需方供货,第二方审核无疑会给供方带来沉重的负担;另一方面,需方也需支付相当的费用,同时还要考虑派出或雇佣人员的经验和水平问题,否则花了费用也达不到预期的目的。唯有 ISO9000 认证可以排除这样的弊端。⑤有利于树立企业的形象,提高企业的知名度。清晰地表明尊重消费者权益和对社会负责,增强消费者的信赖,使消费者放心,从而放心地采用其生产的产品,提高产品的市场竞争力。⑥有利于国际间的经济合作和技术交流。按照国际间经济合作和技术交流的惯例,合作双方必须在产品品质方面有共同的语言、统一的认识和共守的规范,方能进行合作与交流。ISO9000 质量体系认证正好提供了这样的信任,有利于双方迅速达成协议。

3.3 申请 ISO9000 质量体系认证的流程

①企业原有质量体系识别、诊断;②任命管理者代表,组建 ISO9000 推行组织;③制定目标及激励措施,召开 ISO9000 质量体系认证启动大会;④各级人员接受必要的管理意识和质量意识训练;⑤ISO9001 标准知识培训;⑥质量体系文件(质量手册、程序文件、作业指导书、表格等)编写(立法);⑦质量体系文件大面积宣传、培训、发布、试运行;⑧内审员接受培训,进行若干次内部质量体系审核;⑨在内审基础上的管理者评审;⑩质量管理体系完善和改进;⑪申请认证,颁发证书;⑫半年后进行第一次复审,以后每年复审一次。

3.4 申请产品质量认证流程

制定标准→申请→检查评价质量体系→产品型式试验→审查评议→监督检查→监督检验→监督处理。

①制定标准。这里的标准是指供认证用的标准,这是开展认证的前提和依据。通常要制定采用国际标准指标的国家标准。②申请。生产企业或其代理按认证机构的规定填写申请书和申请表,正式提出申请,并提供相关资料。③检查、评价质量体系。按照 GB/T 19001—2008《质量管理体系要求》标准,检查和评价企业的质量保证体系,以鉴定其是否具有持续生产符合标准要求的产品的质量保证能力,并签发审核报告。④产品型式试验。按认证办法的规定抽取具有代表性的样品,按适用的标准和认证办法的具体规则进行型式试验,确定产品的质量状况,根据试验结果做出最终评定。⑤审查评议。认证机构对上述工作结果进行审查和评议,如认证合格,由认证机构颁发认证证书,并准许使用和加贴相关的标志。⑥监督检查。颁发合格证书后,认证机构继续对企业的质量保证体系进行跟踪监督和检查。⑦监督检验。在质量认证有效期内,认证机构可随时在企业、市场或用户单位抽取样品进行监督检验。⑧监督处理。对质量体系进行复查及对样品进行监督检验,如发现不符合规定要求的,认证机构可根据具体情况,做出暂停或撤销认证资格和停止使用认证标志的处理决定,以维护消费者的权益和认证机构的信誉。

3.5 ISO9000 系列标准简介

3.5.1 概述

ISO 即 International Standard Organization(国际标准化组织)。ISO9000 即国际标准化组织制定的"质量管理和质量保证"系列标准,它是第一个管理方面的国际标准。ISO9000 系列标准是由国际标准化组织的质量管理和质量保证技术委员会于 1987 年发布的,并提出了第三方认证的制度。其主要精神:一个企业的产品质量,如果通过权威的质量认证机构的"第三方认证",证明达到了 ISO9000 标准的要求,即可取得 ISO9000 的认证证书。这一证书在全世界都视为有效。也就是说,一个企业取得了 ISO9000 证书,其产品就成了国际上"信得过"的产品。这对提高产品质量和企业声誉,增强企业参加国际竞争的能力,无疑起到了极大地推动作用。因此,该系列标准发布以后,全世界掀起了一个贯彻和认证的大潮流。目前,它已成为国际上公认的供方质量保证和实施质量体系评审的统一标准,世界上大多数国家都将此直接采用为本国标准。ISO9000 系列标准经历了三个阶段的修改,即 1994 版、2000 版和 2008 版。

ISO9000 系列标准概括了许多国家和地区如何解决标准规范的满足顾客需求的问题,并将其合理化。ISO9000 系列标准是世界上主要发达国家长期实施质量管理和质量保证的经验总结,体现了科学性、经济性、社会性和广泛的适应性。它既包括国际认可的质量管理原则,也包括一套代表着全世界不同贸易国家或贸易区域的领导,以及各商品流通和服务行业领域的专家共同认可的可执行的实施办法。

ISO9000 系列标准的目标:要让全世界接受和使用 ISO9000 系列标准,为提高组织的运作能力提供有效的方法,增进国际贸易,促进全球繁荣和发展,使任何机构和个人可以有信心从世界各地得到任何期望的产品,以及将自己的产品顺利地销到世界各地。

ISO9000 国际系列标准包括 ISO9000~ISO9004 共五个基本标准,即:①ISO9000《质量管理和质量保证标准 第一部分:选择和使用指南》;②ISO9001《质量体系——设计、生产、安装和服务的质量保证模式》;③ISO9002《质量体系——生产、安装和服务的质量保证模式》;④ISO9003《质量体系——最终检验和试验的质量保证模式》;⑤ISO900 4-1＝GB/T 19004.1《质量管理和质量体系要素 第一部分:指南》。ISO9000 系列标准有三种质量保证模式,其应用范围对比见表 3-3。

表 3-3 三种质量保证模式的应用范围对比

质量保证模式	ISO9001＝GB/T 19001	ISO9002＝GB/T 19002	ISO9003＝GB/T 19003
适用场合	用于需要证实供方设计和提供合格产品的能力的场合	用于需要证实供方针对已有设计提供合格产品的能力的场合	用于对供方在最终检验和试验期间查出产品不合格并控制及其处置的能力需要证实的场合
目的	防止从设计到服务的所有阶段中出现不合格,使顾客满意	防止从生产到服务的所有阶段中出现不合格,使顾客满意	防止服务阶段中出现不合格,使顾客满意

续表

质量保证模式	ISO9001＝GB/T 19001	ISO9002＝GB/T 19002	ISO9003＝GB/T 19003
适用条件	(1) 要求供方设计并对产品的要求做规定 (2) 当供方的设计、生产、安装和服务的能力得到适当证实时,才能相信产品符合规定要求	(1) 产品已有定型的设计或规范 (2) 当供方的生产、安装和服务的能力得到证实时,才能相信产品符合规定要求	当供方对成品实施检验和试验的能力得到满意的证实时,才能充分相信产品符合规定要求

3.5.2 质量管理的八大原则

ISO9000 系列标准突出体现了质量管理的八大原则,并作为主线贯穿始终。它们是:

原则1:以顾客为中心。与所确定的顾客要求保持一致。了解顾客现有的和潜在的需求和期望,测定顾客的满意度,并以此作为行动的准则。原则2:领导作用。设立方针和可证实的目标,为方针的展开提供资源,建立以质量为中心的企业环境。明确组织的前景,指明方向,价值共享。设定具有挑战性的目标,并努力实现。对员工进行训练,提供帮助,并给予授权。原则3:全员参与。划分技能等级,对员工进行培训和资格评定。明确权限和职责。利用员工的知识和经验,通过培训使得他们能够参与决策和对过程的改进,让员工以实现组织的目标为己任。原则4:过程方法。建立、控制和保持文件化的过程。清楚地识别过程外部/内部的顾客和供方。着眼于过程中资源的使用,追求人员、设备、方法和材料的有效使用。原则5:系统管理。建立并保持实用有效的文件化的质量体系。识别体系中的过程,理解各过程间的相互关系。将过程与组织的目标相联系。针对关键的目标测量其结果。原则6:持续改进。通过管理评审、内/外部审核及纠正/预防措施,持续地改进质量体系的有效性。设定现实的和具有挑战性的改进目标,配备资源,向员工提供工具、机会,并激励他们持续地为改进过程做出贡献。原则7:以事实为决策依据。以审核报告、纠正措施、不合格品、顾客投诉,以及其他来源的实际数据和信息作为质量管理决策和行动的依据,把决策和行动建立在对数据和信息分析的基础之上,以期最大限度地提高生产率,降低消耗。通过采用适当的管理工具和技术,努力降低成本,改善业绩和市场份额。原则8:互利的供方关系。适当地确定供方应满足的要求,并将其文件化。对供方提供的产品和服务的情况进行评审和评价。与供方建立战略伙伴关系,确保其在早期参与确立合作开发,以及改进产品、过程和体系的要求,相互信任,相互尊重,共同承诺让顾客满意,并持续改进。

4 质量管理

质量管理简称 QM(Quality Management),就是对确定和达到质量要求所必需的职能和活动的管理,包括质量政策的制定、质量目标的确定,以及所有产品、过程或服务方面的质量保证和质量控制的组织和措施。

4.1 质量管理的发展过程

从质量管理的形成和发展来看,大体经过了三个阶段,即质量检查阶段、统计质量管理阶段、全面质量管理阶段。

4.1.1 质量检查阶段

质量检查阶段指20世纪20至40年代这段时期。这一阶段,质量管理的特点是把检查作为质量管理的职能,把检查产品质量作为一道专门工序,由专职质量管理部门负责对产品进行全数检验。这标志着质量管理脱离了操作者自发质量管理的阶段,进入了科学管理的阶段。由于这个阶段的质量管理只有检查的职能,仅起到挑出不合格产品的作用,即把关作用,因此不能防止不合格产品的产生,缺乏预防和控制职能,所以称其为事后检验阶段。全数检验对于大规模生产在经济上是不核算的,甚至是不可能的。随着生产和技术的发展,其缺点越来越突出,这就导致了统计质量管理的产生。

4.1.2 统计质量管理阶段

统计质量管理是在加强质量检验的同时,运用概率论和数理统计方法,找出影响产品质量的各种因素,以防止不合格品的出现。它的特点是检验加控制,由事后检验向预防为主转变。但它也存在两大缺陷:一是依靠制造部门和检验部门,忽视其他部门对产品质量的作用;二是过分强调数理统计方法的作用,忽视组织管理与劳动者的作用。

4.1.3 全面质量管理阶段

20世纪60年代初,美国通用电气公司工程师费根堡姆博士提出了全面质量管理,将质量控制扩展到产品寿命循环的全过程,强调全体员工都参与质量控制。全面质量管理是与传统的质量管理相对而言的。它从系统理论出发,把企业作为产品生产的整体,以最优生产、最低消耗和最佳服务,使用户得到满意的高质量产品为目的。它用一定的组织体系和科学管理方法,动员、组织企业各个部门及全体职工,在产品质量形成的所有环节上,对影响产品质量的各种因素进行综合控制。它比检验质量管理和统计质量管理更加完善。

不同质量管理发展阶段的比较见表3-4。

表3-4 不同质量管理发展阶段的比较

内容	质量检查阶段	统计质量阶段	全面质量管理阶段
生产方式	手工和半机械生产	大量生产	现代化生产
管理对象	产品质量	向工作质量发展	产品质量、工序质量(工程质量)和工作质量
管理方法	质量检查	数理统计方法	多种管理方法
管理目标	符合产品质量要求	标准	用户满意
管理范围	工序	生产过程	全过程
管理人员	检查人员	技术人员和检查人员	全员
管理特点	事后把关	事前把关和预防	预防为主、防治结合

4.2 全面质量管理

4.2.1 全面质量管理的含义

全面质量管理简称 TQM(Total Quality Management)，它是指企业为了保证和提高产品质量，组织企业全体人员和各个部门参加，综合运用管理技术、专业技术和科学方法，经济地开发、研制、生产和销售用户满意的产品的系统管理活动。ISO8402 对 TQM 的定义："一个组织以质量为中心，以全员参与为基础，目的在于通过让顾客满意和本组织所有成员受益及社会受益而达到长期成功的管理途径。"

全面质量管理的基本核心：提高人的素质，强调人的质量意识，调动人的积极性，人人做好本职工作，通过抓好工作质量来保证和提高产品质量和服务质量。TQM 主要含义包括：

①强烈地关注顾客。TQM 注重顾客价值，其主导思想就是"顾客的满意和认同是长期赢得市场，创造价值的关键"。全面质量管理要求必须把以顾客为中心的思想贯穿到企业业务流程的管理中，即从市场调查、产品设计、试制、生产、检验、仓储、销售到售后服务的各个环节，都应该牢固树立"顾客第一"的思想，不但要生产物美价廉的产品，而且要为顾客做好服务工作，最终让顾客放心满意。②坚持不断地改进。TQM 是一种永远不能满足的承诺，"非常好"还是不够，质量总能得到改进，"没有最好，只有更好"。在这种观念的指导下，企业持续不断地改进产品或服务的质量和可靠性，以确保企业获取对手难以模仿的竞争优势。③改进组织中每项工作的质量。TQM 采用广义的质量定义，它不仅与最终产品有关，而且与组织如何交货，如何迅速地响应顾客的投诉，如何为客户提供更好的售后服务等都有关。④精确地度量。TQM 采用统计度量组织作业中的每一个关键变量，然后与标准和基准进行比较，以发现问题，追踪问题的根源，从而达到消除问题、提高品质的目的。⑤向员工授权。TQM 吸收生产线上的工人加入改进过程，广泛地采用团队形式作为授权的载体，依靠团队发现和解决问题。

4.2.2 全面质量管理的基本观点

①广义质量的观点。全面质量管理中指的质量是包含产品质量、工序质量（工程质量）和工作质量的广义质量概念。②用户第一的观点。全面质量管理注重顾客价值，其主导思想就是"顾客的满意和认同是长期赢得市场，创造价值的关键"。用户不仅仅是指最终客户，还要树立"下道工序就是客户"的思想。③以预防为主的观点。"好的产品是造出来的，不是查出来的"，质量检验并不能提高产品质量，只能剔除次品和废品。所以，要努力把不合格的产品消灭在生产过程中。④一切用数据说话的观点。强调科学性，以准确的数据反映产品质量。⑤一切按 PDCA 循环办事的观点。PDCA 循环是全面质量管理的实现方法。

4.2.3 全面质量管理的特点

全面质量管理的特点集中表现在"全"字上，即全体人员、全部过程和全部内容。

①全体人员。全体成员根据各自的岗位特点，为提高产品质量、加强质量管理，尽各自的职责。加强质量管理，不是某几个部门或少数几个人的工作，而是要求企业上自最高领导，下至每位员工，都要投入以产品质量为中心的管理工作中去，要把改进组织管理，研究专业技术和应用数理手段有机结合起来，贯彻质量第一的方针，要广泛开展群众性的质量信得

过或 QC 小组活动,调动全体员工关心和参加质量管理的积极性。②全部过程。把质量管理工作的重点,从"事后把关"转移到"事先预防"上来。从产品设计、试制,原材料和外购件的采购、验收、生产、销售,一直到销售后的用户服务工作,都严格进行质量管理。企业为了实现全过程的质量管理,就必须建立质量管理体系,将企业的所有员工和各个部门的质量管理活动进行有机的组织,把生产过程中影响产品质量的各种因素加以控制,使整个生产过程始终处于稳定状态,从而充分保证产品的质量。只有这样,才能在日益激烈的市场竞争中及时地满足用户的要求,不断提升企业竞争力。③全部内容。全部内容包括三个方面的内容:一是管理对象的全面性,即全面质量管理的对象是广义的质量,不仅包括产品质量,而且也包括工序质量和工作质量;二是管理方法的全面性,即在质量管理过程中要针对不同的情况,灵活运用各种现代化的管理方法和手段,将众多的影响因素系统地控制起来,具体包括数理统计、质量设计、反馈控制、信息化技术等;三是经济效益的全面性,即企业除保证自身能获得最大的经济效益外,还应从社会和产品寿命循环全过程的角度考虑经济效益问题。

世界著名质量管理专家美国的朱兰博士指出:"全面质量管理就是为了达到世界级质量的领导地位,你所要做的一切事情。"可见,推行全面质量管理就是永无止境的质量改进过程,就是不断地攀登质量管理的新高峰。

4.2.4 全面质量管理的基础工作

全面质量管理的基础工作主要包括:

(1) 质量责任制。它是明确规定全厂各部门、各环节,以及每一个人在质量工作上的具体任务、责任、要求和权力,以保证产品质量的一种责任制度。推行全面质量管理,建立和健全各级行政领导、职能机构和工人的质量责任制,一般包括以下几方面的内容:

①企业厂长(经理)对本企业的产品质量负全部责任。②总工程师对新产品的研制、生产,对产品质量开发计划的编制和解决产品质量中存在的技术问题负责,并协助厂长(经理)促使各项质量计划的实现。③生产车间和班组对本车间和本班组生产的产品质量负直接责任。④生产工人对自己加工的产品质量负责。操作者要严格遵守工艺规程,按图纸进行加工,做好自检与互检工作,主动隔离废次品,防止不合格品转入下道工序。⑤除专职质量管理部门具有质量管理职能,应明确其质量责任外,各个职能部门都应根据本部门的工作性质和特点,明确质量责任,承担相应的质量管理任务,组织好与本部门有关的质量管理工作。

建立质量责任制是企业开展全面质量管理的一项基础性工作,也是企业建立质量体系中不可缺少的内容。企业中的每一个部门、每一个职工都应明确规定他们的具体任务及应承担的责任和权利范围,做到事事有人管,人人有专责,办事有标准,考核有依据。把与质量有关的各项工作同广大职工的积极性和责任心结合起来,形成一个严密的质量管理工作系统,一旦发现产品质量问题,可以迅速进行质量跟踪,查清质量责任,总结经验教训,更好地保证和提高产品质量。

(2) 标准化工作。标准化工作主要指制定标准,组织实施标准,以及对标准的实施进行监督检查。对于企业来说,从原材料进厂到产品生产、销售等各个环节都要有标准,不仅有技术标准,而且要有管理标准、工作标准等,即要建立一个完整的标准化体系。做好企业标准化工作,对全面质量管理各方面都能够发挥重要作用。

(3) 计量工作。用数据说话,要求计量工作成为质量管理中一项重要的基础工作。主要要求:

①严格保持测量手段的量值的统一、准确和一致,并符合标准;②保证测量仪器和工具质量可靠、稳定和配套;③定期对全部量具进行检测和维护,禁止不合格量具投入使用;④完善测量技术,加强测量手段的技术改造和技术培训工作;⑤实现计量工作的科学化和现代化。

(4) 质量信息工作。质量信息是指反映产品质量和产、供、销及服务等各个环节的质量活动中的各种数据、报表、资料、文件及企业外部的有关情报资料等。它是企业内部质量工作的依据。质量信息工作主要是指确定各类活动对质量信息的需求、收集、整理、分析和利用质量信息等。要使质量信息工作在质量管理中发挥其应有的作用,应注意:

①应建立企业的信息中心和信息反馈系统;②质量信息要实行分级管理,而且要有专人负责,特别要抓好最基层的信息管理,认真做好原始记录,并及时上报;③要有一定的考核制度,以保证信息系统的正常运行。

(5) 质量管理小组活动。进行自主管理,调动人的积极性。

①质量管理小组的组织形式:以自愿结合为主;②质量管理小组成功的要素:选择好关键活动课题;充分发挥成员的主动性、积极性和创造性;领导鼓励而不是压制,领导宽容而不是抱怨。

5 质量管理的方法和工具

5.1 5M1E 管理

全面质量管理的一个重要特点是预防性。在生产过程中,影响产品质量的主要因素有以下六个方面:

①员工(Man),包括企业所有的工作人员,主要指操作者对质量的认识、技术熟练程度和身体状况等;②设备(Machine),包括机器和工艺装备的精度和维护保养状况等;③材料(Material),包括原料和半成品种类、成分、物理性能和化学性能等;④方法(Method),包括生产工艺、设备选择、操作规程等;⑤检测(Measure),包括测量设备、测验手段和测试方法等;⑥环境(Environment),包括工作场地的温度、湿度、照明、噪声、振动和清洁条件等。

5.1.1 人的管理

在现场管理中,搞好物料、技术装备等的管理是必需的,而更重要的是掌握和使用这些物质条件的人。同样的物质条件、同样的技术装备,掌握在不同素质的人员手中,由不同素质的人使用,发挥的作用是大不相同的,得到的结果也是大不相同的。随着科学技术的进步,在企业管理中充分发挥人的主观能动作用,是充分发挥各种技术装备作用和增强管理效能的前提。因此,人是各种管理要素中的第一要素。

在六大因素中,人是决定性因素。抓工序质量(工程质量),首先要抓操作者的工作质量,而操作者的工作质量又取决于他的质量意识和技术素质。为了提高操作者的工作质量,必须采用如下管理对策:

(1) 加强对员工的技能培训,提高他们的操作技能和文化素质,确保能适应工艺文件所规定的操作标准。

①让员工充分理解质量标准和作业标准。②按要求进行充分训练。③进行个别且具体的指导。

(2) 提高员工的质量意识。

①加强对自己作业质量的控制。②提高对自己工作重要性的认识。③加强全面质量管理思想和方法的宣传教育。开展经常性的质量管理教育,树立"质量第一,为下工序(用户)服务""百分之百保证产品质量"的思想,提高操作者的质量意识。

(3) 采用各种方式使操作者明确本工序的质量标准,在此基础上,落实质量责任,贯彻质量否决权,建立质量指标考核体系,提高工序的一次投入产出合格率,确保不合格产品不流入下道工序。

(4) 严格遵守工艺纪律,做到有制度、有检查、有考核、有整改措施,造就一支有严肃工作作风的员工队伍。

(5) 结合工序特点,开展多样化的群众性质量管理活动。如 QC 小组活动,提高一次性染色成功率等活动,以树立和加强操作者的质量改进意识与管理自主精神。

5.1.2 设备的管理

设备是影响工序质量(工程质量)的重要因素之一。当工序的其他因素处于受控制状态时,设备是保证产品质量的关键因素。设备状况不佳将直接引起质量的波动。为了确保设备能满足工序质量(工程质量)的要求,必须建立起一套完善的管理制度,要合理使用、保养和维护设备,使其处于完好状态。设备管理要及早发现设备运转不良并分析其原因,采取适当的措施,还要进行预防性维护,以防患于未然。基层管理人员要组织员工对设备进行日常检修,以及依据一定的标准进行定期的检修和调整。

5.1.3 材料的管理

这里的材料不只是产品的原材料,也包括生产中使用的零件和辅助材料等。材料的管理主要是加强验收检查,改进保管方法,避免材料的碰伤、受损和变质等。对保管中的材料进行定期检查,对出入库的材料严格检查把关等。

5.1.4 作业方法的管理

作业方法的管理又称工艺管理。工艺是人们利用设备和工艺装备对产品对象进行加工的过程中所采用的工艺条件和方法。工艺贯穿于产品质量形成的全过程,由一系列的工序组合而成。加强工艺设计与管理,提高工艺技术水平,采用先进工艺,是实现优质、低耗、高效益的重要保证。严格工艺纪律是工序质量(工程质量)控制的重要方面。工艺纪律就是要求企业管理者和操作者在贯彻工艺过程中执行各项工艺设计与管理制度,遵循工艺文件中的规定。只有严格工艺纪律,才能建立正常的生产秩序,才能有利于稳定和提高工序质量(工程质量)。要加强工艺纪律,必须做到:

①加强质量意识,加强工艺纪律教育。②实行定人、定机、定工种,对有特殊要求的工作岗位要执行操作合格考试制度,建立健全质量责任制。③加强班组管理,确保设备经常处于良好状态。④严格执行工艺纪律检查考核制度,开展工序质量(工程质量)审核活动,并与质量奖惩挂钩。⑤随着技术进步及质量改进的需要,不断采用"四新"(新材料、新技术、新工

艺、新产品)技术,进行工艺改造与调整,提高工艺水平。⑥工艺文件必须完整、统一、正确、清晰,应定期复查、检查,作废的工艺文件不得在现场出现。应该将最佳的作用方法予以标准化,形成文件,由班组长向员工彻底说明。

5.1.5 检测的管理

要确定生产过程中产品是否符合质量要求,必须采用一定的方法和手段测定产品的质量特性,并将测得的结果同该特性标准的要求相比较,从而判定产品的好坏,决定接受还是拒收,防止不合格产品继续流转或出厂,并尽快发现异常的质量信息,实现预防性控制。这一过程就叫检验。检验具备三项质量职能:

①把关。把住产品质量关,确保不合格料不投产,不合格的在制品不流入下道工序,不合格产品不出厂。②预防。把检验中所获得的质量信息和数据,及时反馈到工序,协助进行工序质量(工程质量)控制,把影响工序质量(工程质量)的因素管理起来,实现预防为主的目的。③报告。根据检验记录,定期分析整理,评审产品质量状态和质量管理水平,提供质量改进信息。

为了落实检验的质量职能,确保工序质量(工程质量)和产品质量,必须做好下述工作:

①有明确的质量标准和检测方法,操作者及专检人员对此必须熟悉并能掌握。②有能满足检测要求的量具,并定期计量,以保持其经常处于完好、有效的状态。③有质量原始凭证及质量检测记录,便于统计分析及质量责任的落实,确保产品质量具有可追踪性。④开展三检制。生产员工做好自检、互检工作,专检人员做好专检工作,通过抽检、巡检或全检,以确保有稳定的工序质量(工程质量)。

5.1.6 环境的管理

人们在一个清洁、整齐、文明、安全、舒适的环境中从事劳动,对提高产品质量是一项必不可少的条件。环境因素是5M1E中重要的组成部分。改善环境,对于提高员工的质量意识,有非常重要的作用。环境可以约束人的行为,环境也反映了工厂的管理水平。工厂的管理是不是在一种受控的状态下,从环境上一看就知道。要改善生产环境,必须合理而科学地组织好文明生产。许多企业自推行全面质量管理以来,从优质生产出发,在组织文明生产方面取得了可喜的进展,其共同经验有四个方面:

①教育职工养成良好习惯,文明操作,文明装卸,文明运输,清洁卫生工作落实到人。②开展定置管理,使人、物、场所三者很好结合,环境保持最佳状态。③采取各种措施,防止在制品、半成品、成品擦碰划伤。④根据工序特点,改善生产环境,包括采光照明、空间通风、除尘防震、消除噪声等,搞好环境保护,实现安全生产。

5.2 QC小组

QC小组是建立质量保证体系的一个重要手段。QC小组的概念由日本质量管理专家石川馨提出的,其理论依据是,员工在参与企业管理并实际解决问题后,能够提高员工对工作的满意度,从而激发员工在工作中的积极性和创造性,进一步提高员工的工作质量。QC小组由一些基层管理人员及一般工作人员自愿组成,一般包括6~10人。QC小组一般在业余时间分析、讨论问题,它是发现和解决质量问题的一种有效方法。

5.2.1 制定 QC 小组活动计划

根据小组选定的课题,按 PDCA 循环的阶段和步骤,制定出每季、每月的活动计划。活动计划对每次活动的时间、内容、目标、人员的分工、进度等做较明确的安排,一般每周活动一次,每月进行一次小结。活动时间主要以业余时间为主,也可根据生产的特点适当占用一些工作时间。活动时间的长短应根据活动内容的多少而定,要防止流于形式。

5.2.2 小组活动的步骤

要根据 PDCA 循环的方法开展活动,具体步骤如下:

(1)选择课题。小组选择课题首先要围绕企业、车间的生产目标,结合本组生产现场存在的问题,从实际出发,围绕提高质量、降低消耗等方面选择课题。企业和车间可以结合实际情况,将一些关键问题下达给有关 QC 小组,这样可以有的放矢,突出重点,针对性地解决生产上的一些难题。对跨班组、跨车间(部门)的 QC 小组的活动课题,车间、企业要进行组织和协调,以保证课题的落实。

(2)调查现状、预定目标值。根据大量的原始记录,应用数理统计方法,进行数据整理分析,找出存在的主要问题,并用数据表达出来,然后通过初步分析,预定达到的目标值。若预定目标值与企业和车间的生产目标一致,就以此为准,在完成时间上也与企业和车间的计划相一致。

(3)分析问题存在的原因。分析要针对现状调查中存在的主要问题,充分发挥 QC 小组人员的聪明才智,把造成问题的主要原因分析透彻。为了防止分析中由于经验主义所造成的偏差,要对分析出来的主要因素调查核实,以此确认要因是否存在?哪些要因影响大?列出解决要因的先后顺序,为制定对策打下基础。

(4)制定对策。根据列出的待解决要因,按先后顺序制定具体可行的措施,落实到部门和人,并规定解决的期限。

(5)实施对策。在实施过程中,QC 小组成员都要按对策要求活动,使对策中的各项措施保质、保量、按期完成。有些措施需要其他部门协助,则通过车间、厂部和质量管理部门协调解决。

(6)检查实施结果。在对策项目全部实施完毕以后,检查效果是否达到预定的目标?活动前后有哪些变化?主要问题有没有解决?还存在哪些问题?这些都需要用事实和数据来回答。如果没有达到预定的目标,就要再次分析原因,制定对策,实施对策,直至达到预定目标。

(7)标准化。对实施后确有效果的有关工艺、规程、制度、办法等,要报经主管部门审批后实行标准化,做进一步巩固。QC 小组的成员要带头认真执行各项标准化措施,巩固取得的成果。

(8)总结。QC 小组取得成果后,要认真总结经验。然后,按照企业的方针目标及现场存在的问题,或上次活动遗留的问题,选择下一个活动课题。

5.3 常用质量统计分析工具

全面质量管理的基本特点之一就是要用数据说话,通过对数据的收集、整理和分析,为控制产品质量提供依据。这里简单介绍几种最常用的统计分析方法。

5.3.1 统计调查表法

统计调查表法又称检查表、统计分析表,是用来系统地收集和积累数据,确认事实,并对数据进行粗略整理和原因分析的一种方法。统计调查表的作用是收集、整理数据。数据包括:①定量性的数值数据,分为计数型(如不合格数)和计量型(如长度、质量);②定性的语言数据(如喜爱、不喜欢、讨厌等);③影像数据(如照片、视频)。在实际工作中,统计调查表法一般和分层法、排列图等其他方法结合起来使用,这样可以把可能影响质量的原因调查得更为清楚。需要注意:①统计调查表必须针对具体的质量问题,设计出专用的调查表进行调查和分析;②基层员工应参与统计调查表的设计;③统计调查表各栏目应简单明确;④统计调查表应使用方便友好。常用类型:①计量值统计表,如工序质量分布统计表(统计误差);②计数值统计表,如质量问题调查表(统计出现的次数)。

5.3.2 分层法

分层法又叫分类法,是整理质量数据的一种重要方法。它是把收集起来的数据按照某些共同的特征加以分类、统计的一种方法。因为在实际工作中,产品质量会因人、机、料、法、环、检测等不同而存在差异。在此情况下,很可能是其中的一种或两种因素影响,如数据未能适当分层,往往浪费了大量的人力、物力,还是无法寻找到真正的原因。通过分层法可以使杂乱无章的数据和错综复杂的因素系统化、条理化,从而找出主要问题和解决办法。

分层法常用的分类标志:

①按不同的时间分,如按不同日期、不同的班次等分层;②按操作人员分,如按性别、文化程度、技术等级、工龄等分层;③按使用设备分,如按不同型号的设备、新旧程度等分层。④按原材料分,如按不同的材料规格、型号、供应单位、成分等分层;⑤按操作方法分,如按不同的工艺方法、操作的连续程度、机械化程度等分层;⑥按检测手段分,如按不同的检测人员、检测仪器等分层;⑦按产生的具体质量问题分,如按不同的色差、色花、折皱等分层;⑧其他分类,如按不同的工作量、使用单位、使用条件等分层。

分层法必须根据所研究的问题的目的加以运用,分层时应使在同一层内的数据波动尽可能小,每一层内的数据尽可能均匀,层与层之间的差别要尽可能大,同时要考虑层与层的各因素对产品质量的影响是否相关。

【案例1】

某针织染厂有甲、乙、丙三个生产班组,一月份三个班组各染棉针织汗布200 t,共染600 t,其中染色质量问题16.4 t。如果按班组分层处理上述染色质量问题,其处理结果如表3-5所示。

表3-5 甲、乙、丙三个生产班组每类废品的数据

疵点项目	疵布数量/t			
	甲	乙	丙	合计
色花	3	1	0.5	4.5
色点	1	3.3	0.7	5

续表

疵点项目	疵布数量/t			
	甲	乙	丙	合计
色斑	0.5	1	2.8	4.3
细皱纹	0.8	0.4	0.8	2
其他	0.3	0.1	0.2	0.6
小计	5.6	5.8	5	16.4

从表3-5可以明显看出，三个轮班产生主要疵布的原因是不同的，甲班产生疵布的主要原因是色花，乙班产生疵布的主要原因是色点，丙班产生疵布的主要原因是色斑。

5.3.3 排列图法（帕莱托图）

排列图又称帕莱托图，是由意大利经济学家帕莱托（Pareto）的"关键的少数和次要的多数"的理论产生的。此理论亦称帕莱托法则或二八原理，即百分之八十的问题是由百分之二十的原因所造成的。美国的质量管理专家朱兰（J.M.Juran）将其应用于质量管理方面。排列图是确定影响产品质量关键因素的有效方法，它是将影响产品质量的因素或项目按其对质量影响程度的大小顺序排列，形成排列图，从而找出影响产品质量的主要因素的一种简单的图示技术。排列图由一个横坐标、两个纵坐标、几个按高度顺序排列的直方形和一条累计百分数折线组成。在一般情况下，把累计百分数分为三类：0%~80%为A类，80%~90%为B类，90%~100%为C类。A类为主要因素，一般只有少数几个问题，但所占累计百分数很高，即所谓"关键的少数"；B类为一般因素；C类为次要因素。

【案例2】

如某印染厂染整车间为了提高产品质量，对某一年的疵点进行了统计，其中：斑疵28 152处、破洞6 602处、深浅不一12 963处、纬斜949处、搭色套歪1 902处、折痕5 884处、破边872处、其他1 339处。试采用质量管理和质量控制的统计方法，分析该企业应重点解决的质量问题。

解题方法：

（1）搜集数据。搜集一定时期的质量数据，按不同的项目进行分类，分类一般按存在的问题进行。

（2）将各分类项目及出现的频数按从大到小的顺序填入统计表，"其他"一项排在最后。

（3）计算累计数、累计百分数，并填入统计表，见表3-6。

表3-6 某印染厂年度染整疵点累计数、累计百分比统计表

序号	项目	频数	累计数	累计百分数/%
1	斑疵	28 152	28 152	48.0
2	深浅不一	12 963	41 115	70.1

续表

序号	项目	频数	累计数	累计百分数/%
3	破洞	6 602	47 717	81.3
4	折痕	5 884	53 601	91.4
5	搭色套歪	1 902	55 503	94.6
6	纬斜	949	56 452	96.2
7	破边	872	57 324	97.6
8	其他	1 339	58 663	100
合计		58 663		

（4）绘制排列图，见图3-5。

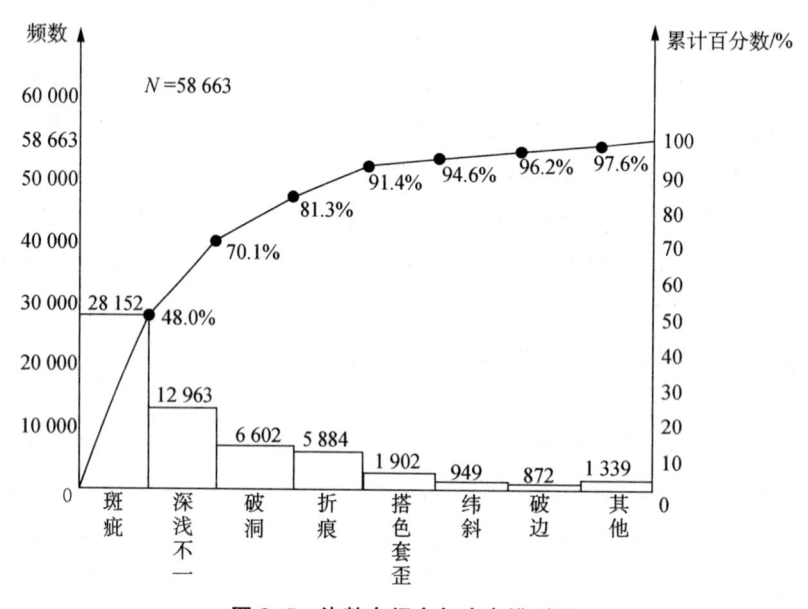

图 3-5 染整车间全年疵点排列图

由图3-5可以看出主要疵点是斑疵、深浅不一、破洞，三项占总数的81.3%，因此这三项应作为解决重点。

5.3.4 因果图法

因果图法也称鱼刺图/特性因素图/石川图，由日本质量大师石川馨发明。它利用头脑风暴法，集思广益，分析产生质量问题的原因，从而找出原因与结果之间的关系，主要用来查找产生某一问题的根本原因。人们运用排列图法找到影响质量的主要矛盾后，就要利用质量问题与原因之间的内在因果关系，顺藤摸瓜，分析其原因，一直挖出影响质量的病根子，然后对症下药，以达到提高质量的目的。

因果分析图一般由问题、原因、枝干三部分构成。首先找出影响质量问题的大原因，然

后寻找大原因背后的中原因,再从中原因找到小原因和更小的原因,最终查明主要的直接原因。因果分析图见图3-6,其绘法如下:

(1) 明确分析对象,将要分析的质量问题写在图右侧的方框内,画出主干线箭头,指向右侧方框。

(2) 召集与该问题有关的人员开问题分析会。

(3) 找出影响质量问题的大原因(5M1E入手),与干线成60°夹角画出大原因的分支线;一般地,导致质量问题的大原因一般分为人(人员因素)、机(设备因素)、料(原料因素)、法(工艺和方法因素)、环(环境因素)、测(测量因素)六个方面(5M1E)。

(4) 引导相关人员进行中小原因分析。

(5) 找出影响质量的关键原因,进行标注,采取相应的措施加以解决。

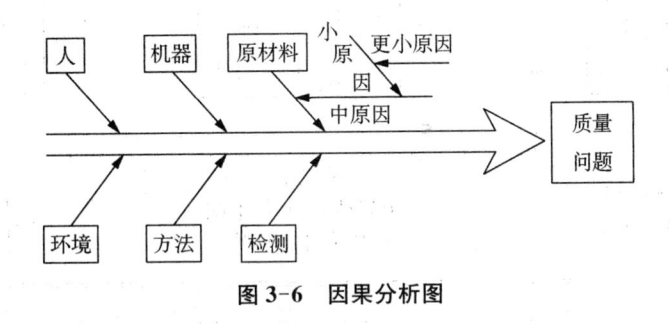

图3-6 因果分析图

【案例3】

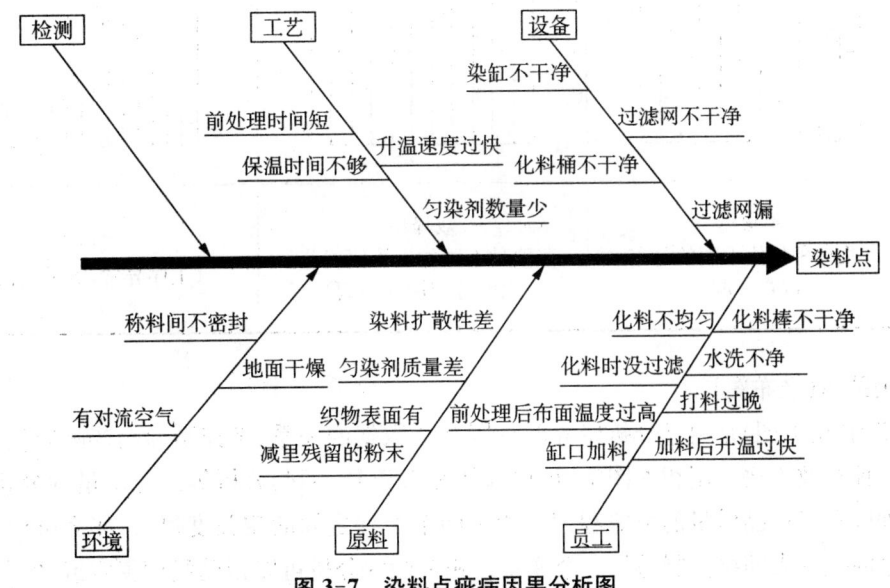

图3-7 染料点疵病因果分析图

5.3.5 直方图法

直方图是频数直方图的简称,也称质量分布图。它是将数据按大小顺序分成若干间隔相等的组,以组距为底边,以落入各组的频数为高度所构成的矩形图,它适用于对大量计量值数据进行整理统计。通过数据的分析特征来验证工序是否处于稳定状态,以及判断工序质量(工程质量)的好坏等。直方图的图形若近似正态分布,属正常形态,说明质量稳定;如果图形呈异常状态,就要分析原因,防止产生废品。表3-7是几种常见直方图。

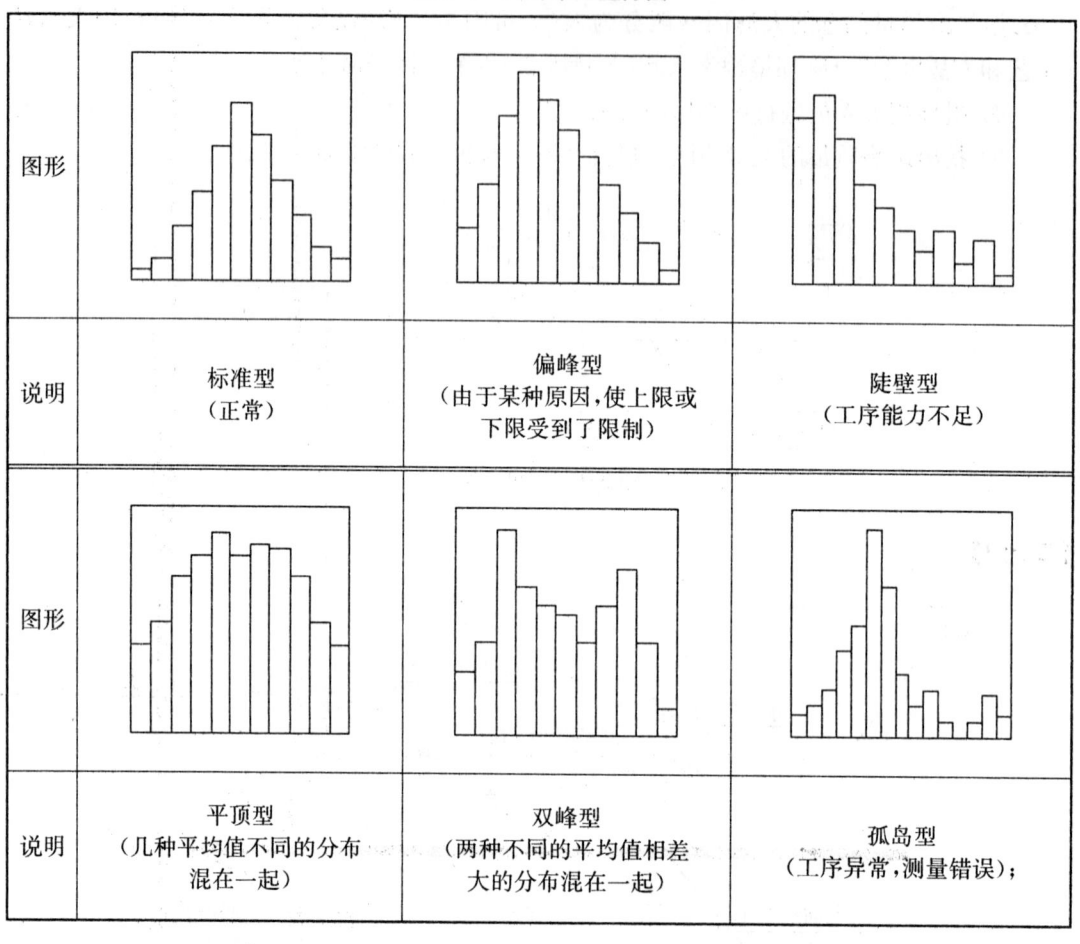

表3-7 几种常见直方图

图形			
说明	标准型（正常）	偏峰型（由于某种原因,使上限或下限受到了限制）	陡壁型（工序能力不足）
图形			
说明	平顶型（几种平均值不同的分布混在一起）	双峰型（两种不同的平均值相差大的分布混在一起）	孤岛型（工序异常,测量错误）;

5.3.6 相关图(散布图)

散布图(相关图)是通过分析研究两种因素的数据的关系,来控制影响产品质量的相关因素的一种有效方法。用相关图法,可以应用相关系数、回归分析等进行定量的分析处理,确定各种因素对产品质量的影响程度。如果两个数据之间的相关度很大,那么可以通过对一个变量的控制来间接控制另外一个变量。相关图的分析可以帮助我们肯定或者否定关于两个变量之间可能关系的假设。

一般情况下,两个变量之间的相关类型主要有六种:强正相关、弱正相关、不相关、强负相关、弱负相关及非线性相关,如表3-8所示。

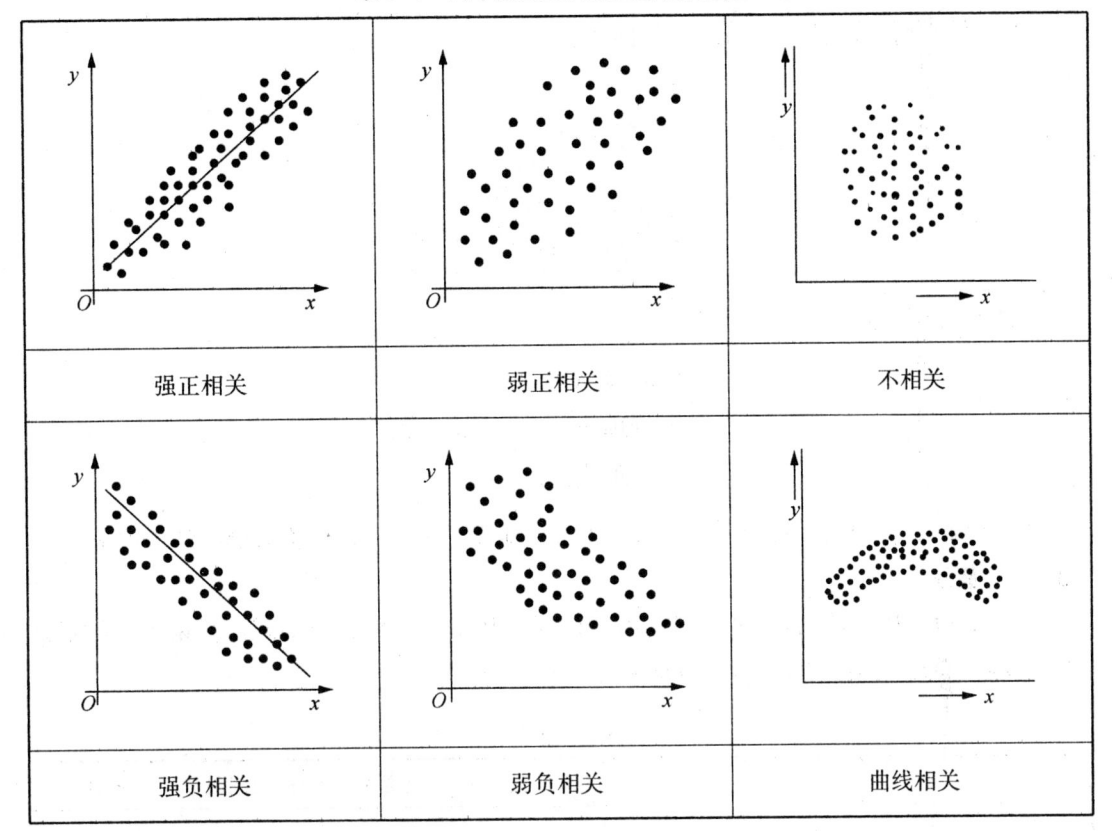

表 3-8　两个变量之间的主要相关类型

强正相关	弱正相关	不相关
强负相关	弱负相关	曲线相关

5.3.7　控制图法

控制图是美国休哈德(W.A.Shewhart)博士用于分析和判断工序是否处于稳定状态所使用的带有控制界线的一种质量管理图。它可以展示生产工序质量的波动状态。正常波动：材料、设备、测量、操作等受偶然因素影响所产生的随机质量波动。非正常波动：以上几大因素产生较大变化所引起的质量变化。控制图判断的基本原理：①符合正态分布；②小概率事件难以出现。利用上下控制界限，将产品质量特性控制在正常波动范围之内，见图3-8。

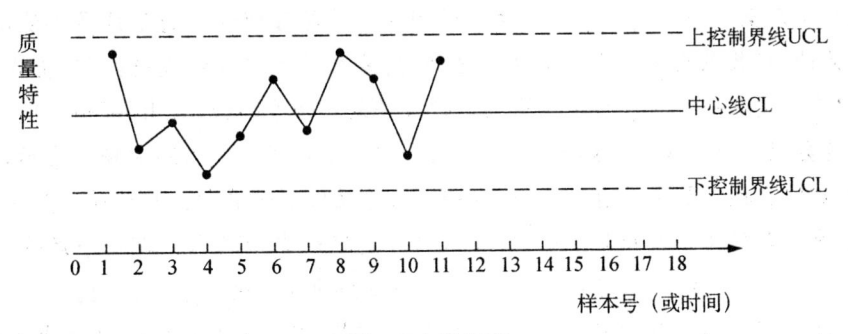

图 3-8　控制图

控制图的绘制：

(1) 数据准备。在正常生产过程中，抽取一定批量的试样，一般 25 个以上，作为预备数据。必要时,应对过大或过小的数据进行取舍检验。

(2) 计算预备数据的平均值($\bar{x}$)与标准差(σ)。

$$\bar{x} = \frac{1}{n}\sum_{i=1}^{n} x_i$$

$$\bar{\sigma} = \sqrt{\frac{1}{n-1}\sum_{i=1}^{n}(x_i - \bar{x})^2}$$

(3) 计算管理限。

中心线:$CL = \bar{x}$

上管理线:$UCL = \bar{x} + 3\bar{\sigma}$

下管理线:$LCL = \bar{x} - 3\bar{\sigma}$

(4) 绘制 x 管理图。根据 CL、UCL、LCL 绘制管理图。将各检验值绘制到管理图上。

5.3.8 对策表

对策表就是措施计划表,是在制定措施计划时常用的一种表格形式。对策表一般包括项目、现状、目标、措施、负责人、完成期限等内容,见表 3-9。

表 3-9 对策表

序号	项目	现状	目标	措施	负责人	完成期限	备注
1							
2							
3							

【案例 4】

没有质量的效率就是没有效率

1961 年,日本质量专家新江滋生在松下公司的山田电器厂帮助解决一个开关装配质量问题。这个工厂里有一道工序总是发生质量问题。质量管理部门想了许多办法,也没能解决问题。为此,厂长很头疼。这道工序是这样的:装配员工在流水线前操作,负责开关的组装,装配中员工要从一盒子弹簧中取出两个弹簧并装入开关,然后装上按扭即可。问题是操作员工总是会偶尔少装入一个弹簧,因此产生质量问题。新江滋生到现场观察后,建议他们改变操作程序:在操作员工面前增加一个小盘子,每次从盒子中拿出两个弹簧先放入这个小盘,再从小盘中取弹簧装入开关。这样一来,若开关装配完毕盘内仍有一个弹簧,员工立即意识到发生漏装,马上就可以纠正错误。结果,彻底解决了弹簧漏装的问题。

事后,该厂厂长问新江滋生:"你怎么会想到这样一个办法呢?我们为什么就想不到呢?"新江滋生的回答很有意思:这是一个管理观念的问题。真正明白其中的奥妙,你的管理观念就会提高一大步。

显然,新江滋生把握了一个重要的问题:作为企业管理者,究竟要靠效率求效益,还是靠质量求效益。这个问题如果按照科学管理的原理,一定不会这样处理,因为设置小盘"意味"着降低效率,不符合工作研究的原理;第一流的员工不允许发生遗忘之类的错误,如果发生,应该扣除工资或奖金。但如果是靠质量求效益的观点,结论就会完全不同。虽然增加小盘会降低一些效率,但是工作流程的改变会改善质量。美国质量管理专家戴明博士有一次在日本讲课时,指着日本那些大名鼎鼎的企业家们说,你们认为产品质量不好是因为员工不负责任?不对,在引起产品质量的许多因素中,员工的责任感是影响产品质量的因素,但企业家对质量管理的设计和推动不力是造成产品质量问题的重要因素。所以,产品质量问题大部分原因是在管理者身上。从现代科学观点看,效率应该是全方位的,不但包括速度,还包括质量。没有质量的效率就是没有效率。

【案例 5】

质量管理重在执行

海尔总裁说:"制度固定每天擦桌 6 遍,日本人每天会坚持擦 6 次,而中国人第一天擦 6 次,随后 5 次,到最后可能一次都不擦了。"作为一个企业能不能在市场竞争当中生存、发展、取胜,质量将成为企业生死存亡的决定力量,但什么又决定质量呢?如何提高质量呢?执行! 就是执行! 执行,这个"质量文化"中最重要的一环,是质量最有力的发动机,它发动着质量的改进,推动着企业发展。

人,团队执行力的关键要素。然而,个人的执行力是有限度的,起作用的范围也是有限的。只有形成有执行力的团队,形成团队精神和企业的执行文化,才能最大范围、最大力度地发挥出执行力。东北的一家国有企业破产,被日本财团收购,人都翘首盼望着日方带来让人耳目一新的管理办法。日方来了,制度没变,人没变,机器设备没变,就提了一个要求:把先前的制度坚定不移地执行下去。结果怎么样? 不到一年,企业扭亏为盈。日本人的绝招是什么? 执行,全体无条件的执行。

著名质量管理专家对二战后日本经济奇迹的评价是"日本的经济振兴是一次成功的质量革命"。其实质也是执行力的革命。执行力如此重要,我们应如何保障执行力呢? 我想,我们的质量管理体系本身就自带了最好的保障-PDCA 循环。PDCA 循环包括四个环节:计划、执行、检查、措施,是一个闭环系统,系统的每一次循环,都是为了保证计划的实现,PDCA 循环本身就是一个很好的执行力保证系统。

ISO9000 的精髓是"该说的说到""说到的做到"和"做到的要见到"。"该说的说到",就是要求员工做到的一定要形成制度、指令,一切按照规范的要求来运作。"说到的要做到",就是要求凡是形成的规范、制度,一定要不折不扣地执行。"做到的要见到"就是要求执行结果一定要留下记录,"没有记录就没有发生"。

ISO9000 是一套国际公认的严密质量管理体系,体现了"通过体制保证执行力"的理念。执行力,体现了一个企业的整体实力,质量兴企,重在执行。

【模块学习目标】

1. 明确企业质量管理的重要性。
2. 理解广义和狭义质量的概念,厘清产品质量、工序质量和工作质量的关系。

3. 了解质量认证的概念和分类,理解质量体系认证的意义和作用,了解质量认证的过程。

4. 了解 ISO9000 系列标准的基本内容,厘清三种质量保证模式的应用范围,理解质量管理的八大原则的内涵。

5. 了解质量管理的发展过程,明确质量检查、统计质量管理、全面质量管理三个阶段的特点;理解全面质量管理概念,明确其基本观点和主要特点;了解质量责任制、标准化工作、计量工作、质量信息工作、质量管理小组活动等全面质量管理基础工作的内容。

6. 了解质量管理的方法和工具,初步学会应用这些方法和工具分析和解决常见的质量问题。

【作业与思考题】

1. 什么是广义的质量?简述广义质量与产品质量的关系。
2. 什么是产品质量标准?简述国家标准、行业标准、企业标准的关系。
3. 什么是质量保证体系?简述质量保证体系的运行方式和内容。
4. 什么是产品质量认证?质量认证是如何分类的?
5. 为什么要进行 ISO9000 标准认证?试比较 ISO9001、ISO9002、ISO9003 三种质量保证模式的应用范围。
6. 什么是质量管理?简述质量管理的发展过程。
7. 什么是全面质量管理?简述全面质量管理的基本观点。全面质量管理的基础工作有哪些?
8. 什么是 5M1E 管理?
9. 简述 QC 小组的理论依据及活动步骤。
10. 简述分层法(分类法)、主次因素排列图(帕累托图)、因果分析图法(鱼刺图、树枝图)。

【案例分析与讨论】

1 某印染厂为了提高产品质量,对上月的疵点进行统计,情况如下:色花 1 410 处;破洞 294 处;深浅不一 652 处;纬斜 48 处;斑疵 85 处;折痕 331 处;破边 43 处;其他 67 处。假如你是该企业的生产主管,试采用质量管理和质量控制的统计方法,来分析该企业应重点解决的主要质量问题。

2 色差是印染加工中的常见疵病,试采用质量统计分析方法中的因果分析图分析产生的原因并提出预防和解决措施。学会用排列图法分析一定时期内企业质量问题中的主要问题。

3 某企业加工一批翠蓝色纯棉针织物,大样生产时发现同样的染色处方下,化验室小样与生产大样产生明显色差,色差在三级左右。假如你是该企业的染色车间主任,试采用质量管理和质量控制的统计方法,来分析其产生的原因,并运用对策表的方法制定针对此问题采取的措施计划。

模块 4
印染生产其他专业管理

单元 1　印染企业物料管理

所谓物料,是指实质用于生产过程的所有有形物品,对于印染企业,主要有坯布、染化料、助剂、燃料、设备、五金零配件及办公用品等。物料是企业重要的生产要素。对于像印染企业这样的制造型企业来讲,生产过程既是产品的制造过程,又是生产物料的消耗和流通的过程,生产的每一个环节都离不开物料的流通,物料流通受阻会直接导致生产过程的中断。物料消耗是构成印染产品成本的一个最主要因素之一。据统计,物料消耗在印染产品的成本中占 60%~80%。各种生产物料的采购和在生产中的管理控制水平,将直接决定企业产品成本,从而严重影响企业产品的竞争力,也就决定了企业的效益。因此,合理利用物料,降低物料消耗,是降低印染企业产品成本的重要途径,也是提高企业经济效益的重要途径。

所谓印染物料管理,是指印染企业在生产过程中,对本企业所需物料的采购、使用、库存储备等行为进行计划、组织和控制的活动。印染企业加强物料管理的目的在于通过对物料进行有效管理,充分发挥物料的效用,保证生产的顺利进行,加速物料周转,保证企业资金使用合理有效,提高资金周转效率,降低物料的流转费用,降低企业生产成本,提升企业的市场竞争能力。同时,物料对提高产品质量、提高劳动生产率也有着十分重要的作用。

印染企业物料管理的任务在于根据企业生产经营计划和生产实际情况,按质、按量、按品种、按时间,提供生产经营过程所需要的各种物料,在保证生产需要的前提下,努力实施最佳库存方案,把物料库存和物料消耗降低到最小的限度,不断提高物料周转率,减少流动资产的占用。

企业的物料管理包括物料计划制定、物料采购、物料使用和物料储备等几个重要环节,这些环节环环相扣,相互影响。任何一个环节出现问题,都会对企业的物料供应链造成不良影响。

1　物料计划管理

物料计划是根据市场需求预测和客户订单制定产品的生产计划,然后基于产品生产进度计划,组成产品的材料结构和库存状况,计算所需物料的需求量和需求时间,从而确定物料订货日程的管理活动。通过物料计划管理,主要实现以下目标:

①及时取得生产所需的各种物料,保证企业生产的顺利进行。②保证尽可能低的库存水平。③使各部门生产中所用的物料在时间和数量上精确衔接,保证资金的使用效率。

1.1 物料计划的制定

一般来说,物料计划的制定是遵照先通过主生产计划导出有关物料的需求量与需求时间,然后再根据物料的提前期确定投产或订货时间的制定思路。制定物料计划前就必须具备以下的基本数据:

(1) 主生产计划。它指明在某一计划时间段内应生产出的各种产品的数量和质量,是物料需求计划制定的一个最重要的数据来源。

(2) 物料消耗定额。物料消耗定额是指在一定的生产和技术条件下,使用现有的设备和物料进行作业,完成单位工作量或生产单位产品,所合理消耗的物料的数量。它指明了物料之间的结构关系,以及每种物料合理需求的数量,它是物料需求计划系统中最为基础的数据。科学、准确、规范的物料消耗定额,是编制物料供应计划的基础,是企业物料组织、物料控制、物料核算的依据,也是企业绩效考核、评比奖励的主要参照数据。可以说,企业的物料定额如果没有,一切物控工作都将无从谈起。同时,物料消耗定额,为物料使用提供了数量的控制标准,有了这个标准,物料的发放有了依据,才可能从源头上堵塞物料的浪费物料消耗定额一般由工艺定额、作业定额和供应定额三部分构成。见表4-1。

表 4-1 物料消耗定额

工艺定额	材料的有效消耗	指直接转移到产品上或变形后转移到产品上的物料消耗
	材料的工艺损耗	指产品生产过程中无法回避和克服的物料消耗,而这部分消耗又无法转移到产品上去,比如活性染料的水解。这类损耗取决于工艺、技术和操作者的水平
作业定额		在产品生产的具体作业活动中,因为人为的、客观的、技术的或管理的问题,而出现的物料的浪费部分的定额。这类定额与工艺定额成正比。也就是说,随着产量的增加,物料将增加。这类物料是应该杜绝的,但是在具体的生产实践过程中,又是难以完全避免的
供应定额		供应定额是在物料的存储、运送过程中发生的物料损耗。比如:物料在存储的过程中可能变质、变性、变差甚至无法使用;在运送的途中可能损坏和丢失;在供应(发料)时,可能由于整件的分割而使份量、体积上由于误差的问题而变少等等

物料消耗定额的确定方法主要有以下几种:

① 经验判定法。经验是工作实践中长期积累的智慧的结晶,也是不自觉地对客观事物的内在规律的认识。这一方法通俗易行,简捷方便。经验判定看似容易,却不是人人都会做的,表面上似乎随随便便的几个数字的背后却需要多年的努力。这其中包含了对产品设计、工艺技术、作业过程的娴熟了解。

② 统计分析法。统计分析法是对原有的各种生产统计数据进行分析、归纳和综合,从而对物料的耗用情况进行推理演算的一种方法。统计分析法的主要依据:A.过去的耗用统

计资料;B.生产工艺资料;C.仓库发料记录;D.物料控制标准。

③ 实际核查法。实际核查法是对实际作业现场的用料进行调查,掌握实际耗用量与耗用速率,从而制定物料定额指标的一种方法。采用这一方法,应该对各工序的工作状况与生产工艺有充分的了解,不光只看到耗用的表面现象,还应该知道造成这一现象的本质。在核查的过程中,应该采用尽可能先进和可靠的仪器设备,对人员也应加强培训。

④ 工艺计算法。工艺计算法是根据工艺技术资料,通过计算得出用料量,然后加上一定的损耗,最后确定出产品的物料消耗定额。工艺计算法的依据是产品工艺资料本身,所以结果比较客观,它是一种理论化或理想化的目标。工艺计算法无法对产品生产过程中所耗用的材料进行计算,应结合实际情况进行适当的修正。

(3) 物料库存情况和储备定额。它反映出来的是每个物料品目的储备定额、现有库存量和计划接受量的实际状态。

(4) 物料提前期。它决定着每种物料何时开始使用,何时使用结束。

应该说,这四项数据都是至关重要、缺一不可的。缺少其中任何一项或任何一项中的数据不完整,物料计划的制定都将是不准确的。因此,在制定物料需求计划之前,这四项数据都必须先完整地建立,而且保证是可靠的、可执行的数据。

目前,综合生产、物料、财务等各部门的信息进行物料计划编制,由物料部门监督计划落实的物料计划管理模式为多数企业所采用。

1.2 物料计划的检查与分析

物料计划要在执行的过程中进行检查、分析和反馈,通过总结,不断提高物料计划的水平。其主要内容:①物料申请计划的批准程度;②物料采购计划的落实和订货合同的完成情况;③物料供应对企业生产进度的保证制度;④主要物料的库存周转状况;⑤主要物料的消耗定额的执行情况。

2 物料采购管理

生产计划制定以后,企业就必须采购所需的物料来满足生产需要。物料采购是指负责获得生产产品所需物料的活动,即以适当的价格选择购买适当品质的物料的过程。物料品质的监控和价格控制都是采购的重要内容。追求合格的品质、合理的价格直接关系到企业的生产成本。从供应链管理的角度看,物料采购实际上是选择合适的物料供应商服务的过程。企业组织生产时,把客户、供应商、协作单位纳入生产体系。企业与客户和供应商的关系,不仅仅是业务往来关系,而是利益共享的合作伙伴关系。这种合作伙伴关系组成了一个企业的供应链,能使生产成本更低、缺陷更少、柔性更强,也能更快地将新产品投放市场。

2.1 采购管理概述

采购管理是指对采购过程进行组织、实施与控制的过程。它通过对采购计划下达、采购单生成、采购单执行、到货接收、检验入库、采购发票的收集到采购结算的采购活动的全过程中各个环节状态进行严密的跟踪、监督,实现对企业采购活动的科学管理。

2.1.1 采购管理的内容

(1) 计划。包括：①接收采购请求；②进行采购决策；③编制计划。

(2) 组织实施。包括：①采购部门选择供应商；②采购部门向供应商订货；③验收入库；④合同监督；⑤购后评价和调整。

(3) 监控。①采购监控的内容，包括：A.采购人员的控制；B.采购流程的控制；C.采购资金的控制；D.采购信息的收集和使用；E.采购绩效的考核。②采购监控的方法，包括：A.建立健全完善的采购规章制度；B.实施采购标准化作业；C.建立采购评价制度；D.及时对采购人员进行奖惩；

2.1.2 印染采购的要求

(1) 采购染化料和助剂要了解其性能特点。印染物料采购有较强的专业性。采购染化料和助剂必须要了解其性能特点。如选购染料时要了解染料的性质和使用方法，了解同类染料之间的力份、色光、染色牢度等差异，在保证生产质量的前提下尽可能节约费用。

(2) 制定物料采购计划和定额时，应根据品种和耗用量分别对待。对用量大、用料稳定的染料和助剂，按生产量和消耗定额分别计算；对染料色谱虽有变化，但可通过三原色拼混的印染料品种，可核算到大类染料品种中；对用量不大、变化多、专用性强的染料和助剂，以保险储备形式适当储备。

(3) 树立成本观念，注意经济核算。对于大型企业，批量大的或常规使用的物料，如坯布、染化料、助剂等，供应商必须是生产厂家。要实行供应商招标制度，在同等条件下，实行价格集合竞价和最优招标，不能由中间商中转。

(4) 收料入库严格检核。染化料、助剂等的品质和质量稳定性，对印染生产的工艺和产品质量的影响很大，所以收料入库要严格核检。如染料入厂要逐桶过磅秤，造册登记，并按规定数量抽样检验，与供货报单标样对比，若发现质量差异，及时与供货单位交涉，以保证使用效果，避免不必要的损失。

(5) 运输保管注意安全。印染企业生产所需的染化料、助剂、各种化学药剂、燃料品种繁多，要按照不同要求分别保管，要制定严格的保管制度，层层落实专人负责，定期检查；按材料性质分别运输储存，并要控制仓储温度和相对湿度，以低为好；发料要方便车间，按工艺处方和定额称料发料。

2.1.3 物料采购作业流程

物料的采购作业流程是指企业从需要到外部采购物料开始，到物料已收并符合要求为止的整个活动过程。物料采购作业流程如下：

(1) 物料需求申请。企业在日常生产经营中，必然会产生各种物料需求，经过一定的物料申请流程，经审批转变为物料采购任务。申请流程包括物料申请单的填制、申请审批等。申请单内容包括所需物料的详细说明、必需的质量和数量、期望交货日期、采购申请人。

(2) 物料部门制定物料计划，选择供应商。采购部门接到经审批的物料申请后，经企业内部综合平衡后，制定采购计划，并在企业供应商清单上选择能够供应所需物料的合适供应商。如果在企业现有的供应商清单上找不到合适的供应商，就要开发新的供应商。企业应根据现有供应商的产品质量、技术和管理水平、交货及时情况、服务水平及信用等方面的情况,对供应商进行分级,以便于对供应商的选择和管理。

(3) 物料部门向供应商订货。如果订单涉及的金额很大,往往要求供应商投标,如一次性购买设备,此时需要生产与设计人员帮助采购部门和供货商进行谈判。如果所需物料的数量大且经常使用,如常用染化料,可用总购货订单的办法。一般情况下,每年只需和供货商协商一次价格,其后一年内的价格都遵照它来执行。一般少量购买可由需求单位直接与供货商联系,如小批量特别要求的面料订单,其坯布、染化料需要特别购置时,常由生产车间个别订货。小企业个别订货的机会多,需要有一定的采购管理措施,控制采购成本。

(4) 订单追踪与稽核。签约订货之后,为了保证供应商按期、按质、按量交货,应根据合约规定,督促供应商按规定交货,尤其是那些数量大或交货时间长的订单。如物料部门预感到物料到货将延迟,要及时将这一信息传递到相关部门。同样,有关部门也应把所需数量与交货时间变化的信息及时传递给物料部门,使后者有时间调整物料采购计划。

(5) 接收供货,支付货款。物料到货后,收货部门(一般为仓库及物料相关使用部门)必须检查供应商交付的货物的名称、规格、数量是否与物料采购订单一致,染料、助剂等重要生产物料必须开具来料检测通知单并交实验室检测质量,同时通知采购、会计与物料申请单位。如物料规格、数量、质量符合接收要求,开具入库单,采购和会计部门根据合同约定的付款条件支付货款。如果物料不符合接收要求,就必须将其退回并要求赔偿或替换,或接受仔细检验。此时要将有关情况及时通知物料部门、会计部门和生产单位。

2.1.4 物料的订购方式与运用

(1) 物料订购的几个概念。

① 订货提前期。发出订单到物料入库所经历的时间。供货时间一般受合同约束。

② 起订点。供应部门规定的最低订购数量。这对库存控制系统是一个约束。

③ 采购价格和折扣。直接影响选择供应商和确定订货批量的决策。

④ 订货批量。订货批量的问题也就是每次订货多少的问题,订多少货的问题常常通过经济订货批量模型得以解决。

⑤ 库存总成本。它包括两大部分:订货成本和持有成本。订货成本是发出采购订单而从供应商(或工厂)购买物料所发生的成本。持有成本是指企业因持有的库存而发生的一切变动成本,如物料报废、损坏、保险、存储、资金占用等。

$$库存总成本 = 持有成本 + 订货成本 \qquad (4-1)$$

如图 4-1 所示,假定每年总订货量一定,由于订货成本与订货批量成反比,则每次订货批量越大,一年所需的订货次数就越少,订货成本就越小;而库存持有成本与订货批量成正比,由于每次订货批量大,库存量大,库存保管费用高。订货成本曲线与持有成本曲线叠加即为总成本曲线,总成本曲线的最低点对应的订货批量即为经济订货批量。

经济订货批量反映了持有成本与订货成本之间的平衡。理想的解决方案是,订货批量既不能特别少次大量,也不能特别多次少量,只能位于两者之间。具体的订货批量取决于持有成本与订货成本的相对数量。

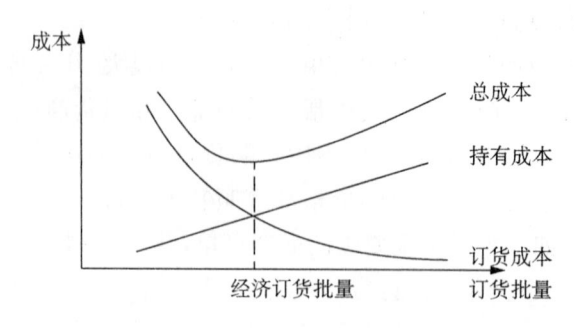

图 4-1 订货批量与成本的关系

⑥ 数量折扣与经济订货批量。为了增加销量,许多供应商都给予大宗订单一定的数量折扣,即当企业的采购量大于供货厂商规定的折扣限量时,顾客将享受一定的价格折扣。在有价格折扣的情况下,企业是否按折扣价格购买,主要是要权衡大量购买导致的数量折扣与较少的订货次数造成的较高的平均库存所带来的持有成本的增加。在数量折扣下,购买者仍要选取总成本最小的订货批量,即经济订货批量。

(2) 订购方式。经济订货批量模型回答了订多少货的问题,但没有回答何时再订货的问题。订购方式可分为定量订货和定期订货。

① 定量订购。定量订购方式是以预先确定的经济订货量和基本固定的订货点为基础,组织订货和控制存货的管理方式。这种方式是在储存量降低到订货点时,由仓库立即发出订单,按经济订货量进行订货,以保证消耗掉的经常储备得以再次建立,保证生产经营的需要,又使存货上耗费的总成本最低。它的特点是订货点的数量和每次订货量固定不变,订货间隔期可变。采用定量订购方式组织日常订货和库存控制,必须正确、合理地确定订货点。所谓订货点就是需要再订购下批材料物料时,它的现储存量,亦称再订货点。订货点量=平均每日需要量×订货提前期+安全库存量。定量订货法在进行采购时,需要企业人员对仓库中的物资随时进行库存量的盘点和检查,一旦发现库存量下降到预定的订货点水平时,就必须向供应商发出订单,以进行采购。此种方式适用于品种数量少,平均占用资金大的、需重点管理的 A 类商品。

② 定期订购。定期订购方式是以预先确定的固定订货间隔期和预定订货量标准为基础,组织订货和控制存货的管理方式。这种订购方式按固定订货间隔期,以定期订货量标准与订货日的实际储存量之间的差额作为每次实际订货量。定期订购量=平均每日需要量×(定货间隔时间+定货提前期)+安全库存量－现有库存量－已订购未到货量。定期订货不需要企业时刻监控库存存量水平,只需要根据企业的经验和物料需求计划定周期的进行检查库存,再根据盘点的情况并结合实际消耗量的速度情况来计算采购量。定期订货适用于品种数量大、平均占用资金少、只需一般管理的 B 类和 C 类商品。

2.1.5 采购定价

常用的采购定价方式有很多,主要有询价采购、招标采购、竞争性谈判、单一来源采购和电子采购等。

(1) 询价采购。在采购物料过程中实行的一种以综合比对为主要手段的物料采购管理制度,其中,物料的供应质量和价格、采购的中间费用、售后服务、供货商的信誉及货款的承付方式等是采购对比的要素。简单而言,就是"同种物料比质量,同等质量比价格,同样价格比服务,同等服务比信誉,先比后买",其实质就是通过对各要素进行综合比对,实现物美价廉的目标。对于人们已经很好掌握了成本信息和技术信息的采购商品(包括物料或服务),并且有多家供应商竞争,就可以事先选定合格供方范围,再在合格供方范围内用货比三家的询价采购方式。

(2) 招标采购。大量订购物料或对采购物料的成本信息、技术信息掌握程度不够时,最好采用招标采购。采购部门向潜在供应商发出招标请求,请他们为特定数量的某种物料报价,在同等质量条件下,实行集合竞价和最优招标。大量物料通过竞标采购,有利于企业在采购中减少中间环节,降低成本,同时有利于企业获得该物料的成本信息和技术信息。

(3) 竞争性谈判。此方式又称协商定价,适用于特殊条件下的采购,当规格说明含糊不清时,或涉及一个或几个专用产品时,或相关供应商数目很少,招标效果不理想时,可采用此方式。在考虑竞争性谈判采购时,注意几个误区:①竞争性谈判是一场输赢对峙;②竞争性谈判的主要目标是尽量获得最低价格;③每次竞争性谈判都是一件孤立的事件。企业和供应商为了生存,都要取得合理利润。没有谁乐意总是吃亏,也没有谁愿意总被别人欺骗。因此,非取即舍的方法或利用别人的弱点,都不是长远的做法,并且可能为以后的合作带来害处。最合理的方法就是亦给亦取,双方各做一些让步,互利双赢。

(4) 单一来源采购。如果我们已经完全掌握了采购商品的成本信息和技术信息,或者只有一两家供应商可以供应,公司就应该设法建立长期合作关系,争取稳定的合作、长期价格优惠和质量保证,在这个基础上可以采用单一来源采购的方式。

(5) 电子采购。电子采购是由采购方发起的一种采购行为,是一种不见面的网上交易,如网上招标、网上竞标、网上谈判等。电子采购比一般的电子商务和一般性的采购在本质上有了更多的概念延伸,它不仅仅完成采购行为,而且利用信息和网络技术对采购全程的各个环节进行管理,有效地整合了企业的资源,帮助供求双方降低了成本,提高了企业的核心竞争力。在这一全新的商业模式下,随着买主和卖主通过电子网络而联结,商业交易开始变得具有无缝性,其自身的优势是十分显著的。

电子采购的优势:①提高采购效率;②节约大量的采购成本;③优化采购流程;④减少过量的安全库存;⑤信息共享;⑥改善客户服务和客户满意度;⑦让供应商获益。

合理运用多种采购方式,可以实现对供应商队伍的动态管理和优化。比如,最初我们对采购内容的成本信息、技术信息不够了解,就可以通过招标来获得信息,扩大供应商备选范围。等到对成本、技术和供应商信息有了足够了解后,转用询价采购,不必再招标。再等到条件成熟,对这种采购商品就可以固定一两家长期合作厂家了。反过来,如果对长期合作厂家不满意,可以通过扩大询价范围或招标来调整、优化供应商,或对合作供应商施加压力。

2.1.6 集中采购和分散采购

物料采购可以采用集中式,也可以采用分散式。集中采购指的是所有采购任务都由一个专门部门负责,而分散采购则指各部门自行满足采购需求。集中采购和分散采购的特点的比较见表4-2。

表4-2 集中采购和分散采购的特点比较

集中采购的特点	分散采购的特点
(1) 集中所有的企业订单,利用大量订货取得的数量折扣,价格较低 (2) 往往能引起供应商更大的注意力,从而获得更好的服务 (3) 一般都能促进企业把专项任务分配给特定专家。由于他们全神贯注于较少事务,往往能工作得更出色	(1) 有利于了解不同部门的需求,更好地回应他们 (2) 一般采购速度较快 (3) 可通过就地购买来节约运输成本

有些企业同时运用以上两种方法进行采购管理,允许独立单位自行购买某些细项,同时又集中采购另外一些细项。例如,少量订货与紧急订货可以由本部门就地处理,而大量、高价值物品则采用集中采购,这样既可使企业得到数量折扣,又可使部门获得更好的服务。

2.2 准时化采购简介

准时化采购又叫JIT采购,它是由准时化生产的管理思想演变而来的。准时化是一种起源于日本丰田汽车公司的管理方法。其基本思想:只在需要的时候按需要的量生产所需的产品。把这种思想应用到生产运作管理系统中,就要求企业追求无库存的生产运作系统,或库存量达到最小的生产运作系统。

最初,准时化只是作为一种减少库存(含工序与工序之间)水平的方法,至今,它已经演变成一种管理哲理,其精髓就在于杜绝浪费、非常准时等思想。现在越来越多的人把这种管理思想运用到各个领域,形成了各个领域的准时化管理方法。因此,现在除了JIT生产方式外,也出现了JIT采购方式、JIT物流方式等新应用。

2.2.1 准时化采购的原理

传统的采购是一种基于库存的采购,采购的目的是填充库存,以一定的储备量应对需求的变化。虽然,传统的采购也想搞好库存管理,但是,由于其管理思想与管理方法上的问题,经常出现有些物料高库存、有些物料缺货的混乱局面。准时化采购是一种直接面向需求的采购模式,其基本原理体现在以下几点:

①需要什么就供应什么,品种规格满足用户需求,准品供应;②需要什么质量的物料就供应什么质量的物料,杜绝次品或废品,准质供应;③需要多少就供应多少,准量供应;④什么时候需要就什么时候送到,准时供应;⑤在什么地点需要就送到什么地点,准地供应。

2.2.2 准时化采购的作用

准时化采购对于供应链管理思想的贯彻实施有着重要的作用,其具体体现在以下几点:

①大幅度减少库存;②提高采购物料的质量;③降低采购价格;④提高服务质量;⑤提高劳动生产率;⑥大幅度减少储存成本等。

3 物料使用管理

物料使用主要指物料的配送及消耗。现代企业的物料使用管理,重点突出了配送方式的灵活性、多样性和物料消耗的控制力度。

3.1 物料的配送

传统印染企业的物料配送多采用统一进货、集中存放、定点发放的方式。这种管理模式由于缺少弹性,在材料搬运、等待领料等环节造成了许多浪费。

现在,企业的物料配送更趋向灵活,即时配送、准时配送、变领料为送料等新方式、新观念逐渐被企业所接受。

在配送方式的选择上并没有固定的规则,企业要遵循的是方便、高效的原则,并结合本企业的特点和实际工作情况,制定最适合本企业的物料配送方式。

3.2 物料的消耗

生产过程中的物料消耗量是控制企业生产成本的决定性因素。目前,多数企业已经将物料消耗控制作为管理的重点。

一般来说,在物料计划中,企业都会制定比较科学、合理的物料消耗定额,然而,在物料计划实施的过程中,物料消耗定额沦为"摆设"的现象却并不少见。为什么会出现这种状况呢?应当说,企业对物料消耗的监控力度不够是主要原因之一。现代企业应该对物料的消耗建立起一套行之有效的监控系统,比如可以利用计算机系统对生产过程中的物料消耗量进行详细记录、分析、比对,通过监控将超额情况及时反馈到管理层,尽早查明超额原因,最大限度地降低物料消耗环节出现浪费现象的概率。

4 物料库存管理

4.1 库存及库存管理概述

4.1.1 库存概述

(1)概念。库存是一种处于储备状态的闲置物料,其形成原因大体可归纳为三条:一是物料的供应量与需求量的失衡;二是物料供应时间与需求时间不衔接;三是为协调供需关系而设置的物料储备等。按照库存形成的原因,可以将库存分为两类:一是周转库存,它是由上述第一、第二两个原因引起的;二是保险库存,它是由上述第三个原因引起的。

(2)库存的作用。

①快速满足用户期望,缩短交货期;②稳定生产需求,消除需求波动在生产与分销间的影响;③防止发生缺货;④防止价格上涨,或争取数量折扣。

(3)库存的弊端。

①占用大量资金;②增加企业费用支出;③腐烂变质的损失;④麻痹管理人员的思想。

(4) 库存的分类。

① 按生产过程分类。A.原材料库存；B.在制品库存；C.产成品库存。

② 按存货目的分类。A.经常库存，也叫周转库存，是为了满足两次进货期间生产的需要而储存的物料。B.安全库存，指为防止需求波动或订货周期的不确定而储存的物料。C.投机性库存，指以投机为目的而储存的物料。D.季节性库存，指为满足具有季节性特征的需要而建立的库存。

(5) 库存的两重性。从理论上讲，库存属于闲置的资源，不但不会创造价值，反而还会因占用资源而增加企业的成本，本身是一种浪费。从现实看，库存不可避免，因为不具备彻底消除库存的条件，所以又要求保持合理水平的库存，以保证生产的正常进行。

4.1.2 库存管理概述

库存管理是指采取一定的管理手段和方法，对企业的库存物料所进行的计划、组织和控制等一系列的管理活动。

(1) 库存控制与管理的总目标。在库存成本的合理范围内达到满意的服务水平。为达到此目标，企业应尽量使库存平衡，必须合理决定订货时机与订货批量。

(2) 库存管理基于两点考虑。①用户服务水平，即正确的地点、正确的时间，有足够数量合用的物料；②订货成本与库存持有成本。

(3) 库存管理的目的和基本要求。①目的。A.保证企业生产经营活动正常进行；B.保证企业资金的使用合理有效；C.促进与库存管理的关联业务的经济效益不断提高。②基本要求。A.用科学合理的方法确定存货数量和订购次数；B.适时调整，使存货成本经常处于合理的最低程度；C.加强库存控制与管理的责任制度。

4.2 仓库管理的基本业务

物料的仓库管理的任务就是要确保物料在保管期内的使用价值和数量的完整性，搞好物料的验收入库，按时按质按量地满足生产经营的需要，不断降低储存成本，加速库存资金的周转。仓库管理的基本业务有四项：

(1) 物料的验收入库。物料验收是管理物料的第一步，要通过验收工作把好物料入库的数量、质量关。物料的验收主要指两个方面：一是数量、品种、规格的验收，检查到货在数量、品种、规格上是否与运单、发票及合同规定相符，并认真过磅、点数、检查；二是质量的验收，凡是仓库能检验的由仓库负责检验，凡需要由技术部门或专门单位检验的，应由技术部门或专门单位负责检验，如染化料助剂的验收就需要实验室进行检验。

搞好物料验收工作，其目的之一在于弄清验收中的问题，明确供需双方的经济责任，为退换、索赔提供依据。在物料验收前，要做好验收入库的准备工作，如准备好存放地点、搬运工具和存放设备，明确责任人等。一定要把好物料入库前的数量关、质量关、单据关。只有当数量、质量、单据等验收无误后，才可办理入库、登账、立卡等手续，确保物料和凭证相符。物料须有相应的检验合格证明，才能点收入库，或送到现场使用。

(2) 物料的保管。物料验收入库后，到发出使用前，有一段时间需要仓库妥善保管。物料保管的基本要求是摆放科学、定量准备、质量不变、消灭差错。物料保管包括以下基本业务：

①登账立卡。②合理摆放。③采取有效措施，防止物料变质损坏。④在物料保管过程中，需及时掌握和反映产、需、供、轮、存的情况，发挥仓库的耳目效用：当某些物料接近最低储备时，要通知业务主管部门组织进货；当超储积压时，要报业务主管部门及时处理。

（3）物料的发放。物料的发放是物料管理为生产服务和节约使用物料的重要环节。物料发放要以保证生产、方便生产、节约使用为宗旨，做到按时、按质、按量。物料发放有两种形式：①领料制，即由需要用物料的班组、车间向仓库领料；②送料制，即由仓库把物料发送到班组、车间。送料制是物料发放的一种良好形式，可以简化领料手续，减少领料时间，节约生产员工往返领料的时间，提高生产效率，密切员工与管理人员的关系，也有利于供应人员掌握生产情况、用料情况，加强物料供应的计划性，还有利于加强物料管理，既管理供应又管理使用，堵塞物料的浪费。在送料制下，可采取定额分批送料、定点服务、机前配料等方式：

①定额分批送料，即由仓库根据各车间的生产进度、消耗定额、用料计划，定期定量分批送到车间现场。此种送料方式适用于大批量生产方式及用料较稳定的车间。②定点服务，即由供应部门在车间设立供应服务点，及时组织供应生产所需的各种物料。③机前配料，即将物料按作业计划和消耗定额运送至机前，并根据工艺的要求把物料配好。

在实际生产中，不少印染企业采用了先进的自动称量和送料系统（包括染料、助剂和粉状的元明粉和纯碱，直接由中控系统按工艺打入染机内）。

（4）清仓盘点。清仓盘点是仓库管理的一项经常性工作，其目的在于搞清频繁收发后物料的数量是否准确，质量有无变化，保证账货相符。清仓盘点的形式有永续盘点、循环盘点、定期盘点、重点盘点。企业认真做好清仓盘点工作，能及时把握物料的变动，避免缺失和积压，保持账、卡、物相符。清仓盘点的主要内容和要求：①检查物料的账面数与实存数是否相符；②检查物料收发有无错误；③检查物料有无超储积压、损坏、变质；④检查安全设施和库存设备有无损坏等。盘点完后，要及时填写盘点清单，列出盘盈或盘亏数量，对于盈亏超量、超储积压、变质情况等，要查明原因，及时反映，及时处理。

4.3　库存控制的基本方法

企业库存控制不仅要确定最优的经济订货批量和合适的订货方法，还必须加强对存货的日常管理和控制。企业要从全局出发，加强对存货日常控制的手段，以保证企业整体效益的提高。企业常用的存货控制方法有以下两种：

4.3.1　挂签制度

挂签制度是指对库存商品或材料物料每一种类都挂上一张带有编号的标签，当存货发出时，将标签取下，记入"永续盘存记录卡"上，以反映物料使用量或库存量变化的方法。挂签制度是企业传统的库存控制方法，它的具体做法多采用永续盘存方法，即事先为各类物料挂签并设计一张相应的"永续盘存记录表"，通常在表上注明该物料的最低储备量、经济订货批量、订货点或订货周期，以便随时反映实际结存余额，提出订货申请。"永续盘存记录表"的格式可根据企业实际需要设计，如表4-3所示。

表 4-3 永续盘存记录表

物料名称规格		经济批量		
编号		订货点		
时间	订购	收入	发出	结余

挂签制度作为存货控制方法简便可行,但这种方法适合于物料需用量比较均衡、起伏不大的库存控制。如果物料耗用起伏不定,特别是消耗量突然持续增大时,这种方法无法及时发出购入信号,这就往往需要有较高的安全库存量以防止生产经营中断。

4.3.2 库存 ABC 管理法

(1) 库存 ABC 管理法的基本原理。

现代印染企业所需的物料通常是品种繁多,规格复杂,资金占用量大。大量的统计资料表明了一条规律:企业众多的物料存货中,有一部分物料存货在全部存货价值中占有很大的比重,而在全部存货的种类中只占较小比重;还有一部分存货恰好相反,它们的品种规格在全部存货中占有的比重很大,但其存货价值的比重却很小。鉴于此,管理者从经济角度出发,认为不可能对所有存货进行一视同仁的控制与管理,而必须重点管理、一般管理和粗放管理相兼顾,对占有价值量高的少数存货种类进行重点管理,对占有价值量低的多数存货种类实行粗放管理。这种方法就是库存 ABC 管理法,它是库存 ABC 分类管理控制法的简称,又称重点库存控制法,概括起来就是"分清主次,分类管理"。库存 ABC 管理法将库存物资按品种多少和资金占用额大小分成 A、B、C 三类:

A 类:品种占 5%~10%,资金额占 70%,重点管理。

B 类:品种占 20%~30%,资金额占 20%,一般管理。

C 类:品种占 60%~70%,资金额占 10%,简单方便管理。

运用库存 ABC 管理法可大大压缩总库存量,解放被占压的资金,同时可使库存结构合理化,节约管理力量。

(2) 库存 ABC 管理法的基本步骤。

库存 ABC 管理法是以库存物料单个品种的库存金额占全部库存资金的累计百分数为基础进行分级管理的。其基本步骤如下:

① 计算每种物料在一年内所占用的资金数额,并按其资金额大小排队;② 计算每种物料品种累计数及其占全部物料品种数的百分数;③ 计算每种物料占用资金累计数及其占库存资金总额的百分数;④ 按分类标准将全部物料分为 A、B、C 三类,并绘制 ABC 分类图(图4-2)。

鉴于 ABC 各类物料存货的特点,对于占用资金比重最大的 A 类存货应实行强化管理,作为重点控制与管理的对象严格把关,宜采用定量订货法进行物料采购;对于 C 类存货,由

图 4-2　ABC 分类图

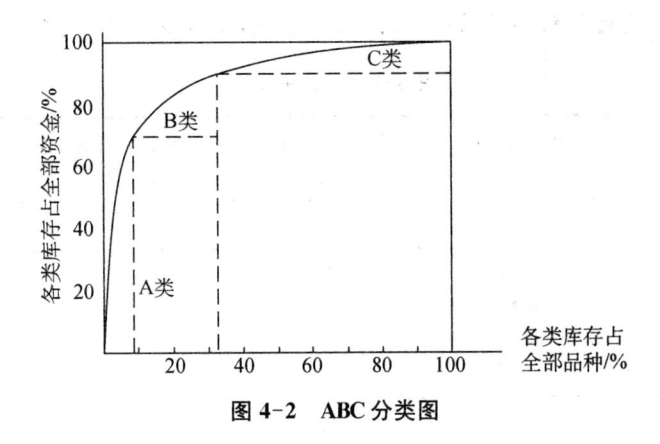

于其品种繁多而资金占用量少,故采用粗放式管理与控制的方法,宜采用定期订货法进行物料采购;对于 B 类存货,要根据具体项目进行具体分析,如占用资金较多的 B 类物料宜采用定量订货法进行控制,而多用途的通用物料则可用定期订货法进行控制。

【案例 1】

库存 ABC 管理法案例

某企业经常库存物料共 15 类,其编号及有关资料如表 4-4 所示。

表 4-4　库存物料资料

品种	年需要量/kg	单价/元	库存金额/元
1 号	40	12	480
2 号	500	19	9 500
3 号	100	5	500
4 号	200	22	4 400
5 号	60	30	1 800
6 号	190	36	6 840
7 号	5 100	0.5	2 550
8 号	300	20	6 000
9 号	4 300	22	94 600
10 号	1 100	2	2 200
11 号	80	10	800
12 号	100	8	800
13 号	300	2	600
14 号	1 000	1	1 000
15 号	600	2	1 200

根据表 4-4 有关资料对库存物料进行 ABC 分类,结果如表 4-5 所示。

表 4-5 ABC 分类表

类别	品种	库存金额/元	占全部资金/%	各类库存占全部品种/%	各类库存占全部资金/%
A 类	9 号	94 600	71.0	7	71
B 类	2 号 6 号 8 号 4 号	9 500 6 840 6 000 4 400	7.1 5.1 4.5 3.3	27	20
C 类	7 号 10 号 5 号 15 号 14 号 11 号 12 号 13 号 3 号 1 号	2 550 2 200 1 800 1 200 1 000 800 800 600 500 480	1.9 1.7 1.4 0.9 0.7 0.6 0.6 0.5 0.4 0.3	66	9
合计		133 270	100.0	100	100

从表 4-5 可以看出,A 类物料虽然仅占全部库存物料种类的 7%,但其资金占用高达全部库存资金的 71%,这显然是最为重要的存货项目。相反,C 类物料种类很多,占总库存品种的 66%,但资金占用仅是全部库存资金的 9%,这属于量多而价低的存货项目。B 类物料介于 A 类和 C 类之间。

【案例 2】

某企业染化料仓库管理制度

(1) 生产科负责按季、月、周编制染化料用料计划,送供应科平衡备货,短缺的确定采购进货。

(2) 采购员按染化料采购计划,根据市场货源进行采购,市场上没有的可与同行单位调剂、串换、调节余缺,以平衡资源。

(3) 凡属紧张染化料,若遇短缺,应及早向生产科提出,以便调整生产计划,防止供应脱节,影响生产。

(4) 凡属经常用染化料,应保证一定储存量,并掌握在最高、最低储备定额范围之内,对供应紧张的染化料需超储采购时,采购员与保管员要及时联系,以便准备仓位储存。

(5) 各类染化料进仓后,保管员应细心验收,点清数量,核对是否与发货单位相符,包装容器是否完好。在验收时,如发现损坏、渗漏等情况,应立即采取措施,换桶补漏,并要分析原因,分清责任。

(6) 保管各类染化料应分类堆放,化学性能矛盾的染化料必须分库存放,并需遵守先进先用(出)的原则,防止日久变质。

(7) 凡属危险物品,一定要堆放在规定的危险仓库或危险区域内,严格执行领料和保管安全操作规程,绝不能粗心麻痹,要经常检查,注意门窗关锁。

(8) 凡购入的染化料验收进仓后,应分批号注明品名、数量、来源及生产部门,做好送样化验。仓库人员在染化料进库后2天之内要开好报验单,详细写清品名、数量、来源、批量、力份等送化验室。仓库人员要会同化验人员取样,化验抽样按批不得低于20%。染化料应及时计量化验,健全记录和核算,损耗率不得超过0.2%。

(9) 根据生产科化验报告,仓库保管员应及时做好记录,并将化验结果用明显标记写在容器上。未经化验的染化料,一律不准进车间使用。

(10) 保管员应重视仓库的发料、移库。发料时,保管员应核对移库单的品种及数量。所发染化料的数量,应根据包装容器指定的实际质量计算,并在移库单上填写清楚。

(11) 染化料送料工应服从保管员的安排。未经保管员签发同意或保管员不在场时,均不得随便提货、移库、送货至小库。

(12) 送料工应根据生产及工作情况,分清缓急,合理运送,并需复核数量及规格,做到轻装轻卸,还需防止装车过多造成倒塌散失染料。

(13) 小库开出移库单对品种数量的字迹要清楚。要细心核对验收。发现短少或多运要及时与大库联系,纠正差错,做到当天移库验收当天清。

(14) 小库一律凭车间指定人员所出具的处方或领料单发料,无单不发。处方不清不发。

(15) 小库发料人应根据处方详细核对,并细心按比例折算。若有疑问,必须与生产车间联系,查清后再发。发料时需注意染化料批号的调换、品种的生产厂变换、力份的大小,并通知用料人注意。

(16) 小库发料人应亲自核算、称料,不得请其他部门人员代称。称料中要轻手轻放,以防染化料飞扬相互沾染。

(17) 小库对车间退料,应详细写明品种、力份,以便利用。

(18) 仓库保管员应准确做好染化料收付存报表,对库存染化料要经常与生产科联系,以便安排生产。

(19) 保管员要按月做好盘点工作,做到账、卡、物相符。

(20) 对呆滞染化料,采购、保管要经常联系,及时送生产科化验,尽可能做到物尽其用。

(21) 做好包装容器的回收保管工作。保管员应经常关心容器回收,送料工要每天将车间使用完的空桶收回,堆放在指定范围。要将桶盖旋紧,以便日后使用,或退回生产厂。

单元二　印染企业水和能源管理

印染企业是纺织工业用水和耗能大户。进入21世纪以来,随着水和能源价格的持续走高,水和能源费用占企业成本的比重也越来越大。根据对沿海六省市数百家印染企业的统计,水和能源成本约占生产成本的40%。近年来,印染行业企业在节水节能环保方面做了许多工作,如污水处理、余热回收、定型机尾气处理、中水回用等,对节约水和能源、减少排放有一定帮助,但在整个印染生产过程中,能源数据还远未实现可视化、信息化,且在工序过程管理中仍然相对粗放,产品一次成功率比较低,过烘、过洗及水和能源不必要的浪费现象严重。若能在生产过程中引入水和能源的精细化管理,不管是从社会能源资源的保护,还是从企业自身经济效益的提升,乃至对企业数字化工厂建设,都有十分重要的意义。

1　水的管理

印染属于高能耗、高水耗、高污染的三高行业,其年废水排放量占全国工业废水排放量的14%左右,足见其用水量所占比重之大。国家对印染企业的用水限额标准在不断提高,根据《印染行业规范条件(2017版)》,新建改扩建印染企业的棉、麻、化纤及混纺机织物新鲜水取水量由原来的2.5 t/百米标准产品已降为小于1.6 t/百米标准产品。

水资源的紧张导致水价上涨,自来水的价格在3~5元/t。废水处理成本在3~5元/t,所以不少印染厂每吨水的成本在8元左右,而大多数印染企业每天用水量在几千吨。由于水资源的紧张和价格上涨,国家对用水排水管控要求的提高,印染企业用水形势日趋严重,用水和排污的成本占生产成本比重大幅度提高。据统计,在用水上消耗的成本大约占加工产值的4%~6%,而目前不少地区印染企业的平均利润只有产值的6%左右。所以,印染企业在用水方面面临的形势:一方面有国家的用水限额规定,达不到限额指标的,面临处罚甚至关停淘汰;另一方面,面临着高额的用水成本费用。

目前,节约用水、用水精细化管理已是印染企业的共识,但还需具体落实,要建立有关的管理制度,落实责任人,要设置好目标指标,开展绩效管理。

1.1　用水分析

染色或前处理工艺用水是可以计算的,按织物重的1:(8~10),设百米织物质量为35~40 kg,每染色一次用水为280~400 kg,染色过程的冷却水、蒸汽冷凝水全部回收利用,可以不计入消耗,其染色产品前处理、染色及后整理的工艺用水量分析见表4-6。

表4-6　染色产品前处理、染色及后整理的工艺用水量分析

项目	用水量/t	
	浴比1:8	浴比1:10
前处理工艺用水	0.28	0.35
前处理水洗用水	0.28	0.35
染色工艺用水	0.28	0.35
染色水洗用水	0.28	0.35
后整理用水	0.03	0.03
合计	1.15	1.43

目前很多工厂没折标前的实际水耗在 3t/百米以上。对比纯工艺过程用水量为 1.15～1.43 t/百米,而实际生产用水量3 t/百米,差距为 1.57～1.85 t/百米。可见实际生产用水量大部分消耗在各道水洗及化料、洗桶、清洗染缸等过程。所以,用水管理应重视各道水洗过程及产品的重复返工。当然,各种清洗用水也要引起重视。

1.2 用水管理的重要性

(1) 关系到企业用水总量和用水成本控制。

(2) 用水量对蒸汽能耗和生产质量的稳定性有很大影响。

印染生产过程中,蒸汽通常用于加热处理液或染色液及水洗液。那么,对用水量控制得越好,用水量下降,加热用的蒸汽就会同步下降。因而节约用水是节约蒸汽的基础。

生产过程的质量稳定性与浴比有很大的关系。如果用水控制精确度提高,不但用水量下降,而且染色质量的准确性、稳定性提高,一次成功率提高,则加料、返修的用水、用汽、用电减少,所以节约用水是节能减排的一项基本性工作,而不是简单的水成本问题。

1.3 用水的精细化管理要点

(1) 要设置专门机构与管理人员,要建立管理制度。

(2) 要建立管理考核制度和数据统计系统,实行绩效管理。节约用水、用水精细化管理已是印染企业的共识,但还需具体落实,要建立有关的管理制度,落实责任人,要设置好目标指标,开展绩效管理。人们都认为水很便宜,水又是最易得到的资源,尽管企业压力很大,但企业内的各级人员实际上认识不足,没有压力。要做好用水管理,一定要有全公司用水管理目标指标和各车间的目标指标,并制定相应的绩效管理方法。

(3) 完善三级计量体系是做好用水管理的基础条件,完善计量器具的配置和开展日常有效的计量管理。目前各印染企业总的进水量和排水量肯定有计量,但各车间用水量就不一定有统计。没有各车间用水量的统计,管理就落不到实处,所以必须完善三级计量体系,对各车间的用水量和排污水量,必须天天计量统计。排水计量要与每天的产量挂钩,计算出单位产值或产量的耗水量和排污水量,对比各车间耗水和排放目标指标值进行管理,发现问题必须查找原因及时解决,决不能只是到每个月底统计总结。只有完善三级计量体系,每天对车间用水量进行管理,才能起到降低用水的实效。

(4) 加强设备改造。①选用小浴比的染色设备,如气流染色机、匀流染色机。②进行自动控制装置的设计与改造,如染色机水位、水量的自动控制,定形机轧槽水位的自动控制等。③采用高效水洗机,包括采用逆流水洗、震荡水洗等高效节水的方式。④采用连续式的加工设备,包括连续式的前处理替代染缸前处理、连续式的水洗替代染缸后处理等等。

(5) 重视工艺改进。要注重结合新染料、新助剂、新设备情况下的工艺改进。例如:采用冷轧堆工艺(前处理、染色)、大容量卷染机、连续式前处理设备、高效水洗箱等,都可以大幅度降低用水量;采用一浴法和一浴二步法染色工艺,可节约用水量;采用高性能的助剂控制 pH 值,也能提高染色一次成功率;采用高性能的助剂,能使前处理和染色同浴一步完成;采用高效皂洗剂能缩短皂洗工艺等,都能大幅度降低水耗。

(6) 提高一次成功率,减少回修用水。要加强所用的原材料(染料、助剂、坯布)质量管理,加强设备的完好率管理,加强工艺制定的正确性和准确性,充分做好技术准备工作,严把打样、复样质量,严把生产过程中各道半成品的质量关,提高一次成功率,减少回修,从而大幅度降低用水量。

(7) 加强生产计划管理。通过合理的计划使每缸布的质量控制合理,同性质产品尽可能一起生产,减少洗缸,提高速度,从而降低用水量。

(8) 加强生产操作管理。要重点加强各道工艺的操作规范化,按工艺要求严格控制。如各设备的用水操作,如连续生产过程的进水阀、喷淋阀操作,间歇性设备的浴比和水洗过程操作等。除了生产工艺过程操作外,一些辅助性工作,诸如打浆用水、配柔软液、洗料桶、洗染料桶、拆洗网罩等过程的用水也要加强管理。

(9) 水的分质回收与处理利用。水的分质回收处理利用有非常重要的意义,可以大幅度降低排水量和新鲜水的消耗量,同时,充分保证工艺用水,有利于提高和稳定产品质量。所以每个印染企业要对各设备生产废水进行分质收集,清浊分流。印染轻度废水经适当处理后回用,中水回用率至少要达到40%。

(10) 要加强教育与检查。对全体员工必须加强节水教育。这是由于水最便宜,又有老的用水习惯,节约用水理念往往难以被基层员工接受,所以一定要认真地进行培训和教育,讲清节约用水的重要性和必要性,提高全体员工的节水意识,从而改变以往大手大脚的用水习惯。从生产过程的点点滴滴节省用水。平时还必须定期和不定期地进行检查,发现问题及时指出、整改和处罚。

2 能源管理

企业能源管理是指通过综合运用自然科学和社会科学的原理和方法,对能源的生产、分配、供应、转换、储运和消费的全过程,进行科学的计划、组织、监督和调节工作,以达到经济合理地利用能源和尽可能节约能源的目的。

目前,大多数印染企业没有采用能够显示实时消耗和成本的信息系统,无法获得实时的能耗情况,只有等一段时间后统计出来,才知道真实的能耗情况。显然,这种生产模式已经不适应当前节能减排的发展形势。只有加强能源管理,才能有效地减少能耗,提高生产效率和经济效益。

2.1 染整企业在能源上的浪费

印染企业能源在使用过程中的消耗构成,包括三个部分:①能源的有效消耗,这是指工艺过程中必须消耗的能量,如热定形时织物所吸收的热量;②能源的工艺性损耗,这是指工艺过程中损失的能量,如定形机箱体散热、烟气带走的热量等;③能源的非工艺性损耗,如能源在运输、储存过程中发生的损耗,生产废品所引起的能源损耗,以及能源质量不合格所引起的损耗等。

因此,节能的潜力要从损失的能量中去找。损失的能量中,有的是可避免的,有的是不可避免的。可避免的损失在现代技术经济条件下,应该是可以利用的,如跑、冒、滴、漏等现象,几乎都可杜绝。

2.1.1 热能的浪费

染整企业中的热能消耗占较大比重的主要是蒸汽,因此主要以蒸汽进行分析。

①供热系统方面的浪费。②热输送系统方面的浪费,如热风、热水的跑、冒、滴、漏和散热的损失,其有形和无形的散热浪费是惊人的。有人计算过,一只直径2mm的小孔,年泄漏蒸汽(表压为 5 kg/cm² 的饱和蒸汽),折合标煤竟达 10.34 t。③用热系统方面的浪费。在染整加工中,烘燥、水洗、湿热、干热处理的能耗占全厂能耗的70%以上,能量损耗主要是排液排汽的热损失和管道设备的表面散热损失。根据某印染厂对各加工设备热效率的测算资料,有效热的百分率:圆筒烘燥机60.75%,平洗机55.13%,密闭卷染机57.56%,热拉机62.08%,定形机28.25%,蒸化机20.11%。从上述测算资料可得到以下启示:A.在染整加工过程中烘燥耗汽量最大,其中绝大部分用在蒸发水分上,因而设法降低织物的轧余率就能节约大量能源;B.平洗机的耗汽量也较高,如采用高效低水位逐格倒流工艺,对节能有很大的好处;C.蒸化机的热效率最低,其节能的潜力也最大。因此,其节能方向主要是控制进汽流量,勿使蒸汽外喷,排汽要回用,加强机体保温。④热回收系统方面的浪费。目前有些染整厂对蒸汽冷凝后的回汽水和烧碱回收设备的冷凝水未加回用,其热能和水的浪费是十分惊人的。另外,印染废水中的热能也十分可观。⑤在染整工业中,很多企业从未开展过能量平衡工作,以致企业领导根本不知道自己单位的能源结构,因而很难制定出本单位有效的节能方案和相应的对策,这种浪费才是最大的浪费。

(2) 其他方面的浪费。

①电力方面的浪费,如大马拉小车、马拉空车、长明灯大灯泡、灯具老化等现象严重。②不重视检测计量控制仪表的使用和检校维修。据有关资料介绍,因为仪表失灵或根本未使用仪表而浪费的热量达45%,又如烘燥机未安装测湿仪,导致织物过烘而浪费大量蒸汽。③由于生产的不均衡和设备维修的不正常,设备运转不正常,故而不能以最佳状态工作。

2.2 能源管理的意义

(1) 印染企业在能源利用上存在巨大的节约潜力。
(2) 节能降耗可以显著地提高企业的经济效益。

搞好能源管理,采用先进节能技术,科学合理地使用能源,是现代印染企业发展的必然趋势。

2.3 能源管理的基础工作

2.3.1 能源的计量工作

能源的计量工作是能源科学管理的基础。能源计量工作主要有以下几点:
①安装能源计量装置;②能源计量测试;③开展设备、企业能源利用的调查;④采用新技术提高测量水平;⑤提高能源计量的准确性。

2.3.2 能耗定额管理

能耗定额即单位产品(或产值)的能耗,它是反映一个企业能源利用效率和生产效率的综合性指标,也是最终反映企业能源利用经济效果的总结性指标。

(1) 能耗定额管理的作用。

①能耗定额是编制能源供应计划的重要依据。②能耗定额是科学组织能源供应管理的重要基础。③能耗定额是监督和促进企业内部开展节能的有力工具。④能耗定额是促进企业提高技术水平、管理水平和工人操作水平的有效手段。

(2) 能耗定额的种类。根据能源消耗构成以及能耗定额用途的不同,能耗定额可分为以下三种:

①工艺耗能定额,它由能源的有效消耗和工艺性损耗等两部分构成;②生产耗能定额,它由工艺能耗部分与一部分非工艺性消耗和损耗构成;③能源供应定额,能源进入生产过程以前,在运输、装卸、贮存过程中的损耗。

(3) 能耗定额管理的主要内容。①建立能耗定额体系和定额管理组织体系;②制定和修改能耗定额;③采取有效的技术组织措施,保证定额的实现;④考核和分析定额完成情况,总结经验,提出改进措施。

能耗定额的制定、贯彻执行和考核分析是能耗定额管理的三个基本环节。

(4) 能耗定额的制定。制定能耗定额的方法:①计算分析法,即对耗能设备按照正常运行条件,在理论计算的基础上,并考虑已达到的先进单耗指标水平和所采用节能技术措施等因素,确定其能耗定额。②实际测定法,又称试验法,根据对使用能源过程进行实际试验所取得的数据,确定能耗定额。试验应在设备完好,并按工艺规程所规定的条件下进行。③统计分析法,它根据历年能源实际单位消耗量的统计数据,并在对今后影响消耗定额的变化因素进行分析的基础上,确定能耗定额。采用这种方法时,需要有详细可靠的统计资料。

(5) 能耗定额的执行。①必须把能源消耗的总定额分解成若干小指标。层层落实到车间、班组、各道生产工序和主要耗能设备。如总定额不经分解,则用能者目标不明、责任不清,定额指标无法完成。②必须建立健全能源消耗的计量记录制度和统计分析制度,并力求数据准确可靠。③能耗定额的贯彻执行,必须与加强班组核算、开展劳动竞赛、实行节能奖励等措施密切结合起来。各级能源管理组织应经常监督、检查和分析能耗定额的执行情况,定额的准确程度,能源的有效消耗、工艺性损耗和非工艺性损耗的情况,能耗定额与能源利用效率、企业生产效率之间的相互变化情况等。

(6) 能耗定额的考核。由厂部对车间、班组进行考核,实行按班组、单机台考核,或按工艺流程实行"一条龙"考核。目前,多数企业还停留在大类产品总定额考核上,还没有形成一套完整有效的分级考核体制。

① 考核的内容。能耗定额考核的内容和深度分为三级:A.考核到单项产品的单项能耗;B.考核到单项产品的综合能耗;C.考核到单项工艺的单项能耗和综合能耗。

② 考核的标准。A.按定额指标考核,就是按月按季按定额指标进行考核。如制定的能耗定额是先进合理的,那么,以能耗定额来考核能源消耗是最恰当的。B.按历史消耗水平考核。C.按行业消耗水平考核。D.结合生产效率指标进行考核。一个产品单位能耗水平是企业能源利用效率和生产效率的综合反映,因此结合生产效率指标进行考核,也是比较恰当的。

2.3.3 热平衡分析及能源的统计分析工作

热平衡分析工作是当前染整行业能源科学管理工作中最薄弱的环节。其主要内容是分析企业的能量分布、流向、利用和损失,对设备主要以热能形式表现的各种能源在工作和使用过程中对输入和输出的能量的平衡关系进行考察。

设备热平衡是企业热平衡的基础和重要组成部分。通过设备热平衡,可了解企业所有设备的热效率和各项热损失,分析影响热效率的因素,找出提高热效率的途径,从而提高企业能源利用率。

能源的统计分析工作是能源科学管理的主要任务。很多企业对本单位的能耗情况不甚了解,主要原因是没有及时检查能源指标的完成情况,以及缺乏必要的能源统计和分析研究。如果只有监测仪表,没有对各项指标做系统统计,也只能估算效果而无法对相互关系进行论证和考核。只有把指标的制定、能耗的计量与统计分析三者统一起来,才能对复杂的耗能过程进行有效的监督管理。

2.4 印染企业能源科学管理的工作要点

2.4.1 管理途径

①建立专职、完善的能源管理部门,充实其专业力量,尤其是在热工程和印染专业都有工作经验的复合型专业人才。②建立健全企业三级能源管理网和节约责任制及相关的工作制度,使能源管理工作制度化,杜绝"跑、冒、滴、漏"现象。③抓好节能管理的基础工作,重点开展热平衡研究工作,摸清能源构成的消耗情况、能量的有效利用情况、余热资源的回收情况、跑冒滴漏的浪费情况和节能的潜力所在,为节能规划提供科学数据。④强化能源计量工作、加强测试仪表和能源统计分析工作。每天上报每个车间的泄漏率、能源利用率,使企业对能源的浪费情况、利用情况、能耗指标的完成情况心中有数,这样才能及时采取有效措施完成节能减排的任务。⑤合理分配使用能源和充分利用能源。⑥合理组织生产,提高生产效率,提高能源利用率。⑦在生产上力争做到"一次准确生产",避免工序的重复和修正,从源头上减少能源消耗。这需要企业多采用新技术并结合标准操作的工艺,控制好每一项工艺的每一个步骤。⑧坚持不懈地进行能耗情报收集、节能培训和标准化工作。⑨学习国际上有效的能源管理新方法。例如系统化管理与生产审计(SMPA),该方法对企业的工艺和操作过程进行系统审查,可降低能源、水、染化料的消耗,还可提高操作效率。⑩做好对节能骨干人员和生产技术人员的技术培训工作。

2.4.2 技术途径

①改造落后的耗能设备;②改革能耗大的传统工艺;③积极采用节能新技术、新设备;④重视疏水阀的选用和安装;⑤抓好废热、废液的回收利用;⑥加强热力设备和蒸汽管道的保温绝热;⑦重视采用节能仪表。

2.5 合同能源管理

合同能源管理(EPC:Energy Performance Contracting)是指节能服务公司通过与客户签订节能服务合同,为客户提供包括能源审计、项目设计、工程施工、设备安装调试、人员培训、节能量确认等一整套的节能服务,并从客户节能改造后获得的节能效益中收回投资和取得利润的一种商业运作模式。

如果说以前企业对节能工作"不感冒"的主要原因是不想或一次性拿不出动辄几十万乃至上千万元的改造费用,那么在合同能源管理推广,尤其在各级政府都出台相关扶持政策之后,费用不再是制约企业节能的障碍。

（1）基本做法。

①节能服务公司与印染企业签订节能服务合同;②节能服务公司向印染企业提供能源效率审计、节能项目设计、原材料和设备采购、施工维护等综合服务;③节能服务公司从设备运行节省下来的费用中回收投资,获得利润;④在合同结束后,全部节能效益和节能设备都归用户所有。

（2）合同能源管理模式的优点。

①降低了印染企业的节能风险,包括技术风险、财务风险、运行管理风险、节能效果风险。②形成项目多赢局面。印染企业方面,能源效率提高,能源费用降低;节能服务公司方面,提供节能服务,获得节能项目收益;社会效益方面,节能降耗,减少污染。③印染企业零风险。项目实施后,只有在印染企业产生节能效益后,用户才会将节能效益支付给节能服务公司,因此消除了用户对项目技术成熟、项目设计施工安排、项目节能成败等风险的顾虑。全部相关风险由节能服务公司承担,用户可直接获得降低能源消耗成本的效益。④印染企业零投资。节能项目设计、融资、采购、施工等均由节能服务公司负责,合同能源管理公司提供节能项目投资资金,包括融资、贷款、政府节能资金补助等。用户不需要额外的费用投资,便可得到节能服务公司的服务和先进的节能设备及系统。用户付给节能服务公司的报酬是节能效益,是节省出来的费用,因此用户没有额外的花费,相反还能获得节能效果。⑤节能有保证。基于对自己投入的高效设备与节能技术的充分认识和信任,节能服务公司可以向用户承诺节能量,保证用户在得到节能服务公司服务后,可以马上实现能源成本下降。⑥合同期满后,节能效益和节能项目所有权归用户所有。

2.6 能源管理系统

能源管理系统是一个信息化管控系统,英文简称 EMS。利用能源管理系统,可以帮助企业合理地利用能源、降低单位产品能源消耗并提高经济效益。

能源管理系统涵盖了能源计划、能源监控、能源统计、能源消费分析、重点能耗设备管理、能源计量、分析等多项内容。企业管理者通过它可以随时准确地了解和掌握企业的能源成本情况,同时还可将企业的能源消费计划任务分解到各个生产部门或车间,准确、清晰地反映各部门的节能工作职责。

能源管理系统一般由数据采集层(包括电能、水能、汽能和热能的能耗采集网络)、数据传输层和数据管理层构成。各道工序的能耗成本数据经过能效管理系统计算处理。对出现的能耗异常,系统可以通过工序能耗分析功能,具体定位到能耗异常出现在哪道工序过程和责任生产员工。有了精确定位,就可以查找原因,制定节能改造方案。

通过能源管理系统可以实现印染企业能源的精细化管理。一般的能源管理系统能实现以下功能：

①设备更换。能耗异常诊断过程中发现有些设备尚未到检修报废时出现能耗远高于历史同期值或者行业基准值，可提前更换，避免长时间使用可能带来的巨大能源浪费。这种方式最简单，也最常见，如更换电机、辅件等大能耗设备。②工艺优化。能耗异常诊断过程中发现设备使用正常，但是该道工序能耗偏高于其他相同工序能耗，经过对能耗曲线和工艺参数进行对比分析，找出工艺薄弱环境，然后进行处理和改造，也可以有很大的降耗空间。如圆网印花机改进为在线清洗圆网、刮浆刀、刮浆辊，降低洗网水耗及污水排放量，并减少更换色浆的停机时间。③管理考核。通过能效管理系统，可为生产建立一套设备能耗诊断体系，可以尽量减少和避免能耗的"跑、冒、滴、漏"，减少三个不必要的能源浪费，即"不必要的时间、不必要的场所、不必要的量"；为班组建立一套人员能耗考核体系，依据每笔订单的能耗成本排名、每道工序的能耗成本排名、每个班组的能耗削减率排名，通过奖励措施激发员工的节能积极性，实现所有员工从被动节能到主动节能的思想转变。这是一个执行最有效、节能空间最大的措施。

【案例1】

合同能源管理在绍兴县①印染行业大有可为

定型机车速快慢直接决定用煤能耗大小。在绍兴海通印染印花分厂内，定型机车速可达 28 m/min，大大高于全县平均水平，而之前，该厂定型机车速只能到 22 m/min。"定型机提速节煤20%以上，这完全归功于使用了海亮能源提供的定型机废气回收装置。"2010年10月13日上午，该厂厂长陈金良在车间内，向同行们介绍节能减排创新管理模式。值得一提的是，取得这样的节能成效，海通印染未增加投资，而是由合同能源管理合作方海亮能源投资。

盛鑫印染也于2011年7月一口气在4台定型机上安装了海亮能源的定型机废热回用装置。"这主要是在节能减排成效显著的基础上，海亮能源实行跟踪维护和管理，我们企业方省去了因设备陈旧、管道堵塞而造成效益下降的担忧，用得比较放心。"盛鑫印染有关负责人介绍说。"合同能源管理为我县印染的节能减排提供了一次良好的机会，以零投资获得高效益，对今后印染行业的节能降耗肯定带来好处。"绍兴县印染工业协会秘书长陈泉生说。

不需增加投资即可使印染车间每台定型机用煤量节约率达到20%左右。根据当前全县印染企业年用煤超100万吨计算，如全县定型机全面享受这节能免费"大餐"，将可节约标准煤20万吨，减少 SO_2 达2000多吨。绍兴县经信局副局长尉岳品指出，在当前印染企业面临环保压力趋紧及融资困难情况下，采用合同能源管理模式进行定型机废气余热回用在绍兴县大有可为。

合同能源管理是一种新型的市场化节能机制，是节能服务公司与用户签订节能服务合同，向用户提供能源效率审计、节能项目设计、原材料和设备采购、施工维护等综合服务，并从设备运行节省下来的费用中回收投资，获得利润。在合同结束后，全部节能效益和节能设备都归用户所有。据海亮能源负责人杨均洁介绍，当前合同能源管理废气余热回用系统已在绍兴县30多家企业安装使用，签订合作意向的达到70多家。

---

① 绍兴县即现绍兴市柯桥区，2013年撤县设区。

【案例2】

能源管理系统使用效果

绍兴市立新印染公司位于绍兴袍江新区，占地面积21万平方米，是一家拥有先进的染整设备和生产流水线的现代化印染企业。公司生产能耗主要由电能、水能、天然气、蒸汽、热能等能耗构成，在生产过程中，能耗成本占据全部生产成本的很大比例。该企业采用能源管理系统后，企业的经济效益表现如下：

①通过精细化管理，降低每月单位产量能耗10%~20%，折合电、水、汽能耗费用月平均降低约在40万元。②改变过去能源使用放任自流的状态，实现了能源使用的可视化和信息化。③减少设备维护时间，提高设备使用寿命。④细化和落实节能奖励措施，让所有员工参与到主动节能行动中来。⑤可以享受政府"节能减排、清洁生产、信息化"三大主题的资金补贴。

【模块学习目标】

1. 明确企业物料管理的重要性；了解物料计划管理的内容、明确物料计划制定需要的基础数据；知道物料消耗定额的组成和确定方法。

2. 了解采购管理的概念和内容；知道物料采购作业的流程，了解物料订购的常用方式，并初步学会应用；了解物料采购定价的方法，并初步学会应用；知道及时采购和分散采购的特点；了解准时化采购。

3. 了解物料配送的方式的变化及物料消耗管理的难点。

4. 了解库存的概念、作用、弊端、分类及库存的两重性。

5. 了解库存管理的目标和基本业务；了解库存控制的基本方法，并初步掌握库存ABC管理法。

6. 明确企业水和能源管理的重要性；了解用水精细化管理的要点。

7. 了解印染企业热能浪费的主要方面；明确能源管理的意义；对能源的计量工作、定额工作、热平衡分析等能源管理的基础管理工作的内容、意义和做法，有所了解；能从管理途径和技术途径两方面，了解印染企业科学管理的工作要点。

8. 了解合同能源管理的概念和优点，初步学会其基本做法。

9. 了解能源管理系统的概念、功能和优点。

【作业与思考题】

1. 印染物料管理的目的和任务是什么？

2. 什么是物料消耗定额？它是如何构成的？物料消耗定额的确定方法有几种？

3. 简述采购作业的流程。企业常用的采购定价常用的方法有哪几种？

4. 什么是经济订货批量？试比较定量订货和定期订货。

5. 试比较集中采购和分散采购。

6. 简述准时化采购的原理和作用。

7. 什么是物料库存？物料库存产生的原因有哪些？物料库存的作用有哪些？
8. 简述仓库管理的基本业务。
9. 什么是挂签制度？简述 ABC 库存分类管理控制法。
10. 简述用水的精细化管理的工作要点。
11. 简述能源管理的意义。
12. 能源管理的基础工作有哪些？什么是热平衡分析？
13. 简述能源科学管理的工作要点。
14. 什么是合同能源管理？它主要有利于解决印染企业的什么现实问题？合同能源管理模式的优点有哪些？
15. 能源管理系统能实现哪些功能？

【PPT 汇报讨论题】

为什么印染企业越来越重视能源管理？请上网查询印染厂加强能源管理的成功案例，并用学过的生产管理知识进行剖析。

模块 5
印染企业生产运作管理

单元 1　印染企业生产的计划与组织

1　印染企业的生产特点和生产运作流程

1.1　印染企业的生产特点和管理要求

（1）印染企业类型多，生产管理专业性强。

（2）生产流程长，具有空间上的比例性和时间上的连续性，流程变化多，各工序间联系密切。

（3）生产品种多，工艺条件随品种变化大，工艺相关因素多，质量控制难度大。

（4）设备类型多，管理难度较大。

（5）市场"小批量、多品种、舒适化、功能化、高品质、快交货"的趋势明显，对染整企业的生产管理要求越来越高。染整过程处于纺织工业整个流程的中后位置。产品越进行到后面工序，它的种类就越多，批量就越小。消费者对纺织品最终产品的喜好，很大程度上靠染整工程来满足。以往的印染生产过程讲究发挥纤维织物的自然优良特性，而如今印染产品不仅要发挥良好的天然特性，而且要求更加精细、柔软、舒适，给人以崭新的视觉和触觉效果。一些融合了化学、物理、生物、电子等方面专业知识的高新技术正在向纺织工业深层次地、全面地渗透，新型的染整技术不断涌现。现今的市场越来越体现出一种"小批量、多品种、舒适化、功能化、高品质、快交货"的趋势，而这种趋势考验着印染厂的管理水平和工艺技术水平，推动着印染厂的技术进步和管理水平的提高。

（6）化学药品多，管理难度大。染化料是印染企业生产的主要原料，分为染料和化学药剂。染料按其应用分类有直接染料、活性染料、还原染料、硫化染料、分散染料、酸性染料、媒染染料等。即使是同类染料，按颜色和性质不同又有许多种。印染企业使用的化学药剂有酸、碱、盐、氧化剂、还原剂和各种印染助剂等。它们的使用管理要求高，同时存在一定的安全风险，在使用和管理中必须注意分门别类、分类管理，防止性能不同的化学药品错用，防止发生化学品安全事故。

（7）水、汽、电消耗量大，对环境的影响大，节能减排压力巨大。

1.2 印染企业的生产运作流程

印染企业类型较多,生产运作流程会存在一定的差异,但基本过程大致相同,都分为以下五个基本阶段:

(1) 生产任务的确定。印染企业的生产任务来源:

① 企业经营部门承接的内、外贸订单。这些订单中,有经销订单和染整加工订单。经销订单是指客户不提供坯布,由印染企业组织从坯布到印染成品生产的订单;染整加工订单是指坯布由客户提供的订单。

② 企业在对市场需要量(订单)进行分析和预测的基础上,有计划地进行生产或创新研发,并决定批量推向市场的自有新产品生产任务。生产订单的确定必须审慎。对于常规产品、曾经生产过的产品、客户追加的订单及本企业技术成熟客户来料的加工订单,企业可直接确定生产;对于未生产过的产品、来样加工的产品,企业经营部门应协同生产部门根据本企业的实际设备和技术情况进行评审,再决定是否生产,避免盲目签单给企业带来的经济损失。对来图、来样或看样成交的产品,必须封存原样或经客户确认的试样,并在合同中写明经客户确认我方回样的函电编号和日期,作为质量标准的依据;对花色比较新颖、工艺比较复杂、技术密集程度较高的产品,除详细规定规格、技术参数外,还须列明验收标准及验收手段等质量条款;对于批量生产的新产品,必须经过市场调研和先锋试样;对于客户对质量或包装装潢方面有特殊要求的,应充分考虑生产部门的能力、技术水平和原辅材料的供应可能。

(2) 生产技术准备。生产任务确定后,生产技术部门应为正式生产做好必要的生产技术准备工作。这些准备工作(以来样生产为例)主要有来样的分析、审查和仿样、工艺方案的制定、工艺规程的编制、工艺装备及相关染化料的准备等。

(3) 生产计划和生产作业计划的编制。生产计划部门根据客户订单交货期、订单的难易情况、生产技术准备情况及企业的生产任务情况,编制生产计划和生产作业计划。

(4) 安排生产加工。生产部门及车间根据生产作业计划,按订单产品的工艺方案、工艺规程的要求,保质保量地按进度进行生产,并按期完成生产加工。

(5) 检验、包装、入库,交付客户。

2 印染企业生产的计划与组织

计划和组织是企业生产管理的两大重要职能,是做好生产管理工作的重要前提和条件。现代企业的生产经营活动是社会化大生产,如果没有周密而统一的计划来指导和控制各种生产活动,企业的生产经营就会陷入混乱。印染企业生产管理人员必须以生产能力分析与规划为基础,认真研究制定生产计划和生产作业计划,用于指导生产,同时还要将各生产要素最有效地组织起来,以提高生产管理效率和实现生产管理目标。

2.1 生产能力的核定

2.1.1 生产能力的概念和种类

印染企业的生产能力是指在一定的时期内直接参与生产过程的固定资产,在一定的组织技术条件下,经过综合平衡,所能生产一定种类的印染产品或加工处理一定数量的纺织半成品原料的最大数量。它反映了各个生产环节生产性固定资产的综合能力。它是制定企业生产计划的一个重要依据。企业的生产能力在一定时期内是相对稳定的。但是,随着生产的发展和技术组织条件的变化,生产能力也会发生相应的变化。根据核定生产能力时所依据的条件不同,企业的生产能力可分为三种,见表5-1。

表5-1　企业生产能力的分类

种类	概念和内涵
1. 设计生产能力	指印染企业在印染厂设计任务书与技术文件中所规定的生产能力。它是印染企业在基本建设时,按照工厂设计中规定的产品方案、技术方案和各种数据确定的,是新建、改建、扩建后的印染企业应该达到的最大年产量。印染企业建成后,投产初期可能达不到设计能力,经过一段时间熟悉和掌握生产技术后,才能达到或超过设计能力水平
2. 有效生产能力	指在考虑实际生产条件、外在环境、维修需求与员工的熟练程度等因素后,生产系统实际可能达到的最高生产量。在实际生产中,这是最常用的生产能力定义,也是企业进行目标管理的衡量基础
3. 实际生产能力	指实际达到的产出率。在生产中,实际产出率常因员工缺席或设备损坏而低于有效生产能力。但如果加班赶工,操作时间加长,实际产能将高于有效生产能力

2.1.2　影响生产能力的因素

影响印染企业生产能力的主要因素:

① 产品的品种、技术复杂程度及生产组织方式;② 设备的性能、单产和台数;③ 设备的计划工作时间、设备的利用率和运转率;④ 员工的技术水平、熟练程度和综合素质;⑤ 污染控制标准和安全生产法规。

2.1.3　生产能力的核定

(1) 连续式(流水线)印染企业生产能力的计算。连续式(流水线)的生产能力取决于每道工序设备的生产能力,所以计算工作应从单台设备开始。

① 当工序由单台设备承担时,单台设备的生产能力(M_S)即为该工序的生产能力。② 当工序由 S 台设备承担时,工序生产能力为 $M_S \times S$。③ 当设备组成流水线时,流水线的生产能力由最小工序能力确定。

(2) 间歇式印染企业生产能力的计算。

① 单台设备生产能力计算。由于设备加工的产品品种不同,运行时间也不同,需按设备的有效加工时间计算。计算公式:

设备的有效加工时间＝设备年制度工作时间×(1－设备计划停台率)

单台设备生产能力＝工艺设计车速×设备的有效加工时间

② 班组产能计算。如果每个班组配备一定数量的加工工艺相同的设备,且设备加工技术参数差异不大,则班组内全部设备在有效加工时间之内的累积产能就是班组的生产

能力。

③ 车间生产能力计算。车间生产能力应以产量计算。各设备班组的生产能力可能是不平衡的,应以调整后的能力为车间的产能。

④ 企业生产能力的确定。企业生产能力可以参照主要车间的生产能力确定。生产能力不足的车间,可以用调整措施解决。

2.1.4 生产能力的调整

在市场经济条件下,印染企业要根据市场的需要和用户订单情况来调整生产能力。调整生产能力可选择的方式见表5-2。

表5-2 调整生产能力的常见方式

方式	应用
1. 聘用或解聘员工	主要在生产能力需要较大幅度调整时采用,但由于社会和工会对聘用和解聘员工有所限制,应慎重使用
2. 加班和增加休闲时间	此法主要在生产能力调整幅度不大时采用,可以维持一个稳定的员工数量,还可以为员工增加收入。此法比聘用或解聘员工更可取
3. 设备调整	利用设备调整和改善,同样可以达到小幅度调整生产能力的目的,如停用部分设备或引进先进设备
4. 外协转包	此法主要通过对外协作,采取相互配合、共担风险的机制,达到迅速调整生产能力和减小经营风险的目的,但应注意加强协作单位配套企业的质量和信誉管理

2.1.5 生产能力的柔性

生产能力的柔性是指企业具有迅速提高或降低生产水平,或迅速地将生产能力从一种产品转移到另一种产品的能力。这种柔性的实现依赖于柔性生产组织、柔性生产过程和柔性的操作工人,以及企业制定出利用其生产能力的柔性经营策略。

2.2 生产计划和生产作业计划

2.2.1 生产计划

(1) 生产计划概述。生产计划是企业对生产任务做出的统筹安排,具体拟定拟生产的产品品种、数量、质量和进度的安排。简单地讲,生产计划是企业为了生产出符合市场需要或顾客要求的产品,所确定的在什么时候生产,在哪个车间生产,以及如何生产的总体安排。企业的生产计划一般根据生产订单情况制定,它是企业制定物料供应计划、设备管理计划和生产作业计划的主要依据。企业的生产计划一般由主生产计划和物料需求计划两部分构成。

主生产计划是企业的生产大纲,是对企业未来较长一段时间(一般为年度或月度)内资源和需求之间的平衡所做的概括性设想,是根据企业所拥有的生产能力和需求情况预测,对企业未来较长一段时间内拟生产的产品品种和产量、劳动力水平、库存量等问题做出的决策性描述。物料需求计划是企业根据主生产计划制定的各种生产原料等的采购计划。

生产计划系统是一个包括需求预测、中期生产计划、生产作业计划、材料计划、能力计划、设备计划、新产品开发计划等相关计划和职能,并以生产控制信息的迅速反馈连接构成的复杂系统。在具备一定规模的工业企业中,生产计划按计划期的长度可分为长期生产计划、中期生产计划、短期生产计划三个层次。长期生产计划属于战略计划,规定了企业的长远目标,其任务是进行产品决策、生产能力决策以及确立何种竞争优势的决策。中期生产计划属于战术性计划,其任务是对企业在计划年度内的生产任务做出统筹安排,规定企业的品种、质量、数量和进度。短期生产计划的任务是依据用户的订单,合理地安排生产活动的每个细节。这三个层次的生产计划密切联系、协调平衡,构成企业生产计划的总体系。

(2) 生产计划的指标体系。企业需要运用一套指标体系来规定生产计划内容的具体要求。生产计划的主要指标有品种、产量、质量、产值和出产期(表5-3)。

表5-3 生产计划的指标体系

指标	概念内涵
1. 品种指标	指企业在计划期内生产的产品品名、规格和种类,它涉及生产什么的决策。确定品种指标是编制生产计划的首要问题
2. 产量指标	指企业在计划期内生产的合格产品的数量,它涉及生产多少的决策,关系到企业能获得多少利润。产量可以用米、吨等表示。产品产量指标包括成品和准备出售的半成品数量
3. 质量指标	指企业在计划期内生产的产品质量应达到的水平,常采用统计指标衡量,如一等品率、合格品率、废品率、优质品率、返修率等
4. 消耗指标	指企业在计划期内生产的产品所产生的消耗应达到的水平,常采用统计指标衡量,如单位产品的水、汽、电的消耗量
5. 产值指标	产值指标是用货币表示的产量指标,能综合反映企业生产经营活动成果,以便于不同行业进行比较。根据具体内容与作用不同,分为:①总产值 $W=C_1+C_2+V+M$,其中,C_1 为材料类劳动资料价值,C_2 为固定资产折旧,V 为工薪与福利,M 为为社会创造的价值;②商品产值,指出售的"成品和半成品"的价值;③工业增加值 $W_1=C_2+V+M$;④净产值 $W_2=V+M$
6. 出产期	出产期是为了保证按期交货确定的产品出产期限。正确地决定出产期很重要,因为出产期太紧就不能保证按期交货,会给用户带来损失,也给企业的信誉和经济效益带来损失;出产期太松则不利于争取顾客,还会造成企业的生产能力浪费

(3) 生产计划编制的原则和依据。

①生产计划编制的原则。

A. 以销定产,按订单生产。市场经济下,印染企业的生产任务常常是根据客户订单确定的,因此生产计划的编制必须从市场的需要出发,以销定产,使企业的生产计划尽量顺应市场经济的要求,积极适应小批量、多品种、快交货的趋势,更好地满足市场的需要。

B. 充分、合理地利用企业的生产能力。印染企业制定生产计划时,既要考虑满足市场的需求,同时还应注意适应企业的生产能力,这样才能充分、合理地利用企业的生产能力。否则,要么造成生产能力浪费,要么就是生产能力不足,造成生产计划落空。

C. 统筹安排,综合平衡。印染企业生产计划指标的确定不是孤立的,而是受各方面因素制约的,必须从人、财、物、产、供、销等方面,统筹安排,综合平衡。综合平衡的内容包括生产任务与订单的平衡、生产任务与生产能力的平衡、生产任务与劳动力的平衡、生产任务与物料供应的平衡、生产任务与成本和财务的平衡、生产任务与技术力量的平衡等。

② 生产计划编制的依据。A.企业的经营目标和产品方向。B.企业内、外销合同的汇总情况和预测趋势。C.企业的生产能力和水平、技术设备条件、原材料、劳动力情况。D.企业的新产品试制计划。E.企业的设备检修计划等。

(4) 生产计划编制的程序。

① 市场调研与企业内外销合同的汇总。收集国内外市场的技术经济情报,摸清市场对印染产品品种、数量的需求情况,掌握企业内外销合同的汇总情况。

② 企业内外生产条件的调查。企业外部条件中,资源的保证情况主要指坯布、染化料、水汽电的供应情况;企业内部条件主要指企业的生产能力、技术水平、上期生产计划完成情况、企业人员设备情况、各种物料的库存和在制品数量等。

③ 统筹安排,充分沟通,提出生产计划指标。计划人员应对全年(月)的生产任务做出统筹安排,在充分沟通、协商的基础上,确定生产计划指标,主要包括产品品种的合理搭配、产品出产的进度安排、生产协作指标、分厂和车间的生产指标等。

④ 综合平衡,确定生产计划指标。在编制生产计划时,要将需要和可能结合起来,把初步提出的生产计划指标同各方面的生产技术条进行平衡,在综合平衡的基础上确定和优化生产计划指标,妥善安排产品的进度计划,保证生产秩序和工作秩序的稳定。

2.2.2 生产作业计划

(1) 生产作业计划的概念和分类。

① 概念。生产作业计划是企业生产计划的具体执行计划,它把生产计划规定的生产任务从时间上、空间上和计划单位上进行了细分化和具体化,并采取措施予以落实。生产作业计划把生产计划的内容具体详细地分解到各车间、工段、班组甚至每个工作地和个人在较短时间内的具体生产任务中。它不是站在企业整体的角度,而是站在企业的每个生产运作单位或工作地和个人的角度,解决"生产什么,生产多少,什么时候完成"的问题,从而保证企业按品种、数量、质量、成本、交货期等全面完成。生产作业计划一般以周或天为单位。

生产作业计划与企业生产计划相比较,具有三个特点。A.计划期较短。企业生产计划一般规定年度分季、季度分月的生产任务,而生产作业计划具体规定周、日甚至轮班和小时的生产任务。B.计划的内容更具体,即把企业的生产任务分解落实到各车间、工段(小组)、机台和个人。C.计划单位更细。生产作业计划采用的计划单位是某客户的产品、某个色号甚至某道工序。

② 分类。从纵向来分,根据企业的具体情况,生产作业计划有厂部、车间内部作业计划,见表5-4。

表 5-4　生产作业计划的分类

作业计划形式	编制单位	内容及方法
厂部生产作业计划	企业生产管理部门	① 年度、季度和月度厂生产作业计划 ② 确定车间的生产任务和生产进度
车间内部生产作业计划	车间计划调度组	1. 内容：分别确定工段（班、组）或工作地的月度、旬（或周）及昼夜轮班的生产作业计划 2. 方法： ① 标准计划法——适用于流水线加工生产 ② 定期排序法——适用于成批周期性生产 ③ 日常分派法——适用于需求变动的生产

（2）生产作业计划工作的目的和作用

① 生产作业计划工作的目的。生产作业计划解决的是具体的生产业务的计划问题。生产作业计划工作的目的是根据计划期内汇总的生产任务情况，安排完成这些任务的合理顺序、完成时间，以及完成这些任务所必需的资源。

② 生产作业计划工作的作用。A.生产作业计划对企业生产计划规定的任务从空间上、时间上和计划单位上进行细分，从而能够具体落实企业生产任务，是保证实现企业生产计划的重要工具。B.生产作业计划把企业各生产环节有机地联系起来，是企业组织日常生产活动的依据，也是建立正常生产秩序、实现均衡生产的重要手段。C.通过科学合理地编制生产作业计划并组织实施，能够充分挖掘并有效利用企业生产潜力，提高企业生产活动的经济效果。D.详尽具体的生产作业计划有利于企业做好日常生产准备、原材料供应、设备维修和劳动力调配等工作，促进企业管理科学化和规范化，不断提高企业管理水平。

（3）生产作业计划工作的内容。

① 编制生产作业计划。

按生产作业计划的范围划分：A.编制企业生产作业计划，即厂部规定各车间的生产任务；B.编制车间内部生产作业计划，即车间规定工段（小组）、工序及个人的生产任务。

② 组织落实生产作业计划。按照生产作业计划规定的任务，采取措施予以落实，主要有三方面的工作：A.生产作业准备工作的落实；B.生产调度工作（日常派工）；C.生产作业控制。

（4）生产作业计划的编制。

① 生产作业计划的编制要求。

A.严肃性。生产作业计划不是可编可不编的问题，而是必须编。执行作业计划也要严肃，不是可执行可不执行的问题，而是必须执行。生产作业计划如果不严肃，计划本身的问题就很大，就会缺乏有效性，失去作用。如果执行不严肃，有章不循，正常的生产秩序就会遭到破坏，各生产工序各自为政，使生产成为一盘散沙。B.科学性。编制生产作业计划要有科学的依据，所采用的基础资料、信息等必须真实、可靠。同时，编制计划的方法也要科学。C.预见性。生产作业计划和其他计划一样，在时间上必然具有超前性，所以存在预见性问题。要充分估计到即将开始的未来所存在的优势和困难，努力发挥有利因素的效用，克服不利因素带来的困难,早发现问题,早提出措施意见。D.全员性。生产作业计划的执行是全体员工的事情。第一线员工最了解生产,最熟悉生产工艺。只有多听取一线职工的意见和建议,才能使生产作业计划具有可操作性。

② 生产作业计划的编制程序。

A.调查研究,广泛收集作业计划的相关资料,包括:a.年度、季度生产计划和订货合同;b.前期生产作业计划的预计完成情况和在制品周转预计结存情况;c.现有生产能力和负荷情况;d.原材料、设备、工具、工艺设计与工艺文件的准备情况;e.人员的配备情况;f.生产现场的基本情况等。B.生产日程和产品出产进度安排。印染生产日程的安排应遵循的原则:a.交货期先后原则,即订单的到达是有先后顺序的,但安排生产日程时一般应按照交货期的先后,以保证订货合同规定的交货期限;b.客户分类原则,即重点的优质客户的订单应优先安排;c.产能平衡原则,即安排生产日程时应全面考虑各生产单位产能的平衡,考虑机器设备均衡负荷,克服瓶颈,尽量避免出现部分设备停工待料而个别机台拥堵排队的现象;d.工艺流程原则,即工序越多、工艺越复杂的产品,越应优先安排;e.先锋试样优先的原则,即从大局出发,优先安排先锋试样产品。C.确定各生产单位的生产任务。确定各生产单位的生产任务,应根据客户产品的批量、交货期及产品的生产流程、工艺的难易程度合理安排。印染生产多属于订单式成批生产,每个订单数量、品种、色号、工艺难度、产品档次等都可能不同,因此安排产品的出产进度较为复杂。通常采用的方法:a.对于批量较大的订单,考虑到客户多为服装等类型的企业及其生产特点,可采用细水长流的方式大致均匀地安排生产和出产进度,也可根据企业生产情况,参照用户要求的交货期,采用集中的生产方式安排出产进度;b.新老产品应考虑交替生产,以免生产技术准备工作时松时紧;c.不同加工工艺的订单,应考虑适当搭配,合理安排出产进度,以充分利用各种设备的生产能力,实现均衡生产,以提高企业的经济效益。

③ 生产作业计划编制中的几个基本概念(表5-5)。

印染企业各个生产环节所结存的在制品的品种和数量经常变动,不易掌握,但生产批量、生产周期、生产提前时间和数量等都是固定的,可利用这些指标来进行时间和数量上的衔接。

表5-5 生产作业计划编制中的几个基本概念

基本概念	内容
期量标准	指为加工对象在生产期限和生产数量上所规定的标准数据。"期"就是时间,"量"包括数量和质量
批量	指花费一次准备至结束所投入(产出)的一批相同制品的数量 ① 大批量生产:生产稳定,效率高,成本低,管理工作简单,但具有投资量大、适应性和灵活性差等缺点,产品更换较为麻烦 ② 小批量生产:由于作业现场不断变换品种,作业准备改变频繁,生产设施利用率降低,因此生产稳定性差,效率低,成本高,管理工作复杂
生产间隔期	指相邻两批相同制品投入或出产的时间间隔 当生产任务一定而平均日产量不变时,生产批量和生产间隔之间的关系: 生产批量=生产间隔×平均日产量

续表

基本概念	内容
在制品定额	指车间在制品占用量,包括正在加工、等待、运输或检验中的在制品数量 ① 周转在制品定额 $$周转在制品定额=生产批量\times\frac{生产周期}{生产间隔期}$$ $$周转在制品定额=生产周期\times 平均日产量$$ 前者在定期轮番生产的条件下采用,后者在不定期成批生产时采用 ② 库存在制品定额,指存放在中间仓库的在制品数量。它是根据各车间在制品的入库和出库方式、期末周转在制品占用量及车间之间保险在制品占用量确定的
生产提前期	指产品在各工艺阶段出产(投入)日期比成品出产日期提前的时间,分为投入提前期和出产提前期。提前期是根据车间生产周期和生产间隔期计算的,同时要考虑一个保险期。提前期按反工艺顺序连续计算,其计算公式: 某车间投入提前期=本车间生产提前期+本车间生产周期 某车间生产提前期=后车间投入提前期+保险期 有了提前期标准,企业就可根据生产计划或合同规定的产品交货期,确定各批产品的投入时间和生产时间,保证生产任务按时完成

④ 生产作业计划的编制方法。

A. 生产提前期法。生产提前期法适用于成批生产企业的生产作业计划的编制。此法将预先编制的生产提前期转化为提前量,确定各车间(工序)计划期应达到的投入和产出累计,减去前期已投入和产出的累计数,求得各车间(工序)完成的投入数和产出数。

B. 生产周期法。生产周期法适用于小批生产企业。它是根据订货合同规定的交货日期,编制各种订货在加工阶段的生产周期图表及产品投入出产综合进度,确定车间(工序)生产任务的一种方法。

C. 网络计划法。网络计划法是运用网络理论,通过绘制网络图(也称箭头图),从中确定关键路线,据以合理安排人力、物力和财力,达到控制任务进度和成本费用的一种统筹方法。网络计划法多用一些错综复杂的活动过程,揭示组成活动过程的各分活动之间的内在联系,指出其主要矛盾之所在,并通过对网络的优化分析,不断改善网络计划,求得工期、资源与成本的最优方案。它适用于订货式生产,各种产品的数量任务完全取决于订货的数量。这种生产类型的生产作业计划的编制一般不涉及量的问题,主要使生产的产品在工序和时间上衔接起来,并保证产品的交货期。图 5-1 所示为某企业的印花生产网络计划。

根据网络计划图,按每一工序所需时间,可以计算出各工序的生产提前期,以保证准确的交货期。图 5-1 中的①坯布精练和②印花制网工序是影响最大的关键工序,也是能够不断进步的可挖潜工序。如采用激光制网或喷墨制网,可省却人工的分色描样,使印花制网质量大幅度提高,制网周期大幅度缩短,进而使生产工期大幅度缩短。

D. 滚动计划法。滚动计划法把计划期划分为若干间隔,如季、月、旬等,最近的时间间隔中的计划是实施计划,其内容具体、详细,与生产作业计划相近。随着计划的实施,根据内

```
            ②印花制网
              ↓
①坯布精练──③加白或打底──⑤印花──⑥蒸化──⑦水洗──皂洗──
              ↑
            ④色浆调剂

水洗──烘干──⑧拉幅──⑨检验──⑩装潢成包
```

图 5-1　印花生产网络计划

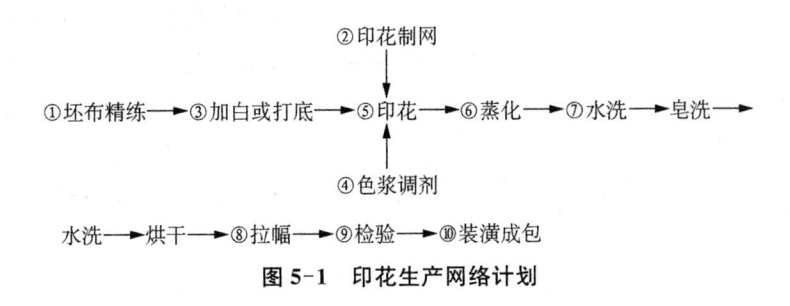

外部条件的变化情况,不断地对计划进行调整、延伸,编制出新的即将执行的计划和预期安排计划。如此使静态的计划变为动态的追踪计划,增强了计划的灵活性与现实性。企业的生产计划具有严肃性,但必须考虑有一定的弹性,一般用滚动计划法来增加计划的弹性。

3　生产(作业)计划的实施

印染企业日常生产活动就是实施生产(作业)计划的过程。实施生产(作业)计划的任务是把企业的生产计划目标变成现实,加工出市场所需的产品。在这个过程中,实际与计划之间常常会出现时间上的超前或滞后及数量上的增加或减少。通过对生产活动的监督、检查,及时发现实际与计划的差异,采取措施进行预防和调节,减少或者消除差异,保证生产系统正常运行,从而达到计划预期的目标,实际上就是生产作业控制。

生产计划的实施有三方面的内容:一是组织好日常产品的生产加工运作,按照生产作业计划的要求,检查生产作业准备工作的进行情况,组织、协调企业日常生产活动,合理调配人力、物力,充分利用生产能力;二是全面了解和掌握生产作业计划的执行情况,采取措施,保证按计划规定的数量和进度生产产品;三是安排好新产品的试制工作。这三方面工作的贯彻是通过生产调度方式进行的。

3.1　生产调度工作

生产调度是指在执行生产作业计划的过程中,对日常生产活动所进行的组织、检查与调节。生产调度工作以生产作业计划为基础,涉及日常生产活动的方方面面,贯穿于生产作业控制的全过程,是实施生产作业控制的"控制器"。

3.1.1　生产调度工作的内容

生产调度工作的任务就是及时检查作业计划安排的执行情况,发现并解决执行中的各种问题,使生产活动协调地进行,从而保证生产任务的完成。

生产调度工作内容主要包括:

(1)按照生产作业计划的要求,安排日常生产活动,检查计划执行情况,控制生产进度。及时发现问题,查找原因,采取纠偏措施,特别要抓好关键产品、关键设备、关键工序。

(2)检查生产前的作业准备工作,督促并配合有关部门落实生产所需的各种技术条件和物质条件。

(3)根据生产需要适当调整劳动组织,合理调配劳动力。

（4）检查生产设备的运行状况和利用程度，保证设备的合理利用，督促有关部门进行设备维护、保养和计划预修。一旦出现设备故障，须立即组织抢修。

（5）检查、协调生产过程中的物料供应，掌握原材料、半成品的情况，经常与物料供应部门沟通，保证厂内运输畅通。

（6）掌握能源动力的保证程度，如遇临时停电，应及时采取对策，比如调整班次、错动上下班时间等。

（7）及时、妥善地安排临时追加的生产任务和新产品试制工作。

（8）检查合同履行情况、成品入库情况。

（9）检查安全生产与文明生产情况，协助相关部门及时消除不安全因素，千方百计地保证安全生产。

（10）通过核算，统计全面掌握生产情况。

3.1.2 生产调度工作的方法

生产调度工作是一项实践性很强、非常复杂而又细致的工作，没有正确的工作方法是不能做好的。一般来说，生产调度要做好如下工作：

（1）定期召开调度会。调度会分厂级调度会和车间调度会，由相应分管生产的领导召集，有关人员参加。会议主要听取生产情况汇报，重点进行协调，解决问题。此外，也可以根据生产实际情况，召开临时性调度会议。

（2）搞好调度核算。调度人员要准确、及时、全面地掌握生产进度情况，做好调度核算，建立统计台账，及时向上级汇报。

（3）实行现场调度。这是调度人员深入生产实际、就地解决问题的一种调度方法。实行现场调度，既能了解生产的实际情况，又能迅速及时地解决问题。

另外，还可召开轮班前会、轮班后会等，合理解决轮班交接事宜。

生产调度工作应适当配备必要的技术装备和技术条件，以保障调度工作迅速高效，如企业内部应建立生产网络和ERP系统。

3.1.3 新产品的生产计划安排

新产品是指在一定地域内，第一次生产和销售，在原理、用途、性能、结构、材料、技术指标等某一方面或几个方面比老产品有显著改进、提高或独创的产品。新产品的特点：①具有新的原理、构思或设计；②采用了新材料，其性能有大幅度的提高；③产品结构有明显改进；④产品的使用范围扩大。

新产品按其具备的新质程度分为全新产品、改进新产品、换代新产品、仿制新产品，按开发的方式分为企业自主开发的新产品、用户订货开发的新产品。

新产品的生产计划安排有别于一般常规产品：

（1）新产品试制阶段。在新产品试制阶段，即试验生产阶段，生产计划管理部门应高度重视，倾注精力"开小灶"，在物力、人力和整体计划安排上给予优先照顾，保证新产品试制的顺利进行。需做好以下工作：

①协调组织好新产品需要的常规原材料和特殊原材料、机配件、染化料及其他物资的准备。②协调组织好新产品先锋试验需使用的生产线的检修、整机或改装等工作，而且该生产线

对正常产量的影响因素应在月度或期间生产计划的综合平衡中予以考虑,视情况进行冲销或提高其他机台产量予以填补,确保期间生产计划全面完成。③协调组织好技术业务高手的选配调度工作,以满足新产品试制的专业技术要求。例如,从不同轮班中抽调操作能手,从设备维修线上筹配技术尖子进入试制小组等,这些都涉及劳动用工调度,生产计划部门要主动参与筹划好这些工作。

（2）新产品投产阶段。新产品经过试制阶段已形成一整套有别于大路产品的运作管理方法。生产计划部门应对与生产密切相关的部分进行分析研究,汇总提高,上升为正式的生产运作模式,使新产品早上正轨生产的快车道。这一阶段要做好以下工作:

①会同技术部门认真总结试制过程中生产管理的特点、难点,找出重点,拟定相应的对策、方法和相关车间、部门的责任。②督促正式的工艺设计,并全面贯彻执行。③将相应的新操作方法和轮班管理事项纳入到正常管理程序。④利用生产调度会,重点分析新产品生产情况,有效解决新产品生产过程中的不稳定因素。

3.1.4 生产调度工作的原则

（1）计划性。生产调度工作的计划性的主要体现:一是调度工作以生产作业计划为依据;二是调度工作的灵活性服从计划工作的原则性;三是协助计划部门做好生产作业计划的编制工作。

（2）预见性。生产调度工作通过总结分析,掌握生产过程各环节的内在联系和矛盾运动状态,探索调度工作的规律性,从而能够预见可能发生的偏差,事先采取预防和纠偏措施,争取主动。

（3）集中性。调度人员是生产领导的助手,对生产活动进行指挥与协调,因此必须坚持集中统一的原则,即按管理层次,下级服从上级,各生产环节统一于企业生产总指挥。调度人员要按生产领导的指示行使调度职权,发布调度指令,生产领导则要对调度人员明确指示,充分授权。

（4）及时性。生活调度工作要及时发现问题,迅速分析原因,尽快采取措施予以解决。这是及时性的基本要求和具体表现。为此,必须信息渠道畅通,信息完整、准确、及时,调度人员要经常亲临现场,深入实际。

（5）全员性。生产过程中许多问题的发现与解决都直接来源于生产第一线,调度工作必须充分依靠广大员工,才能使调度工作更好地符合实际。

3.2 生产进度控制

生产进度控制又称进度管理,是指对每个生产订单从原材料投入生产到成品入库为止的全过程所进行的控制。生产进度控制是生产作业控制的关键,它的基本内容包括投入进度控制、出产进度控制、工序进度控制。生产进度控制贯穿整个生产过程。从生产技术准备开始到产成品入库为止的全部生产活动,都与生产进度有关。

生产进度控制涉及企业的方方面面。影响生产进度的原因既有企业外部的,也有企业内部的。企业外部的环境因素常常是不可控制的,而企业内部因素一般认为是可控的。影响生产进度的主要内部因素:①设备故障;②停工待料;③质量问题;④员工缺勤。

现在不少印染企业在生产管理中采用了印染 ERP 系统,它大大提高了生产计划编制的效率和科学性,提高了生产进度控制的实时性。

【案例】

针织印染企业计划调度管理与染色质量

1. 毛坯布的管理

规范的织厂通常会按照纱、线、丝等原料的批次、批号等分批织造,并把批次、批号等信息分别标明,及时清楚地通报到染整企业。染整企业在采购毛坯时,要求供货企业提供详细的坯布原料信息。若不能提供和标明基本信息情况的,属于不规范企业,可以取消其供货资格,在来料染整加工时,无论对方为单纯的织布厂、成衣厂或是商业企业,必须提供坯布的基本信息(包括机织物的经纱用浆料、针织物的织造用油剂等)。染色前必须进行毛坯检验,将坯布按批次、批号等信息归类,再补充毛坯布的入库日期,并加编批次标记。若情况仍不清楚,应及时通知技术部门对入库各批次坯布打样复色,然后才可进行配缸、排缸和投产。

2. 不同规格染色机对染色质量的影响

松式浸染染色机的布容量从 100 kg 到 1 000 kg 以上,具有从小到大的规格系列,可适应不同批量的染色加工需要。设计 500 kg 以上的大容量染色机,是从设备角度出发,尽量避免染色缸差。但客户染色订单上一个色泽的染色数量刚好与染色机的容量规格相吻合的情况是非常少的,绝大多数情况下,是非少即超,能一缸正好染完是不现实的。所以,单从设备角度努力,不能消除缸差。

常规类型的小容量染色机,不论是单导布管的还是双导布管的,其实际布容量并非全根据缸体容积,还要根据坯布运行速度及其在染机内循环一周的时间来决定,所以具体配缸,既受坯布质量的限制,又受坯布长度的限制。因为染色机缸体的大小和长度是确定的,若配缸超重、超长会造成堵缸、打结、色花等问题。500 kg 以上大容量的松式浸染机是由 150~250 kg 的小容量机并联组合而成的,虽单机容量增大了,相应地却带来了管差问题。另一种多缸体串联式组合的大容量单布环运行染色机,虽从运转原理和方式上克服了并联式大容量机的管差问题,但存在操作上的复杂化和易堵布问题,并且处理堵布困难,其普及率远低于并联式。管差现象与设备的运转状态有关,也与坯布配缸上的不合理相关。管差是缸差在并联式大容量机上的变相形式,坯布染色后在缸内进行剪样对色时,一般不易发觉,纠色回修必须出缸后逐管检查区分,再换缸分别处理。管差要比小容量机的缸差回修问题繁复和麻烦。

3. 计划调度管理必须掌握的基础情况与动态信息

3.1 基本情况

3.1.1 设备方面

每一台不同类型、不同规格的染色机,各自的最大容布量与最大容布长度,每一台染色机所适应的坯布品种及不适应坯布品种,包括经编织物、纬编织物及其弹性织物、混纺织物、交织物等等的适用情况。每一种类染色机,对于各类适用坯布品种在染色后伸缩率的影响及其基本参数。

3.1.2 坯布方面

每一种坯布的规格如克重（g/m 或 g/m²）、门幅尺寸（或筒径）以及质量情况；毛坯与染色成品的伸缩率参数（包括门幅、长度）；各参数的允许误差范围。弹性织物须单独立项。各不同纤维原料的坯布正常染色工艺条件下的加工时间，各染色机及其染色工艺对于坯布的质量与长度等的要求。

每一种坯布及其各规格的单位长度与质量的对应参数（g/m 或 g/m²）、门幅尺寸（或筒径）；毛坯与染色成品的伸缩率参数（包括门幅、长度）；各参数的允许误差范围。弹性织物须单独立项。各不同纤维原料的坯布正常染色工艺条件下的时间周期。各染色机及其染色工艺对于坯布的质量与长度之间的制约关系及其参数与换算。

3.2 动态信息

入库待染坯布的品种、规格、总匹数、总质量及其总长度，以及其中各批次、各批号的分匹数、分质量及其分长度（详细到每一匹）的清单。染色订单情况，特别是客户的交货期以及有无特殊性要求等。今、明、后3天内已下达的短期计划及当天的生产进度现状。车间各染色机台当天和当前染色的色泽及其所用的染料大类。

4. 配缸的要求及对质量的影响

4.1 防匹差

不同批次、不同批号的毛坯布，不能配于同一缸，如需配置拼缸的活，应事先通知技术部门打样测色，若色差过大、超过了衣片色差规定要求，不可拼缸。

4.2 防缸差及管差

在浸染配缸时，要对计划安排的总缸数作全盘统筹，以均分为指导原则，禁止以匹数为单位的均分。每缸之间的允许误差须控制在（100±3）kg 以内。3%的公差，是人的眼睛对颜色明度的生理敏感性上的临界点。

例如：某一批经编坯布来单的某一色泽，来坯计有 2.1 t，计划排在 200 kg 规格的喷射染机中，应均分而配成 11 缸。详查清单，作好长和短的相互调节搭配，做到在允许误差范围内的均衡。遂由技术部门以本批坯布 11 缸的平均质量值为准，开出统一的染色工艺配方单，车间的大生产按照此单子统一称取染化料，统一执行工艺规程。这样，只要放样工作不发生追加染料纠色调整，挡车操作确保工艺条件执行一致，设备运转正常，就不会出现明显缸差现象，同时有利于减小称料误差。

对于并联式的大容量染色机。除了要防缸差。同时还要防管差，故在配缸上要求更严格，坯布均分要落实到管，允许误差则要求在（100±2）kg 以内。

例如：有客户来单的某一个色泽要染 850 kg 共 82 匹，计划排在 1 t 规格的 4 缸体 8 导布管道并联式大容量染色机中。按照原始匹数，几乎无法均分到管，但经坯布长短调配，有可能做到，匹数越多时，调节的余地也就越大。若实在难于理想均分，则看改排到常规小容量机上能否解决，因单缸体染色机没有管差问题，配缸余地大；也可与客户速作联系，讲明关系和影响，征得同意后作开剪搭配 原则是能不开剪尽量不开，即使要开剪也应限制到最少。

4.3 防过量

坯布配缸过量，会带来许多后遗症。溢流、喷射等松式浸染机的容布量，设备制造厂所提供的仅是一个质量参考数,但在实际使用中,坯布容量还与坯布的长度、坯布品种、规格及轻重厚薄以及门幅或筒径尺寸等有关,这使得染色机在实际排缸时的实际容布量差异很大。

对于轻薄或细长的织物,表面上看质量没有超,甚至于还远低于额定容布量,然而其长度可能超了,甚至有较大的过超。尤其是纬编类针织物,其毛坯布的长度还不大可能准确地做出丈量,因此要转化为以坯布在染机中循环一周的时间来判定其容量是否过超,一般坯布在染机中循环一周的时间不宜超过 3 min。生产计划管理上就要求对各坯布的类别、品种及其规格参数有全面的了解,长度上的过超将使坯布在储布管道中折叠弯曲的密度加大,堆积自压的程度加重,折皱印的存留时间周期延长。如果在一定的时间周期内得不到放开和移位,将极易形成固定于一处的死折痕,坯布长度超得越多,染后褶皱印将越严重,这还与织物的密度、织造张力、纱线的捻度及其沸水收缩率有关,化纤织物与染后降温速度过快等因素有关;同时,长度过超还与坯布的打结、堵缸等故障的发生率成正比,伴随而来的是严重的色花和褶皱印(俗称鸡爪印),在液流、喷射等松式绳状方式染色中,这是一个老大难问题。

5. 排缸的要求与防止缸差的关系

配缸后的排缸,是把任务落实到机台的具体工作,相关人员随时都需要查看、查询现场的生产进程,按实际情况调整、编排计划,保证生产任务的准时、保质完成。

5.1 防搭色

排缸时,先查相关染色机刚刚完成什么颜色,对于接下来需染的色泽要做出有无不良影响的评估。如果有影响,应做出适当的清缸安排。原则是:力求排缸合理,尽可能做到不清缸或少清缸。排缸具体要求如下:

①由浅排到深,同类色优先考虑。②互补色尽量避免在同一缸前后紧排.有条件时,中间安排插入过渡色作缓冲。③深浓色翻染换浅色或因市场原因互补色翻染,应根据前后色泽差距情况,安排适当级别清缸,清缸后安排拖缸来检查清缸效果。视检查结果,决定是否需要重复处理或染下一个色泽。④白色、特白色应专缸专用。对极鲜艳的互补色,在设备允许的前提下,以分类专用为第一方案,尽量不排染于同一缸。

5.2 清缸与拖缸

清缸按程度一般分成三类,即:①轻度,安排冲缸;②中度,安排一般清缸;③重度,安排彻底清缸。拖缸含有清缸的成分,但又与清缸不同。拖缸是把备染深浓色泽的毛坯布(最好是备染黑色的)在染色机中做前处理,或只加染色助剂按染色工艺作无染料的空白染色,完成后检查布面有无沾染,若无沾染,才可安排下一单元染色。

清缸十分重要,目的是防止染色机内有以前所染色泽的染料残留,但清缸没有产量产值,却要付出生产成本。需投入相关染化料助剂、能源、水、劳动力及其时间。尤其是彻底清缸,应该说成本还不小,必须认真对待。

拖缸有清理和吸收残余染料的作用,也是对清缸的有效补充,也需付出一定成本,然而它是检查染机内部是否干净的手段,故常与清缸结合使用。

5.3 防设备性色差

由于设备类型、规格上的不同,染后色泽、色光和深度也不会完全相同,因此,当某色泽排在某一类设备中染色后,该批坯布的同一色泽只能在此类设备中排染。如果以调整染料配方的办法来克服设备类别所致的色差,对于仅用单只染料来染色的,问题不大;而若是拼色染色,就很难使色泽达到一致,如三拼色,尤其是三原色拼色的,不可能克服色泽的不一致问题,所以,不要把一只色泽同时排在不同类型的设备中染色,也不能中途调换设备类别(如液流机、溢流机或者绳状机),以防产生设备性色差。

单元 2　印染企业的现场管理

1　印染企业现场管理概述

广义上,凡企业用来从事生产经营的场所,都称之为现场,如厂区、车间、仓库、运输线路、办公室及营销场所等;狭义上,企业内部直接从事基本或辅助生产过程的场所,称之为现场。现场为企业创造出附加值,是企业活动最活跃的地方。现场管理就是用科学的管理制度、标准和方法,对生产现场的各生产要素,包括人(员工和管理人员)、机(设备、工具等)、料(坯布、染化料、产成品等)、法(加工工艺、检测方法等)、环(环境)、信(信息)等,进行合理有效的计划、组织、协调、控制和检测,使其处于良好的结合状态,达到优质、高效、低耗、均衡、安全、文明生产的目的。现场管理以问题发生的现场作为管理对象和背景,强调对现物(需要处理的实在的对象)进行现实的分析(查明问题发生的真正原因,注重数据和事实,而不是凭经验和感觉),进而采取切实有效的措施,解决现场的问题。整齐、整洁、定置、规范、完好、安全等是现场管理的核心内容。现场管理是生产第一线的综合管理,是生产管理的重要内容。

有人认为现场管理很简单,没有多大"学问",无非是跑跑腿、动动嘴(传达上级指示、要求)、凭经验办事,这是不正确的。现场管理是一个复杂的系统工程,通过加强现场管理,可以逐步建立起良好的生产环境和生产秩序;可以使生产管理重心下移,促进各专业管理的现场到位;可以不断地发现生产中的实际问题,通过持续的改善,促进管理水平的提高和企业的不断发展。

1.1　印染企业现场管理的核心内容

如果印染企业要求每一个订单都能在定额成本内按时、按质、按量交货,那么,良好的生产现场管理是不可缺少的。印染企业现场管理的核心内容主要包括:

①现场实行定置管理,使人流、物流、信息流畅通有序,现场环境整洁,文明生产;②加强工艺和设备管理,优化工艺路线和工艺布局,提高工艺水平,严格按工艺要求组织生产,现场工艺的执行准确,操作正确,设备完好,生产处于受控状态,现场生产稳定、质量监控和保证措施的落实到位,保证产品质量,现场成本的控制措施到位;③以生产现场组织体系的合理化、高效化为目的,不断优化生产劳动组织,提高劳动效率;④健全各项规章制度、技术标准、管理标准、工作标准、劳动及消耗定额、统计台账等;⑤建立和完善管理保障体系,有效

控制投入产出,提高现场管理的运行效能;⑥搞好现场安全及文明生产的落实、班组建设和民主管理,充分调动职工的积极性和创造性。

1.2 印染企业主要生产环节的现场管理

抓好印染企业主要生产环节的现场管理是做好印染生产现场管理的基础。

1.2.1 生产准备管理

每一个生产订单(任务)在正式生产之前,必须做好相应的生产准备工作,其中生产预备会是生产组织的重要一环,是生产准备的重要手段。生产预备会的主要内容包括:

①明确订单合同的要求;②回顾和总结以往订单生产中的问题,预见新订单生产中可能产生的问题;③针对问题,制定应采取的措施和对策,包括工艺、流程、操作、设备等;④检查订单生产的准备情况,如小样的准确性、染化料准备情况、工艺、设备情况等;⑤准备预案,布置任务,落实责任。

生产计划下来后,作为具体执行车间,在生产开始前,必须进行三核对、三检查和三到位工作。

(1) 三核对:①核对订单要求的与车间准备生产的坯布或半制品的品种规格是否一致;②核对计划数量(客户要货数加上合理的加成数)是否正确;③核对所要求的上染颜色是否正确,避免"张冠李戴"现象。

(2) 三检查:①在染色或印花前须检查白布半制品质量是否符合要求;②检查小样仿色处方是否有漏误;③检查按处方调配的大缸染液或色浆是否正确,可以取少量的大缸染液或色浆打小样检查。

(3) 三到位:①首先要人员到位,在生产放样之前,除了全机台定员到位外,轮班长、技术人员更必须到场;②工艺到位,严格控制打样的车速,各种配液的浓度测定调节到位,汽蒸箱的温度一定要达到工艺规定数值;③操作到位,进布须平整,遇到所加工布匹的幅宽与机台导布幅宽不一致,必须在样布和导布间接相应幅宽的过渡引布,挡车工要预先调好轧车的压力,该加水冲淡或加脚水的必须按规定操作。

1.2.2 生产调度管理

生产调度的任务是检查各个生产环节的化学药剂、染料、半成品的投入和生产进度;检查、督促和协调有关部门及时做好各项生产作业准备工作,并根据生产需要合理调配劳动力;对轮班、昼夜、周、旬或月计划完成情况进行统计分析;督促检查原材料、设备、动力等的准备情况。

生产调度工作必须以生产作业计划为依据,讲求高度的集中和统一。现代化的大生产中生产情况千变万化,讲管理就必须讲统一意志、统一指挥。印染企业常由企业生产主管、生产计划科、车间主任、车间轮班长、生产组长构成强有力的调度系统,行使调度权力,发布调度命令。生产调度要以预防为主,主要预防生产活动中可能发生的一切脱节现象。调度人员必须深入实际,及时了解生产活动中的变化情况,分析研究所出现的问题,出主意,想办法,克服困难,圆满完成生产任务。

1.2.3 运转管理

运转管理是实行多班制连续生产的企业对多班制连续的日常生产运转的决策、计划、组织、指挥、协调和控制。印染企业的运转管理特点是工作面广,工作量大,直接影响产品产量、质量和经济效益等,必须引起重视。

（1）运转管理的任务与内容。

① 运转管理的主要任务。合理组织一线员工,正确使用和爱护机器设备,按生产工艺对织物进行有效的染整加工;制定和执行运转管理制度,协调各项工作,建立正常的生产秩序,改善劳动环境,确保安全生产等。

② 运转管理的内容。运转管理主要是现场管理,其工作内容非常具体细致,因而必须充分发挥班组长的作用,抓好运转交接班清洁、材料供应、责任制和操作纪律等重要环节。做到人人有专责,事事有人管,办事有标准,工作有检查,使企业生产有条不紊地进行,保证全面均衡地完成生产任务。

A. 交接班管理。印染企业的生产车间一般实行多班制生产。实行多班轮班生产的车间和部门都要建立交接班制度,切实做好交接工作。车间或部门领导要经常参加和检查交接班工作。运转交接班工作是保证正常生产秩序的一个重要环节。车间轮班长、生产组长、工人之间实行对口交接,交班人做好交班准备,接班人提前进入工作现场,交接双方应共同巡视工作区域。交接班的基本要求是"人人对口、内容明确、交班主动、接班严格、交接满意"。交接班要严肃认真,分清责任。

交接班内容包括：a. 生产情况,如产品的品种、规格、数量、生产计划执行情况,半制品储备情况,上级交办的任务,翻改品种的规格、数量、进度要求等；b. 工艺要求及变更情况,如工艺处方、工艺条件和控制范围、上一班执行中的经验和问题等；c. 设备运转情况及存在的问题,如检修注意事项,原始记录、图表,机台、环境的清整洁情况,滴定仪器、导布、导带、布车等用具情况。一般的交接记录表见表 5-6。d. 未经交班,交班人不能离开现场。接班时发现的连续性疵点由上一班负责,未发现的由接班人负责。当班的设备故障或事故由当班处理,如无法处理完毕,向接班人说明原因,并提供处理办法。

表 5-6 某车间（机台）交接记录表　　　　年　月　日

项目\当班产量	批号	品种	产量	批号	品种	产量	批号	品种	产量
开车时间	点 分～点 分			点 分～点 分			点 分～点 分		
中间停车	点 分～点 分			点 分～点 分			点 分～点 分		

续表

停车原因			
设备运转			
箱号记录			
交班事项			
	早( )挡车_____	中( )挡车_____	夜( )挡车_____

B. 节假日前后的运转管理。节假日停车时间较长，车间的温湿度、设备等条件变化较大，对生产会带来一定的影响。另外，节假日也是一些平时不能长时间停车保养的关键设备进行检修保养的较好时机，因此制定相应的制度，做好节假日前后及期间的运转管理工作，是确保生产顺利进行的重要环节。节假日前后的运转管理主要内容包括：a.节前关车。节假日前，应做好计划调度，制定各工序关车的先后顺序；做好机械部分的防锈蚀和变形的措施；做好在制品的保护工作；做好消防安全工作等。b.节日期间设备的检修与保养。节前应做好设备检修保养计划，做好相应的零备件准备工作，做好设备及工艺技术人员的安排，节日期间应按照计划，做好相应设备的检修与保养工作，以保证日常生产中，设备具备较好的工作状态。c.节后开车。节假日后，应认真做好车间开车生产的相关工作，迅速恢复正常的生产秩序。节后开车，一般印染企业都要由厂长或副厂长带领生产有关部门负责人巡回检查全企业的开车状况，车间主任或副主任跟班督促检查生产情况，各生产辅助部门应提前到厂，做好相应的生产准备工作；应根据在制品的情况及实际生产情况，确定各工序的开车顺序，保证各工序之间供应不脱节；开车前，应对设备状态逐台检查。

(2) 运转管理责任制。根据运转管理的任务，企业必须建立运转管理责任制，明确厂部、车间、班组各级在运转管理中的职责。

① 厂部运转管理责任制。厂部运转管理责任制一般由职能部门起草，主管厂长审核，厂长签发。基本内容：在生产主管副厂长(或生产副总)领导下，由生产技术科负责运转管理工作，对车间进行业务指导。主要内容包括：A.定期研究制定全厂运转管理工作计划，并组织贯彻实施，定期检查，进行总结；B.建立和健全有关运转管理的规章制度，总结交流管理经验，不断提高运转管理水平；C.审核车间运输工具、用具、化工药品容器的使用计划；D.建立以生产主管副厂长(生产副总)为首的各级生产巡视制度，经常深入车间了解生产和产品质量情况，对轮班进行全面性的检查，以改进工作方法和工作作风。

② 车间运转管理责任制。车间运转管理责任制一般由车间主管主任起草，车间主任审核，主管厂长签发。基本内容：由车间主任或副主任分管运转工作，加强对轮班班长的领导，妥善安排轮班工作，使运转管理工作正常化、作业化。主要内容包括：A.车间主任和主管副主任领导车间的生产调度、质量管理、交接班、清洁、容器用具及运输管理工作，加强检查，定期总结；B.按照厂部生产计划，结合车间实际，制定车间计划，并组织贯彻实施，发现问题及时解决；C.组织制定和贯彻车间岗位责任制及有关规章制度；D.搞好机器设备保全保养的检查和交接工作，教育职工正确使用和爱护机器设备；E.贯彻"质量第一"的方针，定期组织访问后道工序；F.会同工会组织劳动竞赛，调动工人的积极性；G.做好劳动力调配，加强班组建设，关心员工生活，保证生产安全。

③ 轮班运转管理责任制。轮班运转管理责任制一般由轮班班长起草，车间主管主任审核，主管厂长签发。基本内容：轮班班长在车间主任的领导下，负责轮班的运转管理工作；生产组长在轮班班长的领导下，负责抓好小组的运转管理工作。主要内容包括：A.认真贯彻各项运转管理制度，严格执行岗位责任制，经常检查执行情况，及时提出改进措施，总结交流运转工作的经验；B.做好劳动力调配，加强上下工序间的联系，掌握各工序生产和供应情况，保证生产正常进行；C.加强小组建设，关心群众生活，注意安全生产，充分发挥小组作用，不断提高小组的管理水平；D.组织班组积极投入劳动竞赛，表扬先进，帮助后进；E.认真做好各项原始记录，组织好在制品、半制品和布车等的盘点工作；F.使用、维护好机械设备和各种生产运输工具、用具和容器。

1.2.4 操作管理

目前，印染企业的作业多数是机械化和手工操作高度结合的。工人操作技术和执行操作规程的好坏，在印染生产中占有十分重要的地位，起着其他基础工作不能替代的作用，操作水平将直接影响产品质量、产量、消耗及企业的整体效益。因此，加强操作管理，研究制定符合印染生产规律的、科学的工作法，是运转管理的一项重要内容，具有十分重要的意义。

操作管理的主要任务在于通过操作技术的培训、帮教、训练、测定、总结和推广等工作，全面提高工人的操作技术水平，把工人的操作纳入统一的操作法，以适应印染生产的要求。为此，必须建立厂部、车间、轮班的三级操作管理责任制。

（1）厂部操作管理责任制。厂部操作管理责任制一般由生产技术科起草，主管厂长审核，厂长签发。基本内容：在生产副厂长领导下，由技术科设专职人员负责操作管理工作，对车间进行业务指导。主要内容包括：①制定全厂操作管理工作计划并贯彻实施；②建立与健全有关操作管理的规章制度；③总结操作管理的先进经验，组织交流推广活动，对操作管理中做出重大贡献的先进人物和操作能手给予奖励；④会同有关科室制定新工人技术培训计划，并进行考核鉴定；⑤审批车间的操作法。

（2）车间操作管理责任制。车间操作管理责任制一般由车间主管主任负责起草，车间主任审核，主管厂长签发。基本内容：由车间主任或副主任负责操作管理工作，并按实际情况，配备专职技术员或教练员，协助车间主任做好操作管理工作。主要内容包括：①制定车间操作管理实施计划，并组织轮班执行；②制定和贯彻执行操作制度，及时总结先进经验，不断提高工人的操作水平；③教育生产工人正确使用和爱护机器设备；④负责做好工人的技术培训工作；⑤修改操作法，报厂部审批；⑥对车间的操作能手进行奖励与表扬。

（3）轮班操作管理责任制。轮班操作管理责任制一般由轮班班长负责起草，车间主任审核，主管厂长签发。基本内容：由轮班班长负责轮班的操作管理工作，并可视情况配备专职教练员，协助轮班班长做好轮班操作管理工作；生产组长负责小组操作管理工作。主要内容包括：①贯彻执行各项操作管理制度；②总结交流操作经验，开展操作观摩和练兵活动；③做好新工人培训工作；④正确使用和维护好机器设备；⑤贯彻执行各项工作岗位责任制。

印染企业应根据产品特点、工艺要求、设备结构、原材料性能和安全技术要求，组织制定和修改各运转工种的操作法、操作规程。加强操作管理的常用方法：①集中培训、专人指导，有计划、有步骤地对操作员工进行培训，新员工培训考核合格后才能独立操作。②定期进行操作技术测定，评定等级。各工种根据不同质量要求确定本工种操作合格等级，把测定和评定结果记入个人生产卡片，作为考评依据。③建立操作检查制度，监督现场操作按规定执行。表5-7为练漂车间工艺检查记录单。

表5-7　练漂车间工艺检查记录单

日期：

项目		机台	平漂机			丝光机			定型机			加白烘干	焙烘机	备注
			1#	2#	3#	1#	2#	3#	1#	2#	3#			
车速	工艺													
	实查	1												
		2												
温度	工艺													
	实查	1												
		2												
压力	工艺													
	实查	1												
		2												
落布门幅	工艺													
	实查	1												
		2												
碱浓度	工艺													
	实查	1												
		2												
pH值	工艺													
	实查	1												
		2												

1.2.5 现场作业核算

生产作业核算的内容一般包括产品及其半成品的出产量和投入量、完工进度、各个生产单位的产、质量情况和设备的利用率等。

生产作业核算的方法和具体形式，虽然因企业的生产条件不同而不同，但其基本原则相同。首先将生产中有关方面的活动记载在原始凭证上，然后按照一定目的把资料汇总记入有关的台账或编成各种图表。

生产作业的原始凭证主要是通过单、卡、票据等形式，用数字或文字对生产活动所做的最初的记录，故又称作原始记录，如产量报表、个人生产记录、工艺流转卡、单工序调度单、领料单、入库单、废品通知单、废品回用单、返修通知单等。其中有些凭证，如工艺流转卡、单工序调度单等，不仅是生产作业核算的凭证，而且是派工指令的凭证。这样做既可以减少在生产中流通的凭证种类，又可以把生产指令和实际完成资料结合在一起，便于计划和实际的分析对比。

作业核算工作的要求是要系统、经常、及时、准确、简便易行。更重要的是做到数字准确、账账相符、账和实际相符。

有了原始资料，要进一步把这些资料汇集起来，记入生产作业统计台账中。台账是原始记录的汇总，它具有逐日登账、逐日汇总的特点。建立健全生产作业台账制度，有利于及时掌握生产动态，控制生产作业进度，对生产作业的分析工作也很有用。常见的车间统计台账如表 5-8。

表 5-8 生产运转情况记录卡

时间(时分)			工作记录	坯布门幅	产品名称					数量/m	其他记录
起	止	用时			品种	批号	箱号	花号	色别		

除了统计台账表外，还可以采用一些生产作业的统计、记录可控制图表，可更加直接地了解生产进度和控制计划的执行，如表 5-9。

表 5-9 染色车间机台配液记录

年　月　日

批号		早(　)班			批号		中(　)班			批号		晚(　)班		
品种		班产量			品种		班产量			品种		班产量		
产量		接班	干料		产量		接班	干料		产量		接班	干料	
			料液					料液					料液	

续表

工艺处方	新做		工艺处方	新做		工艺处方	新做	
	耗用			耗用			耗用	
	交料	干料		交料	干料		交料	干料
		料液			料液			料液
签名	配料		签名	配料		签名	配料	
	挡车			挡车			挡车	
	接班			接班			接班	

1.2.6 坯布管理

坯布是印染企业生产的原料，要占用大量的生产流动资金。坯布管理是印染生产现场管理的重要一环。

首先，生产计划部门要根据生产计划、坯布计划或客户供坯情况，及时采购、调运和组织坯布。坯布管理中，既要防止坯布脱节而影响生产，又要防止坯布压库而占用大量流动资金。

仓库收坯要认真验收品种等级数量，核对货单相符，做好坯布记录和分户账目，列出等级备查。发现来坯短少、差错和受潮、发霉、沾污等情况，可以拒收。验收人员对短少、差错、受潮、发霉、沾污的坯布入库，要承担责任。坯布进库后，应按坯布质量验收规定，按纯棉 5%～10%、涤/棉 10%～15% 的比例交坯布检验组验收质量，生产车间凭坯布验收合格通知单投产。坯布管理人员须对未经验收的坯布擅自投产负全部责任。坯布短少，由坯布管理人员负责与织厂交涉，补匹调换。对验收不合格的坯布，由坯布检验组负责索赔处理，经洗涤已处理好的坯布可发投产通知单，投产。坯布管理人员应对验收不合格的坯布，未经向织厂索赔处理而擅自投产负责。

坯布入库后，要按品种、按规格、按班别分别堆放整齐，做到来坯标记请楚，正零与降等坯布应通知原布车间在卡上记录。对签订合约、合同、协议的外加工坯布，要认真核对品种、数量，分户堆放整齐，防止差错。投产后联系成品仓库管理人员，以测算伸长系数。新品种先锋试验用的来坯，经验收后由专人管理，待确定要求后投产。因生产计划变更或坯布不符加工要求，在一个时期内不能投产而造成的积压，应及时联系，处理解决。

切实做好仓库管理，库存坯布定期翻件，防止受潮霉烂。每天做好坯布投产记录和坯布收付存台账，及时查核收付有无差错，账物是否相符。每月月终对坯布要全面盘存，编制坯布领用月报，报送生产科、财务科，以便安排下月生产，衔接下月购坯计划。

严禁在仓库内吸烟、取暖、睡觉，机动车辆一律不准开入布库，中夜班要做好巡回检查，周末、节假日前要切断电源，关锁好门。仓库人员应对仓库发生火警、盗窃等事故承担责任。

1.2.7 在制品管理

搞好在制品管理工作，要求对在制品的投入、出产、领用、发放、保管、周转，做到有数、有据、有手续、有制度、有秩序。对印染企业，在制品的流转可通过加工路线单予以控制。合理

地存放和保管在制品、半成品,充分发挥白布间、色布间的作用,重视中间仓库的管理,有两种管理方法:

(1) 企业统一管理。①设专人负责的企业统一管理。这有利于企业主管控制整个生产进程,监督各生产单位执行作业计划,能及时调整前后工段的生产情况;有利于按照作业计划的规定严格质量控制,也能防止各生产环节错用半制品。②车间分散管理,即按照不同的在制品设库,归有关车间管理。这种管理利于车间封闭生产,在制品存放较少。

在制品的管理应注意:①应力求在制品按生产作业计划的要求顺畅地流转,遇到在制品供应不畅时,应预见性地主动调整;②应合理调动运布车,保证在制品运输通畅,同时要避免流转中半制品疵点的产生。

调度人员根据生产计划及数量,书面通知原布间投坯。通知必须写明投坯坯布的批号、品种规格、车号、数量、等级、厂名等。原布间投坯中每箱布匹两头要用油墨订好批号、车号、品名的印记。分箱卡应随布流转。每机台要在卡上注明日期、生产机台班次和质量情况。如布箱上无分箱卡,下一工序不能投产。调度人员应督促做好该项工作。各工序要执行按批、按箱号顺序生产,严格做到先批先做,因质量问题或其他原因不能执行时,要向值班长、调度人员汇报,调度人员应负责及时解决。

经漂练后的最后一道工序生产的半制品,由车间半制品管理人员负责保管,整齐堆放,并检查布卡是否相符,头子是否按规定拉出。对符合规定的半制品,按批、按箱交付下道工序使用,并填写收付报表。对不符合要求的半制品,不得发放给下道工序,后道工序也可以拒收。调度人员应安排和控制好各工序机台的待产半成品存量,督促查核各机台待产半成品是否按标准堆放。

印花、染色前要查两头墨印。后箱工要在花布、色布两头加刻批号、班次梢印。布箱两头梢印不得随意撕去,不准未到梢印处换箱。如因突发机械事故、停电等,不能连续生产需分箱,要通知调度人员。分箱卡由值班长补卡并与调度人员会签。凡补卡布不能分清次布责任时,应由补卡部门负责,成品间有权将次布记入补卡部门。分箱卡不得遗失,无值班长、调度人员会签的补卡一律无效,作为遗失分箱卡处理。各机台停车时,不得将最后一匹布停在车上,也不能为超产量中途擅自分箱生产。发现这类情况,调度员有权制止。

漂布打底布等应上罩下垫。在停车前为防止沾污半制品,在布箱上应及时遮盖布罩。各车间不得擅自将半制品替作机台作业用布,做头子布、衬布、包辊筒等。

半制品送整理前,应认真核对分箱卡,布与卡要相符,内在质量要达到要求;如不符合,退给前道处理,防止拉幅定形后返工,进而造成浪费。

卷边、油污、绳洗撕断等有质量问题的半制品,不论处理好与否,都要放在原箱中,并在卡上注明数量和原因,一律不得拿下。定形热熔烤疵、丝光拉破、烘筒走边环强力不足、连续性的大量破洞等疵布,因出了事故不能继续下道生产时,车间要填写报废处理单,经生产科审核,每半月处理一次,并在车间棉布收付日报表中注明。

后道检查前道,要布卡相符、两头有印。如布卡不符或无卡,要通知前道检查,若未查清而生产的,前道值班长或机台挡车工要在卡上注明。前道工序质量问题应由前道值班长或机台挡车工在卡上注明,后道不得把布剔下或拒绝生产。

半制品的采样由值班长或技术员签名,并在分箱上注明物理试验采样,由试验人员签名。半制品内部回修时,如本品将结束生产,要根据后道进度,当天处理付清,不得剩下;若没有连续生产,则在两天内处理完毕;若超过时间未能解决,由调度人员负责处理,并做好质量考核。半制品回修尽可能在原箱内,不能放入原箱的,应核实数量,将原分箱卡减去回修数,此后另行分箱。回修卡和原卡由值班长签名。各车间要做好半制品收付结存报表,调度员负有检查、督促、考核的责任。月终做好在产品的盘存工作。

成品不符合入库要求的回修布,要填写回修通知单,发还车间回修。车间技术员负责回修卡的签发,回修卡上要注明数量、品种、回修原因,在三天内处理。超过三天,作为质量考核。成品已定级的次布,新生产的车间机台认为可回修的,需由车间技术员通知成品统计员填发回修卡,在20匹以上的由生产科长批准才能进行回修,任何机台人员不得擅自取布回修。

1.2.8 产成品管理

成品收货人员按成品入库凭单,核对装箱单数量与品种、花号、色号、数量的刷唛,发现差错应通知成品纠正。仓库库存数与凭单入栈数不符造成货账不符时,应由管理人员按周填写更正通知单,由生产科长审批后,成品间才能冲正。

成品入库后要按等级、品种堆放整齐,内外销要分开堆放。仓库人员按分管品种,每日填写库存出入表,做好产品收付存账目,月底按时做好月报,正确反映产品的销售数量。

发货人员应按提货单发货,反复核对品种数量,防止产生发货差错。根据成品入校凭单,内销分品种、花号、色号、数量、百米单价进货单,外销品种的花号、色号、数量按合约做账,外销凭质监科开出的厂检证,开具发票向外贸收款。产成品管理还应做好企业的商标管理,并负责下脚布料和回收产品入库的保管。

2 印染企业的车间现场管理

稳定的产质量是印染企业现场管理成败的重要标志。要做到这一点,必须具备四个条件:一是有先进而成熟的工艺;二是各个生产过程有严格的控制;三是有一定素质的员工;四是有严密的管理制度。这一切都建立在良好的车间现场管理的基础上。

印染企业的车间现场管理应以订单为中心,围绕着订单进行生产计划和生产准备,先确认质量,再批量生产,生产中随时检查车间现场操作情况、工艺技术执行情况和产品质量的稳定性,发现波动应及时纠正,发现问题应及时处理解决。

现场管理的六大要素:P(效率)、Q(质量)、C(成本)、D(交期)、S(安全)、M(士气)。这是在印染企业现场管理中需要努力把握的。

2.1 印染企业车间现场管理的组织

良好的印染企业现场管理必然要有以生产车间主管为主的组织领导及强有力的以班组长为核心的基层管理运作者。生产车间主管要善于组织本车间的全体班组长,以身作则,严于、勤于进行生产现场管理,不断提高技术水平与管理水平,指导他们在运作中养成观察问题、发现问题和处理问题的习惯,不断积累经验、教训,提高专业素质,成为一支得力的基层管理队伍。

车间主任要做好生产现场管理,必须具备:①对本车间的每一台生产设备,都能熟悉它的性能、技术标准和作业标准,以及生产不同规格、不同花色品种时需要掌握的技术条件;②熟悉各种不同花色品种在本车间加工中所应用的染化料、助剂性能,以及在实际生产中的作用和主要注意点;③熟悉本车间各种加工的流程和内容;④能识别订单中客户的各种要求,其中涉及本车间的要求如何掌握适应;⑤在巡视生产现场中,能善于发现运转状态的不正常情况和判断主要原因;⑥在检查加工质量中,善于核对技术标准和技术条件,能发现执行时存在的偏差,掌握调整的方法,使产品质量稳定;⑦在检查下机质量中,能及时发现疵点,及时向挡车工指出,督导挡车工纠正,或与挡车共同分析研究,提出解决措施;⑧根据订单交货期及加工指示单中本车间的实施期限,进行订单生产进度管理和生产调度管理;⑨能善于组织本车间的挡车工及主要工作岗位的工人进行组织管理,加以督导,培养并发挥他们的积极性与提出合理化建议的能动性,善于吸取教训,在处理问题的过程中不断积累经验,提高自己的技术和管理水平;⑩对本车间各机台的挡车和操作工,能随时注意和发现他们的优缺点、成绩和错误,随时表扬成绩和纠正错误,并加以评绩,定期考核,作为奖励和惩处的依据,但一定要注意对待所辖管的人员要公平合理,尽量避免副作用,加强团队的凝聚力。

车间主任的生产现场管理工作重点是对订单的打样确认及生产前亲自去现场督导,符合确认后再批量生产,对生产现场的检查工作则是在轮班长检查的基础上做不定时的抽查和发生疑难问题时协同轮班长追查原因,解决问题。因此,车间主任在生产现场的时间比轮班长少许多,而在车间办公室工作的时间比轮班长多,重点在于对每个订单的内容、要求和生产部的加工指示单的内容和要求消化,然后对车间轮班长做出全面的安排,以充分做好各项生产准备的联系落实工作和整个车间的组织管理工作。

对每个班组长来说,要组织领导好本班组的挡车工、操作工进行生产,除了生产安排、工艺技术、操作、质量、产量,还要包括安全生产、染化料的衔接供应和减少浪费等。如果没有一个规范化的运作计划,就会步调失控,形成忙乱局面,顾此失彼,结果是忙忙碌碌、事倍功半。

班组长在生产现场管理中应明确:一是大部分工作时间在车间生产现场,少量时间用来思考问题和办理事务,如查阅订单内容并加以消化,参阅生产部的加工指示单,记录工作情况,在交班薄上写上必要的留言、意见,以及对各机台操作工进行考察和评绩等等;二是要主动进入现场,检查问题,解决问题,改变要等待挡车工来找才去现场处理问题的被动局面;三是应围绕着订单进行生产准备、生产安排、现场动态检查和订单生产进度管理等工作,为保证实现每个订单按时、按质、按量交货的目标而努力。

2.2 印染企业车间现场管理要点

(1) 在订单未投产前,在打样确认工作中,要在选择好染料的配色相容性、稳定性的基础上,尽量采用有把握的常用的几种染料配色打样,并用与正式生产的技术条件相仿的打样机进行打样,以及在与订单要求相符的光源下对色、调整,这样有利于确认后在生产中较易达到生产色与确认色的深度、色相一致;印花打样中要先检查花网的质量和完整性,然后采用与正式生产的印花机相仿的打样机,并记录色浆所用处方和黏度。

(2)现场管理人员要熟悉生产部下达的加工指示单中的工艺程序、工程编号,掌握加工中的技术标准和作业标准,定时检查各机台执行技术标准和作业标准的正确性和制品质量的稳定性,发现问题,迅速处理解决。

①对于首次生产的品种、不熟悉的品种,一定要经过先锋试样,如果一次试样不成功,需再次试样,成功后才能投入大批量生产。②强化工艺纪律,加强操作检查,保证工艺上车,确保生产工艺不折不扣地贯彻到每一道工序中。③紧抓车间现场生产的关键技术,关注影响质量的关键部位和易疏忽的环节。以染色车间为例,关键问题如:染色复样工作,应根据确认样的工艺和处方,用待染的半制品和染化料进行复样,复样操作尽量模拟大生产条件,以利于找到与大机生产之间的关系。提高复样的合格率,对减少大生产打样次数和提高染色机的运转率非常重要。复样准确后正式下达染色工艺卡,除工艺处方之外,还应附有后整理工艺及车间对色光源、色光偏向、半制品要求、后整理工艺对色光的影响等,最后落实到上机工艺卡中,使最终产品达到客户要求。此外,还有初开车技术、正式开车后对色光的走向,以及边中差异情况的检查和调整问题。影响质量的关键部位如:加液分布是否均匀,液位控制是否严格;第一热风预烘箱的温度,尤其是风口风量是否均匀;焙烘箱的边中温差程度;还原蒸箱液封槽的冷却,箱体有否漏气,以及进汽量的控制;水洗工艺的执行有否不严。易疏忽的环节如:称料、化料工作,它往往是被遗忘的角落,但有不少问题出在这里。车间领导应该为称料、化料设置好的硬件条件和尽量好的操作环境,经常关心,让员工知道称料、化料的重要,他们不但对计量的精度、操作程序、配制数量的控制尽力之外,还会发现处方用料的差错。

(3)定时检查各机台的下机质量。①练漂车间重点。与标样核对,检查练漂机落布白度,并着重在每箱布的上、中、下及箱箱之间的白度一致性、丝光机落布幅和pH值是否符合要求。②染色车间重点。在每个色泽正式投产前核对与确认样的一致性,可采用在调配好的供液桶取染液在打样机上进行打样,打样后确认样的对比,以目光测色相和电脑测色配色仪取读数,调整一致后再开车生产,在生产中从每箱布的上、中、下分别取全幅20 cm长布样,核对与确认样的色差和左、中、右的色差程度,超出标准色差值的判定是否回修,如确定回修的则作隔离,部署回修措施。③印花车间重点。在每个色位印制前打样检查,并在调整色泽与确认样相符后开车(在大机上进行)。④整理车间重点。检查漂布白度的箱箱一致性、各个订单不同的手感要求和附加整理的特性及落布幅指标。⑤成品车间重点。在每卷布上取全幅10 cm长布样一块,在订单要求的光源下进行与确认样的色差检验和左、中、右色差检验,对色差超过订单要求的,与工厂质检部共同判定是否退车间回修,或作为副品,由营业部联系客户是否照副品价收货或需补加工。各车间下机的外观疵点由检验机台挡车工自查,班组长复查,车间主管抽查,发现问题及时处理解决。

(4)每个车间的生产工程完成后必须在加工质量上、数量上进行自查,下一车间进行复检验收,除个别表面疵点免检外,对色布的色泽与确认样核对,漂布的白度一致进行箱箱核对,花布的色泽与外观效果与确认样核对,纬斜每箱布检查一次,染色牢度与缩水率以质检部合格证为验收依据。对数量上以箱卡米数(或码数)结合箱卡上的计数器长度计码数核对验收(箱卡遗失的不验收,作为前车间责任,箱卡错放的要前车间纠正)在交接验收中遇到质量差异、数量差异较大的可以退回前车间,由前车间回修及弄清数量后再收货,由此带来的脱期交货责任由前车间负责,纳入考绩评分、奖惩处理,树立后车间即前车间的客户观念,为后车间做销售服务。

(5) 充分认识设备完好和正确使用的重要性。车间现场管理人员既要懂工艺懂管理,也要懂设备。生产中碰到的许多问题是由设备引起的。设备运转正常是做好产品质量的基础。一个车间现场生产主管很重要的工作之一是用好设备、维护好设备,制定好车间各机台的技术标准和操作规程,并熟知车间各机台的保养知识、各部件的加油种类和周期,从而制定切合实际的机台清洁加油、维护保养制度,加强执行力度和巡回检查,保证生产现场落实到位,并定期向设备部门提出检修要求。

(6) 根据生产情况合理控制机台间在制品数量。

(7) 注意抓好安全生产,特别是重点机台的安全生产。如练漂车间应重点抓好烧毛机、丝光机、定型机、汽油汽化室等的安全生产工作。

(8) 每个生产车间对每天完成的订单色泽、色位数量及尚存车间的未完成数,按每个订单填表,并报送生产部(已有电脑管理的企业则运用各车间的电脑进行分订单编码并输入,与生产部、营业部甚至客户联网,由营业部、生产部设终端显示,随时检示每个订单的生产进度),以利于客户随时查询。

3 6S 管理

6S 管理是指对现场的生产要素(主要是物的要素)所处的状态不断地进行整理(SEIRI)、整顿(SEITON)、清扫(SE ISO)、清洁(SEIKETSU,亦可称为规范)和保证安全(SECURITY)、提高素养(SHITSUKE,亦可称为自律、习惯)的活动。6S 管理源于日本,因其日语的罗马拼音均以"S"开头,简称为"6S"。它是现代企业行之有效的现场管理理念和方法。国内不少知名企业如海尔、美的、正泰等都推行了 6S 管理,纺织印染行业也有很多知名企业推行了"6S 管理",如维科集团。

3.1 6S 管理的内容

(1) 整理。将工作场所的任何物品区分为有必要和没有必要的,除了有必要的留下来,其他的都消除掉。

① 整理的作用。腾出空间,空间活用,防止误用,塑造清爽的工作场所。具体包括:A.改善和增大作业面积;B.现场无杂物、道路畅通、提高工作效率;C.减少磕碰机会,保证安全,提高质量;D.消除管理上的混放、混料等差错事故;E.有利于减少库存,节约资金;F.使员工心情舒畅,工作热情高涨。

② 推行整理的步骤。包括:A.现场检查;B.区分必需品和非必需品;C.清理非必需品;D.必需的物品调查使用频度,决定日常用量。整理是一个永无止境的过程,现场每天都在变化,昨天的必需品在今天可能是多余的,今天的需求和明天的需求必有所不同。整理贵在日日做、事事做,偶尔突击一下,做做样子,就失去了整理的意义。

(2) 整顿。把留下来的必要用的物品依规定位置摆放,并放置整齐加以标示。整顿就是"定位管理",将留下来的物品按使用的频率,结合目视管理、颜色管理两大工具,进行适当定位。

① 整顿的作用。工作场所一目了然,消除寻找物品的时间,整整齐齐的工作环境,消除过多的积压物品。具体包括:A.提高工作效率,将寻找时间减少为零;B.异常情况(如丢失、损坏)能马上发现;C.非直接者的其他人员也能明白要求和做法;D.不同的人做,结果一样(已经标准化)。

② 推行整顿的步骤。包括:A.分析现状,彻底地进行整理,对物品进行分类;B.确定放置场所;C.规定摆放方法;D.进行标示;E.制定废弃物处理办法。

(3) 清扫。将工作场所内看得见与看不见的地方清扫干净,保持工作场所干净、亮丽。

① 清扫的作用。稳定品质,减少工业伤害。

② 推行清扫的步骤。包括:A.前期准备,包括分配清扫区域、决定清扫方法、准备清扫用具及做好工具定位;B.选定主题;C.执行清扫,发现问题;D.寻找解决办法,持续改善。

(4) 清洁。维持以上 3S 成果。

① 清洁的作用。保持生产现场在任何时候都整齐、干净,并防止污染源的产生,创造一个良好的工作环境,使员工能愉快地工作。

② 推行清洁的步骤。包括:A.制定专门的手册;B.明确清洁的状态;C.环境色彩化;D.定期检查,加强考核。

(5) 素养。每位成员养成良好的习惯,并遵守规则做事,培养积极主动的精神(也称习惯性)。

① 素养的作用。培养有好习惯,遵守规则的员工,营造团员精神。

② 推行素养的步骤:6S 本意是以 4S(整理、整顿、清扫、清洁)为手段完成基本工作,并藉以养成良好习惯,最终达成全员"品质"的提升。

(6) 安全。重视全员安全教育,每时每刻都有安全第一观念,防患于未然。

① 安全的作用。建立安全生产的环境,所有工作都建立在安全的前提下。保障企业财产安全,保证员工在生产过程中的健康与安全。杜绝事故苗头,避免事故发生。

② 推行安全的步骤。包括:A.电源开关、风扇、灯管损坏,及时报修;B.物品堆放、悬挂、安装、设置不存在危险状况;C.特殊工位无上岗证严禁上岗;D.正在维修或修理设备贴上标识;E.危险物品、区域、设备、仪器、仪表特别提示,其作用是提高效率,保证质量,使工作环境整洁有序,预防为主,保证安全。

6S 之间彼此关联:整理、整顿、清扫是具体内容;清洁是指将前面的 3S 实施做法制度化、规范化,并贯彻执行及维持结果;素养是指培养每位员工形成良好的习惯,并遵守规则做事,开展 6S 容易,但长时间的维持必须靠素养的提升;安全是基础,要尊重生命,杜绝违章。用以下的简短语句描述 6S,可方便记忆:

整理:要与不要,一留一弃。

整顿:科学布局,取用快捷。

清扫:清除垃圾,美化环境。

清洁:清洁环境,贯彻到底。

素养：形成制度，养成习惯。
安全：安全操作，以人为本。

3.2 6S管理的基本原理

6S通过推行整理、整顿、清扫、安全来强化管理，再用清洁来巩固效果，通过前5个S来规范员工的行为，再通过规范员工行为来改变员工的工作态度，使员工养成习惯，最后达到塑造优秀团队的目的。日本管理专家安岗正驾先生讲过一句至理名言："心态变则意识变，意识变则行为变，行为变则性格变，性格变则命运变。"这就是6S管理基本原理的缩写。

3.3 6S管理的推行

推行6S应经历三个阶段：形式化—行事化—习惯化。通过规范员工的行为，改变其工作态度，使之成为习惯，形成习惯以后，一切事情就变得顺理成章了。在6S实施得好的企业，很多员工已很难觉察到6S的存在了，因为大家习惯了，也就习以为常，不觉得受到束缚了。

(1) 推行步骤。①决策。誓师大会。②组织。文件"学习"、推委会、推行办、各级部门推行小组成立。③制定方针、目标。6S方针的目的是规范现场现物，提高全员素质，需作标识牌，在车间悬挂。④制定6S管理制度，明确各部门在6S工作中的权、责。⑤日常6S工作的监督、检查及效果评比。

(2) 推行要点。

①实行领导负责制。成立由公司领导及下属各部门负责人组成的6S管理推行委员会负责决策，6S管理办公室则负责具体的组织、抽查、督促和考评工作。②制定6S管理标准。根据公司管理情况，分别制定生产现场6S管理标准及办公现场6S管理标准。生产现场管理标准主要针对车间范围内定置区划线及通道线、物品摆放、地面墙面及门窗玻璃、设备及管线、工作台、消防器材、清扫用具、工具箱、管理看板及台账记录十项制定了五级管理标准，规定了相应的得分标准，被考核部门为生产车间。办公现场管理标准主要针对办公设施布局、桌面状态、资料柜状态、抽屉状态、文件架状态及办公素养六项制定了管理规范，被考核单位为各管理职能部门。③6S管理被考核单位及职责。被考核单位为下属各职能部门、各生产车间。被考核单位要认真贯彻落实6S管理的有关规定，完善现场管理工作的规章制度，积极开展自主管理、自主建设，保证本单位6S管理体系的正常运转；积极配合6S管理推行委员会及推行办公室的检查、考评工作，认真整改存在问题，使本单位现场管理工作处于良好的受控状态。④6S管理工作程序。各职能部门、各生产厂、车间的6S管理采取被考核单位自检、自查、自控，6S管理推行办公室联合进行定期或不定期检查、考核、评定的管理模式。每月由6S管理推行办公室负责组织6S管理推行委员会成员对被考核单位进行现场管理联合检查和综合考评，以得分多少为依据进行考评结果的排序，并将结果公开。

3.4　6S管理的作用和意义

6S的本质是一种执行力的企业文化,强调纪律性的文化,不怕困难,想到做到,做到做好,作为基础性的6S工作落实,能为其他管理活动提供优质的管理平台。其作用是提高效率,保证质量,使工作环境整洁有序,预防为主,保证安全。具体地讲,6S管理有以下作用:①提升企业形象。整齐清洁的工作环境有利于吸引客户,增强信心。②员工素质提升。提高员工发现问题和解决问题的能力,提高员工对现代管理技术掌握与运用能力,养成员工规范做事的良好习惯,提高员工协调与配合能力。③减少浪费。杜绝野蛮操作、残次品和浪费,由场地杂物乱放导致的其他东西无处堆放是一种空间浪费。④提高效率。良好环境,良好心情,摆放有序,省时省力,减少搬运作业。⑤质量保证。做事认真严谨,杜绝马虎,品质可靠。⑥安全保障。通道畅通,宽广明亮,人员认真负责,事故少。⑦提高设备寿命。对设备及时进行清扫、点检、保养、维护,可以延长设备的寿命。⑧降低成本。减少跑、冒、滴、漏,减少来回搬运。⑨交期准。一目了然,异常现象明显化,及时调整作业。

通过6S运动,企业能够健康、稳定地快速成长,逐渐发展成对地区有贡献和影响力的质量级企业,并且最少达到四个相关方的满意:①投资者满意,通过6S使企业达到更高的生产及管理境界,投资者可以获得更大的利润和回报;②客户满意,表现为高质量、低成本、交期准、技术水平高、生产柔性高等特点;③员工满意,效益好,员工生活富裕,人性化管理使每个员工可获得安全、尊重和成就感;④社会满意,企业对区域有杰出的贡献,热心公益事业,支持环境保护,这样的企业有良好的社会形象。

【案例】

印染生产重在现场

强化生产过程的现场管理是提高产品质量的关键。人们常说:"三分技术,七分管理,重在现场。"这既是企业在生产管理、产品质量管理中的"心得",也是成功企业的经验总结。如果印染企业不重视生产现场管理或者现场管理松散、马虎、不到位,那么前面各道工序所做的一切工作就会前功尽弃。

要重视生产现场管理,这是印染生产的规律和特点决定的。由于印染生产的绝大多数产品质量问题都是在生产进行过程中,即在生产现场产生的,所以,加强生产现场的管理尤显重要,印染生产重在现场。印染现场管理主要包括五个方面。

1　人在现场

即人到现场做实事(专人、专职、专事)。计划人员、工艺技术人员工作地点主要在生产现场,一切生产管理人员,不管是什么职位,生产科长、车间主任、车间主管、技术员、工艺员、计划调度员、工艺抽查员等,每天工作的重点就是车间现场,车间应是办公的主要地点。只有做到了这一点,上述人员对产品生产运转的过程、机台的运转情况、员工的操作情况、工艺是否上车、产品下机的质量情况等等才能及时了解,有任何问题才可及时商量解决,即使有生产和质量问题也能萌芽状态解决掉。如果相关生产人员和管理人员都不在现场,等到下面来汇报发现了问题,已是次布成堆了。因此应把生产现场作为办公的主要地方,而不是坐在办公室遥控操作。凡是成功的印染企业都强调这一点,如某知名印染公司要求上述人员必须做到:"三在现场",即开机时、转品种时和因故停机台时;检查"四个第一",即接班第一件布、转品种第一批布、清洁机台后第一件布、设备维修后第一件布。这样要求专职管理人员做好上述工作,其实就要求他们必须在生产现场,否则无法保证生产任务的顺利完成。

又如印花生产,原设计的制版(网)工艺、圆网的排列位置、印制工艺等,特别是对一些复杂花型,有时会出现印制效果不理想或没有达到客户原样要求的问题,如果车间主管或工艺主管不在,等操作工汇报上去,主管们再下来,时间已过去几小时,后果可想而知。反之,如果负责工艺的人员或车间主管在场,发现问题及时指导,或调整色浆的色泽和黏度,或改变圆网排列顺序,或改变制网工艺,甚至改变印制工艺,直到产品符合客户原样要求再投入生产,这样既可保证产品质量又能大大减少机台停机率,提高了生产效率。

2　监控在现场

2.1　建立生产过程中的工艺控制点

以前处理冷轧堆为例,前处理要求做到"匀透净",难亦难在"匀透净"这几个字上,特别是"匀"字。考核前处理的标准首先从外观上看烧毛是否干净,是否有烧毛条花,布面是否光洁,是否有棉籽壳及杂物;其次是手感是否柔软,是否有横档、折皱、油污等等;再有是内在质量,如退浆率、毛效、白度、强降、幅宽、布面 pH 值、布面含湿率等。为确保前处理质量指标,以合格、优良产品送交后道工序,关键是严格按指定工艺流程、工艺条件去做。但在实际生产操作中并非如此,如根据设备、织物情况,冷轧堆工艺车速一般设定在 35 m/min,而操作工往往把车速开到 40 m/min,在晚上可能更高一些;再如买来的碱液与双氧水浓度会有一定变化,有的操作工不管如何变化,统一按某一标准配置;又如在水洗时,除要保证温度外还要保证时间,有的操作工明知导辊变形或轴承坏了而产生皱条,自己班上不报修,任意改变穿布路线,缩短水洗时间,影响产品质量,如此等等。所以,在生产现场管理中要着重解决的是如何保证工艺上车或者说如何控制工艺条件执行到位的问题,即过程控制的问题。

前处理的控制参数有浓度、温度、时间、车速、轧余率、压力、织物幅宽、布面 pH 值等等,其中时间问题就有浸渍时间、堆置时间、汽蒸时间等。那么如何控制,首先要找出控制点,要保证冷轧堆浸轧的产品质量即同一批织物的前后质量一致,须做到以下两点:

(1) 在浸轧部分必须做到四个一致,即保证浓度、温度、时间、轧余率等工艺条件一致。轧液率必须前后一致,影响轧液率一致的因素主要有轧车的压力变化、时间问题即车速变化以及温度变化,但一般情况下是室温浸轧,所以温度变化影响较小。浸渍时间一致方面,影响浸渍时间的因素有车速变化、液位高低以及穿布路线的变化。浸轧液浓度的前后一致方面,影响浓度变化的因素有来料浓度(碱浓度一般在 300～400 g/L,双氧水浓度一般在 27%～33%)、称料问题(可建立专人称料、备料,其他人复称)及化料配液方法问题。堆置时间一致方面,影响堆置时间的因素有人为随意性与登记随意性及突发事故(停电、传动件损坏)。

(2) 洗涤部分要做到三个一致。要保证洗涤时间一致,影响因素有车速、穿布路线、液位等。要保证洗涤温度一致,影响因素有蒸汽压力、温度表损坏、人为因素、补充水流量忽高忽低等。要保证头开车第一格蒸洗箱加碱液一致,影响因素有人为因素、称量精确性。另外,还要求蒸洗箱逐格倒流,及时清理第一格污物,织物出第一格蒸洗箱千万不要用冷水喷淋。这样对每一工序,每一环节予以有效控制,并且对每一要求(控制点的要求)具体落实到每个人、每天、每件事。

2.2 制作控制点表格(大致分工艺与设备二份)

这个控制点就是平时的质量控制鱼刺图,找出每个工序(每台设备)、每个工艺要求的控制点,按要求制成表格,打印出来,检查核对,然后分发到生产部、质管部、车间(由车间发到每机台档车工)。即使在使用中发现问题也不要紧,经过修订再做,不断完善,使之完整、成熟。把整个生产过程按车间、部门、机台及各工艺控制点全部列出来,就可完成质量控制系统图。如果形成制度、坚持做下去,形成良性循环,肯定会使产品质量提高。

2.3 形成制度、组建队伍、监控质量

以前叫"二级管理,三级抽查",所谓二级就是车间与厂部,所谓三级抽查即机台自查、车间复查、中心抽查,如果 1 h 内有 3 人查,间隔也就 20 min,发生问题也就在 20 min 内。在抽查中发现问题要及时汇报(车间或生产部),而车间与工务部要立刻做出反应,把损失降到最低。在检查中若发现有人弄虚作假,决不姑息,一律严肃查处。

3 检查在现场

即强化检查与倒检查制度。很多规章制度在一些企业不可以说没有,但往往"说在口上,写在纸上,钉在墙上,就是没法落实在行动上"。因此应强化车间与车间、工序与工序的检查与倒检查制度。在企业内上道工序对下道工序负责,确立下道工序也是用户的观念;下道工序对上道工序的产品质量有否决权,可以拒收上道工序的不合格产品,如染色车间发现前处理半制品质量有问题有权拒收,印花车间有权拒收制网车间送来的"问题"圆网。有的企业由于没有执行检查与倒检查制度,收进有问题的镍网,以致印花车间产生大量次布,造成极大损失。同样,企业有权拒收有问题的坯布,有问题的染化料助剂等等。

4 规范操作在现场

每个车间、每道工序、每台设备、每位操作工必须规范操作,安全操作。企业对每个机台、每个岗位、每个操作工必须建立操作规程及安全操作规范,并结合应知、应会培训,经考核合格后持证上岗。所谓规范操作,就是不能随意操作,马虎操作。规范操作条例是企业实践与经验的总结。操作规范与否会影响到工艺是否上车、直接影响到产品的质量,所以每个员工必须养成自觉规范操作。如织物经染色、烘干、固色后要皂洗,在皂蒸箱内要加皂粉或皂液,这就需要按时按量地加料。有的操作工就随便用勺子随意加上几勺,这样随意加料的后果就有可能造成助剂浪费、加重污水处理负担、甚至影响织物的色牢度,造成前后不一致或牢度不合格,其实不光是助剂,水的流量、液位高度、温度等等都得按规定办。又如汽蒸箱或者水洗箱内安装导辊支数都是根据汽蒸或水洗时间设定(即工艺要求设定),而有的操作工总是"遇到问题绕着走",这样随意操作就会影响到产品质量。应做到"箱内导辊不放空,工艺时间不失控"。再有配化料一定要规范,除了称料要规范,化料同样要规范,如活性染料化液就得按液体的温度、先后顺序投放,不得任意改变投放顺序。还有轧染出布工,不仅要看落布是否有折皱、纬料、污渍等问题,必须在每箱布内取样布,在机台边对色灯箱上与原样对色,发现问题及时汇报。

5 规范打样在现场

即合理、规范打大样。因为打大样是否合理、规范,直接影响到产品质量、机台的开台率、打样的成本(包括布、人力、能源等),所以必须重视。

5.1 在打样、生产前对领用的前处理布及染化料进行核对、检查

(1) 核对领用的布是否与指令书相符(即组织规格是否相符),是否同批、连号,数量是否符合要求,做到不用错布、不多用或少用布。

(2) 根据试验室测试报告检查该批布的内在质量是否符合要求(退浆率、强度、毛效、白度等)。

(3) 逐箱检查布面pH值(包含布芯、缝头处及左中右处),检查每箱布内布边与布中间干湿度是否有明显差异,箱与箱之间织物干湿程度是否有差异,布是否烘干等。

(4) 检查每箱布的外观质量,是否有横档、皱条、纬斜、卷边,是否有污渍与油渍等等,幅宽是否符合要求。

(5) 检查所领用染料与工艺处方是否相符(包括数量与色泽两个方面)。

5.2 依据来样打大样

根据技术部门送来的客户样、确认样、染色处方及加工织物品种规格、幅宽等算出所需染化料用量,领料后进行化料配液。对小批量染色加工(3 000码即2 743 m左右),化料后在化料桶内取出100 mL,用检查过的前处理半制品布进行打样。打样设备、工艺条件与化验室打样相同。核对打样布色光与客户原样有无差异(包括色泽深浅差异与色光差异),如有差异根据判测结果进行染液调整,然后再打样,确认的色泽与色光必须在客户要求灯光下对色,至少符合4级以上才能开大车。也有的厂家有连续式染色打样机(俗称中样机)放在染色车间(或放在化验室),在中样机上放样,放样结果与生产更接近。如打样确认后,可直接投入生产,因是小批量,再打一次大样对生产效率影响较大,如有些差异,不如再修色回修一次合算。对于4 000码(约3 658 m)以上加工量,在放小样(中样)基础上,必须再打大机生产样确认,如与来样不符,需要调整染液后再正式开车生产。对于批量特大的单子,在化料配液并进行小样(或中样)的确认后,在每箱布中取1 m样布,根据箱号做好记号,然后根据箱号缝制,接头一定要平行、平整缝好,接好二头引布,再进行大机生产样确认。对染色后的样布用客户要求的光源对照来样布一箱一箱进行确认,对一些有差异的布拉开另作处理,对正常的布则集中生产。对于批量大的染色还特别要注意缸与缸之间的色差问题。

5.3 打大样时的三到位问题

(1) 人员到位。除机台人员外,与生产直接相关的人员也必须到现场。

(2) 工艺到位。即工艺上车,温度、浓度、时间、车速、压力、轧余率等等必须达到工艺设计书要求才能开车并始终保持工艺条件前后一致。

(3) 操作到位。前面已详述,这里不再重复。

总之,对于企业生产现场的产品质量管理,并非只有上述五点,但抓住上述几点就不容易产生大批量疵布。每个工厂有各自的实际情况(包括人、机、物、管理方法等)及实践经验,上述"五在现场"只是我们在抓产品质量现场管理的体会与学习他人经验的总结,印染产品管理中的现场管理还有待进一步完善。

单元3　印染企业精细化管理

1　印染企业精细化管理的背景

1.1　印染行业的形势

当前印染企业形势十分严峻，成本压力更是直接影响了印染企业的生存和发展。近些年，染料、助剂、能源价格不断上涨，劳动力成本上升明显，节能减排压力和环保成本不断加大，一些中小印染企业由于生产不足、流动资金短缺，出现了利润下滑、减停产甚至关闭的现象。部分靠规模竞争的大中型企业也面临着生产经营的困境。行业数据分析表明，印染企业源于成本的压力越来越突出，原有的粗放式管理将难以为继，必须进行精细化管理。

1.2　印染企业管理的发展阶段

从管理的层面看，多数民营印染企业同其他类型的企业一样，企业管理的发展经历了以下三个阶段：

1.2.1　个人管理阶段

这个阶段以小企业居多，小企业以领导者以个人魅力的方式来管理，无所谓精细化，甚至无所谓制度，很多东西不需要，需要的是老板一句话，老板常常一竿子插到底，什么事情都亲历亲为。

1.2.2　制度管理阶段

这个阶段，随着企业的发展，企业规模扩大，员工人数增加，比如说百人以上，这个时候光靠领导个人魅力是绝对不够的，因为他的魅力已经辐射不到那么远，管理的幅度毕竟是有限的，这个阶段必须靠制度，一旦建立制度，就必须精细化，必须用定量、标准的制度来规范员工的活动和行为。

1.2.3　企业文化管理阶段

这个阶段，有些企业已发展为大型企业，管理光靠制度已经不够了，还要靠信念，靠企业理念，即企业文化来担当重任。

总地来讲：小企业靠魅力，中型企业靠规则，大型企业靠文化。在这种前提下，小型企业的核心流程需要精细化，中型企业的大部分规则需要精细化，而大型企业具体到一个部门也需要精细化。

2　精细化管理的基本概念和内涵

2.1　精细化管理的基本概念

精细化管理是一种管理理念和管理技术，它通过规则的系统化和细化，运用程序化、标准化、数据化和信息化的手段,使组织管理各单元精确、高效、协同和持续运行。

2.2 精细化管理的内涵

精细化管理既是一种管理概念,又是一种管理方法和管理工程,它是管理者用来调整产品、服务和运营过程的技术方法。其主要内涵:

①精细化管理是以"精确、细致、深入、规范"为特征的全面管理模式。②精细化管理就是要用具体、明确的量化标准取代笼统、模糊的管理要求,把抽象的战略决策转化为具体的、明确的发展举措。③精细化管理就是将管理的对象逐一分解、量化为具体的数字、程序、责任,使每一项工作内容都能看得见、摸得着、说得准,使每一个问题都有专人负责,而不是打乱仗。④精细化管理是社会分工的精细化以及服务质量的精细化对现代管理的必然要求。⑤精细化管理,"精"是经营管理的关键环节,"细"是关键环节的主要控制点,精细管理就是系统解决经营管理过程中的各关键环节及其主要控制点。

精细化管理和标准化管理有着明显的区别。标准化管理是一种管理手段,是精细化管理的一个部分,它们是一种从属的关系。标准化管理是精细化管理的初级阶段,或者说它是精细化管理的基础,精细化管理必须建立在标准化的基础上。

2.3 精细化管理目标

精细化管理可使组织管理各单元精确、高效、协同和持续运行,提高管理质量。在管理程序化、标准化、数据化和信息化的改造过程中,体现的是简单、明确、精确,一目了然,易操作,反而使操作执行更简单。因此,它不会使企业简单的问题变得复杂化。从管理的角度上讲,精细化管理只会使企业的管理问题程序化、简单化、明确化,并提升企业的整体管理效能。

精细化管理的最终目标在于通过不断深化企业管理的管理方式和手段,优化企业管理的各个方面,提高企业信息管理的有效性,实现企业生产的高质量、低成本,最大限度地提升企业的盈利能力。

3 印染生产如何推行精细化管理

3.1 精细化管理的推进步骤

(1) 管理诊断。通过管理诊断的方式对自己企业的管理状况进行全面了解。管理诊断的方式有:资料调阅、行业分析、问卷调查、深度访谈、专题讨论、客户探访等,通过3~4人专业团队5~8天的管理诊断,基本上能对企业的管理现状做出客观、系统、深入的分析和判断。

(2) 在管理诊断的基础上,对企业的相关规则进行梳理。即规则的系统化和细化,提出适合于企业自身系统以及各模块管理工作的精细化管理解决方案,也就是程序化、标准化、数据化和信息化管理手段的应用与解决方案等,具体包括流程与制度、对组织与岗位的明晰等。

（3）通过系统训练的方式，确保各部门、岗位了解并掌握所需用到的解决方案，并顺利导入与实施执行。

（4）企业文化的塑造与建设。优秀企业文化的导入，员工的价值观以及言行取向将趋向一致，组织及岗位之间的协调与沟通效率大大提高，确保组织管理各单元能精确、高效、协同和持续运行。

3.2　印染生产精细化管理内容举要

印染生产的精细化管理涉及到整个企业管理的各个方面，包括生产、工艺、操作、设备、质量、成本等各方面。

①生产。加强生产调度，有序地搞好"小批量、多品种、高质量、快交货"的生产秩序，不允许任何生产环节上的浪费，实现高质量和低成本。②工艺。实行工艺创新，优化工艺路线，优化工艺处方和条件，达到工艺路线最短、用料、耗能最低，产品质量最佳。③操作。制定出各工艺阶段的操作细则，明确要点，对每个操作细节都要有章可循，加强安全操作，杜绝安全事故发生。④设备。以提高运转率为目标，防止带病运行，树立预防为主的思想，加强计划检修，制定严格细致的周期检修和检修内容，质量标准，开展技术创新，搞好热能回收，充分利用资源。⑤质量。严格执行质量标准，准确判定质量等级，及时进行质量分析、讲评，防止任何质量事故，追求全优。⑥成本。准确核算成本，及时传递成本信息，争取成本最低，产能最高。

单元 4　印染企业生产信息化管理

现代企业管理离不开信息化管理，而信息化管理要求企业建立起一整套完善的信息化管理系统，它是企业进行正确决策和实现管理现代化的重要手段。

1　信息化管理系统概述

信息化管理系统是运用系统论的方法，以计算机网络和现代通信技术为工具和手段，具有对信息进行加工、存储和传递的功能，并兼有计划、组织、控制、协调和简单决策等功能的人-机结合系统。信息化管理系统是企业进行信息管理的重要工具，它利用计算机的硬件和软件，通过人工过程的分析、规划和控制，为企业提供决策支持信息，实现科学的管理。

1.1　信息化管理系统的基本特点

①信息化管理系统是集人的现代思维、管理能力和计算机强大的处理、存储能力于一体的高效、协调的人-机系统。②管理信息系统主要的处理对象是企业生产经营活动的全过程，包括市场信息、生产、销售与财务信息等，同时又通过反馈，给企业和管理者提供有用的信息。③管理信息系统运用了数据库技术，通过集中统一的中央数据库，使系统中的数据实现了一致性和共享性。

1.2 信息化管理系统的构成

管理信息系统的存在必须具备三个基本要素,即管理要素、信息要素和系统要素。管理要素是指企业不同层次在生产经营活动中的性质、内容及联系的链接总和。信息要素是指经加工处理后的、能为企业系统管理服务的有用情报。系统要素即企业组织要素,强调在进行管理信息系统设计时,必须充分考虑到系统的整体功能、系统中各元素间的联系,保证各个管理层次之间的信息流动畅通无阻,并要求信息服务及时、准确、可靠。

1.3 企业信息化管理系统的功能

企业信息化管理系统具有采集功能、处理功能、计划功能、控制功能、辅助决策功能。
①采集功能。这是信息化管理系统的首要功能,它将分散于企业组织内、外部的各种有关信息收集起来,并转换成系统所需要的数据形式。信息的采集要注意到信息的真实性和有效性,有一定的检验方法,采集的手段也要方便可行。②处理功能。指管理信息系统能够对各种类型的数据进行录入、加工、整理、检查、存储、传输和管理等工作的总称。信息处理功能是管理信息系统的最基本的功能,也是信息化管理系统要完成的首要任务。③计划功能。指通过系统能够对企业管理的各种工作进行合理的计划和安排。例如,新产品研制计划、生产计划、市场营销计划等。④控制功能。指通过信息反馈,可对企业整个生产经营活动中的各个部门、各个环节的运行进行监测、协调和控制,这样有利于从系统的角度保证企业各系统的正常运行。⑤辅助决策功能。通过建模技术和运筹学方法,为企业的高层管理者提供辅助决策数据,从而进行科学的决策。

信息管理在企业中的应用越来越广泛,它的应用使企业管理成本大幅度降低,管理效率得到大幅度的提高。

2 印染 ERP

2.1 印染 ERP 概述

当前,我国印染企业面临着产业转型升级的重要课题,而要完成这个艰巨任务,除了先进的生产设备等硬件条件之外,先进的印染企业管理是必不可少的软件条件。经济全球化背景下,传统的印染企业管理模式已经不能满足企业规模化、效益化发展的要求。而基于计算机与互联网技术的信息化管理模式代表了更为先进的方向,其中,典型的 ERP 系统在许多行业中已经被成熟地应用。特别指出的是,ERP 系统在不少印染企业生产中也已成功地应用,印染企业的 ERP 系统应用是大势所趋。

2.1.1 印染企业应用印染 ERP 的背景

在 ERP 系统在印染行业大规模推广应用以前,印染行业内的普遍情况:
①订单数量大,且订单情况多变,生产计划安排复杂且困难。②难以对每个订单生产计划的执行情况进行动态的、准确的监控,无法及时向客户反馈准确的订单生产进度。③库存管理效率低下,由于物料品种多且各种物料进出库频繁,造成账物不符现象严重,存货盘

点困难。④生产状况不能及时反馈,各个车间的生产时常脱节,导致生产计划安排不合理、生产效率不高,甚至造成部分设备闲置、物料积压或者交货期延误。⑤管理层不能实时掌握生产进度、库存、物料需求等情况,影响了生产决策及时性和准确性。⑥不同纤维、不同组织、不同加工要求和不同颜色的产品加工工艺不同,随着产品类型的增多,工艺变得多而复杂,工艺管理难度大,差错增多。⑦手工数据处理效率太低,容易出错,一般需要花费几天时间才能完成成本核算。⑧对染整生产过程的成本、质量检验、次品回修等的控制成为管理中的难题。

从印染行业看,印染整个生产过程已高度流程化,它包含大量的工艺处方信息、工艺参数信息、生产计划信息和质量信息,印染过程已经不是简单的设备运转,更多的是信息的产生与处理。随着自动化、智能化飞速发展,印染设备广泛采用可编程控制器(PLC)、工业计算机控制(IPC)、参数在线监控、计算机测色配色等技术,各种技术设定与参数控制,均需要有效的管理。运用集成化信息管理系统,即企业资源计划ERP能够很好地解决这些问题。

2.1.2 ERP的概念

ERP(Enterprise Resource Planning)即企业资源计划,它是建立在信息技术基础上,以软件为载体,采用先进的计算机技术,融入先进企业管理思想,全面地集成了企业所有内部业务流程资源信息,为企业决策层及员工提供计划、控制、决策与经营业绩评估的全方位和系统化的管理平台。简单地说,ERP系统是将企业的物流、资金流、信息流进行全面的一体化管理的管理系统。要特别指出的是,在ERP系统的IT外衣下,蕴含着长期积累的先进管理思想和管理经验;这是最重要的。ERP系统不只是程序开发、数据库链接和硬件网络等IT技术的简单组合,其真正核心是基于IT技术手段所要实现的对于企业所有资源的整合与控制。ERP具有整合性、系统性、灵活性、实时控制性等显著特点。

2.1.3 印染ERP的主要作用

帮助企业的销售跟单人员、采购人员、工艺配方人员、生产计划人员、生产调度人员、车间管理人员、企业管理人员以及企业领导及时准确地把握各种信息数据,为企业的计划、运作、管理和决策提供全方位和系统化的管理平台,并最终实现对企业资源信息的管理。

(1)利于保护企业信息资产,使企业经验和知识的积累更少依赖于个人。企业客户信息、工艺数据、业务历史等经验和知识的积累是企业的无形资产,对企业持续稳定的经营具有重要意义。这些资源往往会随着人员的更替而从企业流失。印染EBP能够帮助企业持续积累信息和知识资产,严格的权限和流程管理能够将适当的信息提供给适当的人。

(2)完善的色样工艺和生产工艺及配方管理,能够减少生产中技术参数上的误差,全面解决印染坯布、成品布,以及复杂的印染工艺管理难题,如印染颜色、打样、配方、批色等。通过打样生成色样工艺单,生产工艺是根据客户加工的品种由技术部门制定的,两种工艺数据完全对应到客户品种和具体订单,完全由系统管理,提供生产计划任务和计划过程使用,无需第二次重复抄写,减少了可能产生的人为错误。

(3) 以订单、计划为核心的推动生产模式,有利于解决复杂加工单的生产排程问题,以及生产过程的计划、检验、回修等复杂生产控制与质量控制问题。传统生产模式下,往往根据车间生产情况确定下一步的生产计划,印染 ERP 强调计划推动下的生产计划模式,如果实际没有按照计划执行,车间生产就可能存在问题。

(4) 有利于管理和业务人员能够实时获得生产状况和任务执行情况,解决了印染流程卡及订单、加工单的多环节跟踪难题。印染 ERP 中,计划能够精确到每班、每缸布、每个工序和每个机台;通过条码的生产作业统计,能够实时显示生产计划执行情况,任务在某工序和机台的作业执行情况,操作工在完成某任务某工序的作业后,立即将任务、工序、机台、车位等信息通过条码扫描功能输入系统。管理人员和业务人员能够实时获得生产状况和任务执行情况。

(5) 有利于解决了印染的成本核算及仓储核算难题,及时核算成本信息。染化料、五金材料的实时管理能够即时反映染色成本信息,还能够精确核算染料、助剂、能源、人工等直接和间接成本。

(6) 应用条码技术,很好的解决了生产跟踪统计、质量监控、计件工资等问题。

(7) 印染 ERP 系统具有优良的体系结构,能够在不需要程序开发的情况下增加业务功能、修改单据项目、设定报表格式、改变数据之间的逻辑关系等,提供了极大的灵活性,因此,企业的发展会为印染 ERP 提供更丰富的功能,而不会像其他软件那样成为企业发展的束缚。先进、灵活的权限管理,具有不同权限的人所看到和使用的功能完全不同。不仅能保障数据安全,也简化了系统的使用。可以通过 Internet 远程使用系统,也可远程进行系统开发。

2.2　印染 ERP 的结构和基本功能模块

印染企业 ERP 系统作为一个完整的系统大体可以分成三个层次:第一层次即 ERP 管理系统,其作为一个基础平台;第二层次是生产管理系统,生产各环节、各机台都纳入该系统;第三层次是在各生产机台上配置的,用于工艺参数自动测控的数字化设备,确保各工艺参数执行到位。印染企业的生产管理活动可以用"3+1"概括。印染企业的宏观结构流程可以用图 5-2 表示。

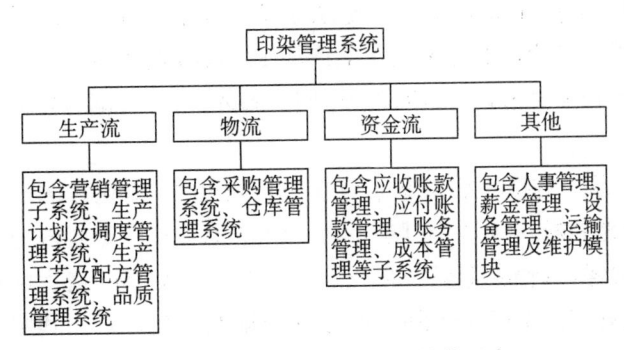

图 5-2　印染企业 ERP 宏观结构示意

在整个 ERP 系统中,每单生产业务把四者紧密地联系在一起。在四个子系统中各自建立的数据库,一般用生产单的单号作为关键词相互关联起来,从而实现数据的共享和查询。这四个子系统都包含几个子系统,它们分别完成一定的功能。印染 ERP 系统的基本模块如图 5-3 所示。

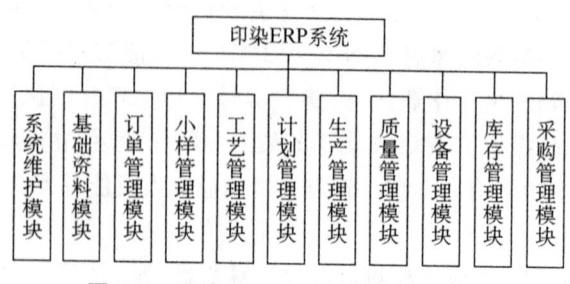

图 5-3　印染 ERP 系统的基本模块示意

（1）订单管理模块。该模块用来记录销售订单资料的详细信息及订单的生产状态。通过本模块,把订单的所有信息输入到系统中。系统中的其他模块通过订单编号从本模块获取订单的详细信息。订单的信息通过主信息表和明细表的形式表现,订单的头信息放在主信息表中,订单明细信息放在明细表中,主信息表和明细表通过订单编号联系起来,可以方便地进行订单明细部分的修改和查询。另外,该模块提供订单状态查询功能,可迅速、准确地查询订单当前的状态,从而及时把握每个订单的生产进度。

（2）小样管理模块。该模块的功能是记录并维护小样信息,制定打样计划,记录小样布样的客户确认及反馈意见,确定小样工艺和配方。确定客户来样信息后提交给工艺室,工艺室根据登记的小样信息,制定打样计划,并记录在系统中。化验室根据打样计划,确定打样的完成日期、打样人员,然后根据打样计划进行打样,并对小样的工艺和配方进行修正,然后把打样后的布样送客户进行确认。客户根据布样提出反馈意见。化验室根据客户对小样的确认信息和反馈意见,确定小样的具体使用配方工艺。

（3）工艺管理模块。该模块实现的功能是基本工序数据维护、制定产品的生产加工路线以及工序的生产参数、工艺信息查询、打印生产工艺卡等。基本工序是企业根据现有的生产设备和生产技术制定的,是编排订单产品工艺路线的基础。在给产品制定工艺路线时,需从该模块中选取工序信息,在确定大货的配方时,系统会自动调入小样的配方,修改后即可保存为大货配方。给已经确认的订单制定生产加工路线以及每道工序的相关生产参数。系统将根据信息生成生产工艺卡,打印后发给车间。另外,可以根据订单编号查询订单工艺路线和配方信息。

（4）计划管理模块。在接单前对每个订单进行预处理,即在考虑现有生产计划和生产能力的情况下,大致地判断一下这个订单是否可以在要求的交货期内完成。系统会提供给用户一个有价值的参考,以便决定是否接受这个订单。根据订单交货期和车间生产任务安排情况,给已经制定好产品生产工艺路线的订单安排主生产计划。其中主要包括各关键工序的生产计划,例如确定订单煮漂的完成时间、丝光的完成时间、染色的完成时间、整理的完成时间、成品的完成时间等。处理特殊情况下的生产任务,例如染色工序的回修处理、订单的追加、紧急订单、产品的变动等。在保证主生产计划能够按时完成的前提下,将生产计划进行细化,即每道工序的生产计划都要安排到具体的班次和具体设备上。一般每个订单包含几十个不同的产品。同一时刻车间里有多个订单的多个产品同时被加工,这时,如何合理地分配不同产品的不同工序在各种设备上的加工顺序成为一个十分复杂的问题。该模块能够通过对已安排的生产计划、现有的设备、不同工序的完成时间、订单的优先级、生产成本以及库存的情况进行综合考虑,优化各个订单的主生产计划和设备作业编排以提高生产效率。

实现详细生产计划的看板式管理,使生产计划一目了然地展现出来,便于用户直观地察看已经安排好的生产计划、当前设备使用情况。可以根据订单编号查询每个订单的当前生产进度、回修情况、订单在生产过程中的质量数据信息。根据设备编号以及时间段,查询每台设备每天的生产任务安排情况。

(5) 生产管理模块。根据计划管理模块中生成的详细生产计划,按照工序的不同将详细的生产计划下发到车间。该模块完成对生产完成情况、消耗情况、车间物料流转情况、生产人员安排情况等的记录和维护。通过详细生产计划系统可以自动完成原料需求计算,并可以方便地对各种原料的需求进行统计汇总。打印生产计划明细、生产通知单、生产卡、领料单、回修单等各种报表。统计查询功能,用户可以通过时段、班次、设备编号、订单编号等,对各个车间的生产情况进行查询和统计分析。

(6) 质量管理模块。该模块包括三个部分,即坯布部分、半成品部分和成品部分,分别用来维护坯布质量抽检记录,半制品物理测试、色牢度测试等记录,成品质量抽检信息等。

(7) 库存管理模块。该模块包括坯布仓库、染化料仓库、成品仓库三个部分。实现的功能有入库检验记录、入库信息登记、领料出库登记、成品出库登记、库存盘点等。其中库存盘点功能可实现按月、按时段对库存进行分类盘点。

2.3 印染 ERP 的实施

印染 ERP 是印染企业资源规划,是印染企业管理信息系统的一种先进、适用的信息管理形式。ERP 项目也是一个庞大的系统工程,需要资金投入,但不是有钱买来软件就可以的。ERP 更多的是一种先进的管理思想和管理经验的总结和信息化运用,它涉及面广,投入较大,实施周期长,难度大,存在一定的风险,需要采取科学的方法来保证项目实施的成功。

2.3.1 印染企业实施 ERP 的流程

战略规划→项目规划→需求调查分析→系统设计→系统实施、评价与管理。

(1) 印染 ERP 系统战略规划。一般是由印染企业高层组织并参加进行的总体的、全面的计划、部署和安排,是准备付诸实施的方案。企业发展需要有发展战略,其内容包括确定企业的使命和长期目标、企业的环境约束和采取的相应对策、企业当前的计划及指标等。在此基础上进行印染 ERP 系统战略规划,它是关于管理信息系统的长远发展规划,主要研究解决"系统做什么的问题"。其基本作用:

①找出业务过程中存在的问题;②形成组织变革的方向;③形成建立管理信息系统的方向和目标;④合理分配和利用各种资源,指导管理信息系统的开发。

(2) 印染 ERP 系统项目规划。指在印染 ERP 系统战略规划指导下形成的预测未来、确定要达到的目标、估计会碰到的问题,并提出实现目标、解决问题的有效方案、方针、措施和手段的过程。该规划的工作过程一般由印染 ERP 系统建设领导小组的专家起草,也可由软件供应商起草,然后共同讨论确定。印染 ERP 系统建设的领导小组由管理信息系统专家、企业主要管理人员共同组成,讨论解决"系统如何做"的问题。

(3) 印染 ERP 系统需求调查分析。指印染 ERP 系统要实现哪些具体的管理任务。需要解决主要流程的分析和再造,也需要解决每一管理细节的流程分析和再造。该项工作一般由软件供应商、企业共同参加,以印染企业的需求为线索,提出印染 ERP 系统的具体要求,与软件供应商明确各种流程。该项工作过程及结果需要双方签字,以示慎重。

(4) 印染 ERP 系统的系统设计。在系统需求调查分析的基础上,实施和实现企业信息化管理的过程,包括框架结构、编制软件等工作。完成该过程的主体是软件供应商,但在进行过程中需要印染企业相关人员参加配合。

(5) 印染 ERP 系统的系统实施、评价与管理,包括软件的试运行和改进直至正常运行、对企业管理情报系统运行的评价和对不适用的流程进行改进升级等管理工作。试运行期间,要以软件供应商为主,印染企业协助,实现印染 ERP 系统需求调查分析阶段制定的具体管理任务。对管理信息系统的评价,一般由印染企业对照印染 ERP 系统项目规划、系统需求调查分析对项目实现目标进行,给出确切的结论。在项目正常运行后需要少量的维护管理,同时项目实现后总会出现部分不适用的流程,例如原流程需要改变、修改等,就需要管理信息系统软件的升级。这部分的工作一般以印染企业为主,软件供应商配合进行。为此,需要印染企业和软件供应商在合作协议中明确双方的责任和义务。

2.3.2 实施 ERP 需要注意的问题

(1) 需要最高决策者和全体员工共同参与。ERP 的实施关系到企业内部管理模式的调整,业务流程的变化及大量人员变动,没有企业领导的参与和大力推动将难于付诸实践。但同时 ERP 是企业级的信息集成,没有全体员工的参与也是不可能成功的。

(2) 注重知识更新与员工培训。ERP 是信息技术和先进管理技术的结合,无论是决策者、管理者还是普通员工都要掌握一定的计算机技术、通信技术,并将之运用到印染企业的管理中去。制定可行的实施方案,大规模的人员培训是系统成功的关键因素。

(3) 数据的规范化很关键。ERP 系统实现了企业数据的全局共享,作为一个管理信息系统,它处理的对象是数据。数据规范化是实现信息集成的前提,在此基础上才谈得上信息的准确、完整和及时。所以实施 ERP 必须要花大力气准备基础数据。比如,产品数据信息、工艺的信息、客户信息、供应商情况等。ERP 实施是"三分设计、七分管理、十二分数据",由此可见,数据准备工作是整个系统实施过程中头绪最多、工作量最大、耗时最长、涉及面最广、最容易犯错误且错误代价极大的一项工作。完整准确的基础数据是系统成功的先决条件,其间要注意:①做好数据输入人员的合理分工;②提高数据的准确性;③在数据准确性的基础上,进一步保证数据的合理性。

(4) 业务流程重组和机构重组。ERP 是面向工作流的,它实现了信息的最小冗余和最大共享。传统需要几个步骤或几个部门完成的任务,在实施 ERP 系统之后可能只需要一次便能完成。因此企业要让 ERP 系统发挥作用,有必要在业务流程和织织机构方面进行重组,使之符合 ERP 的实施要求。

(5) 强调对企业管理的事前控制能力。ERP 强调对企业管理的事前控制能力,把设计、制造、销售、运输、仓储和人力资源、工作环境、决策支持等方面的作业看作一个动态的、可事前控制的有机整体。ERP 系统将上述各个环节整合在一起,它的核心是管理企业现有资源,合理调配和准确利用现有资源,为企业提供一套能够对产品质量、市场变化、客户满意度等关键问题进行及时分析、判断的决策支持系统。

(6) ERP 是先进的现代企业管理模式。主要实施对象是企业,目的是将企业的各个方面的资源(包括人、财、物、产、供、销等因素)合理配置,使之充分发挥效能,使企业在激烈的市场竞争中全方位地发挥能量,从而取得最佳经济效益。ERP 系统贯彻了供应链的管理思想,将用户的需求和企业内部的制造活动及外部供应商的制造资源一同包括进来,体现了完全按客户需求制造的思想想。

(7) 有利于提高企业管理水平。通过实施 ERP 配套的工作,可帮助企业建流程、建制度、建规范、建标准,确保企业的交货期、质量、成本的控制与保证能力,从而提高企业管理水平,提升企业竞争力,提升企业经济效益,实现企业利润最大化。也就是说,如果 ERP 的导入,没有配套地把流程制度、规范、标准建立起来,ERP 实施失败的风险就很大。反之,通过实施 ERP,企业建立了合理的流程、规范、标准、制度,并且不断、持续地固化和优化,从而达到提升企业竞争力,实现企业利润最大化的目标。

【案例】

浙江映山红纺织印染有限公司印染 ERP 的实施

浙江映山红纺织印染有限公司重视智能化技术在生产中的应用,创建了智能染色系统,该系统由 ERP 管理系统、母液泡制系统、自动滴液系统、热传导可调向打样机系统、配方管理染料定位称量系统、车间染色中央集控系统、水自动化供给系统等七个系统组成,其中,ERP 管理系统为主系统。

(1) ERP 管理系统。印染 ERP 管理系统是建立在信息技术基础上,以软件为载体,采用先进的计算机技术,融入先进的印染企业管理思想,以客户和订单为核心主线,以公司优秀的管理思想与方法为导引,定制形成客户信息管理、物料信息管理、色号信息管理、订单管理、打样管理、生产计划排单、生产流程管理、成本核算等于一体的信息化系统,为企业提供决策、计划、控制与经营业绩评估的全方位和系统化的管理平台,并最终实现对企业资源信息的管理,满足现有和未来发展管理需求。具体见图 5-4。

ERP 管理系统可分为三个层次:第一层次为 ERP 操作层使用,该层为一个基础平台,融合了生产流程与运营各环节,供各关键岗位人员操作使用;第二层次是管理战略层,通过用户权限设定系统进行模块使用的区分管理,实现生产管理状态查询、环节控制、高层决策分析、预警、战略调整;第三层次是数据共享层,通过中央服务器及各系统计算机数据库进行数据调用,实现独立单一系统与 ERP 关联数据的传递。

(2) 色板打样确认系统。浙江映山红的色板打样确认系统由母液泡制系统、自动滴液系统、热传导可调向打样机系统组成,见图 5-5。

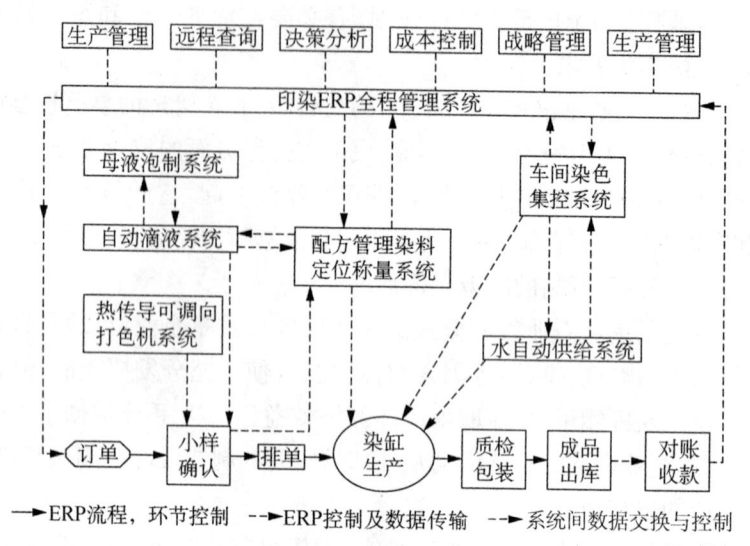

图 5-4　浙江映山红纺织印染有限公司印染的 ERP 系统结构

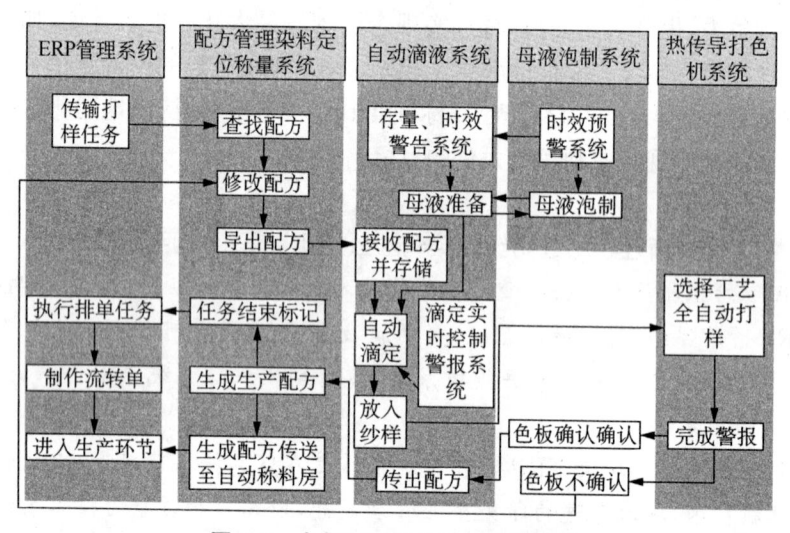

图 5-5　色板打样确认系统工作流程

ERP 系统给出的打样任务首先传输到配方管理染料定位称量系统,再由该系统将染色配方导入到自动滴液系统,使其滴出所需的染液和助剂量,工艺设定好后直接使用热传导可调向打样机系统打样,减少了繁琐的人工操作环节。此系统能够提高打样速度和打样准确率,降低劳动强度,可有效解决打样效率低与品质不稳定的问题,提高从化验室到生产现场之间染色效果的一致性。

母液泡制系统的主要功能是根据设定的染料浓度以及染料的称重,智能计算出用水量,快速配制出滴液系统所需要的母液。该系统工作效率高,配制的染液浓度精确,能够确保配制染液的一致性,可有效避免人工配液的误差。

滴液系统在接收到染色配方后,根据工艺配方、纱线质量、浴比等工艺条件,快速选定用何种浓度的染料、助剂，智能地计算滴定量，使其滴出所需的染液、助剂量，快速完成滴料过程。此系统可减少人工干预，提高打样效率和准确率，而且由于通过 ERP 系统的传输数据，滴液系统还可以实现远程排单、下单、打样等功能。

热传导可调向打样机采用电加热传导系数较高的金属传热，加热速度快，温度追随性佳，能使染液各处均匀升温，可实现恒温及升温打色，从而解决了传统样机因染液温差而易产生的色花问题。热传导可调向打样机同时配备了高精度、高灵敏度的进口温度探针，可直接检测染液温度，控温精度可达±0.5℃，具有万向转动功能，使杯内液体来回振动，上染更均匀，适合各种纱线的染色；多台打色机独立传动，染色监控软件统一监控，切换工艺十分便捷，升温情况、历史数据追溯一目了然，便于管理；采用风冷冷却装置，冷却速度更快，且节水、节能、环保；不使用甘油作热媒，干净、无油烟，有利于保持良好的工作环境。

（3）车间染色集控系统。车间染色集控系统采用集散控制技术、高性能数据处理技术、在线采集控制技术、自动化技术和可编程控器多层网络架构技术等，将所有染色机控制电脑集中于中央控制室内，并采用特定通信方式将所有染色机电脑连接到工业计算机上，统一由控制人员在工业计算机上进行工艺的编辑、输入、查询、修改和运行等操作，实现了染色关键工序操作点的控制、生产数据的实时记录与在线控制等各项功能。

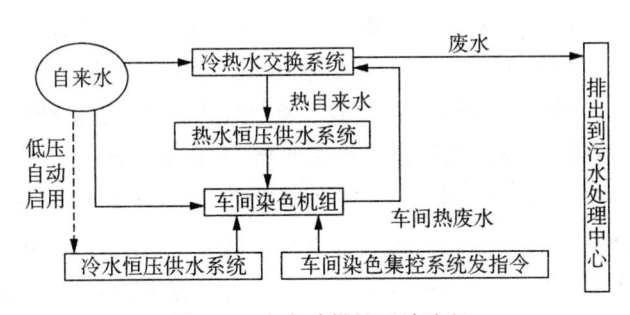

图 5-6 水自动供给系统流程

（4）水自动供给系统。水自动供水系统通过车间染色集控系统的电脑远程控制，集染色废水余热收集利用、自来水恒压控制技术和加装进停水的自动控制装置于一体，可有效解决企业用水高峰期水压过低或不稳的问题，避免降温过程中人工进停水可能造成的水资源浪费和染缸串水，见图 5-6。

染色废水余热收集利用通过热交换器，对高温废水进行余热回收，利用废热水加热染机的进水，提高进水的初始温度，减少蒸汽用量，从而降低企业生产成本。恒压供水系统通过压力变送器信号将车间管网水压变化传给变频器，通过变频调节水泵的转速从而达到相应的供水量来保证压力的稳定性，这样可以避免水泵长时间的非经济运行，能有效降低用电量，延长设备使用寿命。染机的自动进停水是根据设定的温度来控制进水阀门的开与关，当降温开始时气动阀打开，开始进水；当温度降至设定温度时，电接点式温度计就会接通控制气动阀切断电源，阀门自动关闭不再进水，并报警提示降温完成。

（5）配方管理染料定位称量系统。配方管理染料定位称量系统简称染料称量系统，包含配方管理、染料称量管理和染料定位管理等功能模块，见图 5-7。

```
┌──────────┐  ┌──────────┐  ┌──────────┐
│  化验室  │  │  称料房  │  │  服务器  │
└──────────┘  └──────────┘  └──────────┘
```

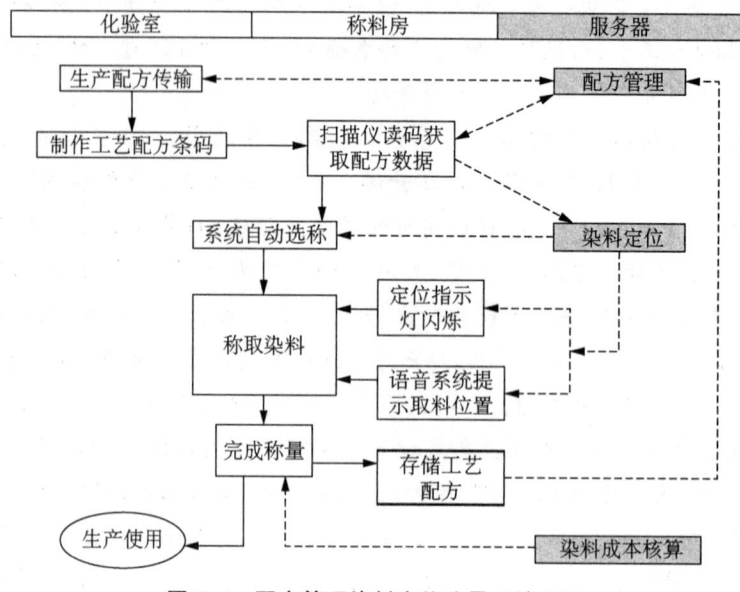

图 5-7　配方管理染料定位称量系统流程

染料称量系统采用工业微电脑监控电子秤，同时配置三台不同量程、不同称量精度的电子秤，多段称量，准确地控制称料精确度，降低现场加料率，提高染色一次成功率。采用染料称量系统可防止工人拿错料、放错料，实时记录染料实际用量，为染料仓库提供准确的染料耗用量信息，从而为 ERP 的染色成本核算提供准确、实时的数据。

浙江映山红公司将 ERP 管理系统、母液泡制系统、自动滴液系统、热传导可调向打样机系统、配方管理染料定位称量系统、车间染色中央集控系统、水自动供给系统等 7 个原本独立的管理系统有机集成，突破各设备、各系统独立运行的限制，以 ERP 管理系统为中心，以订单管理为主线，以相关数据转化传递为目标，形成完整的纱线染色信息化集成新系统。建立了以客户染色品种、颜色、工艺条件为主要控制内容以及染色工艺传输自动化，染色工艺中央集控的生产智能指挥中心，形成了纱线染色生产集中控制新技术。

印染企业应着眼行业未来发展趋势，结合企业自身实际情况，重视先进的信息化管理技术在企业生产管理中的应用，使企业迈上传统产业与现代化技术结合的创新之路，实现企业的可持续发展。

【单元学习目标】

1. 了解印染企业的生产特点和生产运作流程。

2. 了解生产能力的概念、分类及影响生产能力的因素，理解生产能力的柔性和生产能力调整的方式；理解生产计划的概念，了解生产计划的组成、分类和作用，了解生产计划指标体系的内容，理解生产计划编制的原则、依据和程序；明确生产作业计划的概念、分类和作用；了解生产作业计划编制工作的要求、程序和编制的方法。

3. 了解生产（作业）计划实施的内容；了解生产调度工作的内容和方法；了解新产品的生产计划安排的特殊性，并初步学会新产品的生产计划安排；理解生产调度工作的原则，了解生产进度控制工作的内容。

4. 了解现场管理的概念和意义。

5. 了解印染企业现场管理的核心内容、印染企业主要生产环节（生产准备管理、生产调度管理、运转管理、操作管理、现场作业核算、坯布管理、在制品管理、产成品管理）的现场管理的内容和要点。

6. 了解印染企业车间现场管理的意义，了解车间主任、轮班长的职责和现场管理工作的重点，明确印染企业车间现场管理要点。

7. 了解6S管理的内容、基本原理，初步学会推行方法，理解6S管理的作用和意义。

8. 了解印染企业精细化管理的背景，理解精细化管理的基本概念和内涵。

9. 初步掌握精细化管理的推进方法。

10. 理解信息化管理的概念、基本特点，了解其构成和功能。

11. 了解印染企业应用印染ERP的背景，理解ERP的概念、印染ERP的主要作用，知道印染ERP的结构和基本功能模块，初步掌握印染企业实施ERP的流程；了解实施ERP需要注意的问题，初步学会解决办法。

【作业与思考题】

1. 什么是生产能力？影响生产能力的因素有哪些？调整生产能力可选择的方式有哪些？

2. 什么是生产计划？它一般由哪两部分组成？简述生产计划的指标体系。生产计划编制的依据有哪些？

3. 什么是生产作业计划？试比较生产计划与生产作业计划。

4. 编制生产作业计划的作用有哪些？编制生产作业计划的要求有哪些？简述印染生产日程的安排应遵循的原则。

5. 简述生产作业计划的编制程序。

6. 什么是生产批量？试比较大批量生产与小批量生产的特点。

7. 印染厂生产作业计划常用的编制方法有哪些？

8. 简述生产调度工作的任务和常用工作方法。

9. 什么是现场管理？加强现场管理的意义有哪些？

10. 印染厂生产预备会的主要内容有哪些？

11. 什么是印染企业生产准备的三核对、三检查、三到位？

12. 什么是生产作业控制（生产调度）？简述生产调度工作的内容。

13. 什么是生产进度控制？什么是在制品控制？

14. 印染企业交接班的内容有哪些？接班时未发现的连续性疵点，应由谁负责？

15. 印染企业加强操作管理的常用方法有哪些？

16. 什么是6S管理？简述其原理。

17. 简述精细化管理的概念和内涵。

18. 简述精细化管理的推进步骤。

19. 信息化管理系统的基本特点有哪些？简述信息化管理系统的构成和功能。
20. 什么是印染ERP？它主要有利于解决印染企业管理的哪些问题？
21. 简述印染ERP的主要作用。
22. 简述印染企业实施ERP的流程和需要注意的问题。

模块 6
印染企业生产成本控制

企业产品的生产成本是企业生产管理的一面镜子,它直接反映出企业生产管理水平的高低。企业原材料消耗水平、设备利用情况、劳动生产率的高低、产品技术水平是否先进等,最终都会通过生产成本反映出来。在企业发展战略中,生产成本的控制处于极其重要的地位。如果同类产品的性能、质量相差无几,决定产品在市场竞争中地位的主要因素是价格,而决定产品价格的主要因素则是生产成本,只有降低了生产成本,才有可能降低产品的价格。降低生产成本是企业生产管理永恒的主题。市场是无情的,竞争是激烈的,在客户接受一个产品品质的同时,还必须让客户能够承受其生产成本,只有这样,企业和客户才能真正在市场上保持持久的双赢。

1 生产成本和生产成本控制概述

1.1 生产成本

生产成本亦称制造成本或产品成本,是企业为生产产品而发生的成本。生产成本是生产过程中各种资源利用情况的货币表示,是衡量企业技术和管理水平的重要指标。在市场经济条件下,产品成本是衡量生产消耗的补偿尺度。企业必须以产品销售收入抵补产品生产过程中的各项支出,才能确定盈利。因此,在企业成本管理中,生产成本的控制是一项极其重要的工作。

生产成本法是世界各国普遍采用的一种成本计算方法。用生产成本法计算成本时,只将生产经营过程中发生的直接材料费用、直接人工费用和制造费用计入产品成本,而管理费用、财务费用和销售费用不计入产品成本,而是作为当期费用直接计入当期损益。

生产成本是工业企业为生产一定种类、一定数量的产品所发生的直接材料、直接人工和制造费用的总和。直接材料费用是指用以形成产品实体或构成产品主要部分的材料成本,也就是能够直接分清应计入产品成本的原材料、辅助材料、备品配件、外购半成品、燃料、动力、包装物及其他直接材料。直接人工是指在产品生产中直接改变原材料的性质或形态所耗用的人力资源,其成本可用直接从事产品生产人员的工资、奖金和福利费等计算。制造费用(或间接制造成本)是指在产品生产过程中发生的,除了直接材料、直接人工以外的其他全部耗费。制造费用具体指企业各生产单位(分厂、车间)为组织和管理生产所发生的管理人员的工资、职工福利费,生产单位房屋、建筑物及机器设备的折旧费,租赁费,修理费,机物料消耗，低值易耗品摊销，水电费，办公费，差旅费，运输费，保险费，试验检验费，劳动保护费，修理期间的停工损失及其他制造费用。这些费用一部分通过折旧方式计入成本，另一部分通过定额费用、维修、机物料耗用和辅料耗用等方式计入成本。

1.2 生产成本控制

所谓生产成本控制，是企业根据一定时期预先建立的生产成本管理目标，在生产耗费发生以前和生产过程中，对各种影响生产成本的因素和条件采取的一系列预防和调节措施，以保证生产成本管理目标实现的管理行为。

生产成本控制的过程是运用系统工程的原理对企业在生产过程中发生的各种耗费进行计算、监督和调节的过程，同时也是一个发现薄弱环节，挖掘内部潜力，寻找一切可能降低成本途径的过程。科学地组织实施生产成本控制，可以促进企业改善生产管理，全面提高企业素质，使企业在市场竞争的环境下更好地生存、发展和壮大。

1.2.1 加强生产成本控制的意义

（1）加强成本控制是企业增加盈利的根本手段。提高经济效益，获取最大的利润是企业生产经营的主要目标。虽然可以通过多种方法和手段来实现．但是降低产品生产成本是增加盈利的根本途径。在产品的质量价格相同的情况下，谁的成本费用低，谁的盈利就多。因此加强生产成本控制，采取各种有效措施，控制费用开支，降低产品生产成本，是实现企业盈利目标的根本手段。

（2）加强生产成本控制是促进企业改善生产管理，提高竞争能力的重要手段。企业的竞争能力关系到企业的生存和发展。为了增强企业的竞争能力，企业必须不断改善生产管理，提高产品质量和降低产品价格，做到物美价廉。生产成本是产品价格的基本组成内容。企业要降低产品价格，必须以降低生产成本费用为基础和前提。因此，加强生产成本控制，降低生产成本，是促进企业改善生产管理，提高企业竞争能力，求得生存和发展的重要手段。

1.2.2 生产成本控制的内容

生产成本是在生产过程的各阶段、各环节发生的。因此，生产成本控制必须包括生产的全过程，主要包括下列内容：

（1）产品设计阶段的成本控制。产品设计阶段的成本控制，属于生产成本的事前控制。由于在设计阶段要决定产品的用途、产品的结构、产品的规格、质量要求、产品的工艺方法及所用设备、工具等，因此也就决定了生产所需的原材料、能源动力种类及其消耗标准，也决定了所需工种及其工时消耗标准，即基本确定了产品生产过程中要消耗的原料、工时及费用的水平，从而基本上确定了产品的成本，所以，要降低产品成本，最根本的途径是搞好产品的工艺设计，即在产品的工艺设计中，进行技术经济分析，积极采用新材料、新工艺，提出质优、低耗的产品设计方案。

产品设计阶段的成本控制包括：①对产品设计进行功能成本分析，消除多余的功能及用途；②对工艺方案进行技术、经济分析，在保证设计要求的前提下，采取最经济的方案；③对物料消耗定额和工时消耗定额进行审核，保证其先进、合理；④记录、统计、比较分析设计的试制费用和周期，取消不合理的费用支出和时间花费，记录、核算和控制设计的试制成本。

上述四项中：①、②表现为设计工作的质量，决定了以后各阶段的生产费用、产品成本；③是以后各生产工序进行材料核算控制和工时费用核算控制的依据；④是设计阶段直接发生的费用。

（2）计划编制阶段的成本控制。计划编制阶段的成本控制，即在编制年（季）度生产计划和生产作业计划工作中的成本控制，也属于生产成本的事前控制。由于计划编制阶段要确定生产的节奏、批量、生产周期、在制品定额等期量标准，要规定全厂各环节、各单位在各时间周期的生产任务并加以实施，因此，它们都直接、间接地影响着人力、物力、财力的耗费与占用。计划编制阶段的成本控制工作主要是控制计划不周或失误带来的损失，具体包括：①计划不及时，造成的停工损失；②生产任务与生产能力、生产任务与技术准备、原材料、动力、设备等生产要素之间，各生产环节之间在生产的进度、数量、质量方面协调配合不好而造成的损失；③计划缺乏预见性，造成产销脱节，或导致供不应求，从而丧失销售机会，或导致供过于求，使产品积压造成的损失；④制定生产计划时缺乏多种方案对比分析，采用了非"最佳"方案而带来的损失；⑤生产计划未进行优化，以缩短周期，降低费用和减少资金占用而带来的损失；⑥投产不当，造成投产的时间及数量不合理而带来的损失；⑦计划安排时，未考虑品种的合理搭配和均衡生产而带来的损失等。生产计划和生产作业计划是指挥全厂生产技术业务活动的指令，其错误和不足，会给企业带来巨大的经济损失。

（3）生产现场的成本控制。在设计和计划的成本控制之后，生产现场的成本控制的关键是按生产作业计划和生产工艺规程的要求进行生产，促进生产合理化，属于生产成本的事中控制。具体包括：①按工艺定额领料、用料，促进原材料综合利用，提高原材料的利用率；②严格按工艺要求和工艺规程生产、降低产品的不合格率；③进行时间、动作研究，改进工作方法，降低工时消耗，提高工作效率；④提高工时和台时的利用率，减少停工、突击赶工和加班，实现均衡生产；⑤记录、统计和控制辅助材料等的消耗；⑥记录、统计与分析设备的故障损失，控制设备故障率和维修费用；⑦控制在制品、半成品的占用量；⑧分析和控制在制品、半成品的堆放及流动路线。

凡是直接、间接造成工费消耗和资金占用的活动，都应在成本核算和控制范围。不进行生产现场成本控制，目标成本难以实现，设计、计划再好，也不等于现实，所以需要靠全体员工的共同努力。

（4）材料库、半成品库及成品库的成本控制。材料库、半成品库及成品库的成本控制将影响企业的经济效益，主要表现：①储存量过大，造成资金积压；②储存不足，不能及时满足生产和销售的需要，造成停产损失和销售机会损失；③管理不善，造成储存物霉烂、变质、变形、丢失等；④库存能力与任务不配套，造成库存能力不足或多余。因此，库存成本控制的主要内容：一是按经济批量采购生产原辅料；二是及时完成进、出库任务；三是按定额实行限额发料；四是按规定的检查期进行盘存，使库存量经常保持在储备定额的水平；五是记录、统计控制库存损失；六是提高仓库的利用率。仓库还应进一步定出库存费用率，对库存费用进行综合控制。

1.2.3 成本控制的基础工作

成本控制的起点就是成本控制的基础工作。成本控制不从基础工作做起，成本控制就无从谈起。成本控制的基础工作主要包括：

（1）定额制定。定额是企业在一定生产技术水平和组织条件下，人力、物力、财力等各种资源的消耗达到的数量界限，主要有材料定额和工时定额。成本控制主要是制定消耗定额，只有制定出消耗定额，才能在成本控制中起作用。工时定额的制定主要依据各地区收入水平、企业工资战略、人力资源状况等因素。在现代企业管理中，人力成本越来越大，工时定额显得特别重要。在工作实践中，根据企业生产经营特点和成本控制需要，还会出现动力定额、费用定额等。定额管理是成本控制基础工作的核心，建立定额领料制度，控制材料成本、燃料动力成本，建立人工包干制度，控制工时成本，以及控制制造费用，都要依赖定额制度，没有很好的定额，就无法控制生产成本；同时，定额也是成本预测、决策、核算、分析、分配的主要依据，是成本控制工作的重中之重。

（2）标准化工作。标准化工作是现代企业管理的基本要求，它是企业正常运行的基本保证，它促使企业的生产经营活动和各项管理工作达到合理化、规范化、高效化，是成本控制成功的基本前提。在成本控制过程中，下面四项标准化工作极为重要：

①计量标准化。计量是指用科学方法和手段，对生产经营活动中的量和质的数值进行测定，为生产经营，尤其是成本控制提供准确数据。如果没有统一计量标准，基础数据不准确，那就无法获取准确成本信息，控制更无从谈起。②价格标准化。成本控制过程中要制定两个标准价格：一是内部价格，即内部结算价格，它是企业内部各核算单位之间，各核算单位与企业之间模拟市场进行"商品"交换的价值尺度；二是外部价格，即在企业购销活动中与外部企业产生供应与销售的结算价格。标准价格是成本控制运行的基本保证。③质量标准化。质量是产品的灵魂，没有质量，再低的成本也是徒劳的。成本控制是质量控制下的成本控制，没有质量标准，成本控制就会失去方向，也谈不上成本控制。④数据标准化。制定成本数据的采集过程，明晰成本数据报送人和入账人的责任，做到成本数据按时报送，及时入账，数据便于传输，实现信息共享；规范成本核算方式，明确成本的计算方法；对成本的书面文件实现国家公文格式，统一表头，形成统一的成本计算图表格式，做到成本核算结果准确无误。

（3）制度建设。在市场经济中，企业运行的基本保证，一是制度，二是文化。制度建设是根本，文化建设是补充。没有制度建设，就不能固化生产成本控制的运行，就不能保证生产成本控制的质量。生产成本控制中最重要的制度是定额管理制度、预算管理制度、费用审报制度等。在实际中，制度建设有两个问题。一是制度不完善，在制度内容上，制度建设更多的从规范角度出发，看起来像命令。正确的做法应该是制度建设要从运行和日常执行的角度出发，这样才能使责任人找准位置，便于操作。二是制度执行不力，老是强调管理基础差，人员限制等客观原因，一出现利益调整内容，就收缩起来，导致制度形同虚设。

1.2.4　生产成本控制的基本程序

生产成本控制的目标是使实际生产成本控制在标准成本的水平之内。生产过程中的成本控制，就是在产品的制造过程中，对成本形成的各种因素，按照事先拟定的标准严格加以监督，发现偏差就及时采取措施加以纠正，从而使生产过程中的各项资源的消耗和费用开支限制在标准规定的范围之内。成本控制的基本工作程序：

（1）制定生产成本控制标准。生产成本控制标准是生产成本控制的准绳，生产成本控制标准首先包括生产成本计划中规定的各项指标。但成本计划中的一些指标都比较综合，还不能满足具体控制的要求，这就必须规定一系列具体的标准。确定这些标准的方法，大致有三种：

①计划指标分解法。即将大指标分解为小指标。分解时，可以按部门、单位分解，也可以按不同产品和各种产品的工艺阶段进行分解，若更细致一点，还可以按工序进行分解。②预算法。即用制定预算的办法来制定控制标准。有的企业基本上是根据前期生产成本情况，做出本期成本预算，并把它作为成本控制的标准。采用这种方法特别要注意从实际出发来制定预算。③定额法。即建立起定额和费用开支限额，并将这些定额和限额作为控制标准来进行控制。在企业里，凡是能建立定额的地方，都应把定额建立起来，如材料消耗定额、工时定额等等。实行定额控制的办法有利于生产成本控制的具体化和经常化。

在采用上述方法确定成本控制标准时，一定要进行充分的调查研究和科学计算。同时还要正确处理生产成本指标与其他技术经济指标的关系(如和质量、生产效率等关系)，从完成企业的总体目标出发，经过综合平衡，防止片面性。必要时，还应进行多种方案的择优选用。生产成本控制的标准应包括生产成本计划指标、费用开支标准、各种费用支出限额、各种材料消耗定额，以及每种产品的目标成本等。

(2) 监督生产成本的形成。监督生产成本的形成就是经常把实际生产成本与标准生产成本进行对比分析，及时发现实际生产成本与标准生产成本的差异。出现差异时，及时而准确地找出原因，为纠正偏差提供数据和信息。监督生产成本的形成不仅要检查指标本身的执行情况，而且要检查和监督影响指标的各项条件，如设备、工艺、工具、员工技术水平、工作环境等。所以，生产成本日常控制要与生产作业控制等结合起来进行。生产成本日常控制的主要方面：①材料费用的日常控制；②工资费用的日常控制；③车间对生产现场的工时定额、出勤率、工时利用率、劳动组织的调整和控制，以及对奖金、津贴发放等的监督和控制；④间接费用的日常控制。上述各生产费用的日常控制，不仅要有专人负责和监督，而且要使费用发生的执行者实行自我控制，还应当在责任制中加以规定。这样才能调动全体职工的积极性，使生产成本的日常控制有群众基础。

(3) 及时纠正偏差。对实际生产成本与标准生产成本的差异，要查明原因，采取有效措施予以纠正，对可能产生的偏差要采取预防性措施，以保证按生产成本控制标准开支各项生产费用，从而达到降低生产成本的预期目标。对于生产成本重大差异项目的纠正，一般采用下列程序：

① 提出课题。从各种生产成本超支的原因中提出降低成本的课题。这些课题首先应当是生产成本降低潜力大、各方关心、可能实行的项目。提出课题的要求，包括课题的目的、内容、理由、根据和预期达到的经济效益。

② 讨论和决策。课题选定以后，应发动有关部门和人员进行广泛的研究和讨论。对重大课题，可能要提出多种解决方案，然后进行各种方案的对比分析，从中选出最优方案。

③ 确定方案实施的方法步骤及负责执行的部门和人员。

④ 贯彻执行确定的方案。在执行过程中也要及时加以监督检查。方案实现以后，还要检查方案实现后的经济效益，衡量是否达到了预期的目标。

(4) 总结工作修订标准。要定期总结生产成本控制工作,考核成本指标,分析成本产生偏差的原因,明确经济责任。要根据企业生产技术组织工作的进展,不断挖掘开源节流的潜力,定期修订成本控制标准。

成本控制各步骤之间要前后衔接,首尾相连。成本控制是一个周而复始的循环过程,每循环一次,就推动成本控制工作前进一步。

1.2.5 生产成本控制的原则

(1) 经济性原则。生产成本控制的经济性原则是指因推行生产成本控制而发生的成本不应超过因缺少控制而丧失的收益。有些企业为了赶时髦,不计工本,搞了一些华而不实的烦琐手续,效益不高,甚至得不偿失。经济性原则很大程度上决定了企业在重要领域选择关键因素加以控制。

(2) 全面性的原则。全面性原则是指生产成本控制的全部、全员、全过程的控制。全部是对产品生产的全部费用要加以控制,不仅对变动费用要控制,对固定费用也要进行控制。全员控制是要发动领导干部、管理人员、工程技术人员和广大员工建立成本意识,参与成本的控制,认识到成本控制的重要意义。企业决策层重视并全力支持生产成本控制工作;技术和管理层运用技术和管理手段执行成本控制工作,并鼓励员工参与制定成本控制标准,了解企业的生产成本状况;员工具有控制愿望和成本意识,已养成节约习惯。全过程控制,对产品的设计、制造、销售过程进行控制,并将控制的成果在有关报表上加以反映,借以发现缺陷和问题。

(3) 因地制宜原则。因地制宜原则是指对大型企业和小型企业,老企业和新企业,发展快和相对稳定的企业,这个行业和那个行业的企业,以及同一企业的不同发展阶段,应根据其管理重点、组织结构、管理风格的不同,采取不同的生产成本控制方法。

(4) 责、权、利相结合的原则。企业在生产成本控制工作中应坚持责、权、利相结合的原则。各成本控制主体(车间、部门、班组等)应根据各自权限对可控成本进行控制,并对控制结果承担责任,企业应对所属各级成本控制主体的成本控制结果进行考核,给予奖惩。企业只有将各级成本控制主体的管理权限、应承担的经济责任,以及物质利益三者紧密地结合起来,才能实现经济责任制的要求,才能使成本控制工作持之以恒。

2 印染生产成本的构成和控制方法

2.1 印染生产成本的构成

印染企业的主要生产成本构成见表6-1。

表6-1 印染企业的主要生产成本构成

成本类别	基本内容
直接材料费用	(1) 印染原料坯布成本(来料加工订单不含此项成本)
	(2) 染化料成本
	(3) 机物料成本

续表

成本类别	基本内容
直接人工费用	（4）生产车间的一线工人的人工成本
制造费用	（5）水、电、煤（汽）及其他燃料成本
	（6）设备维修、保养成本
	（7）设备、厂房折旧成本
	（8）车间管理费、劳动保护费、职工福利费等其他生产成本
	（9）治污、排污等环保成本

2.2　印染企业面临的成本压力

近年来，印染企业生产成本不断增大，面临着前所未有的成本压力，主要表现在：

①水、电、汽和能源费用不断增加。印染厂是用水大户、能耗大户，其中，水、电、汽及能源消耗占了生产成本中相当高的比例。②染料价格高位震荡。近年来，由于国内染料企业原因，染料价格不断持续走高，高位震荡，进一步增加了印染企业的生产成本。③环保投入和治污成本不断增加。印染厂是排污大户，近年来国家和各地政府的环保政策不断收紧，各种限制性环保政策不断出台，用水指标的限制，排污指标收紧、排污费、水费的提高，印染企业环保投入和治污成本不断增加，环保负担越来越大。④劳动力成本不断上涨。近年来，中国人口结构的老龄化显现，招工难，用工荒的问题已成为制造型企业面临的最大问题。这也造成了企业工资大幅上涨，劳动力成本不断增加，在生产成本中的占比不断增大。⑤国际国内形势的影响。这些年来，印度、越南、孟加拉等发展中国家的纺织印染行业凭借低廉的生产成本快速崛起，成为了中国纺织业的最大对手，大量出口的订单转到这些国家。

国际、国内市场竞争激烈，客户单价一压再压，利润空间越来越少，这也使印染企业倍感成本压力。面对严峻的生产成本压力，如何加强生产成本控制，克服成本上涨的负面影响，摆在每一个印染企业面前，成为其不能回避的重大课题。

2.3　降低印染企业生产成本的主要途径

面对严峻的国际国内形势和巨大的成本压力，印染企业要生存，要发展，必须从企业内部挖潜，抓两个中心、一个基本点。两个中心是对外以顾客为中心，对内以员工为中心。一个基本点是成本控制。成本问题是每个企业都必须面临的实际问题，直接影响到企业的生存和发展。下面从实际出发，提出一些降低印染企业生产成本主要途径的设想和建议。

2.3.1　加强工艺技术成本控制，不断改进染整工艺设计

一个印染厂的染整工艺设计水平，反映了该企业的技术水平，同时也决定了该企业的生产成本的基本水平，因为染整工艺设计确定了印染生产的工艺流程，基本确定了染化料、助剂的选用和水、汽、电、工时等的消耗水平，直接关系到染化料助剂的成本，也会直接影响印染产品的产量和质量，而化验室是是印染厂染整工艺设计的中心，是印染厂的大脑，化验室

的成本控制,染色技术员的成本意识,决定着整个印染厂的成本控制,所以要控制印染厂的成本,首先就要从化验室的成本控制开始。

(1) 染色工艺技术的改进和创新。印染厂染色成本的控制,除了设备厂染色设备改进和染料、助剂厂染料及助剂的改进外,要充分发挥染色工艺技术自身的力量来降低染色成本,也就是在印染产品设计阶段,改进现有常规工艺设计,采用一些提高加工效率、降低消耗、节约染化料、改善生态环境的先进而且经济有效新工艺,特别是节水、节能、少污染的印染工艺技术,如高效短流程前处理技术、生物酶处理技术、冷轧堆染色、小浴比染色技术、湿短蒸工艺、气流染色和设备、微悬浮体染色、微胶囊染色,以及数码喷墨印花、转移印花、涂料印染、自动调浆技术和设备等,通过染色工艺的不断改进和创新,来减少水、电、汽的用量,减少染色时间,降低成本。比如:低温练漂技术的开发和应用,原来要用100 ℃练漂的,可否改用80 ℃、60 ℃或者常温进行练漂;酶精炼技术的应用;酶低温皂洗技术的应用,皂洗温度可降低到60 ℃;冷堆练漂和漂白,冷堆染色;精练、除油、染色一浴法工艺;染色固色同浴;棉低温染色工艺开发应用;棉锦一浴法染色工艺;涤纶/棉/锦纶/氨纶多组分纤维面料的一浴法染色工艺;腈纶/锦纶交织面料的一浴法染色工艺;阳离子改性涤纶与锦纶交织面料的一浴法染色工艺;腈纶/黏胶/锦纶/氨纶多组分纤维面料的一浴法染色工艺。

积极改进染整工艺设计,采用新材料、新技术、新工艺和新型设备是降低生产成本的主要途径之一。

(2) 电脑和信息技术的的应用。近几年,印染厂与客户颜色的确认已开始通过网络用数据进行。印染厂通过电脑测配色仪,把颜色转化为数据,传给客户;客户收到数据就看到了样品的颜色,就可知道颜色深浅差异和色光是否准确,然后给企业反馈改进意见,这样大大减少了样品开发过程中颜色确认的时间,对颜色也有了标准,不会以人的眼光来确认颜色。

染色技术人员要能通过网络信息了解国内外纺织印染行业信息,了解流行颜色趋势,了解染色设备发展情况,了解染料、助剂的市场行情和发展情况,通过各种印染网站提升自己的专业技术水平,掌握印染市场信息,提升自己的业务技能,也可以通过网络向印染行业的专家请教问题。

化验室要建立电脑测配色系统,通过电脑测配色技术寻找一些染色配方,为染色打样人员节省染色打样时间,提高打样效率。化验室还要建立染料、助剂的全自动滴液系统,此系统的应用能提高配置染液的浓度的准确性,杜绝因人工配液导致的失误,不仅节省了时间,而且可以减少打样技术人员,提高打样效率。

2.3.2 加强染化料助剂成本的控制

(1) 染料、助剂的正确合理选用。

① 对企业使用的染料进行认真筛选,一则可以提高染料利用率,二则可以减少水洗困难和污水处理的压力,从而降低生产成本。

② 积极采用新型的高效助剂,可提高产品质量,降低生产成本。

染料、助剂种类繁多,同一类染料、助剂也五花八门,性能有好的和不好的,牢度有高有低,价格也有高有低。印染厂要选择性能好、价格便宜的染料、助剂。染料、助剂的选用要根据颜色、面料及客户的性能要求进行。价格高的,染色性能、牢度不一定就好。举个例子:同是原汽巴公司的染料,莱纳晒脱黑 B 和依利尼尔黑 A-MR,用来染锦纶包氨纶的包芯纱面料,同样深度,结果用莱纳晒脱黑 B 染的黑色面料洗涤牢度只有 2～3 级,而用依利尼尔黑 A-MR 染得的黑色面料反而有 4 级,为什么呢?不是说莱纳晒脱黑 B 的染料不好,而是莱纳晒脱黑 B 对氨纶的沾色要比依利尼尔黑 A-MR 严重,从而影响了莱纳晒脱黑 B 在带有氨纶的锦纶面料上的色牢度,而在纯锦纶面料上的色牢度莱纳晒脱黑 B 确实很好。所以选用染料、助剂时要进行多次的试验,要分析面料的成分组成、面料的组织结构。还有个例子:选用阳离子黑染改性涤纶,有两个阳离子黑,一个是国产某公司的阳离子黑,价格 30 元/kg,另一个是德司达进口的阳离子黑,价格 79 元/kg,看上去用前面的阳离子黑成本要低,但它们的得色率完全不一样,染同样深度的黑,前面的阳离子黑要用 9% 的量,而德司达的阳离子黑只要用 1.8%,差异五倍。染料、助剂的选用,不仅要根据面料的情况,还要结合染色工艺。

(2) 助剂脚水的回收利用。一般的助剂无需回收利用,对一些价格比较昂贵的特殊助剂可进行回收利用。例如吸湿排汗整理剂、芦荟整理剂、抗菌消臭整理剂、各种芳香整理剂、凉感整理剂、热感整理剂等,这些助剂价格在 500 元/kg 至上千元一公斤,处理后可以把脚水抽吸到移动容器中,同时把脱水机脱出的脚水也收集起来,等到下一缸产品处理时把容器里的脚水加入,再补充少量的水和助剂就可以了。经过多次试验,下一缸功能性处理只要补充 20%～50% 的水和处理助剂,出来的结果基本一致。一般可以回用三四次,白色或浅色的回用次数更多。这样可大大节省助剂成本,创造更多的利润空间。

2.3.3 加强能耗水耗成本控制

印染厂是耗能大户、用水大户,能源和水的消耗在生产成本中占相当高的比例。水和能耗对印染厂效益起着关键性的作用。如果年产 10 000 万米的印染厂将每米布的能耗下降 3 分,每年可直接增加效益 300 万元。

如何从节能降耗中消化和抵消外界的不利的成本上涨因素,增强企业竞争力,从节能降耗中实现企业效益的最大化,从节能降耗中提升企业可持续发展的能力,是摆在众多印染企业面前的重要课题,也是印染企业降低生产成本的关键所在。目前,我国印染企业的设备能耗高、热效率低、用水量大,用能、用水管理基本上仍属粗放型。因此,节水、节能的空间和潜力很大,通过改造用能、用水设备、加强基础管理,可达到非常明显的降低生产成本的效果。

(1) 印染设备的改进。为了更好地节约能源,减少排污,要对原有的一些染色设备进行改造,如果染机不是电脑控制,改用电脑控制,进水系统改用双进水,把原水和进回用水分开。排水系统改用双排水,排水沟改成双管道,把排污水和排清水分开,以便后面污水和清水分开处理,减少污水处理的压力,并考虑把清水简单处理后回用于染深颜色、皂洗、水洗等。通过染色工艺的制定,由电脑自动控制何时进原水,何时进回用水,何时排污水,何时排清水等。

(2) 蒸汽余热的回收利用。印染厂所采用的设备,如练漂设备、染色设备、印花设备、汽蒸箱、烘箱、定型机等,都要用蒸汽加热。目前,这些设备在加热过程中产生的多余蒸汽、冷却水、冷凝水都是直接排到外面,不仅对印染车间周围环境造成噪声,还浪费了水和蒸汽。通过管路的串联,把从疏水器中出来的多余蒸汽、冷却水、冷凝水收集起来,收集起来的热水温度有 70 ℃ 左右,回用于染色后的热水洗、皂洗、固色等,达到节水、节能的目的。图 6-1 所示为印染厂蒸汽回收管路。

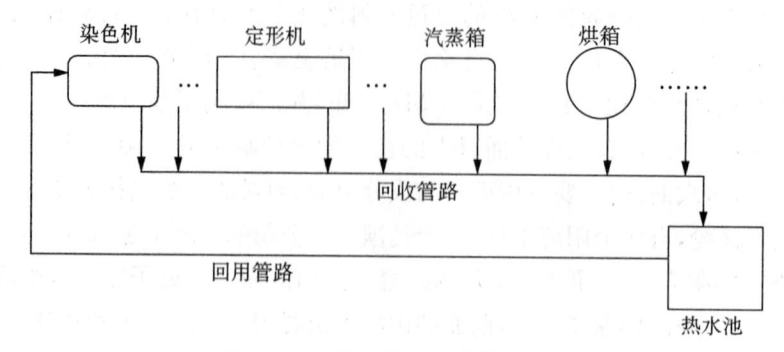

图 6-1　印染厂蒸汽回收管路示意

经过上述改进的回收装置可以把约 20% 的热能和水资源利用起来,收集到热水池里。染色后的热水洗温度一般为 60 ℃,染色后的皂洗和固色温度一般为 80 ℃,热水洗、皂洗、固色用回用水,可以节省把冷水升温到 60 ℃、70 ℃、80 ℃ 所用的蒸汽,也节省了升温所用的时间,起到了节汽、节能、节水、节时、降低成本的目的,而且回收利用的热水的水质要比自来水好,里面有一部分是蒸馏水。

(3) 污水热能的回收利用。染色后排出的污水是有一定温度的,一般污水池里的温度有 50~60 ℃,有的染涤纶的印染厂污水池里的温度可达 90 ℃,可以通过热交换器,把污水的温度转移到染色用的清水中,目前这种热转换率可达到 90% 以上,也就是说 10 ℃ 的染色用自来水通过 50 ℃ 污水交换后可升温到 45 ℃ 以上,而污水温度可以从 50 ℃ 降温到 20 ℃ 以下,把交换后的热水收集起来待用。这样一方面可以节省将染色用水从 10 ℃ 升温到 45 ℃ 所用的蒸汽,降低了染色成本,另一方面在污水处理时不必先对污水进行降温,减少了降温处理成本。以 50 t/h 的交换量,以 50 ℃ 的污水,10 ℃ 的自来水来算,一年可节省成本 60 万元左右。交换如图 6-2 所示。

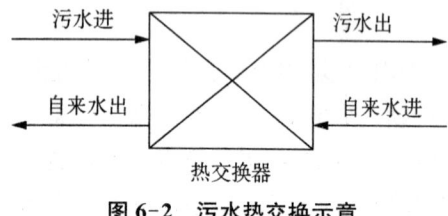

图 6-2　污水热交换示意

(4) 染整处理脚水的重复回用。对间歇式练漂、染色设备,如筒子纱染色设备,无缝内衣、袜子染色设备等,在进行煮练、氧漂、精练、除油、增白、皂洗、热水洗等工序,特别是功能性处理如抗菌处理、吸湿排汗处理、保湿整理加工、芳香加工等,可以把这些脚水回收再用。具体做法如图 6-3 所示。

图 6-3 中,左右两台染色设备必须染同样的产品,左边染色设备处理好的脚水通过泵打到处理设备上方同样大小体积的容器中,左边的染色设备接着做下工序,上面容器中的脚水放入右边染色设备中添加一定量助剂后进行同样处理,重复左边处理工序;接下来重复上述操作,一般处理脚水可重复回用 3~4 次,一方面节省了处理所用的染料、助剂,节省了处理时间,更重要的是节省了升温所用的蒸汽,节约了能源,大大降低了成本。

节能降耗是印染企业降低生产成本的关键所在。

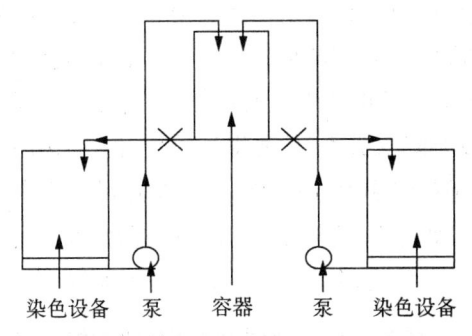

图 6-3　染整处理脚水回用示意

2.3.4　加强污水排放成本控制

染色污水可分为两类：一类是污水，主要是染色后的脚水、皂洗后的脚水、固色后的脚水等；第二类是相对清的水，主要是指看上去相对较清的脚水，色度比较小，助剂含量比较少，电解质也比较少，pH 值接近中性，如染色后的水洗、皂洗后的水洗、固色后的水洗、柔软后的脚水等。将两类污水分别进行处理，第一类污水处理到允许排放的 COD 指标以下后排放入网管，第二类污水处理后有选择地回用于深颜色的染色、皂洗、水洗等。第二类的污水处理相对比较容易，处理成本也比较少，既减少了污水的排放量，又节省了部分水资源，降低了成本。此类污水最简单的处理方法是催化氧化法，处理特点：处理废水反应速度快，脱色率高，产泥量小，管理方便，易实现自动化控制，它在电化学下，能改变污水物理性质和化学性质，把有机物转化成二氧化碳和水，使废水无害化，同时当进水中污染物质浓度发生变化时，可通过调整催化药剂的方法进行控制，保证出水稳定。它与其他处理方法相比，具有处理时间短、设备容积小、占地面积少、处理成本低等优点。

2.3.5　加强劳动力成本控制，提高生产的自动化

近些年来，招工难，劳动力成本增加迅速，为了解决劳动力问题，降低劳动力成本，必须对染色全过程用自动化技术来控制，主要反映在两个方面：①所有染色机的集中中央管控，用一个人就可以监控车间所有染色机的运行情况，如温度、压力、pH 值、工艺流程的跟踪等，如果某个染缸发现异常情况，可以派人检查，这样就大大减少车间的劳动力。②染化料助剂的自动称量和输送系统的应用，为了方便染料、助剂的自动转移，要把车间分成两块，一块是染色部分，另一块是加料部分，加料部分放在染色部分的上方，在染色机上方建半层，用作称料、配料和加料层，上面配两根轨道，一根是配送染料轨道，另一根是配送助剂轨道，中间是配料中心，配料中心里面有染料自动称量系统和助剂自动称取系统。两个自动称量系统连接染色配方管理中心，配方管理中心把电脑中的配方单传送到配送中心中的自动称料系统进行称料操作，称好后通过轨道转移到染缸中进行化料、加料操作，整个称料、加料过程只需要一个人操作，这样降低了染色挡车工的劳动强度，还可适当提高挡车工的挡缸台数，大大减少了劳动力成本，缓解越来越困难的用工问题。

2.3.6　加强质量管理，提高一次成功率

(1) 优质是最大的成本节约，如果一个年产 3 000 万米的印染厂，按每月 250 万米入库量测算,月均质量提高一个百分点,相当于企业少损失 2.5 万米产品,按每米 15 元计算,每月将少损失 37.5 万元的纯利润,一年便减少损失 450 万元,因此说"质量是企业的生命"。

(2) 印染厂的消耗,除了产品正常生产消耗外,还有相当一部分消耗是用于各种不合格品的加料和返工回修,所以要降低成本,就要提高质量,提高印染一次成功率。

印染一次成功是有效地控制和稳定生产工艺,控制每一批印染产品在生产过程中一次性满足客户质量要求,不需要采取任何加色、回修、返修而实现的"零缺陷"的工艺技术。表 6-2 是上海题桥纺织染纱有限公司对染色一次成功与返修对成本效益的对比分析。

表 6-2 纱线实现染色一次成功与返修的成本效益对比分析

经济效益	生产成本/%	生产效率/%	利润/%
染色一次成功	100	100	100
加色或小修色	110～120	80	48
改色重染	135～1～160	64～50	−45
剥色重染	206～230	48～35	−375

注:以实现染色一次成功的经济技术指标为基数。

要实现染色一次成功,必须努力做到:

① 要抓好技术员的责任性和管理人员的责任性,对各种产品生产前做好充分技术试样准备工作,制定出成熟合理的工艺流程,绝不在生产中打样,绝不在大生产中盲目试验无把握样品。技术科抓好打样的准确性,从打样用布、打样设备、打样操作、到染料选用及样后整理等都认真做好工作,提高大样的符样率。

② 要对生产设备进行改造,积极采用电脑集控系统,对各染色机安装水位电脑自动控制仪,使染色过程中浴比、升温速率、保温温度和保温时间以及降温速率都由电脑管理员统一按工艺要求管理,这样可减少缸差和色差。

③ 要抓好车间生产对样工作,各车间配置标准灯箱,对每缸布都严格按客户要求指定的光源进行对样,严把颜色质量关,不合要求必须加料准确后才能出缸,防止返工回修。

④ 落实奖罚制度是保证质量的实际措施,对每个操作工的质量进行统计,产量、质量与每个月的工奖挂钩,促进各操作人员重视质量,最终减少疵品和返修率,降低生产成本。

加强质量管理,提高一次成功率,减少疵品和返工,是降低生产成本的有效途径。

2.3.7 积极推进印染 ERP 的应用,提高信息化管理水平

印染企业通过积极推进印染 ERP 的应用,不断提高信息化管理水平,可使生产的每个环节做到标准化管理,可大大提高管理效率和水平,降低管理成本。同时,有利于生产计划有序进行,有利于生产线各种数据的统计及数据的正确性,有利于稳定染色工艺,稳定缸差,减少差错,有利于提高染色产品的质量,有利于减轻劳动强度,提高劳动效率,降低劳动力成本。

2.3.8 积极采用新型节水、节能、环保、高效的印染设备

企业在设备改造引进设备时,就要考虑引进设备不但要能提高产品质量和档次,提高生产

效率,而且要能降低消耗,降低生产成本。例如,浙江绍兴华宇印染纺织有限公司从国外引进绳状连续水洗机替代平幅振荡式水洗机和单个绳状水洗机。该设备可以从最后一级水洗箱进水,然后水逐级向前逆流,大幅度减少了水的用量,并且由于设备水洗箱多、容量大和单个电机带动多轧点绳状水洗,水洗效率高,速度快,产量高,电耗低,使印花布水洗电耗下降20%,水耗下降30%,生产速度从原来的50~60 m/min提高到70~75 m/min,而且水洗质量提高,白底清晰,颜色鲜艳,手感柔软。

2.3.9 严格把好原材料质量关,有利于稳定产品质量和降低生产成本

选用质量好,性能稳定,价格低的原材料,有利于提高产品的一次成功率和稳定产品质量,减少返工回修率,有效地降低生产成本,故企业必须严格把好原材料的采购和验收关。建立严格的坯布采购和坯布检验制度,是印染企业严把"病从口入"的关键,每批原料坯布进厂都要进行认真检验;染化料、助剂的质量,直接影响印染产品的质量,每批染料的力份、色光都要进行对比,对差异较大的批号拒绝使用,减少不必要的加料和调整,有利于提高染色成功率;对醋酸和液碱等每批都要检验浓度,发现浓度不达标,当误差不大,不影响正常使用时,就按比例扣除应付款,当误差较大时,则坚决要求退换,只有这样,才能有效地保证车间生产工艺的正常进行。那种当生产车间出了一定量的质量问题时,才想起要检查有关染化料、助剂的质量的做法,只会给企业带来较大损失。另外,需要注意的是,差的原材料在影响产品质量的同时,还会降低生产效率。

2.3.10 培养和提高员工的成本意识

对企业生产成本影响最大的是人的素质,特别是员工的成本意识与降低成本的主动性。树立员工的成本意识,就是要使员工树立这样一些思想,成本是可以控制的,成本管理需要大家的共同参与,并在工作中时刻注意节约成本。只有树立起职工的成本意识,只有员工具备了良好的成本意识,才能建立起降低成本的主动性,才能使降低成本的各项具体措施、方法和要求顺利地得到贯彻执行。员工良好的成本意识是成本管理的必要条件。成本意识的普遍建立有赖于领导的提倡、强有力的制度约束、管理人员的以身作则和职工素质的普遍提高,需要适当的利益机制、约束机制和监督机制相配合。

【模块学习目标】

1. 理解生产成本的概念和组成。
2. 明确加强生产成本控制的意义,了解生产各主要阶段生产成本控制的内容和作用;了解成本控制的基本工作(定额制定、标准化工作和制度建设)的内容;了解生产成本控制的基本程序,初步学会生产成本控制方法;理解成本控制的原则。
3. 明确印染厂成本的构成,了解印染厂面临的成本压力;了解降低印染企业生产成本的主要途径,初步学会降低印染生产成本的主要方法。

【作业与思考题】

1. 什么是生产成本?按生产成本法计算生产成本时,生产成本包含哪三个部分?

2. 简述加强生产成本控制的意义。
3. 为什么说"要降低产品成本,最根本的途径是搞好产品的工艺设计"?
4. 简述生产成本控制的基本程序。
5. 什么是定额?为什么定额的制定是成本控制中最重要的基础工作?
6. 成本控制的原则有哪些?
7. 简述印染企业生产成本的主要构成。
8. 降低印染企业生产成本的主要途径有哪些?

【PPT 汇报讨论题】

印染厂的生产成本是如何构成的?请上网查询印染厂降低成本的成功案例,并用学过的印染企业生产成本管理与控制的内容进行剖析。

模块 7 印染企业环境管理

环境污染、资源短缺已成为世界性的难题,它严重影响到人类的生存和发展,并越来越引起人们的关注。重视自然资源的合理利用和保护人类的生存环境已成为每一个生产企业义不容辞的责任。

印染行业作为纺织工业重要的组成部分,是纺织品生产链中完成产品深加工、增加产品附加值,提升品质、功能和价值的重要环节,在纤维原料、纺织、服装、装饰用布的加工中起着重要的纽带作用,是纺织工业的发展和技术水平的综合体现。但是,印染加工也是纺织品生产过程中生态问题最多的环节,印染行业是纺织行业中的耗能大户、耗水大户、污染大户,其排出的废水、废气对环境污染严重,推行清洁生产与节水节能已成为当务之急。

当前,世界经济正处于深度调整中,资源环境压力在逐渐加大、国际贸易格局正日趋复杂。全球范围内,环保相关的贸易协定、产业政策和法律法规的影响力在不断提升;清洁、高效、低碳、循环技术已经成为全球制造业竞争优势的新来源和未来角逐的新高地。我国作为印染大国,虽然在绿色发展方面已经取得了不小的成绩,但高投入、高消耗、高排放的发展方式仍有进一步改进的空间。行业之前高增长过程中形成和积累的供给侧、结构性问题亟待解决,行业绿色发展刻不容缓。

单元 1 企业环境管理基础知识

1 企业环境管理概述

企业环境管理是指企业运用计划、组织、协调、控制、监督等手段,为达到预期环境目标而进行的一项综合性活动,也是企业把对环境的关注结合到企业管理活动中,把因环境问题(如污染排放、环境事故、环境罚金、资源浪费等)造成的风险成本降到最低限度,使环境管理成为企业战略管理的一部分而采取的一系列行为措施。

1.1 环境成本

环境成本又称环境降级成本,是指由于经济活动造成环境污染而使环境服务功能质量下降的代价。在某一项商品生产活动中,从资源开采、生产、运输、使用、回收到处理,解决环境污染和生态破坏所需的全部费用即为环境成本。

环境成本分为环境保护支出成本和环境退化成本。环境保护支出成本指为保护环境而实际支付的价值。环境退化成本指环境污染损失的价值和为保护环境应该支付的价值。自然环境主要提供生存空间和生态效能,具有长期、多次使用的特征,也类似于固定资产使用特征。这样,由经济活动的污染造成环境质量下降的代价即环境降级成本,也就具有"固定资产折旧"的性质。

企业环境成本的可按生产过程的不同阶段、形成、分摊其等进行分类。

(1) 按生产过程的不同阶段分类。

① 事前环境成本。事前环境成本是指为减轻对环境的污染而事前予以开支的成本。具体包括:a. 环境资源保护项目的研究、开发、建设、更新费用;b. 社会环境保护公共工程和投资建设、维护、更新费用中由企业负担的部分;c. 企业环保部门的管理费用等。

② 事中环境成本。事中环境成本是指企业生产过程中发生的环境成本,包括耗减成本和恶化成本。耗减成本是指企业生产经营活动中耗用的那部分环境资源的成本;恶化成本是指因企业生产经营恶化而导致企业成本上升的部分,如水质污染导致印染厂的成本上升,甚至无法开工而增加的成本。

③ 事后环境成本。事后环境成本包括恢复成本和再生成本。恢复成本是指对因生产遭受的环境资源损害给予修复而引起的开支;再生成本是指企业在经营过程中将使用过的环境资源再生的成本,如印染厂用于废水净化的成本,此类成本具有向环境排出废弃物"把关"的作用。

表 7-1 是在综合有关环境成本构成理论,并对印染企业的环境成本支出调查的基础上分析归类得出的。

表 7-1 印染企业环境成本构成

环境成本分类	主项目分类	子项目分类	内容
环境对策成本	事前的环境保全预防成本	研发成本	环保产品研发设计、生产工艺调整
		环境管理成本(环境机构和人员经费支出其他)	环保评价费、专门环保机构经费
	事中常规环境成本	生产经营过程中投入的对环境影响小的材料、设备及水循环系统的建造成本	绿色染料、助剂、环保节能染缸
	事后残余物发生成本	处理废水、废气、废渣的成本(处理或回收再利用)	综合废水、烟尘和 SO_2 等
环境关联成本	企业为提高社会影响与企业所在地区社会保持良好关系而发生的成本		绿化费、环保广告费支出、突发性支出、罚款

(2) 按环境成本的形成分类。

① 企业在生产过程中直接降低排放污染物的成本,主要包括产生废弃物的处理、再生利

用系统的运营、对环境污染大的材料替代、节能设施的运行等成本。②企业在生产过程中为预防环境污染而发生的成本,包括环保设备的购置、职工环境保护教育费、环境污染的监测计量、环境管理体系的构筑和认证等成本。③企业有关环保的研究开发成本,如环保产品的设计,对生产工艺、材料采购路线和工厂废弃物回收再利用等进行研究开发的成本。④有助于企业周围实施环境保护或提高社会环境保护效益支出的成本,包括企业周边的绿化、对企业所在地区环境活动的赞助、环境信息披露和环境广告等支出。⑤其他环保支出,主要包括企业生产活动对土壤污染、自然破坏的修复成本及支付的公害诉讼赔偿金、罚金等。

(3) 按成本分摊期限的长短分类。

①长期环境成本支出,指企业因环境问题在一个较长时期内持续支付的费用,如企业每年向环保局支付的排污费。②短期环境成本支出,企业为环境问题一次性支付的费用,如企业的环保设备支出等。

1.2 环境管理的目标

企业环境管理的主要目标:

(1) 通过全面规划、合理布局,正确处理发展生产同环境保护的关系,使两者互补促进,保证企业的可持续发展。

(2) 加强治理,通过建立规章制度,给员工创造良好的生产与生活环境。

(3) 通过进行资源节约和废弃物综合利用,一方面可减少对环境的污染,另一方面可防止对自然资源的浪费和破坏,以避免或延缓资源枯竭危机的到来,从而有利于自然资源的持续利用。

(4) 通过开展环境科学技术研究和环境教育工作,为企业提供技术和人才,以利于生产的发展和环境保护工作的开展。

1.3 环境管理的内容

企业环境管理工作,在企业筹建的前期即应着手进行。在进行可行性研究阶段,要作环境影响评价,拟定配套的环境保护方案;在设计与施工试产阶段,要实行环境保护的管理;在工程投入生产以后,则开始进行日常的环境保护、长远规划、年度计划和各项规章制度的制定,以及宣传教育、监测统计等管理工作。具体地说,企业环境管理的主要内容:

(1) 实行环境管理目标责任制,健全环境管理制度。在企业经营管理中,实行环境管理目标责任制,做到"一个杜绝,两个坚持,三个到位,四个达标"。即杜绝发生重大环境污染与破坏事故;坚持环境"三同时"制度,坚持建设项目环境影响评价制度;环境工作必须责任到位,投入到位,措施到位;做到废水、废气、废渣、噪声达标排放。在实行环境管理目标的同时,建立健全环境管理制度,真正做到有章可循,有法可依。

(2) 组织全企业贯彻执行环境法规和方针、政策。国家和地方各级政府制定的各项环境保护方针、政策、法规、标准、制度和实施办法等都是实现环境目标的法律依据和措施。企业必须认真贯彻和实施,并结合自己的具体情况,制定出环境规划以及相应的专业管理制度和实施办法,以保证国家和地方政府的各项环境保护法规的要求得以贯彻实施。

（3）构建环境成本控制系统。在按照产品和部门构建成本控制系统的基础上，考虑产品生产和运行过程中所发生的环境成本，包括主动性支出（污染预防和污染治理支出等）、被动性支出（排污费、罚款、赔偿金等）、已发生的支出和将来发生的支出，将它们作为产品成本和部门运行成本（管理费用等）的组成部分，运用现有的成本控制方式进行成本控制，并在成本预测、计划、核算中充分考虑环境支出。同时，设立专门化成本控制系统，主要涉及能源、废弃物、包装物、污染治理等方面的成本控制。

（4）大力推行无污染的清洁生产工艺。对于那些资源消耗较大、污染严重、环境成本较高的必需品的生产项目，除加强企业管理以及最大限度地提高资源、能源的利用率外，最重要的是淘汰那些落后的技术工艺而采用先进清洁的生产工艺。

（5）推进综合防治，减少和消除环境污染。治理企业现有的污染是环境保护管理工作中一项最重要的任务。实践证明，必须坚持以防为主的原则，从改革生产工艺、原材料和产品结构入手，着眼于通过系统的综合防治来保证生产过程少排放或不排放废弃物和污染物。

（6）掌握企业的环境质量状况，监督环境质量的变化。随着生产工艺技术的进步和生产规模的扩大，企业排放的污染物日趋增多和复杂化，污染物对环境要素以及生态系统的影响也变得日益严重和复杂。因此，通过掌握企业污染物排放情况及其对环境要素和生态系统的影响程度，来预测环境质量的变化趋势，并调整企业生产排污状况，满足环境保护的要求，是十分必要的。

（7）控制新建、扩建、改建工程项目对环境的影响。企业环境保护工作的实践证明，企业建成后，工艺装备和环境保护设施的技术水平在相当长的时期内是难以改变的。因此，对新建企业，必须从筹建时起就进行严格的环境管理和控制，以减少投产后对环境造成的污染。此外，对老企业的扩建、改建工程也必须象对新建企业一样实行严格的控制与管理。

（8）组织开展环境教育和研究，创建清洁工厂。建立健全环境管理网络体制，提高员工的环境意识和建立健全各项规章制度，开展普及性的环境教育；通过专门训练，开展专业环境教育，以培养专业人才；通过开展环境科研学术的研究活动，以满足发展循环经济的要求，并为解决本企业的环境问题创造条件；开展创建清洁工厂活动，力争把本企业建成生产优异、效益上乘、清洁文明的工厂。

2 我国环境管理制度概述

环境管理制度则是指在环境管理的过程中需要大家共同遵守的基本行为规范，其中大部分制度由法律固定下来，因此环境管理制度与环境法的基本制度基本上是一致的。

2.1 我国环境管理制度的基本特征

我国环境管理制度包括以下特征：

①强制性，即不论是管理者还是被管理者，都应当按照制度的要求行事，否则要承担相应的法律后果。②规范性，即管理者与被管理者的行为都有相应的标准和规矩，行为应按这些标准和规矩进行。如建设项目必须完成"三同时"建设。③可操作性，即制度规定了如何实践的方法和步骤，使得制度便于实施与运作。如"三同时"制度规定了该制度分为设计、施

工和竣工验收三个阶段进行,如在建设项目的初步设计中,规定必须编制环境保护篇章。

2.2 我国环境管理的基本制度

目前,我国环境管理的制度措施主要有八项:①环境影响评价制度;②"三同时"制度;③排污收费制度;④环境保护目标责任制;⑤城市环境综合整治定量考核制度;⑥排污许可证制度;⑦污染集中控制制度;⑧污染源限期治理制度。其中,环境影响评价制度、"三同时"制度和排污收费制度称为老三项制度,它们产生于我国环境保护工作的开创时期,并在《环境保护法(试行)》中确立。这三项制度长期以来在环境管理工作中发挥着极其重要的作用,也是所有环境管理制度中最重要的三项制度。其余的五项制度,即环境保护目标责任制、城市环境综合整治定量考核制度、排污许可证制度、限期治理制度、污染集中控制制度,被称为新五项制度,它们是在1979年至1989年这十年的时间里建立起来的,并在1989年《环境保护法》中得到确立。

2.2.1 环境影响评价制度

根据《环境影响评价法》(简称《环评法》)的规定,环境影响评价分为规划的环境影响评价和建设项目的环境影响评价两种。这里主要介绍建设项目的环境影响评价。

(1) 建设项目的分类管理。根据《环评法》第16条的规定:"国家根据建设项目对环境的影响程度,按照下列规定对建设项目的环境保护实行分类管理:a.建设项目对环境可能造成重大影响的,应当编制环境影响报告书,对建设项目产生的污染和对环境的影响进行全面、详细的评价;b.建设项目对环境可能造成轻度影响的,应当编制环境影响报告表,对建设项目产生的污染和对环境的影响进行分析或者专项评价;c.建设项目对环境影响很小,不需要进行环境影响评价的,应当填报环境影响登记表。"可见,所有的开发建设活动,包括新建、改建、扩建、技术改造项目及一切引进项目,都应当按照分类管理的规定分别填报相应的环境影响评价书面文件。

(2) 环境影响评价的主要内容。环境影响评价的主要内容就是环境影响报告书的主要内容,根据《环评法》第17条的规定:"建设项目环境影响报告书,应当包括下列内容:a.建设项目概况;b.建设项目周围环境现状;c.建设项目对环境可能造成影响的分析和预测;d.环境保护措施及其经济、技术论证;e.环境影响经济损益分析;f.对建设项目实施环境监测的建议;g.环境影响评价结论。"

(3) 环境影响评价的程序。a.首先由建设单位或主管部门采取招标的方式,签订合同委托评价单位进行调查和评价工作。根据《建设项目环境保护管理条例》第6条2款的规定:"建设项目的环境影响评价工作,由取得相应资格证书的单位承担。"环评单位的资质有甲、乙两级之分。b.评价单位通过调查和评价制作《环境影响报告书(表)》,评价工作要在项目的可行性研究阶段完成和报批。c.建设项目的主管部门负责对建设项目的环境影响报告书(表)进行预审。d.报告书由有审批权的环保部门审查批准后,提交设计和施工。

2.2.2 "三同时"制度

"三同时"是指新、扩、改项目和技术改造项目的环保设施要与主体工程同时设计、同时施工、同时投产。"三同时"制度是我国早期一项环境管理制度。我国2015年1月1日开始施行的《环境保护法》第41条规定:"建设项目中防治污染的设施,应当与主体工程同时设计、同时施工、同时投产使用。防治污染的设施应当符合经批准的环境影响评价文件的要求,不得擅自拆除或者闲置。""三同时"制度是环境影响评价制度的继续。只有将"三同时"制度与环境影响评价制度结合起来,才能做到合理布局、最大限度地消除和减轻污染,才能真正达到贯彻预防为主原则的目的。

2.2.3 排污收费制度

排污收费制度是指对于向环境排放污染物的单位和个体工商户,根据其排放污染物的种类、数量和浓度,征收一定数额的费用的制度。

《环境保护法》第28条规定:"排放污染物超过国家或者地方规定排放标准的企业事业单位,依照国家缴纳超标准排污费负责治理。"征收的超标排污费必须用于污染的防治,不得挪作他用。《水污染防治法》第15条进一步规定:"企业事业单位向水体排放污染物(不超标的污水)的,按照国家规定缴纳排污费。"

排污收费制度体现了环境责任原则,实现了"污染者付费"。尤其是2003年《排污费征收使用管理条例》发布后,排污收费由原来的"超标收费"向"排污收费"转变,即按照"排污收费、超标处罚"原则,只要排污者直接向环境排放污染物,就应当按规定缴纳排污费,如果排放污染物超过国家或者地方规定标准的,还必须加倍缴纳排污费。这样使得排污费的缴纳与治理费用基本相当,使得排污者在追求经济效益的同时,不得不考虑环境保护问题,从而实现社会公平,促进环境保护与经济、社会发展的和谐。

征收排污费的程序:①排污申报登记。由排污者向县级以上的环保部门申报排放污染物的种类、数量,并提供有关资料。②审核。由县级以上的环保部门对排污者申报的污染物种类、数量进行核定。核定时,环保部门应对污染物排放的实际情况进行监测或核定。③核定污染物排放量、计算排污费。由负责污染物排放核定工作的环保部门在核定后书面通知排污者,并以此为依据按国家规定计算排污费并书面通知排污者。④缴纳排污费。排污者按书面通知规定到指定商业银行缴纳排污费。

2.2.4 环境保护目标责任制

环境保护目标责任制就是规定各级政府的行政首长对当地的环境质量负责,企业的领导人对本单位的污染防治负责,并规定他们的任务目标,同时将完成的情况列为政绩进行考核的一项制度。

2.2.5 城市环境综合整治定量考核制度

城市环境综合整治,就是在地方政府的统一领导下,以城市生态理论为指导,以发挥城市综合功能和整体最佳效益为前提,采用系统分析的方法,从总体上找到制约和影响城市生态系统发展的综合因素,理顺经济建设、城市建设与环境建设相互依存、相互制约的辩证关系,用综合对策整治、调控、保护和塑造城市环境,使城市生态系统良性循环。由于城市的环境质量根据规定由城市的行政首长(市长)负责,所以考核的对象是城市的人民政府。考核范围是城市区域,内容涉及城市环境质量、城市污染防治、城市基础设施建设和城市环境管理等四个方面。

2.2.6 排污许可证制度

排污许可证制度是指凡是需要向环境排放各种污染物的单位或个人,都必须事先向环境保护部门办理申领排污许可证以后方能向环境排放污染物的制度。排污许可证制度是以改善环境质量为目标,以污染物总量控制为基础,对排污的种类、数量、性质、去向、方式等的具体规定,是一项具有法律含义的行政管理制度。其特点如下:

(1) 排污许可证与其他传统的许可证(如卫生许可证)相比,具有普遍性和强制性的特点。

(2) 排污单位申请排污许可证不仅是对排污行为的申请,更关键的是对排污行为程度(即污染物排放量)的申请。排污许可的具体对象是排污单位排放污染物的种类、数量和去向。排污许可证制度的工作步骤:

① 排污申报登记。排污申报登记是排污许可证的基础工作。目前,各地一般要求申报如下内容:排污单位的基本情况;生产工艺、产品和材料消耗情况(包括用水量、用煤量);污染排放状况(包括排种类、排放去向、排放强度);污染处理设施建设、运行情况;排污单位的地理位置和平面示意图。各单位的申报登记表报齐后,环保部门组织汇总建档。汇总的主要内容应有:各类污染物日排放量;各类污染物年排放总量;按污染物排放量大小对申报单位排序编号;绘制区域性污染物排放状况示意图,提出各排污口位置、排放方;建立污染申报登记档案库。

② 污染物排放总量指标的规划分配。确定污染物排放总量控制指标后,分配污染物总量削减指标是发放和管理排污许可证最核心的工作。一个地区要想科学地确定污染物排放总量控制指标,并合理地分配污染物削减指标,就必须对当地的环境目标、经济发展,财政实力、治理技术等因素,进行综合考虑和分析。大气污染总量控制主要考虑能源结构、能源消耗量及燃烧方式等因素;水污染物总量控制主要考虑流域、区域水量水质等状况,总用水量和总排水量等因素;固体废弃物排放种类和总量,以及运输等因素。

③ 审核发证。排污许可证的审批,主要是对排污量、排放方式、排放去向、排放口位置、排放时间加以限制。每伸污染源分配的排污量之和必须与问题控制指标相一致,并留有一定的余地。在这一阶段的工作中,需要确定排污许可证的类型(临时或正式两种),与领取排污许可证的企业协商对话,最后颁发许可证。颁发许可证可以采取公开、公证形式,赋予其严肃性。排污许可证的审核颁发工作,应由专人管理,从申请、审核、批准到变更均应建立完整的工作程序。

④ 许可证的监督管理。A.建立健全管理体系。应从人员结构、职能、管理制度和程序等方面考虑,建立一整套许可证管理体系,整个体系应具备组织严密、管理灵活、运行可靠的特点,确保许可证制度发挥应有的作用。B.制定相应的管理制度,主要从两个方面考虑:一是从许可证制度的协调关系考虑,如许可证制度与"三同时"和排污收费的协调关系等;二是从许可证制度本身出现的一些客观问题去考虑,如总量指标的确定,指标分配和有偿转让等问题。C.问题监督规范化,抽查监督制度化。在推行过程中,要抓住总量计量与监督检查这两个中心环节。要完善各排污口的总量计量系统,并统一总量计量技术。此外,环保部门要加强监督性检查,并使之经常化、制度化。

2.2.7 限期治理制度

限期治理制度是指对造成环境严重污染的项目、行业和区域,由有关国家机关依法做出决定,限定其在一定期限内完成治理任务、达到治理目标的一项法律制度。由于限期治理制度是针对的污染严重的排放源、行业性污染和区域性污染的限期治理,具有法律强制性、时间明确、治理任务具体等特点,可以有力地推动污染单位积极治理污染以及相关行业、区域污染状况的迅速改善,有利于集中有限的资金解决突出的环境污染问题,是落实环境责任原则中"污染者治理"的有效措施。

限期治理制度的基本内容:

(1) 限期治理的对象。

①位于需要特别保护的区域内的超标排污设施;②严重污染环境的污染源;③超标超量排污的的污染源。

(2) 限期治理的内容。

① 限期治理目标。一般来说,对具体的污染源的限期治理,其目标是做到达标排放;对于行业污染的限期治理,则是要求分期分批逐步做到所有的污染源都达标排放;区域环境污染的限期治理,则要求通过治理达到适用于该地区的环境质量标准。

② 限期治理期限。一般计划性限期治理项目,多为一年,也有两三年的;随机性限期治理项目,则一般时间较短,有时几个月,最多一年。

《环境保护法》第 39 条规定:"对经限期治理逾期未完成治理任务的企业事业单位,除依照国家规定加收超标准排污费外,可以根据所造成的危害后果处以罚款,或者责令停业、关闭。"前款规定的罚款由环境保护行政主管部门决定。责令停业、关闭,由做出限期治理决定的人民政府决定;责令中央直接管辖的企业事业单位停业、关闭,须报国务院批准。

2.2.8 污染集中控制制度

污染集中控制制度是在一个特定的范围内,对某些同类污染建立集中处理的设施和采用统一管理的措施以保护环境、防治污染的环境管理制度。污染集中控制主要以改善流域、区域等控制单元的环境质量为目的,依据污染防治规划,按照废水、废气、固体废物等的性质、种类和所处的地理位置,以集中治理为主,用尽可能小的投入获取尽可能大的环境、经济、社会效益。

污染集中控制制度形式包括:①废水污染集中控制;②废气污染的集中控制;③有害固体废物集中控制。

污染集中控制制度的作用:

①有利于集中人力、物力、财力解决重点污染问题。根据规划对已经确定的重点控制对象,进行集中治理,就有利于把分散的人力、物力、财力集中起来,重点解决最棘手的污染问题。②有利于采用新技术,提高污染治理效果。实行污染集中控制,使污染治理由分散的点源治理转向社会化综合治理,有利于采用新技术、新工艺、新设备,提高污染控制水平。③实行污染集中控制,有利于提高资源利用率,提高废物综合利用率。例如集中控制废水污染,可把处理过的污水供作农田灌溉之用。④有利于节省防治污染的总投入。集中控制污染比起分散治理污染节省投资,节省设施运行费用,节省占地面积,也大大减少管理机构、人员。⑤有利于改善和提高环境质量。集中控制污染是以流域、区域环境质量的改善和提高为直接目的的,其实行结果必然有助于环境质量状况在相对短的时间内得到较大改善。

单元 2 印染企业的环境管理与清洁生产

印染企业是典型的湿加工企业,生产过程中需要消耗大量的纤维制品、染料、助剂以及煤、水、电等。在生产过程中,除了耗用的电外,其余各种原料在用于生产后,大部分成为污染物,特别是印染废水,是主要的环境污染物,若不加处理必将对环境带来严重的污染。

当前,我国的环境污染和生态破坏仍比较严重,这也成为制约国家经济可持续发展的一个重要因素,而且给国民的健康带来严重影响。目前,国家对环境问题越来越重视,相关政策相继出台,清洁生产的理念越来越深入人心。减小和消除环境污染已成为当今印染行业的重大课题,印染企业必须加强环境管理。

1 印染环境管理的基本情况

1.1 污染来源及特点

印染行业由于生产过程中采用湿加工、热加工和化学加工,能耗、水耗较高,废水排放量较大,是整个纺织工业产业链中节能减排的重要环节。印染属高污染行业,主要表现在水污染和大气污染两方面。

(1) 印染废水。我国日排放印染废水 400 万～500 万吨,是各行业的排污大户之一,目前,印染废水回用率很低,大约只有 30%。印染废水的成分变化很大,不同类型的染厂、生产的产品品种不同,印染废水的成分就不同。

在水污染方面,纺织印染业废水排放量占全国工业废水统计排放量的 7.5%,居全国工业行业第五位。其中,印染废水是纺织工业的主要污染源,占纺织印染业废水的 80%。印染废水的特点:

① 废水量大。约占印染用水量的 70%～90%。② 水质复杂。废水中含有大量盐类和碱类,pH 值通常较高,且随加工品种的变化,pH 值变化较大;含有大量残余的染料和助剂,因此色度高(800～1 600 倍);有机物含量高,含有大量浆料,耗氧量大;悬浮物多;并且含有微量有毒物质;通常印染废水的温度还较高(40～50 ℃)。③ 水质水量变化大。印染工业生产受原料、季节、市场需求等变化的影响,因此印染废水的水质也有很大变化。其次,印染废水的排放是间歇的,所以废水排放量极不均匀。

(2) 印染废气。在大气污染方面,印染废气是工业源 VOCs(挥发性有机物)的重要来源,损害操作人员的健康,且对大气环境造成了极大的污染,同时也会影响 $PM_{2.5}$ 指标。与废水相比,印染的废气排放较隐蔽,监管难度更大。印染废气除了锅炉房尾气外,主要源自高温定形,以高温有机气体混合物形式排放,其中包含甲醛、氨气、多苯类和染料分子等。企业可通过调整生产工艺、改进设备及更换染化药剂,减少有害气体的产生或逸出。

1.2 染整环境管理主要指标

(1) 资源消耗指标(表 7-2)。

表 7-2 印染企业单位产品能耗和新鲜水取水量规定要求

分类	综合能耗	新鲜水取水量
棉、麻、化纤及混纺机织物	≤30 kg 标煤/(100 m)	≤1.6 t 水/(100 m)
纱线、针织物	≤1.1 t 标煤/t	≤90 t 水/t
真丝绸机织物(含练白)	≤36 kg 标煤/(100 m)	≤2.2 t 水/(100 m)
精梳毛织物	≤150 kg 标煤/(100 m)	≤15 t 水/(100 m)

注:源自《印染行业规范条件(2017 版)》。

(2)纺织染整工业水污染物排放标准(表 7-3)。

表 7-3 纺织印染企业水污染物排放浓度限值及单位产品基准排水量

单位:mg/L(pH 值、色度除外)

序号	污染物项目	限值 直接排放	限值 间接排放	污染物排放监控位置
1	pH 值	6~9	6~9	企业废水总排放口
2	化学需氧量(CODcr)	80	200	
3	五日生化需氧量	20	50	
4	悬浮物	50	100	
5	色度	50	80	
6	氨氮	10 / 15[(1)]	20 / 30[(1)]	
7	总氮	15 / 25[(1)]	30 / 50[(1)]	
8	总磷	0.5	1.5	
9	二氧化氯	0.5	0.5	
10	可吸附有机卤素(AOX)	12	12	
11	硫化物	0.5	0.5	
12	苯胺类	不得检出	不得检出	
13	六价铬	不得检出		车间或生产设施废水排放口
单位产品基准排水量(m^3/t 标准品)	棉、麻、化纤及混纺机织物	140		排水量计量位置与污染物排放监控位置相同
	真丝绸机织物(含练白)	300		
	纱线、针织物	85		
	精梳毛织物	560		
	粗梳毛织物	575		

注:(1)蜡染行业执行该限值。
(2)当产品不同时,可按 FZ/T 01002—2010 进行换算。

注:源自 GB 4287—2012《纺织染整工业水污染物排放标准》。

(3)中水回用率。指经水处理后可回用的总水量与进入水处理的总水量的比值。中水就是把排放的生活污水、工业废水回收,经过处理后,达到规定的水质标准,可在一定范围内重复使用的非饮用水。印染行业在实施中水回用工程的企业中,大部分企业的回用率在

20%～30%,也有少数企业的中水回用率已达到50%以上。《印染行业规范条件(2017版)》规定,印染企业水重复利用率应达到40%以上。

1.3 印染行业的环保形势

印染行业的废水废气等污染排放,一直是制约我国纺织行业可持续发展及生态环境保护的重要因素,如何提高环保综合整治能力、推动产业绿色化,促进整个行业转型升级,是当前纺织印染行业面临的问题。

1.3.1 产业集聚发展,环境要求趋严

新建或改扩建印染项目必须符合国家产业规划和产业政策,符合本地区生态环境规划和土地利用总体规划要求。风景名胜区、自然保护区、饮用水保护区和主要河流两岸边界外规定范围内不得新建印染项目;已在上述区域内投产运营的印染生产企业要根据区域规划和保护生态环境的需要,依法通过关闭、搬迁、转产等方式限期退出。

从地区结构来看,由于印染行业需要大量水资源,因此印染产品的产能向东部沿海地区集聚。目前,浙江、江苏、山东、广东、福建五省的产量已占全国的95.0%左右。从投资方面看,目前企业投资主要用于技术装备提升、环保设施提标改造、产品研究开发等方面。产业集聚发展过程中,行业的自律意识逐渐增强,印染企业越来越重视先进技术以及设备方面的投资。在产业集聚过程中,虽然出现了规模较大、环境治理水平和管理能力比较先进的工业园区,企业的环境自律能力也在增强,但整个行业面临的问题还比较多。主要原因:一方面,由于国内染化料价格暴涨,增加了生产成本;另一方面,行业的废水排放标准在执行方面的困难,也使行业面临着较大压力。特别是"大气十条"和"水十条"的出台,对印染行业的整治力度和管理水平都提出了空前严格的要求。

1.3.2 污染成分复杂,治理难度增大

一方面,由于印染废水水质随原材料、生产品种、生产工艺、管理水平的不同而有所差异,导致各个印染工序排放后汇总的废水组分非常复杂。随着染料工业的飞速发展和后整理技术的进步,新型助剂、染料、整理剂等在印染行业中被大量使用,难降解有机成分的含量也越来越多;另一方面,印染废气特别是定形废气含有水蒸气、印染助剂和溶剂的挥发物与冷凝物,以及织物携带的纤维和尘埃,是一种包含气、液、固三态污染物的混合流体,其治理难度也比较大。

污染严重的同时,治理难度也增大。这更加要求印染行业的环境治理和管理水平不断增强。根据《印染企业环境守法导则》要求,印染废水处理厂(站)应设置pH计、溶解氧仪、流量计等监测装置,并根据需要在控制室增加显示装置,监测参数应至少包括水量、pH值、化学需氧量。目前已建成达到要求的废水治理中央控制系统的企业不多,只有少数企业在新建或改扩建治理设施时建成中央控制系统,部分企业还是手动操作和人工分析化验。

1.3.3 严格准入标准,考虑地方容量

首先,应该严格执行行业准入标准,各级政府要做到政策推进和严管严控并重。从目前来看,我国对印染企业的布局、工艺和装备、质量与管理、资源消耗、环境保护与资源综合利用、安全生产与社会责任、监督管理等各方面都提出了准入要求。所以,按照《印染行业规范

条件(2017版)》的要求,严格执行准入条件,是加强纺织印染行业的基础。

除此之外,综合考虑地方环境容量,也是印染行业产业集聚选址过程中需要考虑的一个重要因素。在我国印染行业集中的省份,印染企业调查结果显示,部分印染企业废水的纳污水体中COD、氨氮、总氮等指标超标明显,已无环境容量。

印染业上承织造、下接服装家纺,在整个纺织产业链中起着承上启下的作用,具有独特的带动作用,是纺织产业转型升级的关键环节。所以,要以园区发展为引导,完善产品开发协作体系,加强产业链上、中、下游企业的沟通协作,形成具有区域优势的产业链群,提升行业整体竞争能力。

1.3.4 实施清洁生产,提高企业管理水平

印染行业的清洁生产分析需要从原辅材料、资源能源、工艺过程控制、设备管理、员工管理、废弃物处理等方面进行全方位分析,并根据实际情况提出切实可行的清洁生产措施,以达到从源头实现节能减排的目的。

印染行业的清洁生产措施主要包括:

①采用先进的生产工艺,如生物酶前处理技术、小浴比染色技术、涂料印花技术、自动印花调浆系统、泡沫整理等。②加强设备和工艺的清洁生产改造。A.淘汰74型染整生产线、使用年限超过15年的前处理设备、浴比大于1:10的间歇式染色设备,加快实施设备更新工作,更换小浴比的新型溢流染色机和气流染色机;B.蒸箱的改进、射频加热烘燥技术、染整加工设备的保温等;C.推广对碱减量产生的苯二甲酸的回收利用技术;D.丝光工艺配置碱液自动控制和淡碱回收装置;E.对定型机进行改造,对废气进行有效治理,回收油剂和废气的热能,做好固废的综合利用和无害化处置;F.建设足够容量的污水预处理设施;G.生产废水清污分流、分质回用。③开发节能减排型印染助剂,如用于织物前处理的低温酶精练剂、用于漂白工序的氧漂活化剂、用于活性染料染色无盐染色助剂、低温节水皂洗剂等。④增加计量设备,如在线计量控制技术、染料助剂中央配送系统,安装在线监控设施并保证数据准确、稳定运行。⑤水、电、蒸汽实行三级计量管理,主要设备配置在线监测与控制系统。⑥采用ERP管理,更好地运用信息技术推进节能减排。⑦通过加强企业内部管理提高产品质量,减低能耗,提升企业竞争力。

1.4 印染企业环境管理举措

首先,进一步提高环境意识和素质,包括普通职工、管理人员和技术人员的环境意识和素质,更重要的是企业领导层和决策者的环境意识和素质。其次,建立一套行之有效的环保管理制度,并纳入企业的管理体系。这决定了环保法律、法规的具体定位,决定了企业的所有人员能否把环保方面的各项指标落实到产品生产、营销过程中的每个环节。还要建立起从企业领导层、中间管理层到班组基础层次的具体人员的责任目标和奖惩办法,形成三级管理网络。

1.4.1 废水污染管理

印染废水的处理难度较大,处理成本较高。印染企业应采用清洁生产工艺和技术,严格控制其生产过程中的用水量、排水量和产污量。积极推行ISO14000(环境管理)系列标准,

采用现代管理方法,提高环境管理水平。印染废水应自行处理或接入集中废水处理设施,并加强废水处理及运行中的水质分析和监控,废水排放实行在线监控,实现稳定达标排放。采用高效节能的固体废弃物处理工艺,实现固体废弃物资源化和无害化处置。依法办理排污许可证,并严格按证排放污染物。印染废水的综合治理措施主要如下:

(1) 减少污染物排放量,推广逆流用水,提倡重复用水和废水回用。

(2) 回用染化料,包括碱液的合理使用、碱液蒸浓回收、超滤技术回收染料、化学法回收染料。

(3) 改革工艺和设备,是减少废水量,降低废水中污染物浓度的重要方法。

(4) 清浊分流和中水重复使用。

(5) 加强管理,严格控制染化料的用量。

(6) 废水必须进行适当处理,达标后排放。

1.4.2　废气、废渣污染管理

(1) 印染企业产生的废气和废渣早期主要由锅炉燃煤引起。目前,多数印染企业通过改变燃料结构、集中供热、锅炉改造等方式,废气、废渣的污染状况能够得到比较好的控制。

(2) 印染企业废气的另一个主要来源是定形机产生的废气,可通过对定型机废气进行有效治理,回收油剂和废气的热能,做好固废的综合利用和无害化处置。

2　印染清洁生产

所谓清洁生产是一种在生产过程、产品和服务中既满足人类的需要,又合理利用自然资源,追求经济效益最大化和对人类与环境危害最小化的生产方式。《中华人民共和国清洁生产促进法》中称:清洁生产是指不断采取改进设计、使用清洁的能源、采用先进的工艺技术与设备、改善管理、综合利用等措施,从源头削减污染,提高资源利用率,减少或者避免生产、服务和产品使用过程中污染物的产生和排放,以减轻或者消除对人类健康和环境的危害。

实行清洁生产全过程控制,是对传统发展模式的根本变革,是走新型工业化道路、实现可持续发展战略的必然选择,也是节能降耗、减少污染物排放的有效手段。印染行业要依法全面推行清洁生产,污染防治应从末端治理向源头预防转变,走一条资源消耗低、环境污染少、产品附加值高、经济发展和环境协调统一的工业化道路。

2.1　清洁生产的内涵

(1) 具体地讲,清洁生产的含义主要包括以下五个方面:

①改进设计,在工艺和产品设计时,要充分考虑资源的有效利用和环境保护,生产的产品不危害人体健康,不对环境造成危害,能够回收的产品要易于回收。②使用清洁的能源,并尽可能采用无毒、无害或低毒、低害原料替代毒性大、危害严重的原料。③采用资源利用率高、污染物排放量少的工艺技术与设备。④综合利用,包括废渣综合利用、余热余能回收利用、水循环利用、废物回收利用。⑤改善管理,包括原料管理、设备管理、生产过程管理、产品质量管理、现场环境管理等。

(2) 清洁生产的内容包括：

①清洁的能源。清洁生产使自然资源和能源利用合理化、经济效益最大、对人类和环境的危害最小化。在能源使用方面，它包括新能源的开发、可再生能源的利用、现有能源的清洁利用及常规能源采取清洁利用的方法。②清洁的原料。在使用原料方面，少用或不用有毒有害及稀缺原料。③清洁的生产过程。在生产过程中，节能、节约原料、生产中产出无毒、无害的中间产品，减少副产品，选用少废、无废工艺和高效设备，减少生产过程中的危险因素（如高温、高压、易燃、易爆、强噪声、强振动声），合理安排生产进度，培养高素质人才，物料实行再循环，使用简便可靠的操作和控制方法，完善管理等，树立良好的企业形象。④清洁的产品。产品在使用中、使用后不危害人体健康和生态环境，产品包装合理，易于回收、复用、再生、处置和降解。使用寿命和使用功能合理。

需要指出的是，清洁生产是一个相对的概念，清洁生产技术和工艺、清洁产品、清洁能源，都是同现在技术工艺、产品和能源比较而言。因此，推行清洁生产是一个不断持续改进的过程，需要随社会经济的发展和科学技术的进步适时提出更新的目标，达到更高的水平。

2.2 推行清洁生产的意义

传统的工业经济是"从摇篮到坟墓"式的，不注重资源的合理利用和回收利用，大量、快速消耗资源，并且经常使用有毒有害物料，对人类健康和环境造成危害。印染工业生产是我国污染物排放量较大的行业之一，推行清洁生产有着特别重要的意义。

①可大幅度减少资源消耗和废物产生，还可使破坏了的生态环境得到缓解和恢复，排除资源匮乏困境和污染困扰，走工业可持续发展的道路；②清洁生产改变了传统的被动、滞后的先污染、后治理的污染控制模式，强调在生产过程中提高资源、能源转化率，减少污染物的产生，降低对环境的不利影响；③企业开展清洁生产，可以避开由于末端治理而付出的高昂费用，使可能产生的废物消灭在生产过程中。

推行清洁生产已成为世界各国实现经济、社会可持续发展的必然选择。只有推行清洁生产，才能在保护经济增长的前提下，实现资源的可持续利用，不断改善环境质量；不仅使当代人可以从大自然获取所需资源和环境，而且为后代人留下可持续利用的资源和环境。

走可持续发展道路是必然的选择。清洁生产是实施可持续发展战略的最佳模式。

2.3 清洁生产的途径

(1) 规划产品方案，改进产品设计，调整产品结构。对产品整个生命周期进行环境影响评价，即对产品从设计、生产、流通、消费和使用后的各阶段进行环境影响分析。对那些在生产过程中物耗、能耗大、污染严重、使用过程和使用后严重危害生态环境的产品进行更新设计，调整产品结构。

(2) 合理使用原材料，采用无污染、少污染的染料和助剂。对原材料、染料和助剂的合理选用，可显著降低生产成本，提高经济效益，减少废物和污染物的排放量。

(3) 改革工艺与设备，采用清洁生产与节水节能技术。通过改革工艺与设备，采用清洁生产与节水节能技术，可提高生产能力，更有效地利用原材料，减少产品不合格率，降低原材料费用和废物处理、处置费用,给企业带来明显的经济效益和环境效益。

(4) 加强生产管理。通过强化生产全过程管理,可使污染物产生量削减40%左右,而花费却很小。印染生产是十分复杂、生产环节多的加工过程,管理不善会造成疵品返工。加强管理是一项投资少而成效大、实现清洁生产的有效措施。

(5) 资源回收利用。印染企业大量使用染料助剂、化学药品,很多可以回收利用既有明显的经济效益,又降低了污染。如丝光淡碱回收循环利用、浆料回收利用、碱减量废水中对苯二甲酸的回收、染料回收利用、清浊分流清水回用。

【案例】

浙江印染行业常见清洁生产方案

浙江省印染行业是浙江的支柱产业之一,但印染行业也是高污染高耗能行业。实践证明,清洁生产是解决印染行业快速发展与环境保护之间矛盾的最佳途径。通过对浙江省多家棉印染企业开展清洁生产审核工作,同时参阅国内外节能减排资料,系统性的总结了浙江省棉印染企业实施的常见清洁生产方案,并对方案按照原辅材料和能源技术工艺、设备等方面进行了简单分类。

1　原辅料和能源

(1) 棉纤维的选择。主要是利用转基因技术生产棉花,如利用转基因抗虫,减少农药使用,减少纺织品中农药残留,且不会在土壤和地下水造成农药残留。此外,应用较广的还有利用基因工程生产天然彩色棉,直接替代普通的白棉,在纺织过程中减少印染工序。但目前彩棉也存在着色谱单调、色素不稳定、棉纤维品质较差、种植上需要隔离、产量低等问题,限制了彩棉的广泛应用。

(2) 选用环保型染料及助剂。主要是应用一些色牢度、着色率高和提升性能好的绿色环保型染化料,且染化料中不含对人体和环境造成影响的化学物质。如欧盟提出的对非环保染化料的限制,对纺织品中禁用偶氮染料、甲醛、五氯苯酚、杀虫剂、有机氧化物等的含量实施严格限制。

(3) 生物酶的应用。生物酶是生物细胞产生的一种无毒、对环境友好的生物催化剂,是具有极强催化效率的特殊蛋白质。生物酶在棉印染企业里主要应用于退浆、精炼、过氧化氢漂白和后整理中,主要有淀粉酶、蛋白酶、果胶酶和过氧化氢酶等。

(4) 太阳能的应用。棉印染企业过程中需要使用大量不同温度的热水,通常是用蒸汽将冷水加热到设定温度供工艺使用。本方案利用太阳能将冷水预热到一定温度后再用蒸汽加热到工艺所需的温度使用,减少企业蒸汽的用量。杭州的达利(中国)有限公司投资1 200万元,建造了总面积为13 000 m^2 的太阳能集热器组,日供应热水1 300 t用于印染,年可节约蒸汽约3万 t。

2　技术工艺

(1) 短流程前处理工艺。短流程前处理工艺主要是将传统的退浆、煮练、漂白三步法前处理合为二步或一步法工艺。如采用冷轧堆工艺,将传统的退浆、煮练、漂白合为一道工序,其质量达到三道工序的水平,还节约大量的能源和劳动力,减少废水的排放,比传统工艺节约用汽80%,节水75%,节约化工原料20%。

(2) 小浴比染色。应用各类新型小浴比染色设备,染液和织物可快速循环、升温和翻动,浴比可低至1∶5甚至1∶3,染化料和用水量以及产生的废水废热可以大大减少,有利于印染企业节能减排。

(3) 冷轧堆染色。活性染料冷轧堆染色工艺流程短、设备简单、成本低,特别适合小批量、多品种生产,并且具有染色得色率高、能耗低、准备周期短、重现性好、污染少等特点,是目前较为先进的染色工艺。

(4) 超声波在棉印染中应用。浙江嘉兴的欣悦棉整有限公司采用超声波技术应用于织物染色前处理及水洗过程,不仅可加速织物湿加工的速度,改善织物质量,还能降低水洗温度,减少水和蒸汽的消耗。

(5) 涂料印染。近年来,涂料印花和涂料染色广泛应用。涂料染色对纤维类别不受限制,可以缩短、简化混纺布料的加工工艺,甚至可以将树脂整理和涂料染色合并进行,而且整个过程不再需要水洗,可以达到节能、节水、环保的目的。但是涂料染色不如染料染色的织物手感好,而且由于涂料颗粒是依靠黏合剂粘合在织物表面的,所以耐摩擦牢度不大好,目前只适合颜色不太深的品种加工。

(6) 数码印花。数码印花技术是一种全新的印花方式,它摒弃了传统印花需要制版的复杂环节,直接在织物上喷印,提高了印花的精度,实现了小批量、多品种、多花色印花,而且解决了传统印花占地面积大、污染严重等问题,因此具有广阔的发展前景。

(7) 高效水洗。在印染加工中,水洗工序产生大量的废水,所以应用高效水洗设备和设计合理的水洗工艺,在生产中积极推行采用低水位、逆流水洗技术和设备,应用固色剂或交联剂提高固色效果,从而减轻水洗负担,降低用水量和洗液颜色深度。

3 设备

(1) 采用气流染色机。气流染色,染液以雾状喷向织物,使得染液与织物在很短的时间内充分接触,以达到匀染的目的。其最大特点是浴比低(浴比可为1∶3),大大减少了染料、化学助剂及能源的消耗量。

(2) 变频器在印染企业应用。变频调速可根据企业生产实际情况,调节电机交流电频率,从而调节电机转速,达到降低用电的目的。在棉印染企业中的染色机、烘干机、定型机、罗茨风机、空压机、水泵等均可应用,投资回收期短,节电效果明显。

(3) 工业锅炉节能改造。目前浙江棉印染企业常见工业锅炉节能改造主要有锅炉烟气余热利用和安装分层燃烧装置。锅炉烟气余热利用主要有安装余热蒸汽发生器或安装空气预热器,降低排烟温度。企业锅炉安装了分层燃烧装置,通过对燃煤进行粒度分选,使落到炉排上的燃煤按粒度大小分层排列,即大块煤在下面,中块煤在中间,细煤在煤层表面,有效避免炉排上出现的火口和燃烧不均匀现象,改善煤的着火条件,提高火床的热强度和燃烧速度,有利于煤的充分燃烧,提高锅炉热效率。

(4) 蒸汽疏水阀节能。蒸汽疏水阀对棉印染企业蒸汽输送效率有着重要影响,疏水阀会将蒸汽管道内的水分移除避免进一步冷凝,从而避免热量流失,因此企业应尽量选用些输水性能好、漏气率低的疏水阀,如浙江棉印染企业中较多采用的半浮球式疏水阀,替代普通的圆盘式疏水阀。此外企业还应加强疏水阀维护,蒸汽疏水阀一旦发生故障应立即更换。

(5) 设备管路保温。对所有管路、阀门、法兰、高温高压染缸等实行例行检查并进行保温隔热处理,对绝热缺口(如裂缝等)加以修补或更换。目前浙江省棉印染企业较多采用的材料是稀土保温材料,其为灰色膏状体,无毒、无腐蚀性、直接在设备、管道上涂抹施工,可塑性好,特别适用于复杂的保温形状,且保温厚度可任意选择,综合绝热性能佳。

4 过程控制

(1) 染料、助剂自动配送系统。染料、助剂配送系统具有染料、助剂的化料、上料、称量、自动输送、助剂浓度的在线检测等功能,同时附带有与染料化料配套的自动或半自动称粉系统,还包括其他特殊化工原料的检测系统(如碱浓度、双氧水浓度检测、pH 值检测等),另外可与企业的 ERP 管理系统无缝连接。该系统的应用能使企业减少浪费、节约成本、削减劳动力、提高产品的一致性,同时有利于环保,有利于提高产品的竞争力。

(2) 自动制网技术。目前国内传统印花机基本上都已配备了计算机自动分色描稿系统,但在制网过程中由于胶片积累误差仍会产生接缝不准、网点损失等一系列问题,并且制网时间长,不能满足现代社会快节奏的要求。而采用自动制网技术就可以避免这些问题,当前自动制网技术主要有喷墨、喷蜡、激光三类,应用计算机自动分色,直接控制机械部件在花网上打出花型,减少制网时间,提高印制精度,能适应多品种、快交货需求,同时也可减少胶片污染,符合环保要求。

5 废弃物

(1) 冷凝水回用。棉印染企业过程需要大量饱和蒸汽,部分蒸汽在使用过程中会转化为冷凝水。冷凝水的温度和纯度均很高,最有效利用冷凝水的方法是把它输送回锅炉再将其转变成新的蒸汽。然而,对于从外部供应商处购买蒸汽或锅炉距离生产线较远的企业来说,冷凝水可用在例如退浆、清洗等生产中需用热水工序,那么冷凝水的水和能量都可以被重新充分利用。

(2) 冷却水回用。目前浙江省仍有部分棉印染企业要么根本没对冷却水进行再利用,要么只是将冷却水用在冷水工序而并未充分利用其热量。非接触冷却水水质好、温度高,因此在退浆、煮练、染色或清洗等多道工序中可以将其进行再利用。

(3) 中水回用。目前浙江省棉印染企业常见的中水回用技术是将印染废水分重污水和轻污水,轻污水水质相对较好,将此部分废水经过深度处理后可回用于印染生产中对水质要求相对不高的部位,重污水经处理后达标排放。也有部分印染企业采用膜处理技术深度处理印染废水,可实现印染企业废水零排放,但废水处理成本较高,限制了膜处理技术在棉印染企业的广泛应用。

(4) 丝光淡碱回收。丝光时采用 250 g/L 以上的浓碱液浸轧织物,丝光后产生 50 g/L 的残碱液。通过采用过滤、蒸浓技术,使残碱液浓缩至 260 g/L 以上。再加用于丝光、煮炼等工艺。

(5) 印染废水余热利用。印染企业生产过程中需消耗大量热能,同时排出大量高温废水,废水平均温度达到 60~80 ℃,其具有大量的潜热,通过热交换可回收利用废水余热。印染废水余热利用有两种方式:单体式和组合式。单体式主要用于连续排水的单台设备,如退煮漂联合机等。组合式可用于车间污水集中热回收回用。印染废水余热利用可明显节约蒸汽、电消耗,经济效益比较显著,尤其当排放的废水温度较高时。

(6)定型机废气治理及余热利用。定型机所排放的废气,不仅含有大量的烟尘,同时还含有聚苯有机物、染料助剂等成分,对人体和环境具有很大的危害。安装废气处理装置后,使废气中的纤维、油脂、染化料、水污等,通过水喷淋或静电吸附形成废矿物油,净化气体通过特殊装置排向外界。同时废热回用,通过热交换器使烟气的热量传递到新鲜空气或水中,对定型机前车箱进行预热或产生热水回用于生产。目前,浙江绍兴90%以上定型机已完成了废气治理,节能减排效果明显。

6. 管理和员工

(1)能资源单耗考核。企业主要用、能用水设备安装水表、电表等计量装置,严格用水、用电定额管理,定期对员工实际用水与用水定额进行对比,对员工能资源单耗进行考核,奖优罚劣,并与员工工资福利直接挂钩。

(2)6S管理。6S活动的对象是现场的环境,它对生产现场环境全局进行综合考虑,并制定切实可行的计划与措施,从而达到规范化管理。6S活动的核心和精髓是修身,如果没有职工队伍修身的相应提高,6S活动就难以开展和坚持下去。

(3)印染ERP管理系统。印染ERP是一套完全针对印染行业专门开发的管理系统,本套系统是对印染企业的物流、信息流、资金流进行全面的管理控制,进而使企业与生产相关的各个部分建立完整可靠的信息网络,帮助企业的销售跟单人员、采购人员、工艺配方人员、生产计划人员、生产调度人员、企业管理人员以及车间管理人员及时准确地把握各种信息数据,使企业的运作、处理、存取、调用和决策过程中做出快速反应提供支持,迅速拓展更广阔的市场空间,建立一套快速响应机制,在激烈的市场竞争中立于不败之地。

此外,一些如超临界CO_2介质染色技术、微悬浮体染色新技术等新技术由于在浙江棉印染企业中还没有成熟的应用,因此也未在本文中介绍。

总之,清洁生产是一个持续的、永无止境的过程,需要各棉印染企业不断挖掘自身节能减排潜力,实施相应的清洁生产方案,以实现印染企业的可持续发展。

单元3 生态纺织品与印染企业

近年来,生态纺织品的概念深入了国际纺织品及服装贸易领域,据联合国统计署提供的数据表明,84%的荷兰人,89%的美国人,90%的德国人在购物时会考虑消费品的环保标准,生态纺织品及其消费正主导国际纺织品贸易的新潮流。不少发达国家有关法令规定,销售和进口纺织品需通过有害物质检测,这给世界纺织品第一输出国的中国纺织业带来很大的冲击。有人预言,生态纺织品将引领未来的国际纺织品服装贸易市场。因此,进行纺织品服装的生态安全检测认定已逐渐成为国际市场准入的前提条件之一。

中国的纺织品及服装出口要在国际市场竞争中占据一席之地,必须彻底改变以往以价格竞争为主的模式,转向以质量、服务和环保取胜的模式,以顺应国际贸易发展的趋势。

1 生态纺织品概述

1.1 生态纺织品的概念

1.1.1 生态纺织品的定义

"生态纺织品"的概念源于1992年国际生态纺织品研究和检验协会颁布的"Oeko-Tex Standard 100"(生态纺织品标准100)。其含义有广义和狭义两种。

(1) 广义的生态纺织品。广义的生态纺织品又称全生态纺织品,是指产品从原材料的制造到运输,产品的生产、消费以及回收利用和废弃处理的整个生命周期都要符合生态性,既对人体健康无害,又不破坏生态平衡。

生态纺织品必须符合四个基本前提:A 资源可再生和可重复利用;B 生产过程对环境无污染;C 在穿着和使用过程中对人体没有危害;D 废弃后能在环境中自然降解,不污染环境。即具有"可回收、低污染、省能源"等特点。

有机纺织品是指织品的加工、消费及后处理过程是环保、无污染的,因此,有机纺织品即全生态纺织品。例如有机棉产品,有机棉就是从种子到纺织品的生产过程是全天然无污染的,以自然耕作管理为主,不使用任何杀虫剂、化肥和转基因产品。由于对全生态纺织品要求的严格性,致使真正意义上的有机纺织品还需要更进一步的研究,是生态纺织品的发展方向。

(2) 狭义的生态纺织品。狭义的生态纺织品又称为部分生态纺织品或者半生态纺织品,是指在现有的科学知识水平下,采用对周围环境无害或少害的原料制成的对人体健康无害或达到某个国际性生态纺织品标准的产品,是主要侧重生产、人类消费或处理等某一方面生态性的纺织品。目前主要针对狭义的生态纺织品的有关内容进行检测。

1.1.2 生态纺织品的主要特点

(1) 生产生态性。从生产生态学的角度,控制包括从纤维种植、养殖、生产到产品加工的全过程对环境无污染、产品自身不受"污染"。

(2) 消费生态性。从人类生态学的角度,考察纺织品中残留有毒物质对人体健康的影响。

(3) 处理生态性。从处理生态学的角度,控制纺织品可回收利用、自然降解、废物处理中其释放对环境无害。

目前,生态纺织品主要指从生产生态学或人类生态学的要求出发,符合特定标准要求的产品。其中又以后者占大多数,这类生态纺织品重点是控制如有害染料、甲醛、重金属、整理剂、异味等有害物质。

1.2 生态纺织品的产品标准和标签

1.2.1 生态纺织品相关法规

现在国际上实行的纺织品生态标准有很多种,ISO曾把涉及生态产品的标准和标签分为三种类型:

第一种类型：①考察产品的整个生命周期即从原材料的提取到产品的运输,生产使用和废弃；②自愿加入；③多产品种类；④第三方检验和现场审核代表性的生态标签。例如：我国的 GB/T 18885-1—2009《生态纺织品技术要求》,国外的 Europen Eco-Label（欧盟生态标签）、Nordu White Swan Labe（北欧的白天鹅标志）、The Blue Angel（德国的蓝色天使标志）、Flower Label（欧盟的花型标签）、ECP（加拿大的环境选择保护标签）、ECO-Mark（日本的生态标志）。

第二种类型：自我声明的标签。它们或是考察产品的整个生命周期或是考察产品的某方面生态性能,主要是由一些行业协会或者民间组织机构开发的。它不强调由第三方试验室检测或者是现场直接审核,甚至有的还允许申请厂商自我声明即可。例如：Oeko-Tex Standard 100（生态纺织品标准100）、Milieukeur 标志（荷兰生态标志）、Toxproof Seal（德国的生态纺织品标志）、Eco-Tex（德国的生态纺织品标志）、Gut（德国的地毯生态标签）、Bioland 和 Demeter（民间组织机构建立的生态标签）。

第三种类型：环境行为的声明和报告是非选择性的,是由买家制定的买家标准,但是其与产品售卖地的标准、法规和法令是相一致的。例如：Clean Fashion 标志和 Comitextil 标志。

国际生态纺织品和中国生态纺织品标志

在如此多的生态纺织品标准、标签中,对纺织和服装业比较有影响力的是 GB 18401—2003《国家纺织品基本安全技术规范》、GB/T 18885-1—2002《生态纺织品技术要求》、Oeko-Tex Standard 100 和 Europen Eco-Label。同时需注意的是生态标准 Oeko-Tex Standard 100 属于自愿性的,并非必须要达到其考核指标才能在欧盟市场上销售。如果达到其考核指标,产品能进入比较高端的流通领域,产品的附加值就能得以提升；而达不到其考核指标的产品就不能挂该标准和标签,会进入比较低端的流通领域,产品的附加值会低的多,当然,这样的产品也必须达到买家的要求才能进入欧盟市场。

1.2.2 环境标志

环境标志也称生态标志、绿色标志,是由政府管理部门或独立机构和组织,依据一定的环境标准,向有关申请者颁发其产品或服务符合要求的一种特定标志。其中,生态标准是环境标志的核心。环境标志是一种证明性商标,获得者可以将它贴在商品上,向消费者表明该产品与同类产品相比,在生产、使用、处理等整个过程或其中某个过程,符合特定的环境保护要求。

环境标志制度执行自愿原则,即申请环境标志并不是强制性的,而是由生产者自主决定。它是环境管理手段从"行政法令"到"市场引导"的产物。环境标志通过市场因素中消费者的驱动,促使生产者采用较高的环境标准,引导企业自觉调整产品结构,采用清洁工艺,生产对环境有益的产品,最终达到保护环境、节约资源的目的。环境标志的申请需经过严格的检查、检测和综合评定,经认可的委员会审定,签订特定的使用合同,交纳一定数量的使用费用后方可使用,其标志的所有权仍属于某一特定的认证委员会。这与当今世界"绿色消费"浪潮冲击下,企业擅自对外宣称的"绿色公司""环保先锋""绿色产品""纯天然配方"等截然不同。环境标志的授予有严格的标准,并需定期检查,标志的使用有一定的年限,逾期需再申请。而有些公司自己宣称的"绿色",通常没有严格的标准和审核程序,一般是纯商业性的,目的是为了迎合消费者的环保需求,获取利润。这种"绿色"标志不属于本文讨论的范围。

目前全球已有 20 多个国家建立了生态标签制度,所涉及的产品范围很广。纺织品方面的生态标签主要是对甲醛、pH 值、重金属、杀虫剂、防腐剂、有机氯、染色坚牢度、可致癌芳香胺等的使用做出规定,不同的标签的具体规定不同。

1.3　生态纺织品的技术要求

GB/T 18885-1—2009《生态纺织品技术要求》基本等效于 Oeko-Tex Standard 100—2009。它将生态纺织品的技术要求根据产品的最终产品分为四类,即婴幼用品、直接接触皮肤用品、不直接接触皮肤用品和装饰用品。

生态纺织品的技术要求中对四类产品的甲醛、pH 值、可萃取的重金属、杀虫剂、含氯酚、有机氯载体、PVC 增塑剂、有机锡化合物、有害染料、抗菌整理、阻燃整理、色牢度、挥发性物质释放和气味等分别规定了禁用或限量指标。

生态纺织品应符合以下技术要求:
(1) 产品不得经过有氯漂白处理。
(2) 产品不得进行防霉蛀整理和阻燃整理。
(3) 产品中不得添加五氯苯酚和四氯苯酚。
(4) 产品不得有霉味、汽油味及有毒的芳香气味。有气味,则有残留物存在。
(5) 产品不得使用分解为有毒芳香胺染料的偶氮染料、可致癌的染料和可能引起过敏的染料。
(6) 产品中甲醛、可提取重金属含量、浸出液 pH 值、色牢度及杀虫剂留量均应符合要求。

1.4　生态纺织品和绿色贸易壁垒

生态纺织品对欧洲乃至全球的纺织品和日用消费品市场都产生了重大的影响,它从出现伊始就带有绿色贸易壁垒的特性,它一方面限制了我国某些纺织品的出口,另一方面也对我国的纺织产业的升级起到了一定的促进作用。

绿色贸易壁垒，又被称为环境贸易壁垒，是指在国际贸易活动中，进口国以保护自然资源、生态环境和人类健康为名，通过制定一系列的环保标准，对来自国外的产品或服务加以限制。加入WTO，中国纺织业有了更加广阔的经济合作空间。但在各种关税壁垒逐渐淡化直至隐去的同时，非关税壁垒在国际贸易中日渐突出，生态纺织品作为纺织业中最大的非关税壁垒正在受到方方面面的关注和重视。

(1) 绿色贸易壁垒的分类。绿色贸易壁垒通常分为两类：

① 政府引导型的绿色贸易壁垒。它以保护自然资源、生态环境和人类健康为名，通过制定一系列苛刻的环保标准，对来自其他国家和地区的产品设置关卡，限制其进口，是一种以保护本国市场为目的的一种新兴的非关税壁垒。我们现在所说的绿色贸易壁垒通常指的就是这一类。

② 非政府引导型的绿色贸易壁垒。不同国家的生产商或消费者，由于环境保护意识的强弱差异会对产品的生产或消费产生影响，从而造成产品在国际流通的不平衡。

(2) 纺织业对外贸易中的绿色贸易壁垒。从各国的实践来看，"绿色贸易壁垒"所涉及的内容非常广泛。从对环境产生影响的角度而言。其内容可从商品的生产、加工方法、包装材料、销售方式 消费方式以及商品废弃后的处理等诸多方面加以限制。在纺织业对外出口贸易中，当前绿色贸易壁垒主要表现为生态纺织品认证标准、绿色标志和绿色法规。

① 生态纺织品认证标准。A 生态纺织品国际认证（Oeko-Tex Standard 100）。Oeko-Tex Standard 100 是国际纺织环保协会制定的，目前已成为鉴定生态纺织品的重要国际标准，该标准主要是对纺织品和服装的有害物质限量进行检测。Oeko-Tex Standard 100 每年修改一次。检测和禁用的纺织化学品不断增加。国际市场上对纺织品和纺织化学品设置"绿色贸易壁垒"的速度在加快。B 生态纺织品美国认证（USCC）。USCC 是美国质量协会与美国相关实验室联合组成的咨询机构。它按照美国相关的法律、法规，对纺织品进行检测认证，以获得美国专业实验室的检测报告和美国官方机构的认可。USCC 的检测与 Oeko-Tex Standard 100 认证都属于对产品的检测，规定纺织品及成衣中已知有害物质的限量，如果符合标准则视为通过。不同的是，前者只有检测报告 没有授权标签，而后者有证书和标签供使用。目前，我国出口到美国的纺织品、服装都必须经过相关的品质认证及美国的严格检测，才能顺利通关。

② 绿色标志。目前，全球已有 40 多个国家和地区实施绿色标志制度，如德国的"蓝色天使"、加拿大的"环境选择"、日本的"生态标志"等，涉及的产品范围也越来越广。这其中也涉及到了纺织产品。

③ 绿色法规。美国、日本、德国等发达国家和地区以保护环境和国民的健康、安全为由，对纺织品和服装做了许多规定。以欧盟为例。2004 年 1 月 21 日欧盟通过 WTO 秘书处发出关于化学品注册、评估和许可（REACH）法规议案的通报，REACH 法规议案是关于化学品注册、评估和许可机制的法规。它取代了多项有关化学品的指令和法规。

(3) 绿色贸易壁垒基本特征。

① 名义上的合理性。绿色贸易壁垒是以保护世界资源、环境和人类健康为名，行贸易

限制和制裁措施之实。现代社会人们对生存环境和生活质量的要求越来越高,会很自然地关注环境问题,对于那些可能对环境和健康带来危害的商品和服务表现出了高度敏感性。绿色贸易壁垒正是抓住了这一共同心理,使贸易保护在名义上和提法上有了合理性的巧妙性。

② 形式的合法性。绿色贸易壁垒虽然属于非关税壁垒的范畴,但其不同之处在于绝大部分的非关税壁垒不是通过公开立法来加以规定和实施的,而绿色贸易壁垒措施则是以一系列国际国内公开立法作为依据和基础。20世纪70年代以来,国际社会通过有关国际组织及国际会议先后制定了许多多边国际环保协议、规则。它们在形成国际环保习惯法以及在对国际贸易造成冲击和影响方面,起着不可忽视的重要作用。

国际贸易中适用的法律有:国内法、国际贸易惯例和国际条约。目前世界上最重要、最有权威、最有普遍性的国际多边贸易条约是 WTO。WTO 在《技术性贸易壁垒协议》的前言中也规定了"不能阻止任何成员方按其认为合适的水平采取诸如保护人类和动植物的生命与健康以及保护环境所必须的措施"。由此可见,发达国家采取的严格的绿色贸易壁垒措施,从法律的角度看,一般是无可非议的。

③ 保护内容的广泛性。绿色贸易壁垒保护的内容十分广泛,它不仅涉及到与资源环境保护和人类健康有关的许多商品在生产和销售方面的规定和限制,而且对那些需达到一定的安全、卫生、防污等标准的工业制成品亦产生巨大压力,因此,对发展中国家的对外贸易与经济发展具有极大的挑战性。同时,由于绿色贸易壁垒保护措施具有不确定性和可塑性,因此在具体实施和操作时,也很容易被某些发达国家用来对来自于发展中国家的产品随心所欲地加以刁难和抵制。

④ 保护方式隐蔽性。与传统的非关税壁垒措施,如进口数量与配额等相比,绿色保护壁垒具有更多的隐蔽性。首先,它不像配额和许可证管理措施那样,明显地带有分配上的不合理性和歧视性,不容易引起贸易摩擦。其次,建立在现代科学技术基础之上的各种检验标准不仅极为严格,而且烦琐复杂,使出口国难以应付和适应。

⑤ 较强的技术性。对产品的生产、使用、消费、和处理过程的鉴定都包括较多的技术性成分。

⑥ 技术要求相对性。在发达国家之间,环保技术水平比较接近,它们之间的贸易因环保问题导致的纠纷较少。而在发达国家与发展中国家之间,发达国家较高的环境标准和相应的管理措施,对发展中国家来说,往往是一道道难以逾越的绿色贸易壁垒。

2 生态纺织品的开发与生产

生态纺织品的开发和生产主要由无污染原料的开发和选用、采用绿色技术以及生产过程管理遵循一定的标准等几部分组成,使产品满足生态环保的各项要求。

(1) 绿色纤维的开发。在纤维原料选用上,应以绿色环保型纤维为原料。绿色纤维涉及以下方面:纤维生长或生产过程中未受污染;纤维成品在失去利用价值后可回收再利用,或在自然条件下可降解;纤维生产的原料采用可再生资源或可利用的废弃物,不会破坏生态平衡;纤维对人体具有某种保健功能等。

（2）在技术上，利用高新技术进行清洁生产。采用天然染料，精心挑选或选用新型设备，以减少纺织品或排放物中的金属含量；改进染色工艺，利用循环技术；气相着色和气相整理技术；采用禁用涂料代用品和无害涂料黏合剂、无害抗皱整理技术；开发采用将耗水量降到最低程度以及尽量回收利用剩余水量的加工工艺；从废液中回收有价值的物质及废物再资源化等。

（3）在管理上，遵循 GB/T 18885-1—2009《生态纺织品技术要求》(Oeko-Tex Standard 100)标准，严格执行该标准对生产过程中水和空气污染、固体废物排放和某些化学品的限制要求。

随着社会的发展，人们追求健康、环境保护的意识不断增强，绿色纺织品已受到全世界消费者的青睐。目前，在纺织品的国际贸易中，生态纺织品正在逐渐成为国际纺织品贸易市场的趋势。我国是纺织生产大国，纺织品的出口在对外贸易中占据相当重要的地位。为了提高纺织品在国际市场中的竞争力，打破"绿色贸易壁垒"，满足消费者的需求，我们必须利用高新技术和绿色材料，不断研究、开发和生产生态纺织品。

3　印染行业的环保应对策略

印染企业要生产，离不开对废弃物的处理。印染企业要发展，离不开深入细致的环保管理。要把环保管理真正地纳入企业的管理体系，深入到产品生产中的每个环节，确实要进行深层次的工作。

（1）我国印染企业要进一步提高环境意识和素质，这包括普通员工、管理人员和技术人员的环境意识和素质，更重要的是企业领导层和决策者的环境意识和素质。必须提高认识，转变经营思想，确立绿色营销观念，密切关注国内外市场的环保动向，把环境保护纳入企业的决策要素之中，从新产品的开发、设计、原材料的选用、生产过程、包装、使用、服务等各个环节，都要考虑并符合环境保护法规和标准的要求，从过去的末端治理（三废治理）观念改变为全过程环保的观念，即在整个生产过程的每一环节注重生态平衡，以高质量的环保产品参与国际市场竞争，减少不必要的贸易损失。

（2）积极研究开发清洁生产、安全无害的绿色技术，特别是用高新技术改造传统的印染工业，为调整产品结构、实现两个根本转变、促进对外贸易的发展做出贡献。如染料商开发了环保型的染化助剂；采用超滤、膜分离、分子过滤等技术等。

（3）研制和开发生态纺织品。从原料上加以控制，采用绿色环保型纤维，如彩色棉纤维、麻类纤维、Tencel 纤维、甲壳素纤维等；改善染整加工技术，开发采用无毒、易降解的染料和化学助剂，采用少污染、无污染工艺，如生物酶处理技术，提倡涂料印花、喷墨印花、数字（码）印花、转移印花及超临界二氧化碳染色（无水染色法）工艺等，"免烫"整理应积极采用多元羧酸型无醛整理剂（如 BT-CA），有效做好空气净化和排出企业前的印染废水净化工作。

④ 积极争取 ISO 14000 的认证。目前产品环境标准已由最初的产品环境的质量标准，发展为绿色标志概念，进而发展为国际标准组织提出的 ISO 14000 环境系列标准。ISO 14000 环境系列标准是保护环境、保护人类生存和发展的需要，它事实上已成为国际贸易的环境门槛。如果企业通过认证并取得国际认可，就等于取得了国际市场的"通行证"，就可以

打破一些国家设置的贸易"绿色贸易壁垒"。我国应大力推行企业环境管理体系认证工作，尤其是外向型企业应积极争取通过 ISO 14000 认证，为赢得国际市场消除障碍。

【模块学习目标】

1. 了解环境成本的概念和分类，明确印染企业环境成本的构成。
2. 了解企业环境管理的目标和内容；明确"一个杜绝，两个坚持，三个到位，四个达标"的内容。
3. 了解我国环境管理制度的基本特征，了解目前我国主要的八项环境管理的制度，特别是环境影响评价制度、"三同时"制度、排污收费制度、排污许可证制度、污染源限期治理制度等于印染密切相关的环境管理制度。
4. 了解印染污染的来源及特点；了解资源消耗指标、纺织染整工业水污染物排放标准及中水回用率；认清印染行业的环保形势；了解印染企业环境管理主要举措。
5. 了解清洁生产的概念、内涵；明确推行清洁生产的意义和途径。了解印染行业常见的清洁生产方案。
6. 了解生态纺织品的概念和内涵；了解生态纺织品的产品相的关法规、环境标志、生态纺织品的技术要求。理解绿色贸易壁垒的概念、分类和基本特征。
7. 了解生态纺织品的开发与生产的各项要求；明确印染行业的应对策略。

【作业和思考题】

1. 什么是环境成本？简述印染企业环境成本构成。
2. 什么是"一个杜绝，两个坚持，三个到位，四个达标"？
3. 简述我国环境管理制度的基本特征。我国环境管理的制度措施主要有哪八项？简述排污收费制度和排污许可证制度。
4. 简述印染行业的环保形势。
5. 印染行业废水综合治理的具体措施有哪些？
6. 简述清洁生产的概念和内涵？简要回答企业推行清洁生产有何重要意义？
7. 印染企业推行清洁生产的主要途径有哪些？
8. 什么是生态纺织品？生态纺织品应符合哪些技术要求？
9. 什么是绿色贸易壁垒？其基本特征有哪些？
10. 印染行业的环保应对策略有哪些？

模块 8
印染企业安全生产管理

单元 1　安全生产管理基础

安全生产是国家的一项长期基本国策,是保护劳动者的安全、健康和国家财产,促进社会生产力发展的基本保证,也是保证社会经济发展,进一步推动改革开放的基本条件。因此,做好安全生产工作具有重要的意义。

安全生产是指在生产经营活动中,为了避免造成人员伤害和财产损失的事故而采取相应的事故预防和控制措施,使生产过程在符合物质条件和工作秩序的条件下进行,以保证从业人员的人身安全与健康,设备和设施免受损坏,环境免遭破坏,保证生产经营活动得以顺利进行的相关活动。保障人身的安全和健康,称之为人身安全;保障设备、设施和其他财产免受损坏或损失,称之为财产安全;保障环境免遭破坏,称之为环境安全。国家和企业围绕保护人身安全、财产安全和环境安全,确保安全生产而开展的一系列活动,叫做安全生产工作。

安全生产管理,就是针对人们生产过程的安全问题,运用有效的资源,发挥人们的智慧,通过人们的努力,进行有关决策、计划、组织、指挥、协调和控制的一系列活动,实现生产过程中人与机器设备、物料、环境的和谐,达到安全生产的目标。安全生产管理,是企业管理的一个重要组成部分,是一项政策性强、需要运用多种学科知识进行综合管理的工作。

安全生产管理的目标是:减少和控制危害,减少和控制事故,尽量避免生产过程中由于事故所造成的人身伤害、财产损失、环境污染以及其他损失。

安全生产是安全与生产的统一,其宗旨是安全促进生产,生产必须安全。搞好安全工作,改善劳动条件,可以调动职工的生产积极性;减少职工伤亡,可以减少劳动力的损失;减少财产损失,可以增加企业效益,无疑会促进生产的发展;而生产必须安全,则是因为安全是生产的前提条件,没有安全就无法生产。

1　安全生产管理的基本方针与原则

1.1　安全生产管理基本方针

《中华人民共和国安全生产法》在总结我国安全生产管理经验的基础上,确定了"安全第

一、预防为主、综合治理"的安全生产管理基本方针。

"安全第一",就是在生产经营活动中,在处理保证安全与生产经营活动的关系上,要始终把安全放在首要位置,优先考虑从业人员和其他人员的人身安全,实行"安全优先"的原则。在确保安全的前提下,努力实现生产的其他目标。"预防为主",就是按照系统化、科学化的管理思想,按照事故发生的规律和特点,千方百计预防事故的发生,做到防患于未然,将事故消灭在萌芽状态。虽然在生产活动中还不可能完全杜绝事故的发生,但只要思想重视,预防措施得当,事故是可以大大减少的。"综合治理",就是标本兼治,重在治本,在采取断然措施遏制重特大事故,实现治标的同时,积极探索和实施治本之策,综合运用科技手段、法律手段、经济手段和必要的行政手段,从发展规划、行业管理、安全投入、科技进步、经济政策、教育培训、安全立法、激励约束、企业管理、监管体制、社会监督,以及追究事故责任、查处违法违纪等方面着手,解决影响制约我国安全生产的历史性、深层次问题,做到思想认识上警钟长鸣,制度保证上严密有效,技术支撑上坚强有力,监督检查上严格细致,事故处理上严肃认真。

在安全生产管理基本方针的规约下,逐步形成了我国的安全生产监督管理体制和基本原则。

1.2 我国安全生产监督管理的体制

目前我国安全生产监督管理的体制是:综合监管与行业监管相结合、国家监察与地方监管相结合、政府监督与其他监督相结合的格局。

(1) 监督管理的基本特征:权威性、强制性、普遍约束性。

(2) 监督管理的基本原则:坚持"有法必依、执法必严、违法必究"的原则,坚持以事实为依据、以法律为准绳的原则,坚持预防为主的原则,坚持行为监察与技术监察相结合的原则,坚持监察与服务相结合的原则,坚持教育与惩罚相结合的原则。

1.3 安全生产管理的原则

(1) "以人为本"的原则。要求在生产过程中,必须坚持"以人为本"的原则。在生产与安全的关系中,一切以安全为重,安全必须排在第一位。必须预先分析危险源,预测和评价危险、有害因素,掌握危险出现的规律和变化,采取相应的预防措施,将危险和安全隐患消灭在萌芽状态。

(2) "谁主管、谁负责"的原则。安全生产的重要性要求主管者也必须是责任人,要全面履行安全生产责任。

(3) "管生产必须管安全"的原则。指企业各级领导和全体员工在生产过程中必须坚持在抓生产的同时抓好安全工作。它实现了安全与生产的统一,生产和安全是一个有机的整体。两者不能分割,更不能对立起来,应将安全寓于生产之中。

(4) "安全具有否决权"的原则。安全生产工作是衡量企业管理的一项基本内容,它要求对各项指标考核,评优创先时首先必须考虑安全指标的完成情况。安全指标没有实现,即使其他指标顺利完成,也无法实现企业管理的最优化,安全具有一票否决的作用。

(5)"三同时"原则。基本建设项目中的职业安全、卫生技术和环境保护等措施和设施,必须与主体工程同时设计、同时施工、同时投产使用的法律制度的简称。

(6)"四不放过"原则。事故原因未查清不放过,当事人和群众没有受到教育不放过,事故责任人未受到处理不放过,没有制定切实可行的预防措施不放过。"四不放过"原则的支持依据是《国务院关于特大安全事故行政责任追究的规定》(国务院令第302号)。

(7)"三个同步"原则。安全生产与经济建设、深化改革、技术改造同步规划、同步发展、同步实施。

(8)"五同时"原则。企业的生产组织及领导者在计划、布置、检查、总结、评比生产工作的同时,同时计划、布置、检查、总结、评比安全工作。

2 安全生产规章制度与安全生产责任制

企业应根据国家现行法律、法规、标准,结合本企业的生产实际,建立健全企业安全生产规章制度,主要包括:安全生产责任和奖惩制度;安全生产投入制度;安全生产工作例会制度;安全生产教育和培训制度;安全生产检查及隐患的整改;劳动防护用品管理;相关方安全管理;现场安全管理;防火安全管理;设备设施的维护、保养、检测;设备设施检修;电气安全管理;危险作业安全管理;有毒有害物质管理;危险化学品管理;事故管理;建立其他保障安全生产的规章制度。

在企业安全生产规章制度中,企业安全生产责任制是企业中最基本的一项安全制度,它在整个企业的安全生产制度中处于核心地位。

安全生产责任制是根据我国的安全生产方针"安全第一,预防为主,综合治理"和安全生产法规建立的各级领导、职能部门、工程技术人员、岗位操作人员在劳动生产过程中对安全生产层层负责的制度。它使职责变为每一个职务人的责任,用书面加以确定的一项制度。

它是企业职责的具体体现,也是企业管理的基础。是以制度的形式明确规定企业内各部门及各类人员在生产经营活动中应负的安全生产责任,是企业岗位责任制的重要组成部分,也是企业最基本的制度。

安全生产责任必须"纵向到底,横向到边",这就明确指出了安全生产是全员管理。"纵向到底"就是生产经营单位从厂长、总经理直至每个操作工人,都应有各自己明确的安全生产责任;各业务部门都应对自己职责范围内的安全生产负责,这就从根本上明确了安全生产不是哪一个人的事,也不只是安全部门一家的事,而是事关全局的大事,这体现了"安全生产,人人有责"的基本思想。"横向到边",这里分为四个层面,就是决策层、管理层、执行层、操作层。其中,企业主要负责人应履行下列职责:

(1)建立健全本企业安全生产责任制;组织制定本企业安全生产规章制度和操作规程。

(2)保证本企业安全生产投入的有效实施。

(3)督促、检查本企业的安全生产工作,及时消除生产安全事故隐患。

(4)组织制定并实施本企业的生产安全事故应急救援预案。

(5)及时、如实报告生产安全事故。

（6）向职工大会、职工代表大会、股东会或者股东大会报告安全生产情况，接受工会、从业人员、股东对安全生产工作的监督。

（7）建立各职能部门的安全职责，并应覆盖企业内所有部门，签订安全责任书；定期对其职责进行检查、考核。

（8）建立各级各类人员的安全职责，并应涵盖企业内各级管理者（含班组长）、从业人员，且与其职能相符，逐级签订安全责任书；定期对其职责进行检查、考核。

3 安全生产管理机构设置及职责和任务

3.1 安全生产管理机构设置

建立健全企业安全生产责任制是保障企业安全的首要工作。企业应建立健全安全生产领导小组和配备安全生产管理人员。我国《安全生产法》明确规定，企业的主要负责人对本企业的安全生产全面负责，即企业主要负责人是安全生产的第一责任人，所以，在企业的安全生产领导小组中一般由企业的厂长或总经理担任组长，各主管厂长（副总经理）担任副组长，组员为职能科室、车间主任等中层管理负责人。企业工会组织应履行安全生产监督职能，企业工会主席负责监督全厂的安全生产工作。

企业安全生产中层组织应按照行政管理领域范围划定。车间在企业安全管理组织中担任区域的管理的角色，在车间设置车间安全生产领导小组，车间主任担任组长，车间副主任担任副组长，车间技术负责人担任技术安全负责人，车间班组是企业安全生产的基层组织。职能科室按照管理职能形成企业安全管理的纵向（条）组织，除了承担自己办公区域的安全责任外，主要担任企业纵向安全管理，也可设置专职安全管理人员。代表企业负责指导全厂某一领域的安全管理。如技术科负责工艺、设备、操作等方面的安全规则制定，并督促车间贯彻落实。

企业安全生产管理人员配置：从业人员在 50 人以下的，应当配备专职或者兼职安全生产管理人员；从业人员在 50 人以上不足 300 人的，应当配备不少于 1 名的专职安全生产管理人员；从业人员在 300 人以上的，应当配备不少于 2 名的专职安全生产管理人员。

3.2 安全生产管理的职责和任务

安全生产管理机构及安全生产管理人员应履行下列职责和任务：

（1）贯彻执行国家安全生产的法律、法规、规章、国家标准或者行业标准，落实"安全第一，预防为主，综合治理"的安全生产方针，参与本单位安全生产决策。

（2）制定安全生产的各种规程、规定和制度，落实以安全生产责任制为核心的各项安全生产管理制度，督促安全生产规章制度和安全技术操作规程的执行。

（3）制定安全生产检查规程，开展安全生产检查，发现事故隐患，督促有关业务部门和人员及时整改，查处违章指挥、违章操作、违反劳动纪律的行为。

（4）组织开展安全生产宣传、教育和培训，对企业领导、特种作业人员和所有职工进行安全教育，提高安全素质，组织安全技术技能训练，推广安全生产先进技术和经验。

（5）参与本单位生产工艺、技术、设备的安全性能检测及事故预防措施的制定，参与新建、改建、扩建的建设项目安全设施的审查。

（6）强化现场安全控制，积极采取各种安全工程技术措施，进行综合治理，使企业的生产机械设备和设施达到高品质安全的要求，保障职工有一个安全可靠的作业条件，减少和杜绝各类事故造成的人员伤亡和财产损失。督促和管理劳动保护用品的发放、使用；参与组织本单位应急预案的制定及演练。

（7）组织或者参与生产安全事故的调查和处理，对事故进行统计、分析，向本单位提出报告。

（8）推动安全生产目标管理，推广和应用现代化安全生产管理技术与方法，深化企业安全生产管理。

4　安全生产教育

企业主要负责人和安全生产管理人员，应接受安全生产知识教育培训，具备与本单位所从事生产经营活动相适应的安全生产知识和管理能力，取得相应的资格证或合格证书。

企业应制定安全教育培训计划：新从业人员入厂应进行三级安全教育（厂级、车间、班组）；特种作业人员应经有资质的机构培训合格，并持证上岗；变换工种、复工和采用新技术、新工艺、新设备、新产品、新材料（常称"五新"）前，相关人员应进行安全教育；外来施工单位的人员应经相应的安全生产知识培训合格后方可上岗。

车间班组通过安全生产教育，使每个成员掌握基本的安全与卫生知识，提高班组成员安全意识和技能。车间班组安全教育的内容包括安全思想、安全知识及法规和安全技术及劳动保护知识教育三方面。

（1）安全思想教育。主要是正面宣传安全生产的重要性，选取典型事故进行分析，从事故的政治影响、经济损失、个人受害后果几方面进行教育，使班组成员充分认识到自己在安全生产中的地位和作用，增强搞好安全生产的自觉性和责任感，自觉遵章守纪，严格执行操作规程，抵制违章指挥。

（2）安全知识及法规教育。主要是学习安全基本知识、岗位安全操作规程、国家有关法律、法规、文件、条例，以及本企业已有的具体规定、制度和纪律条文。使班组成员都了解有关安全生产法规、标准和企业安全生产的制度、规定和规程，逐步提高对知法、守法、执法、护法重要性的认识。

（3）安全技术及劳动保护知识教育。包括生产技术、一般安全技术的教育、劳动保护知识和专业安全技术训练。一般安全技术教育的内容主要是本厂安全技术知识、工业卫生知识和消防知识，本班组动力特点、危险地点和设备安全防护注意事项；电气安全技术和触电预防；急救知识；高温、粉尘、有毒、有害作业的预护；职业病原因和预防知识；运输安全知识；保健仪器、防护用品的发放、管理和正确使用知识等。专业安全技术训练，是指对锅炉等受压容器、电、气焊接、易燃易爆、化工有毒有害、微波及射线辐射等特殊工种进行的专门安全知识和技能训练。

5　安全操作规程

应建立健全符合国家和行业有关法律法规、标准和规范要求的岗位安全操作规程；操作人员应熟练掌握本岗位的安全操作规程；现场应配有醒目的安全操作规程。

6　安全检查

安全检查是发动和依靠员工做好劳动保护工作的有效办法，也是预防和杜绝工伤事故、改善劳动条件的一项得力措施，还可以达到交流经验，互相促进、互相学习的作用。

6.1　安全检查的主要内容

（1）查思想。检查安全意识与培训教育情况。

（2）查管理。检查各项管理制度、安全操作规程的执行情况。如：安全操作规程是否公开张挂或放置；安全防护、保险、报警、急救装置或器材是否完备；个人劳动防护用品是否齐备及正确使用；特种作业人员持有效证件上岗情况；安全计划措施是否落实和实施。

（3）查隐患。检查重点岗位、设备、环境、人员，尤其是强检设备设施、环境、仪器、护品等。

（4）查整改。检查隐患整改及效果。

（5）查事故处理。检查事故处理中调查、报告、处理、纠正与预防措施制定及实施跟踪的情况。

6.2　安全检查的形式

（1）经常性检查。如月查、周查；日查和抽查等。

（2）专业性检查。如防寒保暖、防暑降温、危险化学品、防火防爆、制度规章、防护装置、电器保安等专业检查。

（3）季节性及节假日前的例行检查，安全月、安全日的群众性大检查。

6.3　自我安全检查的要点

（1）工作区域的安全性。注意周围环境卫生，工序通道畅通，梯架台稳固，地面和工作台面平整。

（2）使用材料的安全性。注意堆放或储藏方式，材料有无断裂、污染或特殊要求，运输、搬运手段等情况。

（3）工具的安全性。是否清洁，有无损坏，有何特殊使用规定、操作方法等。

（4）设备的安全性。注意防护、保险、报警装置情况，控制机构、使用规程等要求的完好情况。

（5）其他防护的安全性。注意通风、防暑降温、保暖情况，防护用品是否齐备和正确使用，衣服鞋袜及发式是否合适，有无消防和急救物品等措施。

7　事故管理

企业生产中一旦发生事故，应以事故报告书的形式向有关管理部门报告。事故报告要求：发生人身轻伤事故，事故发生部门应及时报告企业安全管理部门；发生重伤、死亡（重大、特大）事故的，事故发生部门应立即报告企业主要负责人和应急救援管理部门，企业在事故发生 1 h 内报告当地安全生产监督管理等部门，并保护现场。

进行事故原因调查、分析与整改措施主要有：根据事故情况，开展或配合有关部门进行事故调查、分析；根据事故情况，开展或配合有关部门针对事故发生原因制定整改计划或方案，落实整改。生产安全事故应按"四不放"的原则进行处理，建立事故档案。"四不放过"的原则：事故原因未查明不放过，责任人未处理不放过，整改措施未落实不放过，有关人员未受到教育不放过。

单元 2　印染企业安全生产管理特征与措施

1　印染企业生产过程的特点

（1）生产设备品种繁多，存在较多的不安全因素。一般认为，在生产车间，设备对员工最大的危害主要来自于压力、旋转、速度、温度。在印染企业，压力容器除锅炉外，还有相当数量的高温高压染色机；高温设备有染色机、烘干机、焙烘箱、汽蒸箱、水洗机、定型机等；高速运转、压力巨大的的轧车、轧辊随处可见。显然，从生产设备的角度看，印染企业的现场安全生产管理非常重要，特别是设备的安全操作。

（2）印染企业的产品均由纤维材料组成，各类纤维材料均为易燃物品。在印染生产现场，堆放着大量印染坯布、半成品、成品。防火工作任务艰巨。

（3）染化料助剂品种多，其中不乏易燃、易爆、有毒和腐蚀性的品种，劳动保护相当重要。

（4）印染企业生产过程中需要消耗大量的水，生产现场地面较湿，易滑，存在潜在的不安全因素。

（5）生产车间因周转需要，停放了大量堆放产品的布车，这些布车易导致撞伤事故发生。

总的来说，印染生产从坯布练漂、染色、印花到成品，在其加工过程中往往都具有易燃、易爆、有毒和腐蚀性，并伴有高温、高湿、高压、高速等不安全因素；在生产设备上是大型化、连续化、自动化，因此在生产过程中稍有疏忽，就会造成人身伤害或安全事故，同时印染生产所用的染化料、助剂等化学品种类繁多，可能对环境和生态安全也有一定的影响。印染企业的安全生产工作，历来是企业领导最为担心的，一旦企业发生重大的人身伤害事故，设备安全事故，火灾事故，对企业造成的影响是可想而知的。企业领导忙于上级领导的责任追究，需要安抚受害者及家属；企业员工思想恐慌，担惊受怕，人心涣散；企业可能面临停产整顿，遭受经济损失;责任者受到经济处罚;受害最深的当然还是当事人,他在事故中受到伤害,自己一辈子痛苦,同时给家人也带来永远都难以忘却的痛苦。

由于生产环境的特殊性,印染企业的安全生产管理历来都是一件十分重要的工作,需要全员参与,全过程重视。"管生产必须管安全",这是生产管理的一项重要原则,印染企业在日常生产中,必须把安全管理始终摆在头等重要的位置,常抓不懈。

2　印染企业常见易发的各类事故及原因

（1）化学品的灼伤(硫酸、盐酸、烧碱、双氧水等)。

（2）火灾爆炸事故(烧毛机、定型机、焙烘机、锅炉、热油炉、压力容器)。

① 可燃性气体的爆炸、燃烧。爆炸极限,如:上海煤气 5%～50%;液化石油气 2%～9%;天然气 4.9%～15.1%。发生原因:操作失误;阀门泄露;自控阀或点火装置失灵等。

② 烧毛机的火警火灾(除尘吸风管道或除尘室)。除尘装置设计不合理;除尘风道、除尘室清洁工作不及时;紧急停车时操作失误等。

③ 定型机、焙烘机等高温机台火灾(机内或排气排烟管道起火燃烧)。清洁工作不及时;需定期更换排气排烟管道;涂层整理有机可燃物爆燃等等。

④ 热油炉、蒸汽锅炉的爆炸与燃烧。操作失误,造成管道结焦或失水;仪器仪表失灵;未按规定使用燃油等。需对炉体定期检测,定期检测油质量并及时更换等。

⑤ 油料管理不善,造成泄露,引起火灾。

⑥ 化学药品(保险粉,双氧水等)保管不当,引起火灾。

（3）机械造成的人身伤害事故。

① 违章操作,跨越传动或运行中的设备部件。

② 轧辊、绳状水洗机、预缩机、卷染机、离心脱水机等的手指、手臂轧入、卷入。

（4）烫伤事故。高温高压染色机、烘筒、蒸汽管道、热油、热油管道阀门等造成的烫伤等。

（5）高空坠落人身伤害事故。印染设备普遍比较高大,登高作业较多等。

（6）夏季高温中暑。印染企业是耗能大户,夏季高温酷暑,生产车间内更是高温难耐。在高温条件下,原本休息不好,这时若再加上超时工作加班加点,很容易造成高温中暑。

（7）电气设施造成的人身伤害事故。

① 在机台清洁时,有的操作工会用自来水冲洗设备、电机等,造成电气设施的漏电,发生触电事故。

② 在机台运转故障时,有的操作工会随意打开电气柜,自行调试,而造成电气损坏或触电事故。

③ 在电气维修时配电房未及时挂维修牌或在长机台进行电气维修,因前后缺乏联系而造成触电事故。

（8）其他意外事故。有的企业由于管理制度不严,个别员工违规违纪,也会发生一些意想不到的事故。

安全事故的发生,有其偶然性、突发性、不可预见性,但也不是完全无规律可循、无措施可防的。只要把安全工作放到应有的高度,加以充分重视,防患于未然,企业可以做好安全生产管理工作,将事故的发生减少到最少。

3 印染企业车间主任的安全生产管理职责

印染企业车间主任应采取有效措施,减少安全事故的发生。

(1) 抓好安全生产教育工作。安全生产,警钟长鸣。要利用一切会议,强调安全生产工作,对车间近期发现的事故隐患、事故苗头进行分析,引起员工们重视。在对员工进行业务培训的时候,安全教育课是必上的一课。新招员工进车间,在安排其工作时,安全教育必不可少。

(2) 抓好安全生产的队伍建设。

① 车间主任是车间安全生产的第一责任人,除了自己重视抓好此项工作外,还应抓好安全生产的组织落实工作。

② 建立车间安全领导小组,定期开展活动,检查存在隐患,交由专人落实解决,将可能发生的事故消灭在萌芽状态。

③ 建立车间兼职安全员队伍,建立车间义务消防队。定期开展活动,学习消防基本知识,学习消防器材的使用方法。

(3) 抓好安全生产的规章制度的落实,责任明确,奖罚分明。制定相关机台安全操作规程,制定安全生产责任制,并将责任层层分解、落实,严格奖惩。

(4) 抓好关键机台、关键岗位、关键人员的安全生产管理工作。

关键机台:烧毛机、定型机、焙烘机、锅炉房、汽油汽化室、丝光机、轧染机、绳状前处理等机台。关键岗位人员:挡车工、汽油汽化工、热油炉、蒸汽锅炉操作工、电工、保养工等。对关键岗位的操作人员必须经过安全生产严格的教育、培训,同时在物色与挑选这些人员时也应注意挑选那些工作责任心强,认真负责,反应灵敏,身手矫健之人。

(5) 安全事故一旦发生,要及时组织分析原因,落实责任,严格奖罚,定出措施,以防再发。

安全生产管理工作牵涉到管理的方方面面,难度很大,但印染企业只要认真去抓,认真去管,可以使安全事故的发生大大减少,并杜绝重大安全事故的发生。

【案例1】

印染厂化学品及危险化学品的存储与管理

印染企业要规范化学品存储和使用,危险化学品应严格遵循《危险化学品安全管理条例》要求,加强对从业人员化学品使用的岗位技能培训。企业应建立化学品绿色供应链管控体系,避免使用对消费者、环境等有害的化学物质。

1 印染厂化学品分类存储原则

(1) 固液分开。也就是固体或粉末化学品(染料或助剂)需要与液体化学品(染料或助剂)分开存储。例如:固体粉末类染料要与液体助剂分开存储,目的是预防助剂中水分挥发而导致染料受潮,同时也是预防液体助剂泄露而污染染料。

(2) 酸碱分开。酸性化学品与碱性化学品要分开存储,比如醋酸和烧碱。

(3) 氧化与还原分开。氧化性化学品与还原性化学品要分开存储。例如次氯酸钠和保险粉。

(4) 普通化学品与危险化学品分开。这里重点是对危险化学品要单独存储和管理。

2 固体化学品的存储与管理

印染厂常用的固体类化学品一类是染料(包括增白剂),另一类是无机盐类(如元明粉、纯碱等),需注意的是,在印染中,纯碱常用作活性染料的固色碱剂使用,但从化学角度讲,纯碱不是碱,而是一种强碱弱酸盐。

固体类的化学品存储,需要存放在干燥的储存场所,避免受潮;同时,化学品不能直接放在地面上,需要存储在高于地面 5~10 cm 的平台上,目的是便于固体化学品泄漏后可收集处理,平台一般用水泥材质即可。

3 普通液体化学品的存储与管理

印染厂用到的普通液体类化学品主要是各种助剂,包括精炼剂、去油剂、液体皂洗剂、柔软剂等等,这类助剂一般是没有危险性的,存储时需要注意的是,需要存放在第二容器内。第二容器的目的就是防止液体化学品泄漏后的扩散,便于泄漏后的收集。目前没有专用化学品第二容器,但是可以用其他无缝敞口容器代替,但是替代容器的材料选择需谨慎,可用塑料、金属、水泥等材料的容器,但必须要保证容器不能被泄露化学品所腐蚀。如果存储量大的化学品,建议用水泥材质的池子,如果是量小的液体化学品,可以用塑料材质的敞口容器。第二容器的容积一般要求不能低于所存储液体体积的 110%~150%。

4 危险化学品的存储与管理

(1) 危险化学品原则上需要单独存储,比如保险粉、双氧水、烧碱等;

(2) 易燃类危化品存储处需配备灭火器(灭火器的悬挂高度也有国家法规要求的)、消防沙、铁锹,并张贴醒目的易燃标识。

(3) 腐蚀类危化品存储处需配备洗眼器,洗眼器水压高度一般要求不低于 10~15 cm;同样需要张贴腐蚀性危化品的警示标识。

(4) 易爆类危险品存储一般需加锁,并张贴醒目禁止烟火的标识。

(5) 易制毒化学品的管理还需要双人双锁,比如 27.5% 浓度以上的双氧水就属于易制毒化学品。

(6) 危险化学品的入库与发放原则上要有详细的入库和发放记录。

5 所有的化学品存储处必须张贴化学品标识和化学品安全技术说明书

所有存储化学品的地方,必须有化学品的名称标识和化学品安全技术说明书。化学品安全技术说明书 MSDS (Material Safety Data Sheet),亦可译为化学品安全说明书或化学品安全数据说明书,是化学品生产商和进口商用来阐明化学品的理化特性(如 pH 值、闪点、易燃度、反应活性等),以及对使用者的健康(如致癌、致畸等)可能产生的危害的一份文件。在欧洲国家,材料安全技术/数据说明书 MSDS 也被称为安全技术/数据说明书 SDS(Safety Data Sheet)。国际标准化组织(ISO)采用 SDS 术语,而美国、加拿大、澳洲及亚洲许多国家采用 MSDS 术语。

中国在 2008 年前的标准 GB/T 16483—2000 中称为 CSDS,2008 年重新修订的标准 GB/T 16483—2008《化学品安全技术说明书内容和项目顺序》中,与国际标准化组织进行了统一,缩写为 SDS。

SDS 与 MSDS 两种缩写在供应链上所起的作用完全一致,仅在内容上有一些细微的差别。

【案例 2】

印染设备安全生产要求

(1) 印染企业应根据所使用的各种设备设施的特点,结合不同的岗位(工种)制定安全生产操作规程。

(2) 烧毛机烧毛间厂房结构及材料符合建筑设计防火规范(GB 50016)及印染工厂设计规范(GB 50426)要求。自动联锁点火装置要定期检查、及时维修更换。汽油储油房以及液化气或煤气的贮罐存放处、风机、油泵等有单独的符合规范的作业间。排气隔热装置应完整,牢固可靠。烧毛间装有可燃气体浓度报警装置,并灵敏可靠,汽化器的各类阀门必须无缺损,输油泵、供油管路要确保完好畅通、无泄漏。热板烧毛设备的炉灶、炉门无破裂、漏火现象。烧毛间有良好的自然或强制通风、降温措施。防爆膜完好、可靠,符合防爆要求。

(3) 退浆机、履带汽蒸机、绳状机、丝光机、开轧烘、各类网印机、卷染机、轧染机、热熔染色机、皂洗机、平洗机、防缩机、定型机、热风拉幅机、整理机等专用设备中的轧车、吸边器、剥边器、开幅器等进布口轧点部位,必须安装齐全、完整、有效、可靠的防护挡板、网罩、栏杆、拦绳等防轧装置。

(4) 退浆机、丝光机应定期检查其腐蚀情况,发现严重腐蚀及时更换或修复。退浆及丝光槽装有可排气、防飞溅和可观察的气罩。定期检查各退浆及丝光槽的温度,采用碱液退浆和丝光的定期检查碱液温度。各种液泵、碱泵等应试用正常,碱液管管件无缺损,管内无阻塞。退浆间有良好的自然或强制通风措施。

(5) 印染及整理专用设备中的预缩机(三辊防缩机)进布端、重型轧车等危险部位,必须做到防护隔离装置和电气联锁装置相配套,并在醒目处设置安全警示标志。旋转部位安全防护罩应完整、牢固、无缺损。

(6) 烧毛机、预烘机、焙烘机、拉幅定型机、轧光机(电光、轧花)、蒸化机、蒸呢机和轧染预烘、圆网预烘以及烘箱、烘房等以燃气、燃油为热燃源的设备,应当落实防火防爆管理和监控措施。

(7) 拉幅定型机进出布处的布铁转盘安装安全防护罩,拉幅定型中易造成灼伤的部位悬挂警示标志,厂房有防暑降温措施。冷却系统进出水保持畅通,管路无泄漏,烟道通畅,定型机的脱铁限位装置齐全,且灵敏可靠,烘房内应安装蒸气灭火装置,确保可靠有效。

(8) 树脂、涂层整理专用的整理设备不得改变其规定的整理项目。使用散发有毒有害或易燃易爆整理剂的整理设备,生产场所应具备良好的自然或强制通风装置并安装浓度报警仪。易燃易爆整理剂配制间及整理设备应安装防爆电气。

(9) 卷染机、溢流染色机应装有紧急停车装置,动作灵敏有效。卷染机缸口应装有安全防护挡板,视孔清洁、安全可靠,照明使用安全电压及防潮灯。卷染机应装有上下电气限位和越位开关。高温高压染缸口的封口圈必须密闭有效,紧固螺栓齐全可靠。缸盖支撑横梁吊钩动作要灵敏、可靠,齿轮啮合必须符合技术要求。

(10) 平网印花机自动导布机构的顶头与筛框柱头接近剪切口处应装有机玻璃安全挡板。台板筛框架旁纬向搁置踏脚板。橡皮衬布受压小导辊应装有安全防护圈与防护托网。烘燥部分有撑挡的大烘筒,两侧应安装防护装置。车间内通风良好。印花机应安装紧急停车装置。

(11) 圆网印花进布轧点(近打样处)应安装安全挡板或防护罩,花筒轴头应装有防护罩。印花机两旁设有专用的防滑排水铁栅平台,平台下有畅通的排水沟。清洗机架时不得用水冲。烘燥部分有撑挡的大烘筒,两侧应安装防护装置。车间内通风良好。

(12) 开幅机应设置故障处理等紧急停车按钮。开幅在高处时应设置带有护栏的作业平台。

(13) 印花机清洗导带时,严禁火种进入车间,事前应报安全生产管理部门,安排专人准备好消防器材待命,以应对突发事件。

(14) 预缩机加热辊进出口处及橡胶毯上下装有安全防护网,并有灵敏可靠的电气安全联锁装置,预缩机两边应装有安全防护网。采用气体燃烧的轧光机应安装防爆设施。预缩机、轧光机及磨、起、刷毛机的电气、线路定期进行检查防止老化。磨、起、刷毛机应安装吸尘装置,牢固可靠。磨、起、刷毛室及其设备定期清理,去除积尘。

(15) 印染废水生化处理或物化处理的处理池应当采用钢筋混凝土材料或者防酸碱耐腐蚀的材料。各类酸、碱、氧化剂、还原剂、染化料等贮存槽、池和污水处理等处的平台、栏杆及护栏应当采用防酸碱耐腐蚀的材料,符合防坠落、防跌滑等安全要求。并定期做好检查、维修和保养。

(16) 使用、贮存酸、碱、氧化剂、还原剂等腐蚀性的印染及整理专用设备、容器、管道必须完整无损,防范有效。贮存管口必须防腐、加盖、上锁,安全标志应齐全、醒目。从业人员必须正确佩戴和使用手套、套鞋、眼镜等专用防护用品、用具进行安全操作。

(17) 印染及整理车间应当设置排水、防水措施,地面应具有向排水沟或者有地漏的坡度。溢水多的印染及整理专用设备位于楼上时,设备下部应设集水盘。

(18) 印染及整理专用设备的电缆、电气动力配线和照明电线应当使用线槽或者线管架空设置。电气设备、装置和移动电具等应当具有防水、防潮、防触电和漏电保护装置,并有效接地。

【案例3】

印染厂的安全常识

(1) 进入车间记住安全逃生出口,万一停电的话,应急指示灯会亮。特别是冬天,染厂车间蒸汽很多,会影响视线,所以记住安全逃生出口。标志如下:

（2）在车间行走，一定不要把手放进裤兜或背在身后，如遇下水道损坏可及时反应。一定注意脚下！不要忙着看手机！标志如下：

（3）在染厂不管遇到任何液体，都不要用手去碰，因为那些液体很可能是强酸或者强碱。标志如下：

（4）不要用手触碰印染厂内的任何管道，它们很有可能是高温蒸汽管道，从而避免烫伤。标志如下：

（5）进入车间必须穿耐酸碱水鞋，接触化学品时佩戴耐酸碱手套，接触腐蚀性液体时佩戴护目镜。标志如下：

(6) 不要在手上有水的情况下去操作电源按钮！标志如下：

(7) 操作高温高压设备,如高温高压溢流机、筒子纱染色机,需经过安全培训上岗,不得随意打开缸盖。切记！标志如下：

(8) 进行动火作业(如电焊、气割)需开动火证,并有专人监护。标志如下：

(9) 学会阅读化学品安全数据表(即 MSDS),教你如何急救。标志如下：

（10）学会常规灭火器的使用方法，突发火灾时不会使用灭火器的人很多。

（11）在有行吊使用的车间注意高空坠物，不要在行吊下面行走，如筒子纱染色车间。标志如下：

（12）女性请将长头发盘起，并佩戴工作帽。

（13）不要将手伸进运行的设备中，长车也好，间歇式设备也好，电机的力量真的比你大，应停车取样。标志如下：

(14) 打开高温高压设备时,再次确认温度和压力已降至安全。否则,高温时打开缸盖,强大的汽、液冲力会对操作者造成巨大伤害。

(15) 脱水机脱水操作一定盖上盖子,防止脱水时布甩出伤人。

(16) 取样用的剪刀、勾刀安全存放,极易伤手。

(17) 上夜班时在车间内睡觉真的很危险,这个危险不是被管理人员查到。

(18) 每个设备上都有一个红色的急停按钮,遇到紧急情况,记住用力按下它!

【案例 4】

印染车间危险源的识别与控制

1 烧毛工序

烧毛工序的危险源主要有:机械发生故障或排尘不良发生火灾;煤气(汽化汽油气、发生炉煤气、丙烷、丁烷)发生意外泄露造成中毒、火灾;烧毛辊灼伤;煤气贮罐爆炸;烧毛废气对人体伤害;夏天高温下操作易使操作工中暑。

控制方法:①制定设备安全操作规程;②对操作人员进行培训;③加强对煤气贮罐及煤气管道的定期检查,要有明显的标识;④改善工作环境,保持车间通风良好;⑤按规定发放防护用品。

2 退浆、煮练、漂白、丝光工序(前处理工序)

主要的危险源有:酸液、碱液的意外溅出对人体的伤害;高温下碱液对人体呼吸道的伤害;夏季高温高湿条件下对操作工的伤害(中暑);漂白工序若使用氯气时可发生人员中毒。

控制方法:①严格按操作规程操作,对员工进行培训,加强工作检查力度;②按规定发放劳保用品;③采用先进的生产设备与生产工艺(用高效练漂助剂及碱氧一步法工艺替代退浆、煮练、漂白三个工序）；④对酸、碱管道要有明显标识，防止误用。

3　染色印花工序

染色及印花的配料工序是危险源识别的重点：目前市场上已知的致癌染料有11种，致敏染料有27种。印花色浆中采用的传统的防霉防腐剂五氯苯酚对人体具有致癌致畸性，加入的助剂如已醇、尿素等都含可对人体造成伤害的成分。有些廉价的含氯芳香族化合物如三氯苯、二氯甲苯是高效的染色载体，这些含氯芳香族化合物会影响人的中枢神经系统，引起皮肤过敏并刺激皮肤和粘膜，对人体有潜在的致畸和致癌性。有些染化剂属易燃易爆物品，应注意识别。

控制方法：①选用环保型染料及助剂；②配料间应有良好的通风条件，照明应用防爆灯具；③加强个人防护，佩戴有防毒功能的口罩、橡胶手套；④高温高压溢流染色机属压力容器的管理范围，对于使用此类设备的企业，要加强设备的定期检查，对操作工进行培训，持证上岗，防止意外爆炸发生对人的伤害。另外，除了对配料工进行以上的防护以外，对于接触染料的操作工也应进行适当的个人防护。染色与印花工序也属于在高温下工作，夏季要采取防暑降温措施。

4　后整理工序

主要的危险源：后整理的改善织物的触感（柔软、硬挺等）、增加织物的耐用性能（防霉、防蛀等）、赋予织物特种服用性能（拒水、阻燃、防毒、抗菌、杀虫、抗静电等）等工艺都是采用一定的化学药品或高分子合成树脂在纤维上发生物理的或化学的作用，从而达到整理的目的。有些防虫剂、防霉剂、阻燃剂、卫生整理剂中含有可吸附有机卤化物（AOX），他们极易积存于人体和动物的脂肪组织内，长时期积累会对人类和动物造成毒害。甲醛作为纤维素纤维树脂整理的常用交联剂也广泛应用于防缩、抗皱、免烫功能织物的后整理中，甲醛会对人体呼吸道和皮肤产生强烈的刺激，引发呼吸道炎症和皮肤炎。铬盐有时会作为固色剂使用，它是对人体有相当毒性的重金属离子。多氯联苯的衍生物可能被作为抗静电剂及阻燃剂在后整理工序中使用，对人体的荷尔蒙系统、肝脏、免疫和中枢神经系统有影响，有致癌作用。

控制方法：①选用先进工艺：包括泡沫整理、涂层整理、物理机械整理；②选用天然功能性助剂（如丁四烷四羧酸、柠檬酸等无甲醛免烫整理剂等）；③加强操作人员的防护，尤其是配液人员的防护；另外，后整理工序属高温工作区域，夏季应注意防暑降温。

5　仓库的管理

主要的危险源：有纺织印染企业的仓库一般分为原料库（坯布）、化工（染化料、助剂、酸、碱）库、机物料库、成品库。原料库、成品库的火灾，化工库化学品的泄露、爆炸，染料的抛洒会造成财产的损失、人员的伤害、环境的污染。对原料库、成品库要注意防火设施的配备与日常检查，化工库的管理要注意根据各化工产品的安全技术说明中所规定的条件进行贮存与搬运，仓库应配备防火、防泄露、及防暴设施。

控制方法：纺织印染企业在产品印染过程中有许多高温的液体、蒸汽和高温的干燥辊，要注意做出明显的警示标识；对各种酸、碱、煤气及其他有危险性的管道要用不同的鲜艳色彩做出标识，使外来人员及操作工易于识别。由于生产流程较为复杂，用电、汽量较大，所以有可能存在变压站、锅炉等设施，对此类设施应按规定定期检查检修，人员要持证上岗。纺织企业属防火的重点单位,应注意防火措施的实施,对消防设施定期检查,在火灾应急预案中要分别列出针对各区域(各仓库、各车间)的应急措施,要注意可操作性,并定期进行演练。

【模块学习目标】

1. 了解安全生产管理的概念,明确搞好安全工作的意义。
2. 明确安全生产管理的目标、安全生产管理基本方针、安全生产监督管理的体制、安全生产基本原则。
3. 了解企业安全生产责任制的概念和内涵、安全生产管理机构设置、职责和任务。
4. 了解安全生产教育的对象、计划和内容。
5. 了解安全检查的概念、主要内容、形式和要点。
6. 明确事故处理的程序和进行事故原因调查、分析与整改的主要措施。
7. 了解印染生产过程的特点、印染企业常见易发的各类事故及原因。
8. 了解印染企业车间主任如何采取措施,减少安全事故的发生。

【作业与思考题】

1. 什么是安全生产?安全生产管理的目标是什么?安全生产的基本方针是什么?安全生产管理的基本原则有哪些?
2. 什么是安全生产责任制?简述安全生产管理的职责和任务。
3. 什么是三级安全教育?车间、班组安全教育的内容包括哪些?
4. 简述安全检查的主要内容和检查形式。
5. 什么是事故处理的"四不放过原则"?
6. 印染企业车间主任如何采取措施,减少安全事故的发生?

主要参考文献

[1] 高霭贞.古代织物的印染加工[J].故宫博物院院刊,1985(2):79-88.

[2] 丁思佳,林琳.2016年中国印染行业发展报告[J].染整技术,2017,39(4):1-5.

[3] 王天凯.在中国印染行业协会第五次会员代表大会上的讲话[J].染整技术,2013(12):1-5.

[4] 陈志华.不忘产业报国初心,开启高质量发展新征程[J].染整技术,2018,40(2):6.

[5] 曹学军.在"第十七届全国印染行业新材料、新技术、新工艺、新产品技术交流会"上的讲话[J].染整技术,2018,40(5):6-7.

[6] 孙瑞哲.实现行业发展的"再定义、再平衡、再创新".2018-03-30.印染在线交流.

[7] 孙瑞哲.在第五届全国印染行业管理创新年会上的致辞[J].染整技术,2016,38(9):1-4.

[8] 马仁杰,王荣科,左雪梅.管理学原理[M].北京:人民邮电出版社,2013.

[9] 姜生.印染企业管理[M].北京:中国纺织出版社,2012.

[10] 朱正峰.纺织生产管理[M].北京:中国纺织出版社,2010.

[11] 贺良震.印染企业生产管理[M].上海:东华大学出版社,2012.

[12] 徐顺成,陈根祥.针织物染整工艺设计与管理[C]//佶龙机械全国印染行业新材料、新技术、新工艺、新产品技术交流会,2011.

[13] 汤铸先.论科学规范针织物染整工艺设计与管理[C]//威士邦全国印染行业节能环保年会,2012.

[14] 郭晓辉.化验室染化料测试与管理[C]//2013东升数码杯节能减排与印染新技术交流会资料集,2013.

[15] 崔浩然.染整生产准备阶段的技术管理[C]//2015聚能杯节能减排与印染新技术交流会论文集,2015.

[16] 郁君平.设备管理(高职类)[M].北京:机械工业出版社,2010.

[17] 万融.商品学概述[M].北京:中国人民大学出版社,2013.

[18] 付泉.管理信息系统[M].武汉:华中科技大学出版社,2013.

[19] 傅继树.印染用水的精细化管理[C]//2013东升数码杯节能减排与印染新技术交流会资料集,2013.

[20] 徐谷仓.印染企业能源管理现状与思考[J].纺织导报,2011(6):81-83.

[21] 傅继树.印染企业能源审计的作用与工作要点[C]//传化股份全国印染行业节能环保

年会,2013.
[22] 郑涛.我国印染企业节能减排的运营对策[J].经济导刊,2012(4):64-65.
[23] 杨建卫.能源计量,实现纺织印染企业的精细化管理[C]// 江苏计量测试学术论文集,2009.
[24] 陈治平,潘飞,浦子耿,等.印染行业能源的精细化管理与成本控制[C]// 威士邦全国印染行业节能环保年会,2014.
[25] 傅继树.信息化促进印染精细化管理和节能减排[C]// 开源全国印染行业管理创新年会,2012.
[26] 吴金石,周凉仙.生产计划管理与染色质量的关系[J].针织工业,2007(8):41-43.
[27] 吕传友,高继强.论重在现场——印染生产的现场管理[J].针织工业,2006(10):57-59.
[28] 汪中求.精细化管理精细化是未来十年的必经之路[M].北京:新华出版社,2005.
[29] 丁钰,葛元宇,臧扬.印染企业ERP系统应用进展[J].中国纤检,2012(6):37-39.
[30] 曾林泉.印染企业中的ERP系统[C]//全国染整行业技术改造研讨会,2006.
[31] 杜鹃,汪慧安,张瑞萍.智能化技术在染色生产中的应用[J].纺织导报,2014(1):55-57.
[32] 李志勇.信息化管理促纺织染整企业提高竞争力[J].染整技术,2015(10):20-23.
[33] 王海波.染整自动化与ERP系统集成应用[J].针织工业,2015(2):46-49.
[34] 朱冬兰."智能信息自动化动态管控系统"在印染企业中的应用[J].染整技术,2016(1):69-72.
[35] 梁佳钧.印染厂成本控制管理新思路[C]// 2013东升数码杯节能减排与印染新技术交流会,2013.
[36] 马知方.节能减排路在脚下,印染企业节能减排大有可为[J].纺织服装周刊,2007(42):16.
[37] 梁佳钧.新形势下对印染企业成本控制的思考与建议[J].纺织导报,2012(5):69-72.
[38] 李冬梅.论清洁生产对染整企业的改造提升作用[C]// 开源环保杯节能减排与印染新技术交流会,2014.
[39] 梁佳钧.印染厂成本管理中的技术改进[J].印染,2014,40(5):37-41.
[40] 穆红莉.环境制度变迁对工业企业排污行为影响研究[M].北京:知识产权出版社,2016.
[41] 秦颖.企业环境管理的驱动力研究[D].大连:大连理工大学,2006.
[42] 吴焕森,傅晓敏.浅析浙江省棉印染行业常见清洁生产方案[J].中国科技纵横,2011(22):87-88.
[43] 佟欧.印染行业节水减排清洁生产指标体系的构建及最佳可行技术研究[D].大连:大连理工大学,2011.
[44] 张引,杨文.浅谈绿色壁垒对我国纺织业贸易的影响及对策.[J].中国纤检,2010(20):36-37.